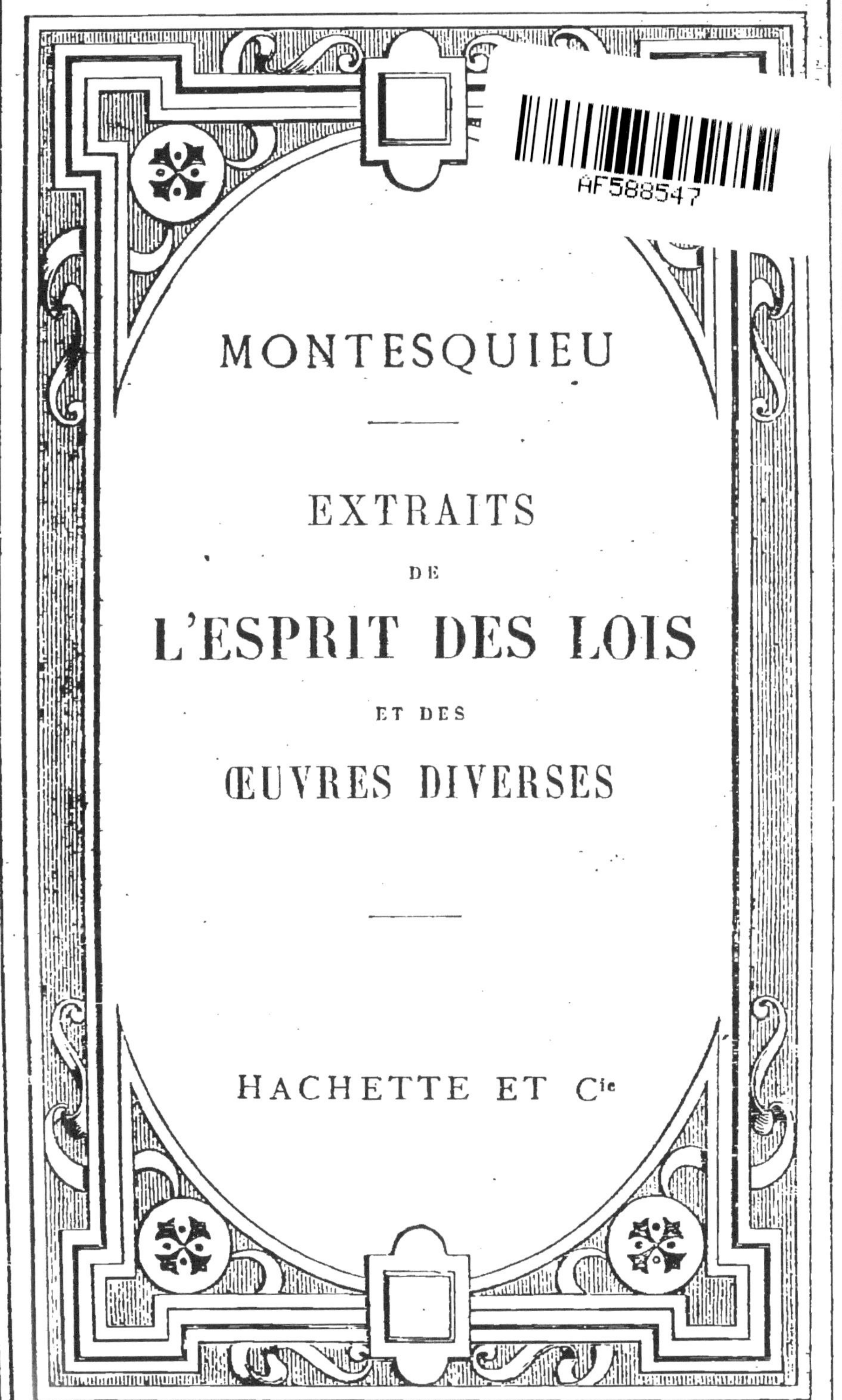
MONTESQUIEU
EXTRAITS
DE
L'ESPRIT DES LOIS
ET DES
ŒUVRES DIVERSES
HACHETTE ET Cie
2 francs.

EXTRAITS

DE

L'ESPRIT DES LOIS

ET DES

ŒUVRES DIVERSES

OUVRAGES DU MÊME AUTEUR

PUBLIÉS A LA MÊME LIBRAIRIE

C. Jullian. *Histoire de la Gaule*. Six volumes grand in-8°:

I. *Les Invasions gauloises et la colonisation grecque* 10 fr.
II. *La Gaule indépendante* . . . . 10 fr.
III. *La Conquête romaine et les premières invasions germaniques* . . . . 10 fr.
IV. *Le Gouvernement de Rome* . . . . 10 fr.
V. *La Civilisation Gallo-Romaine* . . . . . . » »
VI. *Le Bas-Empire*. . . . . » »

—— *Vercingétorix*. Un volume in-16, contenant 5 reproductions de monnaies et 7 cartes et plans, broché. 3 fr. 50

—— *Gallia*, tableau de la Gaule sous la domination romaine. Un volume in-16, illustré de nombreuses gravures, cart. toile . . . . 3 fr.

Ouvrages couronnés par l'Académie française.

Extraits des historiens du XIX° siècle (*Chateaubriand, Augustin Thierry, Guizot, Thiers, Mignet, Michelet, Tocqueville, Quinet, Duruy, Renan, Taine, Fustel de Coulanges)*, publiés avec une introduction, des notices et des notes. Un vol. petit in-16, cartonné . . . 3 fr. 50

Montesquieu. *Considérations sur les causes de la grandeur des Romains et de leur décadence*, publiées avec introductions, variantes, commentaires et table, par M. C. JULLIAN. Un vol. petit in-16, cartonné. . 1 fr. 80

—— *Esprit des lois*, livre Ier, avec un commentaire par M. C. JULLIAN. Un vol. petit in-16, cartonné. . . 25 c.

2610 — Imp. KAPP, Paris.

MONTESQUIEU

EXTRAITS
DE
L'ESPRIT DES LOIS
ET DES
ŒUVRES DIVERSES

PUBLIÉS ET ANNOTÉS PAR
CAMILLE JULLIAN
Professeur au Collège de France
Membre de l'Institut

SIXIÈME ÉDITION

PARIS
LIBRAIRIE HACHETTE ET Cie
79, BOULEVARD SAINT-GERMAIN, 79
1914

AVERTISSEMENT

Ce petit livre a été rédigé conformément au programme qui sera appliqué dans les classes des lycées et collèges dès le mois d'octobre 1896. Il s'adresse surtout aux élèves de rhétorique : il a été fait pour eux et en vue de leurs études. On s'est cependant efforcé à ce qu'il ne fût pas inutile aux élèves de philosophie : ils ont souvent à expliquer les premiers livres de l'*Esprit des Lois*; ils les retrouveront ici presque en entier. On a également voulu que ce recueil pût rendre quelques services aux candidats à la licence et aux agrégations d'histoire et de philosophie. Et on souhaite qu'il rappelle aux amis de Montesquieu les plus beaux passages de ses œuvres.

Il comprend les quatre parties suivantes :

I. *Les principaux morceaux de l'*ESPRIT DES LOIS. — On a réuni ici tous les passages fondamentaux de l'ouvrage, ceux qui permettent de comprendre les *principes* posés par l'auteur et d'en suivre les applications; on y a ajouté d'assez nombreuses pages purement historiques, et qui sont parmi les plus belles écrites par Montesquieu; enfin, on n'a négligé aucun des morceaux qu'a rendus célèbres leur valeur littéraire ou leur portée morale.

Ces passages ont été imprimés, non pas suivant

l'ordre où ils se lisent dans l'*Esprit des Lois*, mais sous des rubriques qui permettent de les retrouver aisément, sans qu'il y ait eu lieu à dénaturer le livre de Montesquieu. Il sera possible, même sous la forme simplifiée et allégée qui lui a été donnée ici, de suivre la marche et le développement de l'œuvre tout entière.

Le texte a été revisé sur l'édition de 1758, faite trois ans après la mort de Montesquieu, mais avec les cahiers de corrections qu'il avait laissés ; c'est à coup sûr la moins impure qui ait été donnée de l'*Esprit des Lois*; il a été également vérifié sur l'édition de 1767, qui l'améliore parfois. Nous avons enfin collationné sur ce texte celui des éditions originales, en particulier de la grande édition de Genève; et nous avons marqué les variantes qui aident à faire connaître la méthode de travail et la pensée de l'auteur.

L'*Esprit des Lois* est un livre d'une trame si serrée, d'une langue si nerveuse, d'une réflexion si condensée, qu'il ne peut être compris des élèves, même des classes supérieures, sans un commentaire à peu près suivi. Dans ce commentaire, on s'est efforcé, comme il a été fait précédemment pour les *Considérations* : — de retrouver les auteurs, anciens ou modernes, dont Montesquieu s'est inspiré; — d'expliquer sa pensée, surtout à l'aide de passages de la même œuvre ou de ses autres écrits; — de marquer l'influence que ses doctrines ont pu avoir et les destinées de ses théories; — d'indiquer les travaux des auteurs contemporains dont la lecture peut aider à comprendre celle de Montesquieu.

II. *Des fragments des* Lettres Persanes. — On a

choisi les lettres les plus pittoresques, les morceaux les mieux enlevés, et aussi les passages qui, moins vivants sans doute, montrent la première élaboration de l'*Esprit des Lois*.

On a suivi le texte de l'édition de 1758, faite d'après les corrections préparées par Montesquieu; mais on a également eu en mains, et étudié, quelques exemplaires des éditions originales.

Dans leur partie anecdotique, les *Lettres Persanes* semblent bien un *livre à clef*. On a cherché dans les notes les allusions que Montesquieu peut avoir faites aux hommes et aux choses de son temps; on avoue n'avoir pas toujours réussi à les trouver.

III. *Des extraits des œuvres diverses* : 1° Le *Dialogue de Sylla et d'Eucrate*, en son intégrité; 2° les *Réflexions sur le caractère de quelques princes*, dont on a supprimé la fin, longue et alanguie; 3° quelques *pensées* et *jugements*, extraits des opuscules de Montesquieu ou des cahiers retrouvés après sa mort; 4° un petit choix de *lettres*, prises dans les différentes catégories du genre épistolaire[1].

Le texte de tous ces fragments a été emprunté, autant qu'on l'a pu, aux éditions les plus anciennes qui en ont été publiées.

IV. Nous n'avons pas cru utile d'écrire une vie de Montesquieu. L'*Éloge* que d'Alembert a laissé de son collaborateur nous dispensait de cette tâche. Il est déclamatoire, mais fort beau, sincère de ton, exact dans les détails. On l'a réimprimé en se servant des

1. On trouvera d'autres lettres dans le recueil de M. Lanson. *Choix de Lettres du XVIIIe siècle*; Paris, Hachette; petit in-16.

textes comparés de 1755, 1758 et 1767. On l'a complété sur un certain nombre de points.

Dans les notes de cet *Éloge*, comme dans presque toutes celles de ce livre, on s'est servi fort souvent des lettres, des pensées, des œuvres de Montesquieu. De tous nos philosophes du XVIIIe siècle, Montesquieu est celui qui s'est le mieux connu et le moins contredit : c'est à lui surtout qu'on a demandé le commentaire de sa vie et de ses écrits[1].

Nous remercions sincèrement les maîtres et les amis qui nous ont aidé dans la tâche délicate de l'annotation et du choix des extraits : M. Barckhausen, qu'on retrouvera toujours, complaisant et précieux, quand il s'agit de Montesquieu, MM. Maspero, Müntz, Céleste, Duhem, Rodier. Il n'est si petit livre qui ne soit difficile à faire et ne demande le concours de beaucoup de bonnes volontés.

Camille JULLIAN.

Bordeaux, 15 mars 1896.

Le texte des *Pensées* a été revu sur l'édition Barckhausen, qui les donne pour la première fois dans leur intégralité, et de façon correcte : livre capital pour qui veut connaître la vie, le caractère, le génie de Montesquieu.

Voyez en dernier lieu sur Montesquieu le livre du même M. Barckhausen.

1. Les notes mises par Montesquieu ou d'Alembert à leurs ouvrages sont toujours placées en tête des autres notes, et séparées du reste par un point, un crochet et un tiret ainsi : .] —

ÉLOGE

DE M. LE PRÉSIDENT DE MONTESQUIEU

PAR

D'ALEMBERT[1]

L'intérêt que les bons citoyens prennent à l'Encyclopédie, et le grand nombre de gens de lettres qui lui consacrent leurs travaux, semblent nous permettre de la regarder comme un des monuments les plus propres à être dépositaires des sentiments de la patrie, et des hommages qu'elle doit aux hommes célèbres qui l'ont honorée. Persuadés[2] néanmoins que M. de Montesquieu était en droit d'attendre d'autres panégyristes que nous, et que la douleur publique eût mérité des interprètes plus éloquents, nous eussions renfermé au dedans de nous-mêmes nos justes regrets et notre respect pour sa mémoire : mais l'aveu de ce que nous lui devons nous est trop précieux pour en laisser le soin à d'autres. Bienfaiteur de l'humanité par ses écrits, il a daigné l'être

1. Ce morceau a été mis par d'Alembert en tête du tome V de l'*Encyclopédie*, paru en 1755, et réimprimé dans les éditions faites par la famille de Montesquieu de ses *Œuvres* en 1758 et 1767. Outre l'intérêt qui s'attache à tout ce qu'a écrit d'Alembert, cet éloge a l'avantage d'avoir été fait sur des documents fournis par le fils de Montesquieu (cf. Vian, *Histoire de Montesquieu*, 2e édit., 1879, p. 396) et sur des notes ou des lettres aujourd'hui disparues.

2. D'Alembert parle en son nom seulement : on mettait alors le pluriel pour le singulier.

aussi de cet ouvrage; et notre reconnaissance ne veut que tracer quelques lignes au pied de sa statue.

Charles de Secondat, baron de La Brède et de Montesquieu, ancien président à mortier au Parlement de Bordeaux, de l'Académie française, de l'Académie royale des sciences et des belles-lettres de Prusse, et de la Société royale de Londres, naquit au château de La Brède, près de Bordeaux, le 18 janvier 1689[1], d'une famille noble de Guyenne. Son trisaïeul, Jean de Secondat, maître d'hôtel de Henri II, roi de Navarre, et ensuite de Jeanne, fille de ce roi, qui épousa Antoine de Bourbon, acquit la terre de Montesquieu, d'une somme de 10000 livres, que cette princesse lui donna par un acte authentique, en récompense de sa probité et de ses services. Henri III, roi de Navarre, depuis Henri IV, roi de France, érigea en baronnie la terre de Montesquieu en faveur de Jacob de Secondat, fils de Jean, d'abord gentilhomme ordinaire de la chambre de ce prince et ensuite maître de camp du régiment de Châtillon. Jean-Gaston de Secondat, son second fils, ayant épousé la fille du premier président du Parlement de Bordeaux, acquit dans cette compagnie une charge de président à mortier. Il eut plusieurs enfants, dont un entra dans le service, s'y distingua et le quitta de fort bonne heure : ce fut le père de Charles de Secondat, auteur de l'*Esprit des Lois*. Ces détails paraîtront peut-être déplacés à la tête de l'éloge d'un philosophe, dont le nom a si peu besoin d'ancêtres : mais n'envions point à leur mémoire l'éclat que ce nom répand sur elle.

Les succès de l'enfance, présage quelquefois si trompeur, ne le furent point dans Charles de Secondat[2] : il

1. Le château existe encore, tel à peu près qu'y naquit Montesquieu, et il appartient toujours aux descendants directs du philosophe. La Brède est un chef-lieu de canton, à 18 kil. de Bordeaux, dans la direction de Toulouse.

2. Montesquieu s'appela d'abord Charles-Louis de La Brède; cf. Vian, *Histoire de Montesquieu*, 2e édit., 1879, p. 15. On a relevé cette note sur le livre de messe

annonça de bonne heure ce qu'il devait être ; et son père donna tous ses soins à cultiver ce génie naissant, objet de son espérance et de sa tendresse[1]. Dès l'âge de vingt ans, le jeune Montesquieu préparait déjà les matériaux de l'*Esprit des Lois*, par un extrait raisonné des immenses volumes qui composent le corps du droit civil[2] : ainsi autrefois Newton avait jeté, dès sa première jeunesse, les fondements des ouvrages qui l'ont rendu immortel. Cependant l'étude de la jurisprudence, quoique moins aride pour M. de Montesquieu que pour la plupart de ceux qui s'y livrent, parce qu'il la cultivait en philosophe, ne suffisait pas à l'étendue et à l'activité de son génie. Il approfondissait, dans le même temps, des matières encore plus importantes et plus délicates, et les discutait dans le silence avec la sagesse, la décence et l'équité qu'il a depuis montrées dans ses ouvrages[3].

Un oncle paternel[4], président à mortier au Parlement de Bordeaux, juge éclairé et citoyen vertueux, l'oracle de sa compagnie et de sa province, ayant perdu un fils unique, et voulant conserver dans son corps l'esprit d'élévation qu'il avait tâché d'y répandre, laissa ses biens et sa charge à M. de Montesquieu. Il était conseiller au

d'une femme du pays : « Ce jour d'huy, 18 janvier 1689, a été baptisé dans notre église paroissiale le fils de M. de Secondat, notre seigneur. Il a été tenu sur les fonts par un pauvre mendiant de cette paroisse, nommé Charles, à celle fin que son parrain lui rappelle toute sa vie que les pauvres sont ses frères. Que le bon Dieu nous conserve cet enfant ! » Baurein, *Variétés bordelaises*, t. III, p. 10.

1. D'Alembert passe ici sous silence, et sans doute à dessein, le long séjour que Montesquieu fit au collège des Oratoriens de Juilly (de 1700 à 1705). C'est à leur enseignement surtout qu'il dut sa connaissance de l'antiquité et cet esprit classique qu'il conserva toute sa vie.

2. Lettre de Montesquieu, au grand prieur Solar, du 7 mars 1749, à propos de l'*Esprit des Lois* : « J'y ai travaillé toute ma vie ; au sortir du collège, on me mit dans les mains des livres de droit ; j'en cherchai l'esprit ; j'ai travaillé ; je ne faisais rien qui vaille. »

3. C'était un ouvrage en forme de lettres, dont le but était de prouver que l'idolâtrie de la plupart des païens ne paraissait pas mériter une damnation éternelle.] — Il ne reste rien de ce travail.

4. Son père mourut en novembre 1713.

Parlement de Bordeaux depuis le 24 février 1714[1], et fut reçu président à mortier[2] le 13 juillet 1716[3]. Quelques années après, en 1722, pendant la minorité du roi, sa compagnie le chargea de présenter des remontrances à l'occasion d'un nouvel impôt[4]. Placé entre le trône et le peuple, il remplit, en sujet respectueux et en magistrat plein de courage[5], l'emploi si noble et si peu envié de faire parvenir au souverain le cri des malheureux : et la misère publique, représentée avec autant d'habileté que de force, obtint la justice qu'elle demandait. Ce succès, il est vrai, par malheur pour l'État bien plus que pour lui, fut aussi passager que s'il eût été injuste; à peine la voix des peuples eut-elle cessé de se faire entendre, que l'impôt supprimé fut remplacé par un autre[6] : mais le citoyen avait fait son devoir.

Il fut reçu, le 3 avril 1716, dans l'Académie de Bordeaux, qui ne faisait que de naître. Le goût pour la musique et pour les ouvrages de pur agrément avait d'abord rassemblé les membres qui la formaient[7]. M. de Montesquieu

1. Il fallait 25 ans pour entrer dans la magistrature.

2. On appelait présidents à mortier les présidents du Parlement, à cause du *mortier* ou bonnet de velours noir, bordé d'un galon d'or, qui était un des insignes de leur dignité.

3. Son oncle mourut en 1716, lui léguant sa charge : on sait qu'en ce temps-là les charges de judicature étaient vénales et héréditaires. Montesquieu acceptait volontiers, en principe, cette vénalité des charges. Il a dit dans l'*Esprit des Lois* (V, XIX) : « Cette vénalité est bonne dans les Etats monarchiques, parce qu'elle fait faire, comme un métier de famille, ce qu'on ne voudrait pas entreprendre pour la vertu; qu'elle destine chacun à son devoir, et rend les Ordres de l'État plus permanents. » Cf. ici, p. 71. En acceptant l'héritage de son oncle, La Brède prit son nom, et signa désormais Montesquieu.

4. Impôt de 40 sols par tonneau sur les vins sortant de Guyenne; cf. Vian, p. 37.

5. Montesquieu avait du reste intérêt à la suppression de cet impôt, les vignobles de La Brède étant une de ses principales ressources. Cf. p. 339 et 340.

6. Impôt de 3 sols pour livre sur toutes les marchandises en sus des droits ordinaires d'entrée et de sortie (Vian, p. 398).

7. Les lettres patentes qui l'établirent sont du 5 septembre 1712. Voyez une excellente histoire de l'Académie de Bordeaux par M. Céleste, bibliothécaire de la Ville (*Bordeaux*, monographie municipale, III, p. 69).

crut, avec raison, que l'ardeur naissante et les talents de ses confrérés pourraient s'exercer avec encore plus d'avantage sur les objets de la physique. Il était persuadé que la nature, si digne d'être observée partout, trouvait aussi partout des yeux dignes de la voir; qu'au contraire les ouvrages de goût ne souffrant point de médiocrité, et la capitale étant en ce genre le centre des lumières et des secours, il était trop difficile de rassembler loin d'elle un assez grand nombre d'écrivains distingués[1]. Il regardait les sociétés de bel esprit, si étrangement multipliées dans nos provinces[2], comme une espèce, ou plutôt comme une ombre de luxe littéraire, qui nuit à l'opulence réelle sans même en offrir l'apparence[3]. Heureusement M. le duc de La Force, par un prix qu'il venait de fonder à Bordeaux, avait secondé des vues si éclairées et si justes[4]. On jugea qu'une expérience bien faite serait

1. Il est en effet digne de remarque que Montesquieu dirigea surtout vers les sciences les travaux de l'Académie et qu'il s'y occupa lui-même, à peu près uniquement, de physique et d'histoire naturelle : il y lut des mémoires sur les maladies (1717 et 1718), sur l'écho (1718), sur la transparence des corps (1720), sur le flux et le reflux (1720), sur le mouvement (1720), etc. Enfin, en 1719, il projeta d'écrire une *Histoire physique de la terre ancienne et moderne*. Tous les littérateurs du temps, et Voltaire plus encore que Montesquieu, eurent la passion de l'histoire naturelle et le goût des expériences de physique : l'influence de Newton les dominait presque exclusivement. « De ces excursions scientifiques et de son passage dans les laboratoires », dit de Montesquieu M. Sorel (dans la Collection des Grands Écrivains, p. 10), « il lui resta une conception de la science, une méthode de travail et un instinct de l'expérience, qui se retrouvèrent dans ses ouvrages de politique et d'histoire. » Voyez, dans l'*Esprit des Lois*, XIV, II, la manière dont il veut prouver que « dans les pays froids les sensations sont moins vives » : « J'ai fait geler la moitié d'une langue de mouton et j'ai trouvé à la simple vue les mamelons considérablement diminués. »

2. Surtout au XVIIIe siècle.

3. Les railleries sur les sociétés de province étaient aussi fréquentes au XVIIIe siècle que de nos jours. C'est à l'Académie de Bordeaux que Voltaire fait offrir le mouton de Candide : « Candide laissa son mouton à l'Académie de Bordeaux, laquelle proposa pour le sujet du prix de cette année de trouver pourquoi la laine de ce mouton était rouge. » (*Candide*, chap. XXII.)

4. La première question mise au concours fut sur le baromètre, et le célèbre physicien de Mairan (mort en 1771) eut le prix.

préférable à un discours faible ou à un mauvais poème; et Bordeaux eut une Académie des sciences[1].

M. de Montesquieu, nullement empressé de se montrer au public, semblait attendre, selon l'expression d'un grand génie, *un âge mûr pour écrire*. Ce ne fut qu'en 172¹, c'est-à-dire âgé de trente-deux ans, qu'il mit au jour les *Lettres Persanes*[2]. Le *Siamois* des *Amusements sérieux et comiques*[3] pouvait lui en avoir fourni l'idée, mais il surpassa son modèle[4] La peinture des mœurs orientales, réelles ou supposées, de l'orgueil et du flegme de l'amour asiatique, n'est que le moindre objet de ces lettres[5]; elle n'y sert, pour ainsi dire, que de prétexte à une satire fine de nos mœurs, et à des matières importantes que l'auteur approfondit en paraissant glisser sur elles. Dans cette espèce de tableau mouvant, Usbek expose surtout, avec autant de légèreté que d'énergie, ce qui a le plus frappé parmi nous ses yeux pénétrants: notre habitude de traiter sérieusement les choses les plus futiles, et de tourner les plus importantes en plaisanterie; nos conversations si bruyantes et si frivoles[6]; notre ennui

1. En 1717, Montesquieu fonda à l'Académie un prix d'anatomie.

2. Les *Lettres Persanes* parurent sans nom d'auteur et sans indication de date, mais certainement en 1721, à Cologne, chez P. Marteau, à Amsterdam, chez Brunel (ces deux noms d'éditeurs semblent des pseudonymes), en 2 vol. in-12, avec ce seul titre : LETTRES PERSANES. Il y en eut une seconde édition, sous le même nom de Marteau, à la fin de 1721, *revue, corrigée, diminuée, et augmentée par l'auteur*.

3. Ouvrage de Dufresny (1648-1724) dans lequel le *Siamois* joue un rôle analogue à celui du *Persan* dans les *Lettres Persanes*; 2ᵉ édit. 1707; cf. ici, p. 259, n. 1; p. 260, n. 2; p. 271, n. 2. Il faut ajouter *l'Espion dans les cours des princes chrétiens* (1684 et suiv.), série de lettres sur la cour de Louis XIV, publiées par Marana (1642-92).

4. La principale source « orientale » des *Lettres Persanes* est le *Voyage en Perse* de Chardin : ce dernier (mort en 1713) séjourna longtemps à la cour de Perse; il étudia avec soin les mœurs et les lois du pays, et la description qu'il en a donnée est aujourd'hui encore fort estimée par la précision et l'abondance des détails.

5. Et de fait la couleur locale est assez terne dans les *Lettres Persanes*. Usbek, Rica et leurs correspondants sont « plus gascons que persans », suivant le mot de M. Sorel (p. 28).

6. Ici, pages 267 et 275.

dans le sein du plaisir même; nos préjugés et nos actions en contradiction continuelle avec nos lumières; tant d'amour pour la gloire, joint à tant de respect pour l'idole de la faveur[1]; nos courtisans si rampants et si vains[2]; notre politesse extérieure, et notre mépris réel pour les étrangers, ou notre prédilection affectée pour eux[3]; la bizarrerie de nos goûts, qui n'a rien au-dessous d'elle que l'empressement de toute l'Europe à les adopter[4]; notre dédain barbare pour deux des plus respectables occupations d'un citoyen, le commerce et la magistrature; nos disputes littéraires si vives et si inutiles[5]; notre fureur d'écrire avant que de penser, et de juger avant que de connaître[6]. A cette peinture vive, mais sans fiel, il oppose, dans l'apologue des Troglodytes, le tableau d'un peuple vertueux, devenu sage par le malheur: morceau digne du Portique[7]. Ailleurs, il montre la philosophie longtemps étouffée, reparaissant tout à coup, regagnant par ses progrès le temps qu'elle a perdu, pénétrant jusque chez les Russes à la voix d'un génie qui l'appelle[8]; tandis que, chez d'autres peuples de l'Europe, la superstition, semblable à une atmosphère épaisse, empêche la lumière qui les environne de toutes parts d'arriver jusqu'à eux[9]. Enfin, par les principes qu'il établit sur la nature des gouvernements anciens et modernes[10], il pré-

1. Ici, page 277.
2. Ici, page 294, etc.
3. Ici, page 260.
4. Ici, page 275.
5. Ici, page 265.
6. Ici, page 266.
7. Ici, page 295 et suivantes.
8. La Russie; *Lettre* LI: « Le prince qui règne à présent a voulu tout changer.... Il s'attache à faire fleurir les arts, et ne néglige rien pour porter dans l'Europe et l'Asie la gloire de sa nation, oubliée jusqu'ici et presque uniquement connue d'elle-même. »
9. Les Espagnols: *Lettre* LXXVIII: « Ils disent que le soleil se lève et se couche dans leur pays: mais il faut dire aussi qu'en faisant sa course il ne rencontre que des campagnes ruinées et des contrées désertes. »
10. *Lettres* CXII-CXXIII: « Pendant le séjour que je fais en Europe, je lis les historiens anciens et modernes; je compare tous les temps; j'ai du plaisir à les voir passer, pour ainsi dire, devant moi; et j'arrête surtout mon esprit à ces grands changements qui ont rendu les âges si différents des âges, et la terre si peu semblable à elle-même. » Montesquieu eut, avant toute autre passion, celle de l'histoire; cf. *Considérations*, p. XXV.

sente le germe de ces idées lumineuses, développées depuis par l'auteur dans son grand ouvrage[1].

Ces différents sujets, privés aujourd'hui des grâces de la nouveauté qu'ils avaient dans la naissance des *Lettres Persanes*, y conserveront toujours le mérite du caractère original qu'on a su leur donner : mérite d'autant plus réel, qu'il vient ici du génie seul de l'écrivain, et non du voile étranger dont il s'est couvert ; car Usbek a pris, durant son séjour en France, non seulement une connaissance si parfaite de nos mœurs, mais une si forte teinture de nos manières, que son style fait souvent oublier son pays. Ce léger défaut de vraisemblance peut n'être pas sans dessein et sans adresse : en relevant nos ridicules et nos vices, il a voulu sans doute aussi rendre justice à nos avantages. Il a senti toute la faveur d'un éloge direct ; et il s'en est plus finement acquitté, en prenant si souvent notre ton pour médire plus agréablement de nous[2].

Malgré le succès de cet ouvrage, M. de Montesquieu ne s'en était point déclaré ouvertement l'auteur. Peut-être croyait-il échapper plus aisément par ce moyen à la satire littéraire, qui épargne plus volontiers les écrits anonymes, parce que c'est toujours la personne, et non l'ouvrage, qui est le but de ses traits. Peut-être craignait-il d'être attaqué sur le prétendu contraste des *Lettres Persanes* avec l'austérité de sa place : espèce de reproche, disait-il, que les critiques ne manquent jamais, parce qu'il ne demande aucun effort d'esprit[3]. Mais son secret était découvert, et déjà le public le montrait à l'Académie française. L'événement fit voir combien le silence de M. de Montesquieu avait été sage. Usbek s'exprime quelquefois assez librement, non sur le fond du christianisme, mais sur des matières que trop de personnes affectent de confondre avec le christianisme même ; sur

1. L'*Esprit des Lois*. Cf. ici, p. 278.

2. Cf. l'*Introduction* de Montesquieu ; ici, p. 256.

3. Il les « désavoua presque » même devant son ami le P. Castel ; cf. les *Considérations*, p. XVII, n. 2.

l'esprit de persécution dont tant de chrétiens ont été animés; sur les usurpations temporelles de la puissance ecclésiastique; sur la multiplication excessive des monastères, qui enlève des sujets à l'État sans donner à Dieu des adorateurs; sur quelques opinions qu'on a vainement tenté d'ériger en dogmes; sur nos disputes de religion, toujours violentes et souvent funestes. S'il paraît toucher ailleurs à des questions plus délicates, et qui intéressent de plus près la religion chrétienne, ses réflexions, appréciées avec justice, sont en effet très favorables à la Révélation, puisqu'il se borne à montrer combien la raison humaine, abandonnée à elle-même, est peu éclairée sur ces objets. Enfin, parmi les véritables lettres de M. de Montesquieu, l'imprimeur étranger en avait inséré quelques-unes d'une autre main, et il eût fallu du moins, avant que de condamner l'auteur, démêler ce qui lui appartenait en propre[1]. Sans égard à ces considérations, d'un côté la haine sous le nom de zèle, de l'autre le zèle sans discernement ou sans lumières se soulevèrent et se réunirent contre les *Lettres Persanes*. Des délateurs, espèce d'hommes dangereuse et lâche, que même dans un gouvernement sage on a quelquefois le malheur d'écouter, alarmèrent par un extrait infidèle la piété du ministère[2]. M. de Montesquieu, par le conseil

1. En 1754, Montesquieu fit publier, toujours sous la rubrique de Marteau, à Cologne, un *Supplément aux Lettres Persanes*. Il y ajouta onze lettres, inséra quelques variantes et fit précéder son livre de *quelques réflexions*, où il raconte les supercheries tentées par les libraires, dès 1721, pour grossir son livre de lettres apocryphes : « Les *Lettres Persanes* eurent d'abord un débit si prodigieux, que les libraires mirent tout en usage pour en avoir des suites. Ils allaient tirer par la manche tous ceux qu'ils rencontraient : « Monsieur », disaient-ils, « faites-moi des *Lettres Persanes*. » Mais ce que je viens de dire suffit pour faire voir qu'elles ne sont susceptibles d'aucune suite, encore moins d'aucun mélange avec des lettres écrites d'une autre main, quelque ingénieuses qu'elles puissent être. » Il fut imprimé (Cologne, Marteau) des *Lettres Turques* en 1744.

2. On a trouvé dans les *Pensées* de Montesquieu ce souvenir : « Lorsque par le succès des *Lettres Persanes* j'eus peut-être prouvé que j'avais de l'esprit, et que

de ses amis soutenu de la voix publique[1], s'étant présenté pour la place de l'Académie française, vacante par la mort de M. de Sacy, le ministre[2] écrivit à cette compagnie que Sa Majesté ne donnerait jamais son agrément à l'auteur des *Lettres Persanes* : qu'il n'avait point lu ce livre; mais que des personnes en qui il avait confiance lui en avaient fait connaître le poison et le danger. M. de Montesquieu sentit le coup qu'une pareille accusation pouvait porter à sa personne, à sa famille, à la tranquillité de sa vie. Il n'attachait pas assez de prix aux honneurs littéraires, ni pour les rechercher avec avidité, ni pour affecter de les dédaigner quand ils se présentaient à lui, ni enfin pour en regarder la simple privation comme un malheur : mais l'exclusion perpétuelle, et surtout les motifs de l'exclusion, lui paraissaient une injure. Il vit le ministre, lui déclara que, par des raisons particulières, il n'avouait point les *Lettres Persanes*, mais qu'il était encore plus éloigné de désavouer un ouvrage dont il croyait n'avoir point à rougir, et qu'il devait être jugé d'après une lecture, et non sur une délation : le ministre prit enfin le parti par où il aurait dû commencer; il lut le livre, aima l'auteur, et apprit à mieux placer sa confiance[3]. L'Académie française ne fut point privée d'un de ses plus beaux ornements; et la France eut le bonheur de conserver un sujet que la superstition ou la calomnie étaient prêtes à lui faire perdre : car M. de Montesquieu avait déclaré au gouvernement, qu'après l'espèce d'outrage qu'on allait lui faire, il irait chercher, chez les

j'eus obtenu quelque estime de la part du public, celle des gens en place se refroidit; j'essuyai mille dégoûts. »

1. Élu une première fois en 1725, il ne fut pas agréé par le roi.

2. Le cardinal de Fleury.

3. Voltaire, *Siècle de Louis XIV* (catalogue des écrivains), donne une version assez différente : « M. de Montesquieu fit faire en peu de jours une nouvelle édition de son livre, dans lequel on retrancha ou on adoucit tout ce qui pouvait être condamné par un cardinal ou par un ministre. » On a avec une très grande vraisemblance nié le fait et l'existence de cette édition, qui d'ailleurs n'a pas été retrouvée.

étrangers qui lui tendaient les bras, la sûreté, le repos, et peut-être les récompenses qu'il aurait dû espérer dans son pays[1]. La nation eût déploré cette perte, et la honte en fût pourtant retombée sur elle.

Feu M. le maréchal d'Estrées, alors directeur de l'Académie française, se conduisit dans cette circonstance en courtisan vertueux et d'une âme vraiment élevée : il ne craignit ni d'abuser de son crédit ni de le compromettre; il soutint son ami et justifia Socrate. Ce trait de courage, si précieux aux lettres, si digne d'avoir aujourd'hui des imitateurs, et si honorable à la mémoire de M. le maréchal d'Estrées, n'aurait pas dû être oublié dans son éloge.

M. de Montesquieu fut reçu le 24 janvier 1728. Son discours est un des meilleurs qu'on ait prononcés dans une pareille occasion : le mérite en est d'autant plus grand, que les récipiendaires, gênés jusqu'alors par ces formules et ces éloges d'usage auxquels une espèce de prescription les assujettit, n'avaient encore osé franchir ce cercle pour traiter d'autres sujets, ou n'avaient point pensé du moins à les y renfermer. Dans cet état même de contrainte, il eut l'avantage de réussir. Entre plusieurs traits dont brille son discours, on reconnaîtra l'écrivain qui pense au seul portrait du cardinal de Richelieu, « qui apprit à la France le secret de ses forces, et à l'Espagne celui de sa faiblesse; qui ôta à l'Allemagne ses chaînes, et lui en donna de nouvelles ». Il faut admirer M de Montesquieu d'avoir su vaincre la difficulté de son sujet, et pardonner à ceux qui n'ont pas eu le même succès[2].

1. Cela est grave : un échec à l'Académie ne valait pas le renoncement à la France. Mais, pour excuser Montesquieu, il faut songer que, comme chez tous les philosophes de son temps, l'idée d'*humanité* étouffait parfois chez lui celle de patrie. Voyez une pensée de lui à ce sujet, ici, p. 330. Et en voici une autre : « Quand j'ai voyagé dans les pays étrangers, je m'y suis attaché comme au mien propre, j'ai pris part à leur fortune, et j'aurais souhaité qu'ils fussent dans un état florissant. »

2. Éloge très exagéré; cf. p. 264.

Le nouvel académicien était d'autant plus digne de ce titre qu'il avait, peu de temps auparavant, renoncé à tout autre travail pour se livrer entièrement à son génie et à son goût. Quelque importante que fût la place qu'il occupait, avec quelques lumières et quelque intégrité qu'il en eût rempli les devoirs, il sentait qu'il y avait des objets plus dignes d'occuper ses talents; qu'un citoyen est redevable à sa nation et à l'humanité de tout le bien qu'il peut leur faire; et qu'il serait plus utile à l'une et à l'autre en les éclairant par ses écrits, qu'il ne pouvait l'être en discutant quelques contestations particulières dans l'obscurité[1]. Toutes ces réflexions le déterminèrent à vendre sa charge[2]. Il cessa d'être magistrat, et ne fut plus qu'homme de lettres.

Mais pour se rendre utile par ses ouvrages aux différentes nations, il était nécessaire qu'il les connût. Ce fut dans cette vue qu'il entreprit de voyager. Son but était d'examiner partout le physique et le moral; d'étudier les lois et la constitution de chaque pays; de visiter les savants, les écrivains, les artistes célèbres; de chercher surtout ces hommes rares et singuliers, dont le commerce supplée quelquefois à plusieurs années d'observations et de séjour. M. de Montesquieu eût pu dire, comme Démocrite : « Je n'ai rien oublié pour m'instruire : j'ai quitté mon pays et parcouru l'univers pour mieux connaître la vérité, j'ai vu tous les personnages illustres de mon temps » Mais il y eut cette différence entre le Démocrite français et celui d'Abdère, que le premier voyageait pour instruire les hommes, et le second pour s'en moquer.

1. C'est bien en 1727 ou 1728 que Montesquieu eut l'idée de son *Esprit des Lois*; cf. ici, page 47.

2. En 1726. Montesquieu a dit, de ses fonctions judiciaires (pensée détachée) : « Quant à mon métier de président, j'ai le cœur très droit : je comprenais assez les questions en elles-mêmes; mais quant à la procédure, je n'y entendais rien. Je m'y suis pourtant appliqué; mais ce qui m'en dégoûtait le plus, c'est que je voyais à des bêtes le même talent qui me fuyait. »

Il alla d'abord à Vienne[1], où il vit souvent le célèbre prince Eugène[2]. Ce héros si funeste à la France (à laquelle il aurait pu être si utile), après avoir balancé la fortune de Louis XIV et humilié la fierté ottomane, vivait sans faste durant la paix, aimant et cultivant les lettres dans une cour où elles sont peu en honneur[3], et donnant à ses maîtres l'exemple de les protéger. M. de Montesquieu crut entrevoir, dans ses discours, quelques restes d'intérêt pour son ancienne patrie. Le prince Eugène en laissait voir surtout, autant que le peut faire un ennemi, sur les suites funestes de cette division intestine qui trouble depuis si longtemps l'Église de France : l'homme d'État en prévoyait la durée et les effets, et les prédit au philosophe[4].

M. de Montesquieu partit de Vienne[5] pour voir la

1. Montesquieu partit de Paris le 5 avril 1728, en compagnie de lord Waldegrave, ambassadeur d'Angleterre à Vienne. On possède les notes écrites ou dictées par Montesquieu sur ses voyages. Elles viennent d'être publiées par les soins de M. Albert de Montesquieu (2 vol., 1894 et 1896 : *Voyages de Montesquieu*). La préface est l'œuvre de M. Barckhausen, qui a eu la plus grande part à la rédaction des notes.

2. Fragment de lettre de Montesquieu à l'abbé d'Olivet pendant son séjour à Vienne (10 mai 1728) : « Je suis assez content du séjour de Vienne : les connaissances y sont très aisées à faire, les grands seigneurs et les ministres très accessibles : la cour y est mêlée avec la ville; le nombre des étrangers y est si grand, qu'on y est en même temps étranger et citoyen ; notre langue y est si universelle qu'elle y est presque la seule chez les honnêtes gens, et l'italien y est presque inutile. Je suis persuadé que le français gagnera tous les jours dans les pays étrangers. La communication des peuples y est si grande qu'ils ont absolument besoin d'une langue commune, et on choisira toujours notre français. Il serait aisé de deviner, si on interceptait cette lettre, que c'est un académicien qui parle à un académicien. »

3. Quelques Allemands ont pris, très mal à propos, ces paroles pour une injure. L'amour des hommes est un devoir dans les princes; l'amour des lettres est un goût qu'il leur est permis de ne pas avoir.] — Note de d'Alembert.

4. Les affaires du Jansénisme et de la bulle *Unigenitus*, qui devaient aboutir, en 1732, à l'exil du Parlement.

5. Les notes du voyage à Vienne ne renferment aucun détail sur les conversations entre Montesquieu et le prince Eugène ; on en trouve dans ses *Pensées* (*Voyages*, I, p. 281). Il écrit le 4 oct. 1752 à l'abbé de Guasco : « Vous allez à Vienne : je crois que j'y ai perdu, depuis 22 ans, toutes mes connaissances. Le prince Eugène vivait alors, et ce grand homme me fit passer des moments délicieux. »

Hongrie, contrée opulente et fertile, habitée par une nation fière et généreuse, le fléau de ses tyrans et l'appui de ses souverains. Comme peu de personnes connaissent bien ce pays, il a écrit avec soin cette partie de ses voyages[1].

D'Allemagne, il passa en Italie[2]. Il vit à Venise le fameux Law[3], à qui il ne restait de sa grandeur passée que des projets destinés à mourir dans sa tête, et un diamant qu'il engageait pour jouer aux jeux de hasard. Un jour[4], la conversation roulait sur le fameux système que Law avait inventé, époque de tant de malheurs et de fortunes, et surtout d'une dépravation remarquable dans nos mœurs. Comme le Parlement de Paris, dépositaire immédiat des lois dans les temps de minorité[5], avait fait éprouver au ministre écossais quelque résistance dans cette occasion, M. de Montesquieu lui demanda pourquoi on n'avait pas essayé de vaincre cette résistance par un moyen presque toujours infaillible en Angleterre, par le grand mobile des actions des hommes, en un mot, par l'argent[6]. « Ce ne sont point », répondit Law, « des génies aussi ardents et aussi généreux que mes compatriotes, mais ils sont beaucoup plus incorruptibles. » Nous ajouterons, sans aucun préjugé de vanité nationale, qu'un corps libre pour quelques instants doit mieux résister à la corruption que celui qui l'est toujours : le premier, en vendant sa liberté, la perd; le second ne fait, pour ainsi dire, que la prêter, et l'exerce même en l'engageant. Ainsi, les circonstances et la nature du gouvernement font les vices et les vertus des nations.

Un autre personnage non moins fameux, que M. de Mon-

1. Il ne reste rien de cette partie de sa relation, du moins à ma connaissance.

2. Août 1728.

3. *Voyages*, I, p. 77 : « A Venise, j'ai vu M. Law, qui m'a beaucoup parlé *système*. » Montesquieu avait déjà fort attaqué Law (p. 289).

4. Cette anecdote ne se trouve pas dans les *Voyages*.

5. C'était la théorie du Parlement et des publicistes du temps; mais aucune loi ne l'autorisait. Cf. ici, p. 76 et p. 288.

6. Pour la corruption anglaise, cf. p. 135, n. 2, et p. 205.

tesquieu vit encore plus souvent à Venise, fut le comte de Bonneval[1]. Cet homme, si connu par ses aventures, qui n'étaient pas encore à leur terme[2], et flatté de converser avec un juge digne de l'entendre, lui faisait avec plaisir le détail singulier de sa vie, le récit des actions militaires où il s'était trouvé, le portrait des généraux et des ministres qu'il avait connus. M. de Montesquieu se rappelait souvent ces conversations, et en racontait différents traits à ses amis[3].

Il alla de Venise à Rome[4]. Dans cette ancienne capitale du monde, qui l'est encore à certains égards, il s'appliqua surtout à examiner ce qui la distingue aujourd'hui le plus : les ouvrages de Raphaël, des Titien et des Michel-Ange[5]. Il n'avait point fait une étude particulière des beaux-arts; mais l'expression, dont brillent les chefs-d'œuvre en ce genre, saisit infailliblement tout homme de génie. Accoutumé à étudier la nature, il la reconnaît quand elle est imitée, comme un portrait ressemblant frappe tous ceux à qui l'original est familier. Malheur aux productions de l'art dont toute la beauté n'est que pour les artistes!

Après avoir parcouru l'Italie, M. de Montesquieu vint en Suisse[6]. Il examina soigneusement les vastes pays ar-

1. Le comte de Bonneval (1675-1745), Limousin d'origine, après avoir servi la France et Louis XIV, passa en 1706 au service de l'Autriche, et y devint général et même, « par la force de son esprit, maître despotique » (Montesquieu, *Voyages*, I, p. 28). Exilé en 1724, il se réfugia à Venise. Montesquieu a relaté dans ses notes la plupart des conversations qu'il eut avec lui : « Nous ne nous sommes presque pas quittés ». (I, p. 77.)

2. Il devait entrer au service du sultan.

3. *Voyages*, t. I, p. 28 et suiv.

4. En passant par Milan, Turin et Florence. Il y arriva le 19 janvier 1729. Cf. *Voyages*, t. I, p. 196 et suiv.

5. Le récit de son voyage à Rome abonde en remarques sur les peintres. Voyez par exemple (I, p. 251) son portrait de Raphaël : « Raphaël est admirable; il imite la nature. Il ne met pas ses figures dans une attitude contrainte pour faire porter des ombres sur la figure, et faire par art le clair-obscur. Il met la figure où elle doit être. »

6. Départ de Rome le 4 juillet 1729. Il traversa, non la Suisse, mais le Tyrol et la Bavière: Barckhausen, préface aux *Voyages*, p. XXXI.

rosés par le Rhin. Et il ne lui resta plus rien à voir en Allemagne[1], car Frédéric ne régnait pas encore[2]. Il s'arrêta ensuite quelque temps dans les Provinces-Unies, monument admirable de ce que peut l'industrie humaine animée par l'amour de la liberté[3]. Enfin il se rendit en Angleterre, où il demeura deux ans[4]. Digne de voir et d'entretenir les plus grands hommes, il n'eut à regretter que de n'avoir pas fait plus tôt ce voyage : Locke et Newton étaient morts[5]. Mais il eut souvent l'honneur de faire sa cour à leur protectrice, la célèbre reine d'Angleterre, qui cultivait la philosophie sur le trône et qui goûta, comme elle le devait, M. de Montesquieu[6]. Il ne fut pas moins accueilli par la nation, qui n'avait pas besoin, sur cela, de prendre le ton de ses maîtres. Il forma à Londres des liaisons intimes avec des hommes exercés à méditer et à se préparer aux grandes choses par des études profondes. Il s'instruisit avec eux de la nature du gouvernement, et parvint à le bien connaître. Nous parlons ici d'après les témoignages publics que lui en ont rendus les Anglais eux-mêmes, si jaloux de nos avantages, et si peu disposés à reconnaître en nous aucune supériorité.

Comme il n'avait rien examiné ni avec la prévention d'un enthousiaste ni avec l'austérité d'un cynique, il n'avait remporté de ses voyages ni un dédain outrageant pour les étrangers ni un mépris encore plus déplacé pour

1. Il alla jusqu'au Hartz, pour en visiter les mines, qui l'intéressaient fort; cf. *Considérations*, p. 195, n. 3.

2. Frédéric II, roi de Prusse depuis 1740. Remarquez comme d'Alembert relève, dans cette vie de Montesquieu, tout ce qui peut servir la cause de la philosophie.

3. Séjour dans les Pays-Bas jusqu'à la fin d'octobre 1729.

4. A Londres, il logea chez le comte de Chesterfield, l'ami des philosophes; il vit Walpole, Swift, Pope, et fut reçu membre de la Société royale de Londres. Malheureusement, de ce long et intéressant séjour en Angleterre, qui eut une influence décisive sur la pensée de Montesquieu (cf. p. 193 et suiv.), il ne nous reste que quelques notes éparses.

5. Locke en 1704, Newton en 1727.

6. La reine d'Angleterre était alors Charlotte de Brandebourg.

son propre pays. Il résultait, de ses observations, que l'Allemagne était faite pour y voyager, l'Italie pour y séjourner, l'Angleterre pour y penser, et la France pour y vivre.

De retour enfin dans sa patrie, M. de Montesquieu se retira pendant deux ans à sa terre de La Brède. Il y jouit en paix de cette solitude que le spectacle et le tumulte du monde servent à rendre plus agréable[1] : il vécut avec lui-même, après en être sorti si longtemps ; et, ce qui nous intéresse le plus, il mit la dernière main à son ouvrage *sur la cause de la grandeur et de la décadence des Romains*, qui parut en 1734[2].

Les Empires, ainsi que les hommes, doivent croître, dépérir et s'éteindre[3]. Mais cette révolution nécessaire a souvent des causes cachées, que la nuit des temps nous dérobe, et que le mystère ou leur petitesse apparente a même quelquefois voilées aux yeux des contemporains ; rien ne ressemble plus, sur ce point, à l'histoire moderne que l'histoire ancienne. Celle des Romains mérite néanmoins, à cet égard, quelque exception : elle présente une politique raisonnée, un système suivi d'agrandissement, qui ne permet pas d'attribuer la fortune de ce peuple à des ressorts obscurs et subalternes. Les causes de la grandeur romaine se trouvent donc dans l'histoire, et c'est au philosophe à les y découvrir. D'ailleurs, il n'en est pas des systèmes dans cette étude comme dans celle de la physique. Ceux-ci sont presque toujours précipités, parce qu'une observation nouvelle et imprévue peut les renverser en un instant ; au contraire, quand on recueille avec soin les faits que nous transmet l'histoire ancienne d'un pays, si on ne rassemble pas toujours tous les maté-

1. Sur ce séjour à La Brède, cf. *Considérations* (notre édition), *Introduction*, p. XVI.
2. Cf. *ibidem*, p. XVII.
3. Cf. un autre résumé de *la grandeur* et de la *décadence* dans la *Table des matières* de l'édit. de 1748, notre édition, p. 279 et suiv.

riaux qu'on peut désirer, on ne saurait du moins espérer d'en avoir un jour davantage. L'étude réfléchie de l'histoire, étude si importante et si difficile, consiste à combiner, de la manière la plus parfaite, ces matériaux défectueux : tel serait le mérite d'un architecte qui, sur des ruines savantes, tracerait de la manière la plus vraisemblable le plan d'un édifice antique, en suppléant, par le génie et par d'heureuses conjectures, à des restes informes et tronqués.

C'est sous ce point de vue qu'il faut envisager l'ouvrage de M. de Montesquieu. Il trouve les causes de la grandeur des Romains dans l'amour de la liberté, du travail et de la patrie, qu'on leur inspirait dès l'enfance; dans la sévérité de la discipline militaire; dans ces dissensions intestines, qui donnaient du ressort aux esprits, et qui cessaient tout à coup à la vue de l'ennemi; dans cette constance après le malheur, qui ne désespérait jamais de la république; dans le principe où ils furent toujours de ne faire jamais la paix qu'après des victoires; dans l'honneur du triomphe, sujet d'émulation pour les généraux; dans la protection qu'ils accordaient aux peuples révoltés contre leurs rois; dans l'excellente politique de laisser aux vaincus leurs dieux et leurs coutumes; dans celle de n'avoir jamais deux puissants ennemis sur les bras, et de tout souffrir de l'un jusqu'à ce qu'ils eussent anéanti l'autre. Il trouve les causes de leur décadence dans l'agrandissement même de l'Etat, qui changea en guerres civiles les tumultes populaires ; dans les guerres éloignées qui, forçant les citoyens à une trop longue absence, leur faisaient perdre insensiblement l'esprit républicain; dans e droit de bourgeoisie accordé à tant de nations, et qui ne fit plus du peuple romain qu'une espèce de monstre à plusieurs têtes; dans la corruption introduite par le luxe de l'Asie; dans les proscriptions de Sylla, qui avilirent l'esprit de la nation, et la préparèrent à l'esclavage ; dans la nécessité où les Romains se trouvèrent de souffrir des maîtres, lorsque leur liberté leur fut devenue à charge ; dans l'obligation où ils furent de changer de maximes en changeant de gouvernement ; dans cette suite de monstres qui régnèrent, presque sans interruption, depuis Tibère jusqu'à Nerva, et depuis Commode jusqu'à Constantin ; enfin, dans la translation et le partage de l'Empire, qui périt d'abord en Occident par la puissance des Barbares, et qui, après avoir langui plusieurs siècles en Orient sous des empereurs imbéciles ou féroces, s'anéantit insensiblement, comme ces fleuves qui disparaissent dans des sables.

Un assez petit volume a suffi à M. de Montesquieu pour développer un tableau si intéressant et si vaste. Comme l'auteur ne s'appesantit point sur les détails et ne saisit que les branches fécondes de son sujet, il a su renfermer en très peu d'espace un grand nombre d'objets distinctement aperçus et rapidement présentés, sans fatigue pour le lecteur. En laissant beaucoup voir, il laisse encore plus à penser[1] : et il aurait pu intituler son livre, *Histoire romaine à l'usage des hommes d'État et des philosophes.*

Quelque réputation que M. de Montesquieu se fût acquise par ce dernier voyage et par ceux qui l'avaient précédé, il n'avait fait que se frayer le chemin à une plus grande entreprise, à celle qui doit immortaliser son nom et le rendre respectable aux siècles futurs. Il en avait dès longtemps formé le dessein ; il en médita pendant vingt ans l'exécution[2] ; ou, pour parler plus exactement, toute sa vie en avait été la méditation continuelle[3]. D'abord il

1. Réminiscence de Montesquieu ; cf. *Esprit des Lois*, ici, p. 92.

2. Cf. *Esprit des Lois*, ici, p. 46.

3. Cf. ce que dit M. Brunetière, *Questions de critique*, p. 96 : Sous différents noms, « Montesquieu, en réalité, n'a jamais écrit qu'un seul ouvrage : et les huit ou dix volumes de ses œuvres sont huit ou dix *Considérations* sur les mêmes matières » : et M. Faguet (*XVIIIe siècle*, p. 153) : « Ce grand livre (l'*Esprit des Lois*) est moins un livre qu'une existence ». Cela

s'était fait en quelque façon étranger dans son propre pays, afin de le mieux connaître[1]. Il avait ensuite parcouru toute l'Europe, et profondément étudié les différents peuples qui l'habitent. L'île fameuse, qui se glorifie tant de ses lois et qui en profite si mal[2], avait été pour lui, dans ce long voyage, ce que l'île de Crète fut autrefois pour Lycurgue, une école où il avait su s'instruire sans tout approuver. Enfin il avait, si on peut parler ainsi, interrogé et jugé les nations et les hommes célèbres qui n'existent plus aujourd'hui que dans les annales du monde[3]. Ce fut ainsi qu'il s'éleva par degrés au plus beau titre qu'un sage puisse mériter, celui de législateur des nations.

S'il était animé par l'importance de la matière, il était effrayé en même temps par son étendue : il l'abandonna et y revint à plusieurs reprises. Il sentit plus d'une fois, comme il l'avoue lui-même, tomber les mains paternelles[4]. Encouragé enfin par ses amis, il ramassa toutes ses forces et donna l'*Esprit des Lois*[5].

est très vrai et on pourra voir, par les notes de ce volume, avec quelle complaisance il revient sur certains sujets (la dépopulation, la vertu chez les républiques, les Tartares, le suicide, etc.) dans ses trois grands ouvrages, et encore y revient-il dans ses moindres opuscules.

1. C'est là une manière fort ingénieuse de rattacher les *Lettres Persanes* à la préparation de l'*Esprit des Lois*.

2. La corruption anglaise; cf. p. 133 et 205.

3. Allusion aux *Considérations*.

4. Cf. ici, p. 49.

5. Paru en 1748; cf. ici, p. 41. D'Alembert ne raconte pas la vie de Montesquieu pendant les années 1734-1748. Il les vécut tantôt dans sa propriété de La Brède, qu'il arrangea à « l'anglaise » et administra fort bien, tantôt à Paris, où il fréquenta les salons d'esprit à la mode, de Mme de Tencin, de Mme Geoffrin, de Mme du Deffand, de Mme de Rochefort et surtout de Mme d'Aiguillon. Dès 1736, d'Argenson connaissait des passages de l'*Esprit des Lois* (*Loisirs d'un ministre*, 1787, t. II, p. 65); Montesquieu parle assez longuement de son livre en 1743: il en lut à ses amis de nombreux passages en 1745 (cf. ici, p. 342). Il écrivait encore à cette date (à Cerati, juin 1745) : « Depuis deux ans que je suis ici [à Bordeaux], j'ai continuellement travaillé à la chose dont vous me parlez; mais ma vie avance, et l'ouvrage recule à cause de son immensité : vous pouvez être bien sûr que vous en aurez d'abord des nouvelles. » La première lettre où Montesquieu indique qu'il prépare la publication est du 31 mars 1747.

Dans cet important ouvrage, M. de Montesquieu, sans s'appesantir, à l'exemple de ceux qui l'ont précédé[1], sur des discussions métaphysiques relatives à l'homme supposé dans un état d'abstraction[2]; sans se borner, comme d'autres[3], à considérer certains peuples dans quelques relations ou circonstances particulières, envisage les habitants de l'univers dans l'état réel où ils sont, et dans tous les rapports qu'ils peuvent avoir entre eux. La plupart des autres écrivains en ce genre sont presque toujours, ou de simples moralistes, ou de simples jurisconsultes, ou même quelquefois de simples théologiens. Pour lui, l'homme est de tous les pays et de toutes les nations; il s'occupe moins de ce que le devoir exige de nous, que des moyens par lesquels on peut nous obliger de le remplir; de la perfection métaphysique des lois, que de celle dont la nature humaine les rend susceptibles[4]; des lois qu'on a faites que de celles qu'on a dû faire; des lois d'un peuple particulier, que de celles de tous les peuples. Ainsi, en se comparant lui-même à ceux qui ont couru avant lui cette grande et noble carrière, il a pu dire, comme le Corrège, quand il eut vu les ouvrages de ses rivaux : *Et moi aussi je suis peintre*[5].

Rempli et pénétré de son objet, l'auteur de l'*Esprit des Lois* y embrasse un si grand nombre de matières et les traite avec tant de brièveté et de profondeur, qu'une lecture assidue et méditée peut seule faire sentir le mérite de ce livre. Elle servira surtout, nous osons le dire, à faire disparaître le prétendu défaut de méthode, dont quelques lecteurs ont accusé M. de Montesquieu; avantage qu'ils n'auraient pas dû le taxer légèrement d'avoir négligé

1. Cf. ici, p. 50.
2. Hobbes fit précéder son traité *de Cive* de considérations sur l'homme à l'état de nature. Cf. ici, p. 52 et 53.
3. Locke (cf. p. 199) ou les *Révolutions* de Vertot, et, d'une manière générale, tous les historiens.
4. Cf. ici, page 254.
5. Cf. ici, page 50. A cet endroit, d'Alembert place en note une analyse longue, exacte et claire de l'*Esprit des Lois*, que nous supprimons.

dans une matière philosophique et dans un ouvrage de vingt années. Il faut distinguer le désordre réel de celui qui n'est qu'apparent[1]. Le désordre est réel, quand l'analogie et la suite des idées n'est point observée ; quand les conclusions sont érigées en principes ou les précèdent ; quand le lecteur, après des détours sans nombre, se retrouve au point d'où il est parti. Le désordre n'est qu'apparent, quand l'auteur, mettant à leur véritable place les idées dont il fait usage, laisse à suppléer aux lecteurs les idées intermédiaires. Et c'est ainsi que M. de Montesquieu a cru pouvoir et devoir en user dans un livre destiné à des hommes qui pensent[2], dont le génie doit suppléer à des omissions volontaires et raisonnées.

L'ordre, qui se fait apercevoir dans les grandes parties de l'*Esprit des Lois*, ne règne pas moins dans les détails : nous croyons que, plus on approfondira l'ouvrage, plus on en sera convaincu. Fidèle à ses divisions générales, l'auteur rapporte à chacune les objets qui lui appartiennent exclusivement ; et à l'égard de ceux qui, par différentes branches, appartiennent à plusieurs divisions à la fois, il a placé sous chaque division la branche qui lui appartient en propre. Par là on aperçoit aisément, et sans confusion, l'influence que les différentes parties du sujet ont les unes sur les autres, comme, dans un arbre ou système bien entendu des connaissances humaines, on peut voir le rapport mutuel des sciences et des arts[3]. Cette comparaison d'ailleurs est d'autant plus juste, qu'il en est du plan qu'on peut se faire dans l'examen philosophique des lois, comme de l'ordre qu'on peut observer dans un arbre encyclopédique des sciences : il y restera toujours de l'arbitraire, et tout ce qu'on peut exiger de l'auteur, c'est

1. Il y a cependant un désordre, au moins apparent, à la fin de l'*Esprit des Lois*. Mais il est probable que cela tient surtout à ce que Montesquieu, au dernier moment, y a inséré des développements qui n'appartenaient pas à son plan primitif ; cf. ici, p. 44, n. 2.

2. Cf. page 92.

3. Allusion au tableau synoptique des connaissances humaines, placé en tête du t. I de l'*Encyclopédie*.

qu'il suive, sans détour et sans écart, le système qu'il s'est une fois formé.

Nous dirons, de l'obscurité que l'on peut se permettre dans un tel ouvrage, la même chose que du défaut d'ordre. Ce qui serait obscur pour les lecteurs vulgaires ne l'est pas pour ceux que l'auteur a eus en vue. D'ailleurs l'obscurité volontaire n'en est pas une. M. de Montesquieu ayant à présenter quelquefois des vérités importantes, dont l'énoncé absolu et direct aurait pu blesser sans fruit, a eu la prudence de les envelopper, et, par cet innocent artifice, les a voilées à ceux à qui elles seraient nuisibles, sans qu'elles fussent perdues pour les sages[1].

Parmi les ouvrages qui lui ont fourni des secours, et quelquefois des vues pour le sien, on voit qu'il a surtout profité des deux historiens qui ont pensé le plus, Tacite et Plutarque : mais, quoiqu'un philosophe qui a fait ces deux lectures soit dispensé de beaucoup d'autres, il n'avait pas cru devoir, en ce genre, rien négliger ni dédaigner de ce qui pouvait être utile à son objet. La lecture que suppose l'*Esprit des Lois* est immense[2] ; et l'usage raisonné que l'auteur a fait de cette multitude prodigieuse de matériaux paraîtra encore plus surprenant, quand on saura qu'il était presque entièrement privé de la vue et obligé d'avoir recours à des yeux étrangers[3]. Cette vaste

1. Allusion aux réticences et aux subterfuges auxquels Montesquieu eut souvent recours, dans l'*Esprit des Lois*, pour envelopper sa pensée. (Cf. pages 88, 85, 76 et bien d'autres.)

2. « Montesquieu a Rome et l'antiquité dans sa bibliothèque : il a la Turquie, la France et l'Angleterre sous les yeux, mais il a aussi les *Relations* des voyageurs, il a la collection des *Lettres édifiantes* : il voit les lois se faire et se défaire, les institutions changer avec les mœurs ; et de tout cela il a bien la prétention de tirer des conséquences, d'induire des principes qui soient vrais de l'avenir comme du présent et comme du passé, de dégager enfin des rapports fondés sur la « nature des choses » et qui participent de sa nécessité. » Brunetière, p. 101.

3. Pensée très touchante de Montesquieu : « J'avais conçu le dessein de donner plus d'étendue et de profondeur à quelques endroits de mon *Esprit* ; j'en suis devenu incapable. Mes lectures

lecture contribue non seulement à l'utilité, mais à l'agrément de l'ouvrage. Sans déroger à la majesté de son sujet, M. de Montesquieu sait en tempérer l'austérité, et procurer aux lecteurs des moments de repos, soit par des faits singuliers et peu connus, soit par des allusions délicates, soit par ces coups de pinceau énergiques et brillants qui peignent d'un seul trait les peuples et les hommes[1].

Enfin, car nous ne voulons pas jouer ici le rôle des commentateurs d'Homère, il y a sans doute des fautes dans l'*Esprit des Lois* comme il y en a dans tout ouvrage de génie, dont l'auteur a le premier osé se frayer des routes nouvelles. M. de Montesquieu a été parmi nous, pour l'étude des lois, ce que Descartes a été pour la philosophie[2] : il éclaire souvent, et se trompe quelquefois;

m'ont affaibli les yeux, et il me semble que ce qui me reste encore de lumière n'est que l'aurore du jour où ils se fermeront pour jamais. »

1. Cf. ici, page 105, etc. M. Brunetière nous donne, dans son appréciation de l'esprit de Montesquieu. la contre-partie du jugement de d'Alembert (p. 95). « Montesquieu a trop d'esprit. plus encore envie d'en avoir, et cet esprit n'est pas toujours du bon aloi ni du meilleur goût. C'est ainsi que, mêlés à des traits d'une ironie supérieure, le fameux chapitre sur l'*Esclavage des nègres* [p. 145] en contient quelques-uns qui ne sont guère que des plaisanteries de robin, ou qui sentent la province. » Mais, plus loin. M. Brunetière reconnaît l'avantage que la philosophie retira à ce que Montesquieu ait eu tant d'esprit (p. 106) : « Toutes ces considérations de droit public et de jurisprudence, enfouies jusque-là dans les livres savants et spéciaux, l'*Esprit des Lois*, pour la première fois, les faisait sortir de l'enceinte étroite des écoles, de l'ombre des bibliothèques, et les mettant à la portée de tous, accroissait ainsi le domaine de la littérature de toute une vaste province de celui de l'érudition. C'est ce que Descartes, avec son *Discours de la Méthode*, avait fait pour la philosophie, Pascal, pour la théologie, dans ses *Lettres provinciales*; et c'est ce que faisaient, vers le même temps que Montesquieu, Voltaire, pour l'histoire, dans son *Essai sur les mœurs*, et pour la science, Buffon, avec son *Histoire naturelle*. Les hommes du monde dans les salons, les femmes elles-mêmes à leur toilette, s'étonnèrent de se trouver si savants en politique, si avancés dans ces problèmes qu'on leur avait jusqu'alors enveloppés de tant de mystère, et comme défendus par tant de barrières. » Lire, sur les services rendus par Montesquieu à la science des lois, le livre de M. Durkheim, *Quid Secundatus politicae scientiae instituendae contulerit*, 1892.

2. Cf. le jugement de M. Brunetière, à la note précédente.

et en se trompant même, il instruit ceux qui savent lire. La nouvelle édition[1] qu'on prépare montrera, par les additions et les corrections qu'il y a faites, que, s'il est tombé de temps en temps, il a su le reconnaître et se relever. Par là, il acquerra du moins le droit à un nouvel examen, dans les endroits où il n'aura pas été de l'avis de ses censeurs. Peut-être même ce qu'il aura jugé le plus digne de correction leur a-t-il absolument échappé[2], tant l'envie de nuire est ordinairement aveugle.

Mais ce qui est à la portée de tout le monde dans l'*Esprit des Lois*, ce qui doit rendre l'auteur cher à toutes les nations, ce qui servirait même à couvrir des fautes plus grandes que les siennes, c'est l'esprit de citoyen qui l'a dicté[3]. L'amour du bien public, le désir de voir les hommes heureux, s'y montrent de toutes parts; et n'eût-il que ce mérite si rare et si précieux, il serait digne, par cet endroit seul, d'être la lecture des peuples et des rois. Nous voyons déjà, par une heureuse expérience, que les fruits de cet ouvrage ne se bornent pas, dans ses lecteurs, à des sentiments stériles. Quoique M. de Montesquieu ait peu survécu à la publication de l'*Esprit des Lois*, il a eu la satisfaction d'entrevoir les effets qu'il commence à produire parmi nous : l'amour naturel des Français pour leur patrie, tourné vers son véritable objet ; ce goût pour le commerce, pour l'agriculture et pour les arts utiles, qui se répand insensiblement dans notre nation[4] ; cette lumière

1. Cet éloge de Montesquieu fut mis en tête de l'édition de l'*Esprit des Lois* de 1758, édition « qui avait été faite sur les corrections de M. de Montesquieu lui-même ».

2. Cf. quelques-unes de ces corrections, ici, p. 44, n. 1; p. 128, n. 2, etc.

3. Ici, d'Alembert marque très nettement que Montesquieu, en écrivant l'*Esprit des Lois*, a voulu faire acte moins de philosophe et d'historien que de citoyen. Et M. Brunetière a raison d'accepter (p. 105), sur ce point, le témoignage de d'Alembert : « Montesquieu n'étudie donc point les lois pour elles-mêmes, ni surtout pour elles seules, mais surtout pour les leçons ou les exemples qu'on en peut tirer, et pour les applications prochaines, quand il les trouve bonnes, que l'on en pourrait faire à sa propre patrie. L'histoire naturelle des lois l'intéresse, mais son pays autant ou davantage, et le progrès, et l'humanité. »

4. Il y a une autre cause, bien plus réelle, à ce réveil de la France

générale sur les principes du gouvernement, qui rend les peuples plus attachés à ce qu'ils doivent aimer[1]. Ceux qui ont si indécemment attaqué cet ouvrage, lui doivent peut-être plus qu'ils ne s'imaginent. L'ingratitude, au reste, est le moindre reproche qu'on ait à leur faire. Ce n'est pas sans regret et sans honte pour notre siècle que nous allons les dévoiler : mais cette histoire importe trop à la gloire de M. de Montesquieu et à l'avantage de la philosophie, pour être passée sous silence. Puisse l'opprobre, qui couvre enfin ses ennemis, leur devenir salutaire !

A peine l'*Esprit des Lois* parut-il qu'il fut recherché avec empressement, sur la réputation de l'auteur; mais quoique M. de Montesquieu eût écrit pour le bien du peuple, il ne devait pas avoir le peuple pour juge : la profondeur de l'objet était une suite de son importance même. Cependant les traits qui étaient répandus dans l'ouvrage, et qui auraient été déplacés s'ils n'étaient pas nés du fond du sujet, persuadèrent à trop de personnes qu'il était écrit pour elles. On cherchait un livre agréable, et on ne trouvait qu'un livre utile, dont on ne pouvait d'ailleurs, sans quelque attention, saisir l'ensemble et les détails. On traita légèrement l'*Esprit des Lois*[2]; le titre

depuis 1748 : la conclusion de la paix, les progrès du commerce, la reconstitution de la fortune nationale. La période de 1748 à 1755 fut peut-être une des plus prospères de l'ancienne monarchie.

1. Cf. Voltaire, *Siècle de Louis XV*, chap. XLIII : « Les semences de la science du gouvernement ont germé de tout côté dans ce siècle jusqu'au fond des provinces. Une raison supérieure s'est fait entendre dans nos derniers jours, du pied des Pyrénées au nord de la France; la philosophie, en rendant l'esprit plus juste et en bannissant le ridicule de la parure recherchée, a rendu plus d'une province l'émule de la capitale. Les Académies ont rendu service en accoutumant les jeunes gens à la lecture et en excitant par des prix leur génie et leur émulation. »

2. M. de Montesquieu, disait-on, devait intituler son livre : DE L'ESPRIT SUR LES LOIS.] — Note de l'éd. de 1767. Le mot serait de Mme du Deffand. La Harpe, *XVIIIe siècle, Philosophie*, t. I, page 44, rapporte ce mot et ajoute : « J'ai assez connu Mme du Deffand pour assurer que cette femme qui avait de l'esprit naturel, et surtout de l'esprit de société, sans aucune instruction, n'était pas plus en état d'apprécier l'*Esprit des Lois* que capable de

même fut un sujet de plaisanterie; enfin, l'un des plus beaux monuments littéraires qui soient sortis de notre nation fut regardé d'abord par elle avec assez d'indifférence. Il fallut que les véritables juges eussent eu le temps de lire : bientôt ils ramenèrent la multitude, toujours prompte à changer d'avis. La partie du public qui enseigne dicta à la partie qui écoute ce qu'elle devait penser et dire, et le suffrage des hommes éclairés, joint aux échos qui le répétèrent, ne forma plus qu'une voix dans toute l'Europe.

Ce fut alors que les ennemis publics et secrets des lettres et de la philosophie (car elles en ont de ces deux espèces) réunirent leurs traits contre l'ouvrage. De là cette foule de brochures qui lui furent lancées de toutes parts, et que nous ne tirerons pas de l'oubli où elles sont déjà plongées[1]. Si leurs auteurs n'avaient pris de bonnes mesures pour être inconnus à la postérité, elle croirait que l'*Esprit des Lois* a été écrit au milieu d'un peuple de Barbares.

M. de Montesquieu méprisa sans peine les critiques ténébreuses de ces auteurs sans talent qui, soit par une jalousie qu'ils n'ont pas droit d'avoir, soit pour satisfaire la malignité du public qui aime la satire et la méprise, outragent ce qu'ils ne peuvent atteindre, et, plus odieux par le mal qu'ils veulent faire que redoutables par celui qu'ils font, ne réussissent pas même dans un genre d'écrire que sa facilité et son objet rendent également vil. Il mettait les ouvrages de cette espèce sur la même ligne que ces nouvelles hebdomadaires de l'Europe, dont

le lire : elle ne pouvait que le parcourir, pour en parler. » Il faut voir, chez Vian (p. 264 et suiv.), toutes les railleries dont le livre fut l'objet. « C'est le portefeuille d'un homme d'esprit », disait l'un, et l'autre : « L'*Esprit des Lois* est fait des épluchures du sien ».

1. Les attaques vinrent un peu des Jésuites, beaucoup des Jansénistes, et même des fermiers généraux, ces « traitants » que Montesquieu avait toujours fort maltraités. De 1749 à 1755, il parut au moins 26 brochures ou livres pour ou contre l'*Esprit des Lois*, et la mort de Montesquieu fut loin d'arrêter les polémiques.

les éloges sont sans autorité et les traits sans effet, que des lecteurs oisifs parcourent sans y ajouter foi et dans lesquelles les souverains sont insultés sans le savoir ou sans daigner s'en venger. Il ne fut pas aussi indifférent sur les principes d'irréligion qu'on l'accusa d'avoir semés dans l'*Esprit des Lois*. En méprisant de pareils reproches il aurait cru les mériter, et l'importance de l'objet lui ferma les yeux sur la valeur de ses adversaires. Ces hommes également dépourvus de zèle, et également empressés d'en faire paraître; également effrayés de la lumière que les lettres répandent, non au préjudice de la religion, mais à leur désavantage, avaient pris différentes formes pour lui porter atteinte. Les uns, par un stratagème aussi puéril que pusillanime, s'étaient écrit à eux-mêmes[1]; après l'avoir déchiré sous le masque de l'anonyme, s'étaient ensuite déchirés entre eux à son occasion[2]. M. de Montesquieu, quoique jaloux de les confondre, ne jugea pas à propos de perdre un temps précieux à les combattre les uns après les autres[3] : il se contenta de faire un exemple sur celui qui s'était le plus signalé par ses excès.

C'était l'auteur d'une feuille anonyme et périodique, qui croit avoir succédé à Pascal parce qu'il a succédé à ses opinions[4] : panégyriste d'ouvrages que personne ne lit, et apologiste de miracles[5] que l'autorité séculière a

1. Il faut faire une place à part, parmi ces écrits, à ceux de Voltaire : *Commentaires sur l'Esprit des Lois* et *Remerciements sincères à un homme charitable sur l'Esprit des Lois*, 1750 : celui-là, attaque assez sérieuse, ceux-ci, défense fort malicieuse de l'œuvre de Montesquieu.

2. Voyez la liste de ces pamphlets chez Vian. Il serait facile de la compléter.

3. Montesquieu, lettre à Cerati, 11 nov. 1749 : « Quant à mon livre de l'*Esprit des Lois*, j'entends quelques frelons qui bourdonnent autour de moi ; mais si les abeilles y cueillent un peu de miel, cela me suffit ; ce que vous m'en dites me fait un plaisir infini : il est bien agréable d'être approuvé des personnes que l'on aime. »

4. *Nouvelles ecclésiastiques* des 9 et 16 octobre 1749. C'était l'organe du parti janséniste. Montesquieu y était appelé (1749, p. 165) un « sectateur de la religion naturelle ».

5. Miracles du diacre Pâris et du cimetière de Saint-Médard.

fait cesser dès qu'elle l'a voulu; qui appelle impiété et scandale le peu d'intérêt que les gens de lettres prennent à ses querelles, et s'est aliéné, par une adresse digne de lui, la partie de la nation qu'il avait le plus d'intérêt à ménager. Les coups de ce redoutable athlète furent dignes des vues qui l'inspirèrent : il accusa M. de Montesquieu de spinozisme et de déisme (deux imputations incompatibles), d'avoir suivi le système de Pope[1] (dont il n'y avait pas un mot dans l'ouvrage); d'avoir cité Plutarque, qui n'est pas un auteur chrétien; de n'avoir point parlé du péché originel et de la grâce. Il prétendit enfin que l'*Esprit des Lois* était une production de la constitution *Unigenitus*[2] : idée qu'on nous soupçonnera peut-être de prêter par dérision au critique. Ceux qui ont connu M. de Montesquieu, l'ouvrage de Clément XI et le sien, peuvent juger par cette accusation de toutes les autres.

Le malheur de cet écrivain dut bien le décourager : il voulait perdre un sage par l'endroit le plus sensible à tout citoyen, il ne fit que lui procurer une nouvelle gloire, comme homme de lettres : la *Défense de l'Esprit des Lois* parut[3]. Cet ouvrage, par la modération, la vérité, la finesse de plaisanterie qui y règnent, doit être regardé comme un modèle en ce genre. M. de Montesquieu, chargé par son adversaire d'imputations atroces, pouvait le rendre odieux sans peine. il fit mieux, il le rendit ridicule. S'il faut tenir compte à l'agresseur d'un bien qu'il a fait sans le vouloir, nous lui devons une éternelle reconnaissance de nous avoir procuré ce chef-d'œuvre. Mais ce qui ajoute encore au mérite de ce morceau précieux, c'est que l'auteur s'y est peint lui-même sans y

1. Le déisme optimiste de Pope est exposé dans son *Essai sur l'homme* (1733) : « Connais-toi donc toi-même et ne te hasarde pas jusqu'à scruter Dieu : la véritable étude de l'humanité, c'est l'homme. »

2. C'est la bulle (sept. 1713) par laquelle le pape Clément XI condamna, à l'instigation de Louis XIV, 101 propositions tirées des doctrines jansénistes.

3. A Genève, en 1750, sans nom d'auteur. Cf. ici, p. 51.

penser : ceux qui l'ont connu croient l'entendre[1]; et la postérité s'assurera, en lisant sa *Défense*, que sa conversation n'était pas inférieure à ses écrits : éloge que bien peu de grands hommes ont mérité.

Une autre circonstance lui assure pleinement l'avantage dans cette dispute. Le critique, qui, pour preuve de son attachement à la religion, en déchire les ministres, accusait hautement le clergé de France, et surtout la Faculté de théologie, d'indifférence pour la cause de Dieu, en ce qu'ils ne proscrivaient pas authentiquement un si précieux ouvrage. La Faculté[2] était en droit de mépriser le reproche d'un écrivain sans aveu : mais il s'agissait de la religion; une délicatesse louable lui a fait prendre le parti d'examiner l'*Esprit des Lois*. Quoiqu'elle s'en occupe depuis plusieurs années, elle n'a rien prononcé jusqu'ici; et fût-il échappé à M. de Montesquieu quelques inadvertances légères, presque inévitables dans une carrière si vaste, l'attention longue et scrupuleuse qu'elles auraient demandée de la part du corps le plus éclairé de l'Église, prouverait au moins combien elles seraient excusables. Mais ce corps, plein de prudence, ne précipitera rien dans une si importante matière. Il connait les bornes de la raison et de la foi : il sait que l'ouvrage d'un homme de lettres ne doit point être examiné comme celui d'un théologien; que les mauvaises conséquences auxquelles une proposition peut donner lieu par des interprétations

1. *Défense*, p. 192 : « Avez-vous les meilleures intentions du monde : on vous forcera vous-même d'en douter. Vous ne pouvez plus être occupé à bien dire, quand vous êtes sans cesse effrayé de dire mal. On vient nous mettre un béguin sur la tête, pour nous dire à chaque mot : « Prenez garde de tomber : vous « voulez parler comme vous, je « veux que vous parliez comme « moi. » Va-t-on prendre l'essor, ils vous arrêtent par la manche. A-t-on de la force et de la vie, on vous l'ôte à coups d'épingle. Vous élevez-vous un peu, voilà des gens qui prennent leur pied ou leur toise, lèvent la tête, et vous crient de descendre pour vous mesurer. Il n'y a ni science ni littérature qui puisse résister à ce pédantisme. »

2. La Sorbonne nomma en effet des commissaires (1er août 1750) pour juger l'*Esprit des Lois*. Le jugement ne parait pas avoir été jamais prononcé.

odieuses, ne rendent point blâmable la proposition en elle-même; que d'ailleurs nous vivons dans un siècle malheureux, où les intérêts de la religion ont besoin d'être ménagés; et qu'on peut lui nuire auprès des simples, en répandant mal à propos, sur des génies du premier ordre, le soupçon d'incrédulité; qu'enfin, malgré cette accusation injuste, M. de Montesquieu fut toujours estimé, recherché et accueilli par tout ce que l'Église a de plus respectable et de plus grand. Eût-il conservé auprès des gens de bien la considération dont il jouissait, s'ils l'eussent regardé comme un écrivain dangereux?

Pendant que des insectes le tourmentaient dans son propre pays, l'Angleterre élevait un monument à sa gloire. En 1752, M. Dassier, célèbre par les médailles qu'il a frappées à l'honneur de plusieurs hommes illustres[1], vint de Londres à Paris pour frapper la sienne. M. de La Tour[2], cet artiste si supérieur par son talent et si estimable par son désintéressement et l'élévation de son âme, avait ardemment désiré de donner un nouveau lustre à son pinceau en transmettant à la postérité le portrait de l'auteur de l'*Esprit des Lois*; il ne voulait que la satisfaction de le peindre; et il méritait, comme Apelle, que cet honneur lui fût réservé; mais M. de Montesquieu, d'autant plus avare du temps de M de La Tour que celui-ci en était plus prodigue, se refusa constamment et poliment à ses pressantes sollicitations. M. Dassier essuya d'abord des difficultés semblables. « Croyez-vous », dit-il enfin à M. de Montesquieu, « qu'il n'y ait pas autant d'orgueil à refuser ma proposition qu'à l'accepter? » Désarmé par cette plaisanterie, il laissa faire à M. Dassier tout ce qu'il voulut[3].

1. Dassier (1715-1759), un des graveurs en médailles les plus célèbres du XVIIIe siècle, né à Genève, attaché à la Monnaie de Londres.

2. Il s'agit de Quentin de Latour, le grand portraitiste et pastelliste.

3. Cette médaille a été souvent reproduite et c'est bien le seul portrait de Montesquieu fait d'après l'original. On en trouvera la reproduction en tête du livre de M. Sorel.

L'auteur de l'*Esprit des Lois* jouissait enfin paisiblement de sa gloire, lorsqu'il tomba malade au commencement de février. Sa santé, naturellement délicate, commençait à s'altérer depuis longtemps, par l'effet lent et presque infaillible des études profondes; par les chagrins qu'on avait cherché à lui susciter sur son ouvrage; enfin, par le genre de vie qu'on le forçait de mener à Paris, et qu'il sentait lui être funeste[1]. Mais l'empressement avec lequel on recherchait sa société était trop vif pour n'être pas quelquefois indiscret: on voulait, sans s'en apercevoir, jouir de lui aux dépens de lui-même. A peine la nouvelle du danger où il était se fut-elle répandue, qu'elle devint l'objet des conversations et de l'inquiétude publique[2]. Sa maison ne désemplissait point de personnes de tout rang qui venaient s'informer de son état, les unes par un intérêt véritable, les autres pour s'en donner l'apparence, ou pour suivre la foule. Sa Majesté, pénétrée de la perte que son royaume allait faire, en demanda plusieurs fois des nouvelles : témoignage de bonté et de justice qui n'honore pas moins le monarque que le sujet. La fin de M. de Montesquieu ne fut point indigne de sa vie. Accablé de douleurs cruelles, éloigné d'une famille à qui il était cher, et qui n'a pas eu la consolation de lui fermer les yeux, entouré de quelques amis et d'un plus grand nombre de spectateurs, il conserva jusqu'au dernier moment la paix et l'égalité de son âme. Enfin, après avoir satisfait avec décence à tous ses devoirs[3], plein de confiance en l'Être éternel auquel il allait se rejoindre, il mourut avec la tranquillité d'un homme de bien, qui n'avait jamais consacré ses talents qu'à l'avantage de la vertu et de l'humanité. La France et l'Europe le perdirent le 10 février 1755, à l'âge de soixante-six ans révolus.

1. Pensée de Montesquieu : « Le souper tue la moitié de Paris; le dîner l'autre. »

2. Dernier voyage à Paris, décembre 1754.

3. Montesquieu se fit assister par un vieil ami, le jésuite Castel, le même qui avait revu les épreuves des *Considérations* (cf. notre édition, p. XVII).

Toutes les nouvelles publiques ont annoncé cet événement comme une calamité. On pourrait appliquer à M. de Montesquieu ce qui a été dit autrefois d'un illustre Romain : que personne en apprenant sa mort n'en témoigna de joie, que personne même ne l'oublia dès qu'il ne fut plus[1]. Les étrangers s'empressèrent de faire éclater leurs regrets, et milord Chesterfield, qu'il suffit de nommer, fit imprimer dans un des papiers publics de Londres un article en son honneur, article digne de l'un et de l'autre : c'est le portrait d'Anaxagore, tracé par Périclès[2]. L'Académie royale des sciences et des belles-lettres de Prusse, quoiqu'on n'y soit point dans l'usage de prononcer l'éloge des associés étrangers, a cru devoir lui faire cet honneur, qu'elle n'a fait encore qu'à l'illustre Jean Bernoulli. M. de Maupertuis, tout malade qu'il était, a rendu lui-même à son ami ce dernier devoir, et n'a voulu se reposer sur personne d'un soin si cher et si triste[3]. A tant de suffrages éclatants en faveur de M. de Montesquieu, nous croyons pouvoir joindre, sans indiscrétion, les éloges que lui a donnés, en présence de l'un de

1. Agricola, Tacite, XLIII : *Nec quisquam,audita morte,aut laetatus aut statim oblitus est.*

2. Voici cet éloge en anglais, tel qu'on le lit dans la gazette appelée *Evening-Post* ou *poste du soir* : *On the* 10th, etc., c'est-à-dire : « Le 10 de février, est mort à Paris, universellement et sincèrement regretté, Charles de Secondat, baron de Montesquieu, président à mortier du Parlement de Bordeaux. Ses vertus ont fait honneur à la nature humaine : ses écrits lui ont rendu et fait rendre justice. Ami de l'humanité, il en soutient avec force et avec vérité les droits indubitables et inaliénables. Il l'ose surtout dans son propre pays, dont les préjugés en matière de religion et de gouvernement ont excité pendant longtemps ses gémissements. Il entreprend de les détruire et ses efforts ont eu quelque succès (il faut se ressouvenir que c'est un Anglais qui parle). Il connaissait parfaitement bien et admirait avec justice l'heureux gouvernement de ce pays, dont les lois, fixes et connues, sont un frein contre la monarchie qui tendrait à la tyrannie et contre la liberté qui dégénérerait en licence. Ses ouvrages rendront son nom célèbre, et lui survivront aussi longtemps que la droite raison, les obligations morales, et le vrai esprit des lois seront entendus, respectés et conservés. »]

3. *Eloge de Montesquieu* par Maupertuis, à l'Académie de Berlin, le 6 juin 1755 (réimprimé par Laboulaye, tome I des *Œuvres*).

nous, le monarque même auquel cette académie célèbre doit son lustre, prince fait pour sentir les pertes de la philosophie et pour l'en consoler[1].

Le 17 février, l'Académie française lui fit, selon l'usage, un service solennel, auquel, malgré la rigueur de la saison, presque tous les gens de lettres de ce corps qui n'étaient point absents de Paris se firent un devoir d'assister. On aurait dû, dans cette triste cérémonie, placer l'*Esprit des Lois* sur son cercueil, comme on exposa autrefois, vis-à-vis le cercueil de Raphaël, son dernier tableau de la Transfiguration. Cet appareil simple et touchant eût été une belle oraison funèbre.

Jusqu'ici nous n'avons considéré M. de Montesquieu que comme écrivain et philosophe. Ce serait lui dérober la moitié de sa gloire que de passer sous silence ses agréments et ses qualités personnelles.

Il était, dans le commerce, d'une douceur et d'une gaieté toujours égales. Sa conversation était légère, agréable et instructive, par le grand nombre d'hommes et de peuples qu'il avait connus. Elle était coupée, comme son style, pleine de sel et de saillies, sans amertume et sans satire. Personne ne racontait plus vivement, plus promptement, avec plus de grâce et moins d'apprêt. Il savait que la fin d'une histoire plaisante en est toujours le but; il se hâtait donc d'y arriver, et produisait l'effet sans l'avoir promis[2].

Ses fréquentes distractions ne le rendaient que plus aimable[3]; il en sortait toujours par quelque trait inattendu, qui réveillait la conversation languissante : d'ailleurs, elles n'étaient jamais ni jouées, ni choquantes, ni importunes. Le feu de son esprit, le grand nombre d'idées dont

1. Frédéric II.

2. Pensées de Montesquieu : « J'aime les maisons où je puis me tirer d'affaire avec mon esprit de tous les jours.... Rien ne m'amuse plus que de voir un conteur ennuyeux faire une histoire circonstanciée sans quartier : je ne suis pas attentif à l'histoire, mais à la manière de la faire. »

3. Pensée de Montesquieu :pour n'ai pas été fâché de passer « Je

il était plein, les faisaient naître; mais il n'y tombait jamais au milieu d'un entretien intéressant ou sérieux : le désir de plaire à ceux avec qui il se trouvait, le rendait alors à eux sans affectation et sans effort[1].

Les agréments de son commerce tenaient non seulement à son caractère et à son esprit, mais à l'espèce de régime qu'il observait dans l'étude. Quoique capable d'une méditation profonde et longtemps soutenue, il n'épuisait jamais ses forces; il quittait toujours le travail avant que d'en ressentir la moindre impression de fatigue.

Il était sensible à la gloire, mais il ne voulait y parvenir qu'en la méritant. Jamais il n'a cherché à augmenter la sienne par ces manœuvres sourdes, par ces voies obscures et honteuses qui déshonorent la personne sans ajouter au nom de l'auteur.

Digne de toutes les distinctions et de toutes les récompenses, il ne demandait rien, et ne s'étonnait point d'être oublié : mais il a osé, même dans des circonstances délicates, protéger à la cour des hommes de lettres persécutés, célèbres et malheureux, et leur a obtenu des grâces[2].

Quoiqu'il vécût avec les grands, soit par nécessité, soit par convenance, soit par goût, leur société n'était pas nécessaire à son bonheur. Il fuyait, dès qu'il le pouvait, à sa terre[3] : il y retrouvait avec joie sa philosophie, ses livres, et le repos. Entouré de gens de la campagne dans ses heures de loisir, après avoir étudié l'homme dans le commerce du monde et dans l'histoire des nations, il l'étudiait encore dans ces âmes simples que la nature seule a instruites, et y trouvait à apprendre : il conversait gaiement avec eux; il leur cherchait de l'esprit, comme Socrate; il

distrait : cela m'a fait hasarder bien des négligences qui m'auraient embarrassé. »

1. *Ibid.* : « Ceux qui m'ont connu savent que, dans mes conversations, je ne cherchais pas trop à paraître bel esprit, et que j'avais assez le talent de prendre la langue de ceux avec lesquels je vivais. »

2. Cf. p. 340.

3. A La Brède, cf. p. 342. Pensée de Montesquieu : « Quand j'ai été dans le monde, je l'ai aimé comme si je ne pouvais souffrir la retraite; quand j'ai été dans mes terres, je n'ai plus songé au monde. »

paraissait se plaire autant dans leur entretien que dans les sociétés les plus brillantes, surtout quand il terminait leurs différends et soulageait leurs peines par ses bienfaits[1].

Rien n'honore plus sa mémoire que l'économie avec laquelle il vivait[2], et qu'on a osé trouver excessive, dans un monde avare[3] et fastueux, peu fait pour en pénétrer les motifs, et encore moins pour les sentir. Bienfaisant, et par conséquent juste, M. de Montesquieu ne voulait rien prendre sur sa famille, ni des secours qu'il donnait aux malheureux ni des dépenses considérables auxquelles ses longs voyages, la faiblesse de sa vue et l'impression de ses ouvrages l'avaient obligé. Il a transmis à ses enfants, sans diminution ni augmentation, l'héritage qu'il avait reçu de ses pères : il n'y a rien ajouté que la gloire de son nom et l'exemple de sa vie.

Il avait épousé, en 1715, demoiselle Jeanne de Lartigue, fille de Pierre de Lartigue, lieutenant-colonel au régiment de Maulévrier : il en a eu deux filles et un fils qui, par son caractère, ses mœurs et ses ouvrages, s'est montré digne d'un tel père.

Ceux qui aiment la vérité et la patrie ne seront pas fâchés de trouver ici quelques-unes de ses maximes. — Il pensait que chaque portion de l'État doit être également soumise aux lois, mais que les priviléges de chaque portion de l'État doivent être respectés, lorsque leurs effets n'ont rien de contraire au droit naturel, qui oblige tous

1. Baurein (*Variétés bordelaises*, t. III, p. 11) dit de Montesquieu, qu'il a connu à La Brède même : « Il chérit toujours ses tenanciers, et je lui ai ouï dire quelquefois, qu'une de ses jouissances les plus pures était de les revoir. On le devinait aisément à l'air de satisfaction qui se peignait sur son visage chaque fois qu'il revenait de Paris. Il s'informait des détails de leurs affaires, de leurs besoins, de leurs querelles, en père tendre, et ne leur parlait jamais qu'en gascon, en les appelant par leurs noms. » Cf. p. 331.

2. Pensée de Montesquieu : « Je ne sache pas encore avoir dépensé quatre louis par air, ni fait une visite par intérêt. Dans ce que j'entreprenais, je n'employais que la prudence commune, et j'agissais moins pour ne pas manquer les affaires que pour ne pas manquer aux affaires. »

3. Avide.

les citoyens à concourir également au bien public; que la possession ancienne était, en ce genre, le premier des titres et le plus inviolable des droits, qu'il était toujours injuste et quelquefois dangereux de vouloir ébranler;

Que les magistrats, dans quelque circonstance et pour quelque grand intérêt de corps que ce puisse être, ne doivent jamais être que magistrats, sans parti et sans passion, comme les lois, qui absolvent et punissent sans aimer ni haïr.

Il disait, enfin, à l'occasion des disputes ecclésiastiques qui ont tant occupé les empereurs et les chrétiens grecs, que les querelles théologiques, lorsqu'elles cessent d'être renfermées dans les écoles, déshonorent infailliblement une nation aux yeux des autres[1] : en effet, le mépris même des sages pour ces querelles ne la justifie pas, parce que les sages faisant partout le moins de bruit et le plus petit nombre, ce n'est jamais sur eux qu'une nation est jugée[2].

L'importance des ouvrages dont nous avons eu à parler dans cet éloge, nous en a fait passer sous silence de moins considérables, qui servaient à l'auteur comme de délassement, et qui auraient suffi pour l'éloge d'un autre. Le plus remarquable est le *Temple de Gnide*[3], qui suivit d'assez près les *Lettres Persanes*. M. de Montesquieu, après avoir été, dans celles-ci, Horace, Théophraste et Lucien, fut Ovide et Anacréon dans ce nouvel essai. Ce n'est plus l'amour despotique de l'Orient qu'il se propose de peindre;

1. *Considérations*, p. 257. Et Montesquieu faisait allusion aux querelles suscitées par la bulle *Unigenitus*.

2. Il disait qu'il y avait très peu de choses vraies dans le livre de l'abbé Dubos sur l'*Etablissement de la Monarchie française dans les Gaules*, et qu'il en aurait fait une réfutation suivie, s'il ne lui avait fallu le relire une troisième ou une quatrième fois; ce qu'il regardait comme le plus grand des supplices.] — Note de l'éd. de 1767. Cf. p. 229. Dubos était cependant un homme d'une haute valeur scientifique, très expert dans la lecture et l'analyse des textes.

3. Paru sans nom d'auteur en 1724, dans la *Bibliothèque française* d'Amsterdam, à part à Paris en 1725. L'ouvrage fut composé pour les salons du duc de Bourbon à Chantilly.

c'est la délicatesse et la naïveté de l'amour pastoral, tel qu'il est dans une âme neuve que le commerce des hommes n'a point encore corrompue. L'auteur, craignant peut-être qu'un tableau si étranger à nos mœurs ne parût trop languissant et trop uniforme, a cherché à l'animer par les peintures les plus riantes. Il transporte le lecteur dans des lieux enchantés, dont, à la vérité, le spectacle intéresse peu l'amant heureux, mais dont la description flatte encore l'imagination, quand les désirs sont satisfaits. Emporté par son sujet, il a répandu dans sa prose ce style animé, figuré et poétique, dont le roman de *Télémaque* a fourni parmi nous le premier modèle[1]. Nous ignorons pourquoi quelques censeurs du *Temple de Gnide* ont dit, à cette occasion, qu'il aurait eu besoin d'être en vers. Le style poétique, si on entend, comme on le doit, par ce mot, un style plein de chaleur et d'images, n'a pas besoin, pour être agréable, de la marche uniforme et cadencée de la versification ; mais si on ne fait consister ce style que dans une diction chargée d'épithètes oisives[2], dans les peintures froides et triviales des ailes et du carquois de l'Amour et de semblables objets, la versification n'ajoutera presque aucun mérite à ces ornements usés : on y cherchera toujours en vain l'âme et la vie. Quoi qu'il en soit, le *Temple de Gnide* étant une espèce de poème en prose, c'est à nos écrivains les plus célèbres en ce genre à fixer le rang qu'il doit occuper; il mérite de pareils juges. Nous croyons, du moins, que les peintures de cet ouvrage soutiendraient avec succès une des principales épreuves des descriptions poétiques, celle de les représenter sur la toile. Mais ce qu'on doit surtout remarquer dans le *Temple de Gnide*, c'est qu'Anacréon même y est toujours observateur et philosophe. Dans le quatrième chant, il paraît décrire les mœurs des Sybarites, et on s'aperçoit aisément que ces mœurs sont

1. Montesquieu avait pour le *Télémaque* une prédilection particulière : cf. ce qu'il en dit, p. 295, n. 1.

2. Oiseuses.

les nôtres. La préface porte surtout l'empreinte de l'auteur des *Lettres Persanes.* En présentant le *Temple de Gnide* comme la traduction d'un manuscrit grec, plaisanterie défigurée depuis par tant de mauvais copistes, il en prend occasion de peindre, d'un trait de plume, l'ineptie des critiques et le pédantisme des traducteurs, et finit par ces paroles dignes d'être rapportées[1] : « Si les gens graves désiraient de moi quelque ouvrage moins frivole, je suis en état de les satisfaire. Il y a trente ans que je travaille à un livre de douze pages, qui doit contenir tout ce que nous savons sur la métaphysique, la politique et la morale, et tout ce que de très grands auteurs ont oublié dans les volumes qu'ils ont donnés sur ces sciences-là[2]. »

Nous regardons comme une des plus honorables récompenses de notre travail l'intérêt particulier que M. de Montesquieu prenait à ce Dictionnaire, dont toutes les ressources ont été jusqu'à présent dans le courage et l'émulation de ses auteurs. Tous les gens de lettres, selon lui, devaient s'empresser de concourir à l'exécution de cette

1. Ce n'est là qu'une plaisanterie de Montesquieu. Voici le début du *Temple de Gnide* : « Vénus préfère le séjour de Gnide à celui de Paphos et d'Amathonte. Elle ne descend point de l'Olympe sans venir parmi les Gnidiens. Elle a tellement accoutumé ce peuple heureux à sa vue, qu'il ne sent plus cette horreur sacrée qu'inspire la présence des dieux. Quelquefois elle se couvre d'un nuage, et on la reconnaît à l'odeur divine qui sort de ses cheveux parfumés d'ambroisie.

« La ville est au milieu d'une contrée sur laquelle les dieux ont versé leurs bienfaits à pleines mains. On y jouit d'un printemps éternel ; la terre, heureusement fertile, prévient tous les souhaits ; les troupeaux y paissent sans nombre ; les vents semblent n'y régner que pour répandre partout l'esprit des fleurs ; les oiseaux y chantent sans cesse : vous diriez que les bois sont harmonieux ; les ruisseaux murmurent dans les plaines ; une chaleur douce fait tout éclore. »

2. A ces quatre principaux ouvrages, il faut ajouter (sans parler de l'*Essai sur le goût*) : 1° Le *Dialogue de Sylla et d'Eucrate*, paru en 1745 (cf. p. 307) ; 2° *Lysimaque*, donné en décembre 1754 par le *Mercure de France* (cf. *Consid.*, p. 15) ; 3° *Le Voyage à Paphos*, dans le *Mercure de France* de 1727 (n'est peut-être pas de Montesquieu). Et, parmi les œuvres manuscrites, trouvées en assez grand nombre dans ses cartons : 4° *Arsace et Isménie, histoire orientale*, parue en 1783 ; 5° La *Politique des Romains dans la Religion*, 1716 (édit. Laboulaye, t. II, p. 359 ; cf. *Considérations*, p. XI) ; 6° ses mémoires

entreprise utile. Il en a donné l'exemple, avec M. de Voltaire et plusieurs autres écrivains célèbres. Peut-être les traverses que cet ouvrage a essuyées, et qui lui rappelaient les siennes propres, l'intéressaient-elles en notre faveur. Peut-être était-il sensible, sans s'en apercevoir, à la justice que nous avions osé lui rendre dans le premier volume de l'Encyclopédie[1], lorsque personne n'osait encore élever sa voix pour le défendre. Il nous destinait un article sur *le goût*, qui a été trouvé imparfait dans ses papiers : nous le donnerons en cet état au public[2], et nous le traiterons avec le même respect que l'antiquité témoigna autrefois pour les dernières paroles de Sénèque[3]. La mort l'a empêché d'étendre plus loin ses bienfaits à notre égard; et en joignant nos propres regrets à ceux de l'Europe entière, nous pourrions écrire sur son tombeau :

Finis vitae ejus nobis luctuosus, PATRIAE tristis, extraneis etiam ignotisque non sine cura fuit.

Tacit. *in Agricol.* c. XLIII.

de sciences lus à l'Académie de Bordeaux (cf. p. 5; édit. Laboulaye, t. VII); 7° ses discours académiques ou officiels (*ibid.*, t. VII); 8° deux opuscules, *Réflexion sur la Monarchie universelle en Europe*, et *de la Considération et de la Réputation*, publiés en 1891 par les soins de MM. de Montesquieu; 9° douze autres opuscules d'histoire, de morale ou de fantaisie publiés par les soins des mêmes, avec la collaboration de MM. Barckhausen, Céleste et Dezeimeris (1892, *Mélanges inédits* de Montesquieu, cf. ici, p. 317); 10° quelques poésies légères; 11° le journal de ses voyages (une partie, faite sur un manuscrit aujourd'hui non retrouvé, a paru en 1818 sous le titre de *Notes sur l'Angleterre*; le ms. des voyages sur le continent est en cours d'impression; t. Ier, 1894, t. II, 1896; cf. page 13); 12° les *Pensées* (des extraits ont paru déjà, cf. ici, p. 329); 13° la *Correspondance* (cf. ici, p. 337); 14° notes, corrections, et dossiers relatifs aux *Lettres Persanes*, aux *Considérations* et à l'*Esprit des Lois*.

1. *Encyclopédie*, t. I : d'Alembert, *Discours*, p. XXXII : « Un écrivain judicieux, aussi bon citoyen que grand philosophe, nous a donné, sur les principes des lois, un ouvrage décrié par quelques Français et estimé de toute l'Europe. »

2. Dans le tome VII, paru en 1757.

3. Tacite, *Annales*, XV, LXIII : *Invertere supersideo* (les paroles de Sénèque).

DE L'ESPRIT DES LOIS[1]

1748

PRINCIPAUX MORCEAUX

Plan de l'ouvrage[2].

I. Des lois en général[3].
II. Des lois qui dérivent directement de la nature du gouvernement.
III. Des principes des trois gouvernements.

1. Sur l'*Esprit des Lois*, cf. ici de la p. 21 à la p. 31 de l'*Éloge de Montesquieu*. Voici le titre complet du livre, dans les éditions originales : « DE L'ESPRIT DES LOIX, OU DU RAPPORT QUE LES LOIX DOIVENT AVOIR AVEC LA CONSTITUTION DE CHAQUE GOUVERNEMENT, LES MOEURS, LE CLIMAT, LA RELIGION, LE COMMERCE, ETC. *à quoi l'auteur a ajouté* des Recherches nouvelles sur les Loix Romaines touchant les Successions, sur les Loix Françoises, et sur les Loix Féodales. » (Cf. plus loin, p. 44, n. 2.) En tête du premier tome se trouve l'épigraphe : « .... *prolem sine matre creatam*. Ovid. » Ovide, *Métamorphoses*, II, v. 553, emploie cette expression à propos d'Erichtonius, né de Vulcain sans conception maternelle : cf. Ovide, *Tristes*, III, XIV, 13 : *Palladis exemplo de me sine matre creata carmina sunt.* Montesquieu veut dire par là qu'il a fourni à l'*Esprit des Lois* et la forme et le fonds, qu'il n'a dû à aucun ouvrage antérieur le cadre, le plan ou l'idée de son livre.

2. Voyez page 56 la manière dont Montesquieu analyse et définit lui-même son ouvrage.

3. Tous ces titres des trente et un livres dont se compose l'*Esprit des Lois* ont été donnés par Montesquieu. Nous les réunissons ici pour que l'on puisse se rendre compte des matières traitées par l'auteur et de ses procédés de composition. Les livres sont sub-

IV. Que les lois de l'éducation doivent être relatives aux principes du gouvernement.

V. Que les lois que le législateur donne doivent être relatives au principe du gouvernement.

VI. Conséquences des principes des divers gouvernements, par rapport à la simplicité des lois civiles et criminelles, la forme des jugements et l'établissement des peines.

VII. Conséquences des différents principes des trois gouvernements, par rapport aux lois somptuaires, au luxe et à la condition des femmes.

VIII. De la corruption des principes des trois gouvernements.

IX. Des lois, dans le rapport qu'elles ont avec la force défensive.

X. Des lois, dans le rapport qu'elles ont avec la force offensive.

XI. Des lois qui forment la liberté politique dans son rapport avec la constitution.

XII. Des lois qui forment la liberté politique dans son rapport avec le citoyen.

XIII. Des rapports que la levée des tributs et la grandeur des revenus publics ont avec la liberté.

XIV. Des lois dans le rapport qu'elles ont avec la nature du climat[1].

XV. Comment les lois de l'esclavage civil ont du rapport avec la nature du climat.

divisés en chapitres, de dimensions très variables, et auxquels Montesquieu a donné des titres distincts. Voici, comme spécimen, les titres des chapitres du livre XIV : « I. Idée générale. — II. Combien les hommes sont différents dans les divers climats. — III. Contradiction dans les caractères de certains peuples du Midi. — IV. Cause de l'immutabilité de la religion, des mœurs, des manières, des lois, dans les pays d'Orient. — V. Que les mauvais législateurs sont ceux qui ont favorisé les vices du climat, et les bons sont ceux qui s'y sont opposés. — VI. De la culture des terres dans les climats chauds. — VII Du monachisme. — VIII. Bonne coutume de la Chine. — IX. Moyens d'encourager l'industrie. — X. Des lois qui ont rapport à la sobriété des peuples. — XI. Des lois qui ont du rapport aux maladies du climat. — XII. Des lois contre ceux qui se tuent eux-mêmes. — XIII. Effets qui résultent du climat d'Angleterre. — XIV. Autres effets du climat. — XV. De la différente confiance que les lois ont dans le peuple, selon les climats. »

1. Cf. note précédente.

XVI. Comment les lois de l'esclavage domestique ont du rapport avec la nature du climat.

XVII. Comment les lois de la servitude politique ont du rapport avec la nature du climat.

XVIII. Des lois, dans le rapport qu'elles ont avec la nature du terrain.

XIX. Des lois, dans le rapport qu'elles ont avec les principes qui forment l'esprit général, les mœurs et les manières d'une nation.

XX[1]. Des lois, dans le rapport qu'elles ont avec le commerce, considéré dans sa nature et ses distinctions.

1. L'*Esprit des Lois* parut en 2 vol. in-4° à Genève : c'est par ce livre XX que commençait le tome II. Comme épigraphe de ce tome, Montesquieu avait mis ce mot de Virgile (*Enéide*, I, 741) : *Docuit quae maximus Atlas*. Et à la tête de ce même volume, il voulait imprimer cette invocation aux Muses :

« Vierges du mont Piérie*, entendez-vous le nom que je vous donne? Inspirez-moi. Je cours une longue carrière; je suis accablé de tristesse et d'ennui. Mettez dans mon esprit ce charme et cette douceur que je sentais autrefois, et qui fuit loin de moi. Vous n'êtes jamais si divines que quand vous menez à la sagesse et à la vérité par le plaisir.

« Mais si vous ne voulez point adoucir la rigueur de mes travaux, cachez le travail même; faites qu'on soit instruit et que je n'enseigne pas; que je réfléchisse et que je paraisse sentir; et lorsque j'annoncerai des choses nouvelles, faites qu'on croie que je ne savais rien, et que vous m'avez tout dit.

« Quand les eaux de votre fontaine sortent du rocher que vous aimez, elles ne montent point dans les airs pour retomber; elles coulent dans la prairie; elles font vos délices, parce qu'elles font les délices des bergers.

« Muses charmantes, si vous portez sur moi un seul de vos regards, tout le monde lira mon ouvrage; et ce qui ne saurait être un amusement sera un plaisir.

« Divines Muses, je sens que vous m'inspirez, non pas ce qu'on chante à Tempé sur les chalumeaux, ou ce qu'on répète à Délos sur la lyre : vous voulez que je parle à la raison; elle est le plus parfait, le plus noble et le plus exquis des sens. »

Le pasteur genevois Jacob Vernet, qui s'était chargé de revoir les épreuves de l'*Esprit des Lois*, pensant que ce morceau y serait déplacé, engagea Montesquieu à le supprimer. Il en reçut la réponse suivante, qui caractérise bien les procédés de composition de Montesquieu : « A l'égard de l'*Invocation aux Muses*, elle a contre elle que c'est une chose singulière dans cet ouvrage, et qu'on n'a point encore faite; mais quand une chose singulière est bonne en elle-même, il ne faut pas la rejeter pour la singularité, qui devient elle-même une raison de succès; et il n'y a point d'ouvrage où il faille plus songer à délasser le lecteur que dans celui-ci, à cause de la longueur et de la pesanteur des matières. »

Cependant Montesquieu changea

* « ..... *Narrate, puellae Pierides : prosit mihi vos dixisse puellas.* Juv., sat. IV, v. 35-36. »

XXI. Des lois, dans le rapport qu'elles ont avec le commerce, considéré dans les révolutions qu'il a eues dans le monde.

XXII. Des lois, dans le rapport qu'elles ont avec l'usage de la monnaie.

XXIII. Des lois, dans le rapport qu'elles ont avec le nombre des habitants.

XXIV. Des lois, dans le rapport qu'elles ont avec la religion établie dans chaque pays, considérée dans ses pratiques et en elle-même[1].

XXV. Des lois, dans le rapport qu'elles ont avec l'établissement de la religion et sa police extérieure.

XXVI. Des lois, dans le rapport qu'elles doivent avoir dans l'ordre des choses sur lesquelles elles statuent[2].

de résolution, et quelques jours après il écrivit à son éditeur : « J'ai été incertain, au sujet de l'*Invocation*, entre un de mes amis qui voulait qu'on la laissât, et vous qui vouliez qu'on l'ôtât. Je me range à votre avis, et bien fermement, et vous prie de ne la pas mettre. »

Tous ces détails nous sont conservés dans le *Mémoire historique sur la vie et les ouvrages de Jacob Vernet*, imprimé à Genève en 1790.

Plus que dans n'importe quel de ses ouvrages, Montesquieu s'est laissé aller, dans l'*Esprit des Lois*, à ces réminiscences classiques, poétiques et mythologiques. C'était un de ces nombreux artifices dont il usait pour tenir en éveil l'esprit de es lecteurs.

1. L'édition primitive donnait comme titre à ce livre : « Des lois, dans le rapport qu'elles ont avec la religion, considérée dans ses dogmes et en elle-même. » On comprend l'importance de l'addition et du changement apportés par Montesquieu.

2. L'ordre de tous ces livres est celui que Montesquieu a donné dès la première édition. Il est également celui que nous constatons dans le manuscrit de l'*Esprit des Lois* (conservé à La Brède et écrit par son secrétaire). Jusqu'au livre XXVI, l'enchaînement des idées se suit parfaitement. Après ce livre, devait venir, comme suite et comme conclusion naturelle de l'ouvrage tout entier, le livre XXIX (*sur la manière de composer les lois*). Les livres XXVII, XXVIII, XXX et XXXI ne sont que des digressions historiques, ajoutées après coup par Montesquieu : ce qui me paraît le prouver, c'est précisément le titre de l'*Esprit des Lois*, « a quoi l'auteur a ajouté, etc. » (cf. p. 41, n. 1). Si l'on rapproche de ce sous-titre le fait que le tome Ier de l'*Esprit des Lois* était complètement imprimé avant que Montesquieu n'eût achevé les livres XXVII, XXX et XXXI et n'eût même décidé s'il les imprimerait (cf. la note suivante), on sera presque convaincu qu'ils n'appartiennent pas au plan primitif de l'ouvrage. D'Alembert, dans l'analyse qu'il a faite de l'*Esprit des Lois*, donne une autre explication de ces quatre livres, que j'appellerais volontiers intrus : « Montesquieu, pour montrer, par des exemples, l'application de ses principes, a choisi deux différents peuples, le plus célèbre de la

XXVII. De l'origine et des révolutions des lois des Romains sur les successions.

XXVIII. De l'origine et des révolutions des lois civiles chez les Français[1].

XXIX. De la manière de composer les lois[2].

XXX. Théorie des lois féodales chez les Francs, dans le rapport qu'elles ont avec l'établissement de la monarchie.

XXXI. Théorie des lois féodales chez les Francs, dans le rapport qu'elles ont avec les révolutions de leur monarchie[3].

terre, et celui dont l'histoire nous intéresse le plus, les Romains et les Français. »

1. Montesquieu écrivait, le 18 mars 1748, à Mgr Cerati :

« A l'égard de mon ouvrage, je vous dirai mon secret : on l'imprime dans les pays étrangers. Je continue à vous dire ceci dans un grand secret, : il aura deux volumes in-4°, dont il y en a un d'imprimé [jusqu'au livre XX, cf. p. 45, n. 1]; mais on ne le débitera que lorsque l'autre sera fait : sitôt qu'on le débitera, vous en aurez un, que je mettrai entre vos mains, comme l'hommage que je vous fais de mes terres. J'ai pensé me tuer depuis trois mois, afin d'achever un morceau que je veux y mettre, qui sera un livre de l'origine et des révolutions de nos lois civiles de France. Cela formera trois heures de lecture : mais je vous assure que cela m'a coûté tant de travail, que mes cheveux en sont blanchis. Il faudrait, pour que mon ouvrage fût complet, que je pusse achever deux livres sur les lois féodales [livres XXX et XXXI]. Je crois avoir fait des découvertes sur une matière la plus obscure que nous ayons, qui est pourtant une magnifique matière. Si je puis être en repos à ma campagne pendant trois mois, je compte que je donnerai la dernière main à ces deux livres, sinon mon ouvrage s'en passera. »

2. C'est la fin naturelle de l'*Esprit des Lois*, cf. p. 44, n. 2. Remarquez encore ceci : le 1er chap. du livre I (ici, p. 55) montre quel est l'*office* du législateur; le dernier chap. du livre XXIX (p. 50, n. 1) indique quel doit être son *devoir*.

3. Dernier alinéa du livre : « *Italiam*, *Italiam*.... Je finis le traité des fiefs où la plupart des auteurs l'ont commencé. » Citation empruntée à Virgile, *Énéide*, III, 523 : c'est l'exclamation des Troyens à la vue de la terre italienne, terme de leur long voyage.

I

Devoirs et ambitions de l'historien[1]

Si, dans le nombre infini de choses qui sont dans ce livre, il y en avait quelqu'une qui, contre mon attente, pût offenser[2], il n'y en a pas du moins qui y ait été mise avec mauvaise intention. Je n'ai point naturellement l'esprit désapprobateur. Platon remerciait le ciel de ce qu'il était né du temps de Socrate[3]; et moi je lui rends grâces de ce qu'il m'a fait naître dans le gouvernement où je vis, et de ce qu'il a voulu que j'obéisse à ceux qu'il m'a fait aimer[4].

Je demande une grâce que je crains qu'on ne m'accorde pas : c'est de ne pas juger, par la lecture d'un moment, d'un travail de vingt années[5]; d'approuver ou de condamner le livre entier, et non pas quelques phrases.

1. Il va sans dire que toutes ces divisions et les rubriques qui les accompagnent ne sont pas de Montesquieu. Nous indiquons à la fin de chacun de ces développements le chapitre de l'*Esprit des Lois* dont il fait partie.

2. Dans le sens du latin *offendere*, heurter ou blesser.

3. Plutarque, *Vie de Marius*, XLVI : « Platon, sur le point de mourir, remerciait son Génie et la Fortune de l'avoir fait naître d'abord homme, ensuite Grec, et en outre de ce que sa naissance s'était rencontrée avec l'époque de Socrate. »

4. Cf. ici, pages 253 et suiv.

5. L'*Esprit des Lois* fut terminé en 1748 (cf. p. 45). Il fut donc commencé en 1728. Cette année même, l'auteur partit pour ces grands voyages qui devaient lui servir à le préparer (cf. p. 12). Mais il n'y travailla sérieusement qu'à partir de 1743 : « il avance à pas de géant, depuis que je ne suis plus dissipé par les dîners et les soupers de Paris », écrit-il à de Guasco (1er août 1744).

Si l'on veut chercher le dessein de l'auteur, on ne le peut bien découvrir que dans le dessein de l'ouvrage.

J'ai d'abord examiné les hommes, et j'ai cru que, dans cette infinie diversité de lois et de mœurs, ils n'étaient pas uniquement conduits par leurs fantaisies.

J'ai posé les principes, et j'ai vu les cas particuliers s'y plier comme d'eux-mêmes, les histoires de toutes les nations n'en être que les suites, et chaque loi particulière liée avec une autre loi, ou dépendre d'une autre plus générale.

Quand j'ai été rappelé à l'antiquité, j'ai cherché à en prendre l'esprit, pour ne pas regarder comme semblables des cas réellement différents, et ne pas manquer les différences de ceux qui paraissent semblables[1].

Je n'ai point tiré mes principes de mes préjugés, mais de la nature des choses[2].

Ici, bien des vérités ne se feront sentir qu'après qu'on aura vu la chaîne qui les lie à d'autres. Plus on réfléchira sur les détails, plus on sentira la certitude des principes. Ces détails même, je ne les ai pas tous donnés : car qui pourrait dire tout sans un mortel ennui[3]?

On ne trouvera point ici ces traits saillants qui semblent caractériser les ouvrages d'aujourd'hui. Pour peu qu'on voie les choses avec une certaine étendue, les saillies s'évanouissent; elles ne naissent d'ordinaire que parce

1. Cf. Fustel de Coulanges, *la Cité Antique*, p. 2 : « Pour connaître la vérité sur les peuples anciens, il est sage de les étudier sans songer à nous, comme s'ils nous étaient tout à fait étrangers, avec le même désintéressement et l'esprit aussi libre que nous étudierions l'Inde ancienne ou l'Arabie. » Cf. ici p. 50.

2. Montesquieu oppose sa méthode à celle des théoriciens qui l'ont devancé; cf. ce qu'il dit d'eux, p. 50, n. 1. M. Faguet (*XVIIIe siècle*, p. 162) a très bien montré comment Montesquieu sut si bien s'abstraire des préjugés de son temps pour « entrer successivement dans les idées et les états d'esprit les plus divers, et même contraires. Sa facilité est incroyable pour se placer successivement à plusieurs points de vue très divers. Il est si peu homme à système qu'il est capable d'en avoir plusieurs. »

3. Avant tout, Montesquieu a voulu, dans l'*Esprit des Lois*, reposer et délasser ses lecteurs. Il l'avoue lui-même; p. 43, n. 1.

que l'esprit se jette tout d'un côté, et abandonne tous les autres[1].

Je n'écris point pour censurer ce qui est établi dans quelque pays que ce soit. Chaque nation trouvera ici les raisons de ses maximes; et on en tirera naturellement cette conséquence, qu'il n'appartient de proposer des changements qu'à ceux qui sont assez heureusement nés pour pénétrer d'un coup de génie toute la constitution d'un État[2].

Il n'est pas indifférent que le peuple soit éclairé. Les préjugés des magistrats ont commencé par être les préjugés de la nation. Dans un temps d'ignorance, on n'a aucun doute, même lorsqu'on fait les plus grands maux; dans un temps de lumière, on tremble encore lorsqu'on fait les plus grands biens. On sent les abus anciens, on en voit la correction; mais on voit encore les abus de la correction même. On laisse le mal, si l'on craint le pire; on laisse le bien, si on est en doute du mieux. On ne regarde les parties que pour juger du tout ensemble; on examine toutes les causes pour voir tous les résultats.

Si je pouvais faire en sorte que tout le monde eût de nouvelles raisons pour aimer ses devoirs, son prince, sa patrie, ses lois; qu'on pût mieux sentir son bonheur dans chaque pays, dans chaque gouvernement, dans chaque poste où l'on se trouve, je me croirais le plus heureux des mortels.

Si je pouvais faire en sorte que ceux qui commandent augmentassent leurs connaissances sur ce qu'ils doivent prescrire, et que ceux qui obéissent trouvassent un nouveau plaisir à obéir, je me croirais le plus heureux des mortels.

1. Les saillies ne manquent cependant pas dans ce livre. On les lui reprochait. « C'est », disait l'un, « le portefeuille d'un homme d'esprit »; et Mme du Deffand : « C'est de l'esprit sur les lois ». Cf. p. 26.

2. Ce passage s'adresse à ceux qui voudraient réformer en bloc la constitution d'un Etat. Montesquieu n'a cessé de recommander la prudence en matière de « correction » de lois; cf. p. 26.

Je me croirais le plus heureux des mortels[1], si je pouvais faire que les hommes pussent se guérir de leurs préjugés. J'appelle ici préjugés, non pas ce qui fait qu'on ignore de certaines choses, mais ce qui fait qu'on s'ignore soi-même.

C'est en cherchant à instruire les hommes que l'on peut pratiquer cette vertu générale qui comprend l'amour de tous. L'homme, cet être flexible, se pliant dans la société aux pensées et aux impressions des autres, est également capable de connaître sa propre nature lorsqu'on la lui montre, et d'en perdre jusqu'au sentiment lorsqu'on la lui dérobe.

J'ai bien des fois commencé et bien des fois abandonné cet ouvrage; j'ai mille fois envoyé aux vents les feuilles que j'avais écrites[2]; je sentais tous les jours les mains paternelles tomber[3]; je suivais mon objet sans former de dessein; je ne connaissais ni les règles ni les exceptions; je ne trouvais la vérité que pour la perdre. Mais quand j'ai découvert mes principes, tout ce que je cherchais est venu à moi, et dans le cours de vingt années, j'ai vu mon ouvrage commencer, croître, s'avancer et finir[4].

Si cet ouvrage a du succès, je le devrai beaucoup à la majesté de mon sujet : cependant je ne crois pas avoir totalement manqué de génie[5]. Quand j'ai vu ce que tant

1. Remarquez cette répétition intentionnelle de Montesquieu. Notez aussi l'expression légèrement déclamatoire.

2. *Ludibria ventis.*] — Enée, dit Virgile, prie la Sibylle de ne point écrire ses réponses sur des feuilles volantes, *Ne turbata volent rapidis ludibria ventis* (*Enéide*, VI, 75.)

3. *Bis patriae cecidere manus.*] — Emprunté à Virgile (*Enéide*, VI, 33) : « C'est en vain que Dédale veut reproduire la mort de son fils, son bras tremble et ses mains retombent. »

4. Remarquez la chute de la phrase. Montesquieu apportait un soin infini à ces choses de style et de rythme : « J'ai entre les mains », a écrit un contemporain, « les premières variantes de l'*Esprit des Lois* : il était singulièrement attentif au choix des tours et des expressions; il priait souvent son éditeur de faire substituer un certain mot à un autre. Il voulait allier les grâces du style et la précision, la profondeur et l'élégance; il voulait satisfaire tout à la fois l'esprit et l'oreille. » *Mémoire sur Vernet.*

5. L'expression était alors moins forte qu'elle ne paraît de nos

de grands hommes, en France, en Angleterre et en Allemagne[1], ont écrit avant moi, j'ai été dans l'admiration, mais je n'ai point perdu le courage. « Et moi aussi je suis peintre[2], » ai-je dit avec le Corrège. (Préface.)

Transporter dans des siècles reculés toutes les idées du siècle où l'on vit, c'est des sources de l'erreur celle qui est la plus féconde. A ces gens qui veulent rendre modernes tous les siècles anciens, je dirai ce que les prêtres d'Égypte dirent à Solon : « O Athéniens, vous n'êtes que des enfants[3] ! »

(Livre XXX, ch. XIV, fragment.)

jours : le sens s'en rapprochait de celui de *ingenium*, dispositions, qualités naturelles.

1. En France : Bodin, *Traité de la République*, 1577 ; Hotman, *de Regimine regum Galliae*, 1573. En Angleterre : Thomas Morus, *Utopia*, 1516 : Harrington, *Oceana*, 1656 (cf. p. 206) ; Hobbes, *de Cive*, 1642 (cf. p. 52), etc. ; Locke, *Traité sur le gouvernement civil*, 1690 (cf. p. 199). En Allemagne : Pufendorf, *de Jure naturae et gentium*, 1672. Montesquieu ne cite ni l'Italie, à laquelle il doit beaucoup (Machiavel, *le Prince*, écrit en 1514), ni la Grèce, ni Rome, auxquelles il a le plus emprunté (*la République* et *les Lois* de Platon ; *la Politique* d'Aristote, qui est peut-être celui dont, à son insu, il s'inspire le plus ; le *de Legibus* de Cicéron). Voici du reste un très curieux passage (chap. XIX et dernier du livre XXIX ; cf. ici, p. 45, n. 2), où Montesquieu fait la critique de tous ses devanciers : « *Des législateurs.* Aristote voulait satisfaire, tantôt sa jalousie contre Platon, tantôt sa passion pour Alexandre. Platon était indigné contre la tyrannie du peuple d'Athènes. Machiavel était plein de son idole, le duc de Valentinois. Thomas More, qui parlait plutôt de ce qu'il avait lu que de ce qu'il avait pensé, voulait gouverner tous les Etats avec la simplicité d'une ville grecque. Harrington ne voyait que la république d'Angleterre, pendant qu'une foule d'écrivains trouvaient le désordre partout où ils ne voyaient point de couronne. Les lois rencontrent toujours les passions et les préjugés du législateur. Quelquefois elles passent au travers et s'y teignent : quelquefois elles y restent et s'y incorporent. » Et ce passage paraît bien avoir été la conclusion primitive de l'*Esprit des Lois*. Comparez aux reproches que Montesquieu adresse aux « législateurs » et l'éloge qu'il s'accorde dans sa préface : « Je n'ai point tiré mes principes de mes préjugés. »

2. *Ed io anche son pittore.* — C'est le mot que la tradition attribue au Corrège à la vue d'un tableau de Raphaël, tradition fort incertaine. « Il semble », m'écrit M. Müntz, « qu'elle ait été inventée par le P. Resta à la fin du XVIIe s. »

3. Platon, *Timée*, p. 22.

II

Lois physiques et lois sociales.

DES LOIS, DANS LE RAPPORT QU'ELLES ONT AVEC LES DIVERS ÊTRES[1]

Les lois, dans la signification la plus étendue, sont les rapports nécessaires qui dérivent de la nature des choses[2]; et dans ce sens, tous les êtres ont leurs lois : la divinité[3]

1. Les titres que nous donnons à ces développements sont ceux des chapitres qu'ils forment ou dont ils font partie. Seuls les titres précédés d'un astérisque * ne sont pas de Montesquieu.

2. On remarquera l'analogie de cette définition avec celle que le philosophe anglais Clarke (mort en 1729) donnait du bien : « La notion du bien se résout dans l'idée des rapports réels et immuables qui existent entre les choses, en vertu de leur nature ». Du reste tout ce qui suit chez Montesquieu est inspiré, semble-t-il, des doctrines de Clarke (disciple et défenseur de Newton) sur l'existence et les attributs de Dieu. Cf. Clarke, *de la Religion naturelle*, ch. III. La définition des lois que donne ici Montesquieu a été souvent critiquée. « Une loi n'est pas un rapport », a dit Destutt de Tracy; c'est, dit Helvétius, « le résultat de rapports ». Ce à quoi M. Janet répond justement (*Histoire de la Science politique*, 3e édit., 1878) : « On peut très bien dire qu'une chose quelconque n'existe qu'à la condition d'avoir une certaine nature et des rapports qui résultent de cette nature, et c'est ce qu'on appelle des lois. » — L'expression de « nécessaires » avait choqué les Jansénistes, qui reprochèrent à l'auteur son fatalisme et son « spinozisme ». Montesquieu répondit à cette accusation par une protestation indignée (*Défense de l'Esprit des Lois*, Genève, 1750), et il renvoya ses accusateurs aux articles suivants où « il a distingué le monde matériel d'avec les intelligences spirituelles ». Cf. page 29.

3. « La loi », dit Plutarque, « est la reine de tous mortels et immortels. » Au traité *Qu'il est requis qu'un prince soit savant*.] — Plutarque, Πρὸς ἡγεμόνα ἀπαίδευτον, trad. Amyot, éd. de 1572, p. 135.

a ses lois, le monde matériel a ses lois, les intelligences supérieures à l'homme ont leurs lois, les bêtes ont leurs lois, l'homme a ses lois.

Ceux qui ont dit qu' « une fatalité aveugle a produit tous les effets que nous voyons dans le monde », ont dit une grande absurdité[1] : car quelle plus grande absurdité qu'une fatalité aveugle qui aurait produit des êtres intelligents[2]?

Il y a donc une raison primitive[3]; et les lois sont les rapports qui se trouvent entre elle et les différents êtres, et les rapports de ces divers êtres entre eux.

Dieu a du rapport avec l'univers, comme créateur et comme conservateur; les lois selon lesquelles il a créé sont celles selon lesquelles il conserve : il agit selon ces règles, parce qu'il les connaît, il les connaît, parce qu'il les a faites; il les a faites, parce qu'elles ont du rapport avec sa sagesse et sa puissance.

Comme nous voyons que le monde, formé par le mouvement de la matière et privé d'intelligence, subsiste toujours, il faut que ses mouvements aient des lois invariables; et si l'on pouvait imaginer un autre monde que celui-ci, il aurait des règles constantes, ou il serait détruit.

Ainsi la création, qui paraît être un acte arbitraire, suppose des règles aussi invariables que la fatalité des athées[4]. Il serait absurde de dire que le créateur, sans

Si Montesquieu avait lu son Amyot avec plus de soin, il eût vu que Plutarque ne faisait que citer un vers de Pindare.

1. Cicéron, *de Divinatione*, II, VII, 19, la doctrine des stoïciens était *omnia quae fierent futurave essent, fato contineri.... anile et plenum superstitionis*. Cependant Montesquieu songe ici moins aux philosophes anciens qu'au philosophe anglais Hobbes (mort en 1679), dont il eut souvent à combattre les théories.

2. Cf. Bossuet, *de la Connaissance de Dieu et de soi-même*, ch. IV, § VI : « On ne pourrait comprendre d'où viendrait, dans ce tout qui n'entend pas, cette partie qui entend, l'intelligence ne pouvant pas naître d'une chose brute et insensée. »

3. Cf. Clarke, *Existence de Dieu*, ch. IX : « Il faut qu'il y ait une cause éternelle et intelligente. »

4. Montesquieu s'élève souvent contre l'athéisme, dont le fatalisme était, à ses yeux et à ceux

ces règles, pourrait gouverner le monde, puisque le monde ne subsisterait pas sans elles.

Ces règles sont un rapport constamment établi. Entre un corps mû et un autre corps mû, c'est suivant les rapports de la masse et de la vitesse que tous les mouvements sont reçus, augmentés, diminués, perdus : chaque diversité est *uniformité*, chaque changement est *constance*[1].

Les êtres particuliers intelligents peuvent avoir des lois qu'ils ont faites : mais ils en ont aussi qu'ils n'ont pas faites. Avant qu'il y eût des êtres intelligents ils étaient possibles : ils avaient donc des rapports possibles, et par conséquent des lois possibles. Avant qu'il y eût des lois faites, il y avait des rapports de justice possibles. Dire qu'il n'y a rien de juste ni d'injuste, que ce qu'ordonnent ou défendent les lois positives, c'est dire qu'avant qu'on eût tracé de cercle tous les rayons n'étaient pas égaux[2]....

Mais il s'en faut bien que le monde intelligent soit aussi bien gouverné que le monde physique. Car, quoique celui-là ait aussi des lois qui par leur nature sont invariables, il ne les suit pas constamment comme le monde physique suit les siennes. La raison en est que les êtres particuliers intelligents sont bornés par leur nature, et par conséquent sujets à l'erreur; et d'un

de ses contemporains, la doctrine essentielle et caractéristique. (Cf. livre XXV, ch. I.)

1. C'est la même loi qui règle les mouvements des corps, si divers que puissent être ces mouvements. « Montesquieu fait ici allusion aux lois du choc des corps, dont l'étude passionna les physiciens pendant plus d'un siècle. C'est Descartes qui attira surtout l'attention des géomètres sur ce problème qui tient, dans sa philosophie de la nature, une place capitale : la quantité de mouvement d'un corps peut changer quand il rencontre un autre corps; mais la somme des quantités de mouvement des divers corps qui composent l'univers demeure invariable. » (Communication de M. Duhem.)

2. Cette idée de la préexistence et de l'immutabilité de la justice semble un souvenir de Clarke qui, comme Montesquieu, l'oppose aux théories de Hobbes, que les lois de la justice et de la société ne sont que le résultat d'une convention (Clarke, *de l'Existence et des Attributs de Dieu*, trad. franç., 1727).

autre côté, il est de leur nature qu'ils agissent par eux-mêmes[1]. Ils ne suivent donc pas constamment leurs lois primitives; et celles même qu'ils se donnent, ils ne les suivent pas toujours.

On ne sait si les bêtes sont gouvernées par les lois générales du mouvement, ou par une motion particulière[2]. Quoi qu'il en soit, elles n'ont point avec Dieu de rapport plus intime que le reste du monde matériel; et le sentiment ne leur sert que dans le rapport qu'elles ont entre elles, ou avec d'autres êtres particuliers, ou avec elles-mêmes.

Par l'attrait du plaisir, elles conservent leur être particulier, et par le même attrait, elles conservent leur espèce. Elles ont des lois naturelles, parce qu'elles sont unies par le sentiment ; elles n'ont point de lois positives, parce qu'elles ne sont point unies par la connaissance. Elles ne suivent pourtant pas invariablement leurs lois naturelles : les plantes, en qui nous ne remarquons ni connaissance, ni sentiment, les suivent mieux.

Les bêtes n'ont point les suprêmes avantages que nous avons; elles en ont que nous n'avons pas. Elles n'ont point nos espérances, mais elles n'ont pas nos craintes ; elles subissent comme nous la mort, mais c'est sans la connaître; la plupart même se conservent mieux que nous, et ne font pas un aussi mauvais usage de leurs passions.

L'homme, comme être physique, est, ainsi que les autres corps, gouverné par des lois invariables. Comme être intelligent, il viole sans cesse les lois que Dieu a établies, et change celles qu'il établit lui-même. Il faut qu'il se conduise, et cependant il est un être borné ; il est sujet à l'ignorance et à l'erreur, comme toutes les

1. C'est-à-dire qu'ils soient libres. Une volonté libre et un jugement borné sont les causes des lois contraires à la raison.

2. Allusion à la doctrine de Descartes sur l'automatisme des animaux : l'animal, disait-il, est semblable à une horloge montée.

intelligences finies ; les faibles connaissances qu'il a, il les perd encore. Comme créature sensible, il devient sujet à mille passions. Un tel être pouvait à tous les instants oublier son créateur : Dieu l'a rappelé à lui par les lois de la religion. Un tel être pouvait à tous les instants s'oublier lui-même : les philosophes l'ont averti par les lois de la morale. Fait pour vivre dans la société, il y pouvait oublier les autres : les législateurs l'ont rendu à ses devoirs par les lois politiques et civiles[1].

(Livre I, chap. I.)

DES LOIS POSITIVES

La loi, en général, est la raison humaine, en tant qu'elle gouverne tous les peuples de la terre[2]; et les lois politiques et civiles de chaque nation ne doivent être que les cas particuliers où s'applique cette raison humaine.

Elles doivent être tellement propres au peuple pour lequel elles sont faites, que c'est un très grand hasard si celles d'une nation peuvent convenir à une autre[3].

Il faut qu'elles se rapportent à la nature et au principe[4] du gouvernement qui est établi ou qu'on veut établir, soit qu'elles le forment, comme font les lois poli-

1. Cf. page 56, note 1.

2. De même Rousseau (*Le Contrat social*, II, VII) regarde la loi comme le produit de « cette raison sublime qui s'élève au-dessus de la portée des hommes vulgaires ». Qu'on se rappelle l'œuvre des Constituants, disciples à la fois de Montesquieu et de Rousseau : ils voulurent une constitution qui fût le triomphe de la raison humaine. Il ne serait pas impossible de voir dans ce passage une réminiscence de Clarke (*Religion*, III) : « La loi naturelle a son fondement dans la raison éternelle des choses. » Clarke, comme Montesquieu, combat Hobbes, qui faisait dériver les lois de l'autorité des hommes.

3. Notez bien ce passage : c'est la réponse anticipée à ceux (comme Crevier, *Observations*, etc., 1764) qui reprocheront à Montesquieu de garder toute sa sympathie pour les lois anglaises et de les vouloir prendre pour modèles.

4. Sur la différence entre *la nature* et *le principe* du gouvernement, cf. plus loin, p. 57, n. 1.

tiques, soit qu'elles le maintiennent, comme font les lois civiles[1].

Elles doivent être relatives au physique du pays; au climat, glacé, brûlant ou tempéré; à la qualité du terrain, à sa situation, à sa grandeur; au genre de vie des peuples, laboureurs, chasseurs ou pasteurs. Elles doivent se rapporter au degré de liberté que la constitution peut souffrir; à la religion des habitants, à leurs inclinations, à leurs richesses, à leur nombre, à leur commerce, à leurs mœurs, à leurs manières. Enfin, elles ont des rapports entre elles; elles en ont avec leur origine, avec l'objet du législateur, avec l'ordre des choses sur lesquelles elles sont établies. C'est dans toutes ces vues qu'il faut les considérer[2].

C'est ce que j'entreprends de faire dans cet ouvrage. J'examinerai tous ces rapports[3] : ils forment tous ensemble ce que l'on appelle l'ESPRIT DES LOIS.

(Livre I, chap. III, fragment.)

1. Montesquieu entend par *lois politiques* celles qui règlent l'organisation de l'Etat, les rapports des citoyens avec l'Etat, et des différents pouvoirs de l'Etat entre eux, ce que nous appellerions *la constitution*. Les *lois civiles* sont pour lui les lois qui règlent les rapports des citoyens entre eux, ce que nous appellerions plus proprement *le droit*, civil ou criminel. Les lois politiques sont du ressort du gouvernement, les lois civiles, des tribunaux.

2. Analyse du volume. Voyez, p. 41 et s., les titres des livres.

3. On voit bien ici quel est le but que se propose Montesquieu : il fait moins œuvre d'historien qu'œuvre de législateur. Il ne recherchera pas comment les lois sont nées de telle ou telle forme de gouvernement, de telle ou telle condition sociale, de tel ou tel événement historique, mais dans quel rapport elles se trouvent avec le milieu politique où elles sont nées. Il les étudie dans leurs relations plus que dans leurs origines. Il en recherche l'*esprit* et non pas la *cause*. Montesquieu a très nettement indiqué, en deux endroits, qu'il a voulu faire un *livre de droit* : « Au sortir du collège, on me mit dans les mains des livres de droit; j'en cherchais l'esprit; j'ai travaillé, je ne faisais rien qui vaille. Il y a vingt ans que je découvris mes principes. » (Lettre à Solar, 7 mars 1749.) « Il n'est point de l'intérêt de la cour de Rome de flétrir un livre de droit. » (Lettre du 8 octobre 1750, au duc de Nivernois.)

III

Les gouvernements : leur nature et leur principe[1].

DE LA NATURE DES TROIS DIVERS GOUVERNEMENTS

Il y a trois espèces de gouvernements : le RÉPUBLICAIN, le MONARCHIQUE et le DESPOTIQUE. Pour en découvrir la nature, il suffit de l'idée qu'en ont les hommes les moins instruits. Je suppose trois définitions, ou plutôt trois faits : l'un, que *le gouvernement* RÉPUBLICAIN *est celui où le peuple en corps, ou seulement une partie du peuple, a la souveraine puissance ; le* MONARCHIQUE, *celui où un seul gouverne, mais par des lois fixes et établies ; au lieu que, dans le* DESPOTIQUE, *un seul, sans loi et sans règle, entraîne tout par sa volonté et par ses caprices*[2].

1. « Montesquieu distingue en chaque espèce de gouvernement la nature et le principe. La nature du gouvernement, c'est ce qui le fait être. Son principe, c'est ce qui le fait agir. Définir la nature d'un gouvernement, c'est en déterminer la structure ; en définir le principe, c'est analyser les mœurs et les passions des hommes qui le pratiquent. » Sorel, *Montesquieu*, p. 74.

2. Comparer à cette division des gouvernements celle qu'en donnaient les anciens : monarchie, démocratie, aristocratie. Montesquieu a placé tout à fait à part le despotisme, pour être plus libre de l'attaquer en établissant entre la monarchie et lui une différence primordiale. Voici la théorie d'Aristote (*Politique*, III, v, 2 et 3) : « Quand la monarchie ou GOUVERNEMENT D'UN SEUL a pour objet l'intérêt général, on la nomme vulgairement *royauté*. Avec la même condition (l'intérêt général), le GOUVERNEMENT DE LA MINORITÉ, c'est l'*aristocratie*. Enfin, quand LA MAJORITÉ GOUVERNE dans le sens de l'intérêt général, le gouvernement reçoit comme dénomination spéciale la dénomination générale de tous les gouvernements, et se nomme *république*. Et voici les DÉVIATIONS de

Voilà ce que j'appelle la nature de chaque gouvernement. Il faut voir quelles sont les lois qui suivent directement de cette nature, et qui par conséquent sont les premières lois fondamentales. (Livre II, ch. I.)

DU GOUVERNEMENT RÉPUBLICAIN, ET DES LOIS RELATIVES A LA DÉMOCRATIE

Lorsque, dans la république, le peuple en corps a la souveraine puissance, c'est une *démocratie*[1]. Lorsque la souveraine puissance est entre les mains d'une partie du peuple, cela s'appelle une *aristocratie*.

Le peuple, dans la démocratie, est à certains égards le monarque; à certains autres, il est le sujet[2].

Il ne peut être monarque que par ses suffrages, qui sont ses volontés. La volonté du souverain est le souverain lui-même[3]. Les lois qui établissent le droit de suffrage sont donc fondamentales dans ce gouvernement. En effet, il est aussi important d'y régler comment, par qui, à qui, sur quoi, les suffrages doivent être donnés, qu'il l'est dans une monarchie de savoir quel est le monarque, et de quelle manière il doit gouverner.

Libanius dit qu' « à Athènes un étranger qui se mêlait

ces gouvernements : la *tyrannie*, pour la royauté ; l'*oligarchie*, pour l'aristocratie ; la *démagogie*, pour la république. La tyrannie est une monarchie qui n'a pour objet que l'intérêt personnel du monarque ; l'oligarchie n'a pour objet que l'intérêt des riches ; la démagogie celui des pauvres. Aucun de ces gouvernements ne songe à l'intérêt général. » J.-J. Rousseau (*Contrat social*, III, III) accepte la division d'Aristote.

1. C'est à peu près la même définition qu'Aristote (*Politique*, VII, I, 10), si ce n'est que ce dernier insiste sur la question du *nombre* et de la *majorité* : « En vertu du principe démocratique, l'égalité veut que les pauvres n'aient pas plus de pouvoir que les riches, qu'ils ne soient pas seuls souverains, mais que tous le soient *dans la proportion même de leur nombre*. »

2. « Tous doivent commander à chacun, et chacun à tous, alternativement. » Aristote, VII, I, 8.

3. « Les décisions de la majorité doivent être la loi dernière de la justice absolue. » Aristote, VII, I, 6.

dans l'assemblée du peuple était puni de mort ». C'est qu'un tel homme usurpait le droit de souveraineté[1].

Il est essentiel de fixer le nombre des citoyens qui doivent former les assemblées : sans cela on pourrait ignorer si le peuple a parlé, ou seulement une partie du peuple. A Lacédémone, il fallait dix mille citoyens[2]. A Rome, née dans la petitesse pour aller à la grandeur; à Rome, faite pour éprouver toutes les vicissitudes de la fortune; à Rome, qui avait tantôt presque tous ses citoyens hors de ses murailles, tantôt toute l'Italie et une partie de la terre dans ses murailles, on n'avait point fixé ce nombre[3]; et ce fut une des plus grandes causes de sa ruine[4].

Le peuple, qui a la souveraine puissance, doit faire par lui-même tout ce qu'il peut bien faire; et ce qu'il ne peut pas bien faire, il faut qu'il le fasse par ses ministres[5].

1. *Déclamations*, XVII et XVIII.] — En principe, car en fait l'assemblée du peuple, à l'époque démocratique, fut ouverte à une foule d'étrangers, esclaves ou gens déchus de leurs droits. Jamais on ne trouva dans l'assemblée d'Athènes « le froment pur » des citoyens, comme disait Aristophane. Voyez Libanius, édit. Morellus, 1606, p. 468. Et sur les assemblées du peuple, l'article *Ekklesia* dans le *Dictionnaire des Antiquités*.

2. Il y a là une erreur de Montesquieu. Le chiffre primitif de citoyens de Sparte était de 9000 (Plutarque, *Lycurgue*, VIII), et il est rare que dans la grande assemblée de Sparte, il ait pu y avoir plus de 4500 citoyens.

3. Voyez les *Considérations sur les causes de la grandeur des Romains et de leur décadence*, chap. IX.] — Notre édition, p. 96. Tout citoyen romain avait droit de vote, qu'il fût ou non né ou résident à Rome.

4. Parce qu'il suffit souvent de quelques hommes décidés pour enlever les votes.

5. On remarquera que Montesquieu, qui explique si bien le fonctionnement du système représentatif en Angleterre (cf. p. 196), ne paraît pas avoir soupçonné qu'il pût exister dans une république démocratique. C'est que d'abord, ayant constamment à l'esprit les souvenirs de l'histoire et l'exemple de l'antiquité grecque, il ne concevait pas de république à territoire étendu, et voyait dans la conquête la corruption du principe démocratique (X, VI); l'extension du droit de bourgeoisie fut, dit-il, la cause de la décadence romaine. C'est ensuite que pour lui, comme pour Rousseau, la délégation de la souveraineté populaire entre les mains de représentants était une abdication : « La souveraineté ne peut être représentée, par la même raison qu'elle ne peut être aliénée. Le peuple anglais pense être libre; il se trompe fort, il ne l'est

Ses ministres ne sont point à lui s'il ne les nomme : c'est donc une maxime fondamentale de ce gouvernement, que le peuple nomme ses ministres, c'est-à-dire ses magistrats.

Il a besoin, comme les monarques, et même plus qu'eux, d'être conduit par un conseil ou sénat. Mais pour qu'il y ait confiance, il faut qu'il en élise les membres : soit qu'il les choisisse lui-même, comme à Athènes; ou par quelque magistrat qu'il a établi pour les élire, comme cela se pratiquait à Rome dans quelques occasions[1].

Le peuple est admirable pour choisir ceux à qui il doit confier quelque partie de son autorité[2]. Il n'a à se déterminer que par des choses qu'il ne peut ignorer, et des faits qui tombent sous les sens. Il sait très bien qu'un homme a été souvent à la guerre, qu'il y a eu tels ou tels succès : il est donc très capable d'élire un général[3]. Il sait qu'un juge est assidu, que beaucoup de gens se retirent de son tribunal contents de lui, qu'on ne l'a pas convaincu de corruption : en voilà assez pour qu'il élise un préteur[4]. Il a été frappé de la magnificence ou des richesses d'un citoyen : cela suffit pour qu'il puisse choisir un édile[5]. Toutes ces choses sont des faits dont il s'instruit mieux dans la place publique qu'un monarque dans son palais. Mais saura-t-il conduire une affaire, connaître les lieux, les occasions, les moments, en profiter? Non, il ne le saura pas.

Si l'on pouvait douter de la capacité naturelle qu'a le peuple pour discerner le mérite, il n'y aurait qu'à jeter

que durant l'élection des membres du Parlement; sitôt qu'ils sont élus, il est esclave, il n'est rien. » (*Contrat social*, III, xv.)

1. Choix des sénateurs par les censeurs. En règle générale, les sénateurs étaient pris parmi les magistrats en charge ou sortis de charge, et, en dernière analyse, ils provenaient d'une élection populaire.

2. Aristote avait déjà dit (*Politique*, III, vi, 7) : « La masse sent toujours les choses avec une intelligence suffisante. » Montesquieu va plus loin et trop loin. Cf. p. 197.

3. Election du consul qui commandait les armées.

4. Le préteur présidait les tribunaux.

5. Les édiles donnaient des jeux.

les yeux sur cette suite continuelle de choix étonnants que firent les Athéniens et les Romains : ce qu'on n'attribuera pas sans doute au hasard[1].

On sait qu'à Rome, quoique le peuple se fût donné le droit d'élever aux charges les plébéiens, il ne pouvait se résoudre à les élire[2], et quoiqu'à Athènes on pût, par la loi d'Aristide, tirer les magistrats de toutes les classes, il n'arriva jamais, dit Xénophon[3], que le bas peuple demandât celles qui pouvaient intéresser son salut ou sa gloire.

Comme la plupart des citoyens, qui ont assez de suffisance pour élire, n'en ont pas assez pour être élus, de même le peuple, qui a assez de capacité pour se faire rendre compte de la gestion des autres, n'est pas propre à gérer par lui-même.

Il faut que les affaires aillent, et qu'elles aillent un certain mouvement, qui ne soit ni trop lent ni trop vite. Mais le peuple a toujours trop d'action, ou trop peu. Quelquefois avec cent mille bras il renverse tout ; quelquefois avec cent mille pieds il ne va que comme les insectes.

Dans l'État populaire on divise le peuple en de certaines classes[4]. C'est dans la manière de faire cette division que les grands législateurs se sont signalés; et c'est de là qu'ont toujours dépendu la durée de la démocratie et sa prospérité.

Servius Tullius suivit, dans la composition de ses classes, l'esprit de l'aristocratie. Nous voyons, dans Tite-Live[5] et dans Denys d'Halicarnasse[6], comment il mit le droit de suffrage entre les mains des principaux citoyens. Il avait

1. Montesquieu ne voyait de la démocratie romaine que les beaux côtés : il la jugeait à travers Plutarque et Tite-Live. En fait le peuple romain choisit souvent des incapables comme généraux (ainsi Varron le vaincu de Cannes) et des concussionnaires pour magistrats.

2. Cf. *Considérations*, p. 86.

3. Pages 691 et 692, édition de Wechelius, de l'an 1596.] — Wechel est le nom d'une célèbre maison d'imprimerie, établie à Paris d'abord, puis à Francfort. *République des Athéniens*, I, 3.

4. Mêmes observations chez Aristote, VII, I, 11.

5. Liv. I.] — Ch. XLIII.

6. Liv. IV, art. XV et suiv.]

divisé le peuple de Rome en cent quatre-vingt-treize centuries, qui formaient six classes. Et mettant les riches, mais en plus petit nombre, dans les premières centuries, les moins riches, mais en plus grand nombre, dans les suivantes, il jeta toute la foule des indigents dans la dernière : et chaque centurie n'ayant qu'une voix[1], c'étaient les moyens et les richesses qui donnaient le suffrage, plutôt que les personnes[2].

Solon divisa le peuple d'Athènes en quatre classes. Conduit par l'esprit de la démocratie, il ne les fit pas pour fixer ceux qui devaient élire, mais ceux qui pouvaient être élus; et laissant à chaque citoyen le droit d'élection, il voulut[3] que dans chacune de ces quatre classes on pût élire des juges, mais que ce ne fût que dans les trois premières, où étaient les citoyens aisés, qu'on pût prendre les magistrats[4].

1. Voyez dans les *Considérations sur les causes de la grandeur des Romains et de leur décadence*, chap. IX, comment cet esprit de Servius Tullius se conserva dans la république.] — P. 93 et suiv. de notre édition.

2. Si aristocratique qu'elle paraisse, la réforme de Servius fut encore un grand progrès sur le régime oligarchique et patriarcal des premiers temps de Rome : « Avant Servius, on ne distinguait à Rome que deux sortes d'hommes, la classe sacerdotale des patriciens avec leurs clients, et la classe plébéienne. On ne connaissait nulle autre distinction que celle que la religion héréditaire avait établie. Servius marqua une division nouvelle, celle qui avait pour principe la richesse.... La richesse marqua désormais des rangs, comme avait fait la religion. » (Fustel de Coulanges, *la Cité antique*, p. 340.)

3. Denys d'Halicarnasse, *Éloge d'Isocrate*, p. 97, t. II, édition de Wechelius. Pollux. liv. VIII, ch. x, art. 130.] — L'éd. de Wechel est de 1586. Tout en étant plus démocratique que la constitution de Servius, celle de Solon lui ressemble en plusieurs points : « Dans la constitution nouvelle il n'était tenu aucun compte des droits de la naissance; il y avait encore des classes, mais elles n'étaient plus distinguées que par la richesse. » (*La Cité antique*, p. 333.)

4. Voyez également là-dessus la *Politique* d'Aristote, II, IX, 4. Dans un mémoire célèbre *sur le tirage au sort appliqué à la nomination des archontes athéniens* (*Nouvelles recherches*, 1891), Fustel de Coulanges a prouvé que « ce tirage au sort n'était pas démocratique à l'origine ». C'était simplement un « moyen de connaître la volonté des dieux. Par là les dieux choisissaient eux-mêmes les hommes qui devaient chaque année se charger de leur culte et être les intermédiaires entre eux et la cité. Il était un procédé religieux et non pas un

Comme la division de ceux qui ont droit de suffrage est, dans la république, une loi fondamentale, la manière de le donner est une autre loi fondamentale.

Le suffrage par le *sort* est de la nature de la démocratie; le suffrage par *choix* est de celle de l'aristocratie[1].

Le sort est une façon d'élire qui n'afflige personne; il laisse à chaque citoyen une espérance raisonnable de servir sa patrie.

Mais comme il est défectueux par lui-même, c'est à le régler et à le corriger que les grands législateurs se sont surpassés.

Solon établit à Athènes que l'on nommerait par choix à tous les emplois militaires, et que les sénateurs et les juges seraient élus par le sort[2].

Il voulut que l'on donnât par choix les magistratures civiles qui exigeaient une grande dépense, et que les autres fussent données par le sort[3].

procédé égalitaire. » Plus tard, quand on admit un plus grand nombre de concurrents à participer aux chances du sort, il apparut comme un procédé essentiellement démocratique, et c'est ainsi qu'il est présenté par Aristote et par Platon. Mais en réalité « il a été tour à tour, comme la cité athénienne elle-même, aristocratique et démocratique ».

1. Cette phrase est traduite d'Aristote, *Politique*, IV, VII, édit. Didot, p. 555 : Δοκεῖ δημοκρατικὸν εἶναι τὸ κληρωτὰς (désignées par le sort) εἶναι τὰς ἀρχάς, τὸ δ'αἱρετὰς (données au choix) ὀλιγαρχικόν. Cette théorie d'Aristote a eu une vogue incroyable au XVIIIe siècle. Rousseau la reprend à sa manière (*Contrat social*, IV, III) : « Dans toute véritable démocratie, la magistrature n'est pas un avantage, mais une charge onéreuse, qu'on ne peut justement imposer à un particulier plutôt qu'à un autre. La loi seule peut imposer cette charge à celui sur lequel le sort tombera. Car alors, la condition étant égale pour tous, et le choix ne dépendant d'aucune volonté humaine, il n'y a point d'application particulière qui altère l'universalité de la loi. »

2. Les emplois militaires : il s'agit des στρατηγοί, stratèges. Les juges sont les héliastes, les « sénateurs » sont ici les membres du Conseil des Cinq-Cents. Quant aux membres de l'Aréopage ils étaient désignés par le sort en ce sens qu'ils étaient pris parmi les anciens archontes, nommés de cette manière.

3. Assez inexact : l'archontat était plutôt une magistrature coûteuse. Voici de quelle manière Fustel de Coulanges, avec plus de raison, présente cette opposition entre le sort et le choix (*Nouvelles recherches*, p. 175). Lorsqu' « Athènes entra réellement dans la voie de la démocratie, elle voulut que

Mais pour corriger le sort, il régla qu'on ne pourrait élire que dans le nombre de ceux qui se présenteraient; que celui qui aurait été élu serait examiné par des juges[1], et que chacun pourrait l'accuser d'en être indigne[2] : cela tenait en même temps du sort et du choix. Quand on avait fini le temps de sa magistrature, il fallait essuyer un autre jugement sur la manière dont on s'était comporté[3]. Les gens sans capacité devaient avoir bien de la répugnance à donner leur nom pour être tirés au sort[4].

La loi qui fixe la manière de donner les billets de suffrage[5] est encore une loi fondamentale dans la démocratie. C'est une grande question, si les suffrages doivent être publics ou secrets. Cicéron[6] écrit que les lois[7] qui les rendirent secrets dans les derniers temps de la république

la volonté des hommes dominât dans la désignation des chefs de la cité. Elle institua des magistrats nouveaux, les stratèges, et elle les nomma directement par ses suffrages ». Cela n'eut lieu d'ailleurs qu'après Solon.

1. Voyez l'oraison de Démosthène, *de falsa Legatione*, et l'oraison *contre Timarque*.] — Eschine, *in Timarchum*, XXI. Cet examen était appelé δοκιμασία : cf. Fustel de Coulanges, p. 152; *Dict. des Antiquités*, t. II, p. 324.

2. On tirait même pour chaque place deux billets : l'un, qui donnait la place; l'autre, qui nommait celui qui devait succéder, en cas que le premier fût rejeté.] — Harpocration, au mot ἐπιλαχών.

3. Cela est marqué par le discours d'Eschine contre Ctésiphon, XX-XXII : Les magistrats affirmaient devant les logistes (qui formaient à Athènes une sorte de cour des comptes) qu'ils n'avaient rien reçu ni rien dépensé sur les fonds de la république. Puis ils se tenaient pendant trente jours à la disposition des citoyens qui voulaient les accuser.

4. Montesquieu a pressenti ici ce que Fustel de Coulanges devait plus tard mettre en lumière, que les anciens avaient atténué infiniment les dangers présentés par le tirage au sort. « Même dans l'âge démocratique d'Athènes, le nombre de ceux parmi lesquels se faisait le tirage au sort ne pouvait pas être considérable. »

5. Les bulletins de vote.

6. Livres I et III des *Lois*.] — Surtout *de Legibus*, III, XVI. Cicéron y donne l'énumération des *leges tabellariae*, qui établirent le vote secret. La plus ancienne est de 139 av. J.-C.

7. Elles s'appelaient *lois tabulaires*. On donnait à chaque citoyen deux tables : la première, marquée d'un A, pour dire *antiquo*; l'autre, d'un U et d'une R, *uti rogas*.] — *Antiquo*, « je repousse » ; *uti rogas*, « comme tu proposes ». Cicéron (*Lettres à Atticus*), I, XIV, 5, raconte que, pour forcer le rejet de certaines lois, le tribun Clodius empêcha qu'on ne distribuât aucune tablette (*tabella*) portant la formule *uti rogas*.

romaine furent une des grandes causes de sa chute. Comme ceci se pratique diversement dans différentes républiques, voici, je crois, ce qu'il en faut penser.

Sans doute que, lorsque le peuple donne ses suffrages, ils doivent être publics[1]; et ceci doit être regardé comme une loi fondamentale de la démocratie. Il faut que le petit peuple soit éclairé par les principaux, et contenu par la gravité de certains personnages. Ainsi, dans la république romaine, en rendant les suffrages secrets, on détruisit tout : il ne fut plus possible d'éclairer une populace qui se perdait. Mais lorsque, dans une aristocratie, le corps des nobles donne les suffrages[2], ou dans une démocratie le sénat[3], comme il n'est là question que de prévenir les brigues[4], les suffrages ne sauraient être trop secrets[5].

La brigue est dangereuse dans un sénat; elle est dangereuse dans un corps de nobles : elle ne l'est pas dans le peuple, dont la nature est d'agir par passion. Dans les États où il n'a point de part au gouvernement, il s'échauffera pour un acteur comme il aurait fait pour les affaires[6]. Le malheur d'une république, c'est lorsqu'il n'y a plus de brigues[7]; et cela arrive lorsqu'on a corrompu le peuple

1. A Athènes, on levait les mains.] — D'où les expressions χειροτονεῖν, signifiant voter; χειροτονία, vote, loi, élection; χειροτονητός, élu.

2. Comme à Venise.]

3. Les Trente Tyrans d'Athènes voulurent que les suffrages des Aréopagites fussent publics, pour les diriger à leur fantaisie. Lysias, *Oratio contra Agoratum*, cap. VIII.] — Cf. *Dictionnaire des Antiquités*, t. I, p. 395 et s.

4. Lorsque les empereurs romains introduisirent au sénat le vote secret, on craignit « que des suffrages secrets ne laissassent passer l'impudence : il y en a bien peu qui ont autant de souci de l'honnêteté en secret et publiquement ». (Pline le Jeune, *Lettres*, III, xx.)

5. Il serait facile de prouver, contre Montesquieu, que le secret du vote est une des garanties du régime démocratique. Il se laisse visiblement influencer par Cicéron dans tout ce passage.

6. Voyez, dans l'Empire byzantin, les passions populaires à propos des jeux du cirque. *Considérations*, p. 232.

7. C'est-à-dire, je crois, de compétitions librement présentées devant un peuple votant librement. Car c'est précisément lorsque Rome fut le plus corrompue, dans le dernier siècle de la république, qu'il y eut le plus de brigues et de violences : jamais les suffrages n'ont été plus disputés, jamais les comices plus tiraillés que lorsque les voix étaient toutes à vendre.

à prix d'argent : il devient de sang-froid, il s'affectionne à l'argent, mais il ne s'affectionne plus aux affaires : sans souci du gouvernement et de ce qu'on y propose, il attend tranquillement son salaire.

C'est encore une loi fondamentale de la démocratie, que le peuple seul fasse des lois[1]. Il y a pourtant mille occasions où il est nécessaire que le sénat puisse statuer ; il est même souvent à propos d'essayer une loi avant de l'établir[2]. La constitution de Rome et celle d'Athènes étaient très sages. Les arrêts du sénat[3] avaient force de loi pendant un an : ils ne devenaient perpétuels que par la volonté du peuple. (Livre II, chap. II.)

DES LOIS RELATIVES A LA NATURE DE L'ARISTOCRATIE

Dans l'aristocratie, la souveraine puissance est entre les mains d'un certain nombre de personnes. Ce sont elles qui font les lois et qui les font exécuter ; et le reste du peuple n'est tout au plus à leur égard que comme, dans une monarchie, les sujets sont à l'égard du monarque.

On n'y doit point donner le suffrage par sort ; on n'en aurait que les inconvénients[4]. En effet, dans un gouvernement qui a déjà établi les distinctions les plus affligeantes, quand on serait choisi par le sort on n'en serait

Montesquieu, cédant, comme tous les hommes de son temps, aux préjugés de son éducation classique, idéalise toujours le régime démocratique.

1. Seul, c'est-à-dire directement, en première et en dernière instance. Montesquieu a sous les yeux les républiques antiques, où le peuple, peu nombreux, pouvait voter dans l'enceinte d'une même assemblée.

2. A Rome, l'*auctoritas senatus* était l'examen, par le sénat, d'une proposition de loi *(rogatio)*, présentée à l'assemblée du peuple. Elle s'exerça tantôt après (jusqu'en 339 av. J.-C.), tantôt avant le vote.

3. Voyez Denys d'Halicarnasse, livres IV et IX.] — IX, xxxvii ; IV, xii ?

4. Amelot de La Houssaie, *Histoire du gouvernement de Venise*, édit. de 1685, p. 56 : « Le sénat (de Venise) étant le modèle et l'image d'une parfaite aristocratie, il ne doit rien donner au sort. »

pas moins odieux : c'est le noble qu'on envie, et non pas le magistrat[1].

Lorsque les nobles sont en grand nombre, il faut un sénat qui règle les affaires que le corps des nobles ne saurait décider, et qui prépare celles dont il décide[2]. Dans ce cas, on peut dire que l'aristocratie est en quelque sorte dans le sénat, la démocratie dans le corps des nobles[3], et que le peuple n'est rien.

Ce sera une chose très heureuse dans l'aristocratie, si, par quelque voie indirecte, on fait sortir le peuple de son anéantissement : ainsi, à Gênes, la banque de Saint-Georges, qui est administrée en grande partie par les principaux du peuple[4], donne à celui-ci une certaine influence dans le gouvernement, qui en fait toute la prospérité.

Les sénateurs ne doivent point avoir le droit de remplacer ceux qui manquent dans le sénat : rien ne serait plus capable de perpétuer les abus. A Rome, qui fut dans les premiers temps une espèce d'aristocratie[5], le sénat ne se suppléait pas lui-même : les sénateurs nouveaux étaient nommés par les censeurs[6].

Une autorité exorbitante, donnée tout à coup à un

1. Cf. *Considérations*, p. 84.

2. « Le Grand Conseil est l'assemblée générale de la noblesse, qui se fait tous les dimanches et toutes les fêtes pour élire les magistrats. » Amelot de La Houssaie, *Histoire du gouvernement de Venise*, éd. de 1685, p. 9. Montesquieu a bien étudié le gouvernement de Venise pendant le séjour qu'il y fit, en août-sept. 1728 ; cf. p. 14.

3. « Il faut que les nobles conservent entre eux et ceux qui prennent part à l'administration des formes toutes démocratiques. » Aristote, VIII, vii, 4. Il est remarquable de voir comment Montesquieu copie partout ici *le Gouvernement de Venise* de La Houssaie : A Venise, le Grand Conseil « est comme le peuple de la noblesse » (p. 56)

4. Voyez M. Addison, *Voyages d'Italie*, p. 16. — L'édit. de 1748 ne portait pas la note et écrivait : « la banque, qui est dirigée par le peuple ». Montesquieu a corrigé son erreur (éd. de 1758). Addison, t. IV, p. 12 (1722) : « Le peuple ne tire pas peu d'avantage de cet établissement, qui partage le pouvoir entre plus de membres de la république et donne encore quelque figure aux Communes, de sorte qu'il tient en bride les nobles. »

5. Cf. *Considerations*, p. 85 et s.

6. Ils le furent d'abord par les consuls.]

citoyen dans une république, forme une monarchie, ou plus qu'une monarchie[1]. Dans celle-ci les lois ont pourvu à la constitution, ou s'y sont accommodées : le principe du gouvernement arrête le monarque; mais, dans une république où un citoyen se fait donner un pouvoir exorbitant[2], l'abus de ce pouvoir est plus grand, parce que les lois, qui ne l'ont point prévu, n'ont rien fait pour l'arrêter.

L'exception à cette règle est lorsque la constitution de l'État est telle qu'il a besoin d'une magistrature qui ait un pouvoir exorbitant. Telle était Rome avec ses dictateurs[3]; telle est Venise avec ses inquisiteurs d'État : ce sont des magistratures terribles, qui ramènent violemment l'État à la liberté. Mais d'où vient que ces magistratures se trouvent si différentes dans ces deux républiques? C'est que Rome défendait les restes de son aristocratie contre le peuple : au lieu que Venise se sert de ses inquisiteurs d'État pour maintenir son aristocratie contre les nobles[4]. De là il suivait qu'à Rome la dictature ne devait durer que peu de temps, parce que le peuple agit par sa fougue, et non pas par ses desseins. Il fallait que cette magistrature s'exerçât avec éclat, parce qu'il s'agissait d'intimider le peuple, et non pas de le punir; que le dic-

1. La dictature de César ou celle de Sylla, le consulat à vie de Bonaparte.

2. C'est ce qui renversa la république romaine. Voyez les *Considérations sur les causes de la grandeur des Romains et de leur décadence*.] — Chap. XI.

3. Le dictateur a des pouvoirs royaux; il est omnipotent et irresponsable; nul ne peut faire appel de ses jugements et de ses décisions : mais il n'est nommé que pour très peu de temps. Cf. ici p. 69, n. 1.

4. Les inquisiteurs d'État à Venise sont tirés du Conseil des Dix. « Ils ont un pouvoir si absolu, qu'ils peuvent faire noyer ou étrangler le doge même sans la participation du sénat, s'ils sont tous trois du même avis ». Amelot de La Houssaie, p. 252. Cet auteur est, dans tout ce qui concerne le gouvernement de Venise, la source de Montesquieu : c'est chez lui que se trouve la comparaison avec la dictature (p. 221). Le Conseil des Dix était, comme les inquisiteurs, « ordinaire et perpétuel »; c'est lui « qui retient les nobles dans le devoir », « c'est la clé qui ferme la voûte de l'édifice de la grande aristocratie » : « il coupe la racine de tout ce qui peut troubler le repos de la ville ».

tateur ne fût créé que pour une seule affaire, et n'eût une autorité sans bornes qu'à raison de cette affaire, parce qu'il était toujours créé pour un cas imprévu[1]. A Venise, au contraire, il faut une magistrature permanente : c'est là que les desseins peuvent être commencés, suivis, suspendus, repris; que l'ambition d'un seul devient celle d'une famille, et l'ambition d'une famille celle de plusieurs. On a besoin d'une magistrature cachée, parce que les crimes qu'elle punit, toujours profonds, se forment dans le secret et dans le silence. Cette magistrature doit avoir une inquisition générale, parce qu'elle n'a pas à arrêter les maux que l'on connaît. mais à prévenir même ceux qu'on ne connaît pas. Enfin, cette dernière est établie pour venger les crimes qu'elle soupçonne; et la première employait plus les menaces que les punitions pour les crimes, même avoués par leurs auteurs.

Dans toute magistrature il faut compenser la grandeur de la puissance par la brièveté de sa durée. Un an est le temps que la plupart des législateurs ont fixé : un temps plus long serait dangereux, un plus court serait contre la nature de la chose[2]. Qui est-ce qui voudrait gouverner ainsi ses affaires domestiques? A Raguse[3], le chef de la république change tous les mois, les autres officiers toutes les semaines, le gouverneur du château tous les jours. Ceci ne peut avoir lieu que dans une petite répu-

1. Tout cela est très bien dit. La dictature était établie lors d'un danger immédiat et déterminé, pour faire face soit à une guerre, *belli gerendi causa*, soit à une sédition, *seditionis sedandae causa*. L'affaire terminée, la dictature cesse, et « la liberté », c'est-à-dire le régime aristocratique est rétabli. Il n'y eut plus de dictateurs après 202, c'est-à-dire du jour où la démocratie triompha. Les dictatures exceptionnelles de Sylla et de César ne ressemblaient que par le nom aux anciennes : elles furent à longue durée ou perpétuelles, et une simple forme de la tyrannie.

2. C'est le conseil donné par Aristote aux aristocraties (VIII, VII, 4), si ce n'est qu'il préfère la durée de six mois.

3. *Voyages* de Tournefort. — Ce renvoi paraît faux, Tournefort n'est pas allé à Raguse. Raguse forma longtemps une petite république aristocratique qui ne fut renversée que par Napoléon (1806)

blique[1] environnée de puissances formidables, qui corrompraient aisément de petits magistrats.

La meilleure aristocratie est celle où la partie du peuple qui n'a point de part à la puissance est si petite et si pauvre, que la partie dominante n'a aucun intérêt à l'opprimer[2]. Ainsi, quand Antipater établit à Athènes[3] que ceux qui n'auraient pas deux mille drachmes seraient exclus du droit de suffrage, il forma la meilleure aristocratie qui fût possible : parce que ce cens était si petit, qu'il n'excluait que peu de gens, et personne qui eût quelque considération dans la cité[4].

Les familles aristocratiques doivent donc être peuple autant qu'il est possible. Plus une aristocratie approchera de la démocratie, plus elle sera parfaite[5]; et elle le deviendra moins, à mesure qu'elle approchera de la monarchie.

La plus imparfaite de toutes est celle où la partie du peuple qui obéit est dans l'esclavage civil de celle qui

1. A Lucques, les magistrats ne sont établis que pour deux mois.] — Lucques formait alors une petite république. Montesquieu la visita en nov. 1728 : « Il y a 4 ou 500 familles de la ville qui ont la noblesse, c'est-à-dire part au gouvernement. Le gonfalonier a neuf anciens ou conseillers qui sont changés tous les deux mois. » *Voyages*, I, p. 149-151. Et pour plus de précaution, dit Montesquieu, « l'un et les autres ne peuvent sortir du palais où ils logent, qui est l'endroit destiné à leur résidence, ni même aller chez eux. Ils sortent pourtant quelquefois le soir, en cachette. Le gonfalonier est également changé tous les deux mois.

2. C'est, dit Aristote, le moyen d'éviter l'oligarchie. Cf. Amelot de La Houssaie décrivant (p. 52) l'aristocratie de Venise : « Le corps des nobles étant fort grand, les parties principales le doivent être à proportion; ainsi, le nombre des nobles montant bien à 2500, ce n'est point trop d'en admettre 300 dans le sénat.... pour éviter le défaut de l'oligarchie, par où l'aristocratie commence à se corrompre. »

3. Diodore, livre XVIII, p. 601, édit. de Rhodoman.] – Éd. de 1604. XVIII, 4. Antipater renvoya 22 000 Athéniens en Thrace : il en resta 9 000 ayant le cens, et ceux du bas peuple qui ne voulurent pas partir. Cf. *Défense de l'Esprit des Lois*, p. 206, où ce texte est discuté.

4. Révolution semblable à Rome, lorsque (après 400 ?) on abaissa à 4000 as le cens exigible des citoyens pour leur valoir le droit de servir et de voter.

5. « C'est », dit M. Janet, « ce qui a fait la grandeur de l'aristocratie anglaise, qui, en s'élargissant sans cesse dans le sens populaire, a su conserver la confiance et le respect du peuple. » Cf. Aristote, ici, p. 67, n. 5.

commande, comme l'aristocratie de Pologne, où les paysans sont esclaves de la noblesse[1].

(Livre II, chap. III.)

DES LOIS DANS LEUR RAPPORT AVEC LA NATURE DU GOUVERNEMENT MONARCHIQUE

Les pouvoirs intermédiaires, subordonnés et dépendants, constituent la nature du gouvernement monarchique[2], c'est-à-dire de celui où un seul gouverne par des lois fondamentales[3]. J'ai dit les pouvoirs intermédiaires,

1. Ce qui a été le cas des aristocraties sacerdotales et héréditaires au début de toutes les républiques antiques. Cf. Fustel de Coulanges, *la Cité antique*, p. 308 : « Le patron n'est pas seulement un maître : il est un juge ; il peut condamner à mort le client. Il est de plus un chef religieux. Le client plie sous cette autorité à la fois matérielle et morale qui le prend par son corps et par son âme. » Dumouriez a dit de la Pologne (*Mémoires*, I, VIII) : « La constitution polonaise est une aristocratie pure, mais dans laquelle les nobles n'avaient pas un peuple à gouverner ; car on ne peut pas donner ce nom à huit ou dix millions de serfs attachés à la glèbe, qui n'ont aucune existence politique, et dont l'esclavage se vend, s'achète, se troque, se lègue, et suit toutes les mutations de propriétés, comme les animaux domestiques. Le corps social des Polonais est un monstre composé d'une réunion de têtes et d'estomacs, sans bras ni jambes. »

2. Ce passage est capital pour comprendre le système politique de Montesquieu. Selon lui la monarchie (et quand il parle de monarchie, c'est la France contemporaine) ne peut exister sans des *lois fondamentales*, sans une *constitution* sanctionnant l'existence simultanée de la royauté et d'Ordres privilégiés, et les rapports de ces deux catégories de pouvoir, celui-là principal, ceux-ci dérivés et subordonnés. Cette théorie est sans aucun doute un de ces *principes* que Montesquieu était si heureux d'avoir découverts (cf. p. 47). Je crois en outre que les derniers chapitres de l'ouvrage, ceux sur l'origine des lois féodales, ont précisément pour but de rechercher dans l'histoire de France les traces les plus lointaines de cette constitution, et, pour ainsi parler, son fondement historique.

3. Et où d'autres, corps constitués ou fonctionnaires, administrent par délégation d'un seul. Ce qui, pour Montesquieu, constitue essentiellement le régime monarchique, c'est l'autorité d'un seul, contenue et tout à la fois modérée, réglée et en quelque sorte canalisée par des pouvoirs qui dérivent d'elle, comme la Noblesse, le Parlement, le Clergé et la Bourgeoisie. Si l'on se rappelle que le règne de Louis XV a été une lutte sourde entre le roi et son Conseil d'une part, et de l'autre les Ordres privilégiés et surtout le Parle

subordonnés et dépendants : en effet, dans la monarchie, le prince est la source de tout pouvoir politique et civil[1]. Ces lois fondamentales supposent nécessairement des canaux moyens par où coule la puissance : car, s'il n'y a dans l'État que la volonté momentanée et capricieuse d'un seul, rien ne peut être fixe, et par conséquent aucune loi fondamentale.

Le pouvoir intermédiaire subordonné le plus naturel est celui de la noblesse. Elle entre, en quelque façon, dans l'essence de la monarchie[2], dont la maxime fondamentale est : *Point de monarque, point de noblesse; point de noblesse, point de monarque*[3] : mais on a un despote[4].

ment, on comprendra mieux l'actualité de la théorie de Montesquieu : la monarchie idéale qu'il propose à la France, c'est celle où le pouvoir royal serait tempéré par les privilèges de ces Ordres (auxquels lui-même appartenait).

1. Cette phrase ne se trouvait point dans le texte primitif. Il est probable que les censeurs l'y firent ajouter pour sauvegarder plus franchement les droits du pouvoir royal (Vian, *Histoire de Montesquieu*, p. 261).

2. Dans le chap. xxv du livre XXX, Montesquieu s'est efforcé de montrer qu'il y avait un « Ordre de la noblesse » dès l'origine de la monarchie franque.

3. Réminiscence de la phrase de Charles Ier, roi d'Angleterre: « Point d'évêque, point de monarque ».

4. Voltaire remarque assez justement (dans son *Commentaire sur l'Esprit des Lois*), à propos de la définition que Montesquieu donne de la monarchie: « Il ne peut y avoir aucune autre différence entre le despotisme et la monarchie que l'existence de certaines règles, de certaines formes, de certains principes consacrés par le temps et l'opinion, et dont le monarque se fait une loi de ne pas s'écarter. S'il n'est lié que par son serment, par la crainte d'aliéner les esprits de sa nation, le gouvernement est monarchique ; mais s'il existe un corps, une assemblée, du consentement desquels il ne puisse se passer, lorsqu'il veut déroger à ces lois premières; si ce corps a le droit de s'opposer à l'exécution de ses lois nouvelles, lorsqu'elles sont contraires aux lois établies : dès lors il n'y a plus de monarchie, mais une aristocratie. Le monarque, pour être juste, est censé devoir respecter les règles consacrées par l'opinion, tandis que le despote n'est obligé de respecter que les premiers principes du droit naturel, la religion, les mœurs. La différence est moins dans la forme de la constitution que dans l'opinion des peuples, qui ont une idée plus ou moins étendue de ce qui constitue les droits de l'homme et du citoyen. » Il n'en est pas moins indiscutable que la théorie de la monarchie, telle que l'expose Montesquieu, a une puissante et réelle originalité, et un véritable fondement historique : c'est la monarchie féodale, celle des États Généraux et des théoriciens parlementaires du XVIe siècle et de la Fronde, et on ne saurait nier qu'il n'y ait une différence *essentielle* entre ce

Il y a des gens qui avaient imaginé, dans quelques États en Europe, d'abolir toutes les justices des seigneurs[1]. Ils ne voyaient pas qu'ils voulaient faire ce que le parlement d'Angleterre a fait[2]. Abolissez dans une monarchie les prérogatives des seigneurs, du clergé, de la noblesse et des villes, vous aurez bientôt un État populaire, ou bien un État despotique[3].

Les tribunaux d'un grand État en Europe frappent sans cesse, depuis plusieurs siècles, sur la juridiction patrimoniale des seigneurs, et sur l'ecclésiastique[4]. Nous ne voulons pas censurer des magistrats si sages : mais nous laissons à décider jusqu'à quel point la constitution en peut être changée[5].

Je ne suis point entêté des privilèges des ecclésiasti-

gouvernement et la monarchie despotique, de droit divin, des peuples orientaux. Quand on songe que c'était cette dernière monarchie, disait-on (cf. p. 283), que Louis XIV voulait établir, on comprend l'énergie avec laquelle Montesquieu défendait et expliquait la première, au nom de ses *principes* et à l'aide de l'histoire.

1 En Espagne, Ferdinand le Catholique attaque ces justices; Jean II les supprime en Portugal (1482).

2. Cf. p. 75, n. 2.

3. C'est ce qui arriva en France. Quand la Révolution eut aboli les derniers privilèges des Ordres (et elle ne fit que compléter l'œuvre de la monarchie absolue), la France fut, même sous un roi, une démocratie; et elle put en même temps, en l'an VIII, devenir une monarchie despotique.

4. Il s'agit de la France : « A vrai dire, les nobles français ne touchaient plus depuis longtemps à l'administration publique que par un seul point, la justice. Les principaux d'entre eux avaient conservé le droit d'avoir des juges qui décidaient certains procès en leur nom, et faisaient encore de temps en temps des règlements de police dans les limites de la seigneurie: mais le pouvoir royal avait graduellement écourté, limité, subordonné la justice seigneuriale, à ce point que les seigneurs qui l'exerçaient encore la considéraient moins comme un pouvoir que comme un revenu. » (Tocqueville, *l'Ancien régime*, p. 41.) C'est ce dont Montesquieu se plaint, comme d'une atteinte à la constitution primitive de la France. On sait du reste que Montesquieu, baron de La Brède, seigneur de Martillac, défendit toujours ses droits féodaux avec une certaine énergie, en particulier dans un procès contre la ville de Bordeaux.

5. Car pour Montesquieu, la justice seigneuriale est une partie non seulement *essentielle*, mais *primitive*, de la constitution de la monarchie française. Il s'efforcera de le prouver (livre XXX, chap. XXII): « Les justices ne doivent point leur origine aux usurpations, elles dérivent du premier établissement, et non pas de sa corruption. »

ques; mais je voudrais qu'on fixât bien une fois leur juridiction[1]. Il n'est point question de savoir si on a eu raison de l'établir, mais si elle est établie; si elle fait une partie des lois du pays, et si elle y est partout relative; si, entre deux pouvoirs que l'on reconnaît indépendants, les conditions ne doivent pas être réciproques; et s'il n'est pas égal à un bon sujet de défendre la justice du prince, ou les limites qu'elle s'est de tout temps prescrites[2].

Autant que le pouvoir du clergé est dangereux dans une république, autant est-il convenable dans une monarchie, surtout dans celles qui vont au despotisme. Où en seraient l'Espagne et le Portugal depuis la perte de leurs lois, sans ce pouvoir qui arrête seul la puissance arbitraire? barrière toujours bonne lorsqu'il n'y en a point d'autre : car, comme le despotisme cause à la nature humaine des maux effroyables, le mal même qui le limite est un bien[3].

Comme la mer, qui semble vouloir couvrir toute la terre, est arrêtée par les herbes et les moindres graviers qui se trouvent sur le rivage: ainsi les monarques, dont le pouvoir paraît sans bornes, s'arrêtent par les

1. Même remarque. Cf. *Esprit des Lois*, XXX, XXI : « Le capitulaire de Charlemagne, de l'an 806, veut que les Églises aient la justice criminelle et civile sur tous ceux qui habitent dans leur territoire. Enfin, le capitulaire de Charles le Chauve distingue les juridictions du roi, celles des seigneurs et celles des Églises; *et je n'en dirai pas davantage*. » Remarquez cette dernière phrase : l'auteur, selon son habitude, laisse au lecteur le soin de *penser*, c'est-à-dire le soin de conclure. Voyez encore ce que Montesquieu pensait « des privilèges de chaque portion de l'État » : ici, p. 37.

2. La question des privilèges du clergé et en particulier de ses privilèges financiers était à l'ordre du jour au moment où parut l'*Esprit des Lois*. Le contrôleur général Machault voulait soumettre les biens d'Église à l'impôt du 20e (1749). Ce passage de l'*Esprit des Lois* était tout à fait de circonstance et vraiment une allusion aux progrès du pouvoir royal. Montesquieu, nous apprend son fils, regardait les privilèges du clergé comme l'ombre respectable d'un droit jadis commun à toute la nation (*Mémoire* chez Vian, p. 405). Sur ces luttes autour de l'immunité ecclésiastique, voyez le livre de Marion sur *Machault d'Arnouville*, p. 290.

3. Ruine des libertés espagnoles sous Ferdinand le Catholique; des libertés portugaises sous Jean II (1481-95).

plus petits obstacles, et soumettent leur fierté naturelle à la plainte et à la prière[1].

Les Anglais, pour favoriser la liberté, ont ôté toutes les puissances intermédiaires qui formaient leur monarchie[2]. Ils ont bien raison de conserver cette liberté: s'ils venaient à la perdre, ils seraient un des peuples les plus esclaves de la terre.

M. Law, par une ignorance égale de la constitution républicaine et de la monarchique, fut un des plus grands promoteurs du despotisme que l'on eût encore vu en Europe. Outre les changements qu'il fit, si brusques, si inusités, si inouïs[3], il voulait ôter les rangs intermédiaires, et anéantir les corps politiques[4] : il dissolvait la monarchie[5] par ses chimériques remboursements[6], et semblait vouloir racheter la constitution même[7].

1. Voltaire raillait avec esprit ce style fleuri qu'affectionnait Montesquieu : « Voilà donc, pratiquement parlant, l'Océan qui est monarque ou despote. Ce n'est pas là le style d'un législateur. Mais assurément ce n'est ni de l'herbe ni du gravier qui cause le reflux de la mer, c'est la loi de la gravitation : et je ne sais si la comparaison des larmes du peuple avec du gravier est bien juste. »

2. Voltaire : « Au contraire les Anglais ont rendu plus légal le pouvoir des seigneurs spirituels et temporels, et ont augmenté celui des Communes. » Ici Montesquieu a raison contre Voltaire. Sans aucun doute, les membres de l'aristocratie anglaise ont des privilèges politiques, par exemple des droits de juridiction : mais ils ne les exercent qu'aux termes de mandats précis et limités qui leur sont confiés par la loi. « Cette juridiction ne procède, à aucun degré, de la juridiction féodale : elle n'en est pas une forme altérée ou dégradée; elle a plutôt l'air d'en être le contre-pied. C'est une simple commission de fonctionnaire. La juridiction féodale est un véritable démembrement de la souveraineté. » Ce système est une preuve « de l'unité et de la vigueur de l'État ». Boutmy, *la Constitution anglaise*, p. 194.

3. Cf. *Lettres Persanes*, ici, p. 289.

4. Sous la pression de Law, le gouvernement enleva au Parlement le droit de remontrance qu'il lui avait rendu à la mort de Louis XIV (1718).

5. Ferdinand, roi d'Aragon, se fit grand maître des Ordres; et cela seul altéra la constitution. — Ferdinand le Catholique se fit déclarer chef ou grand maître des chevaliers de Saint-Jacques de Calatrava et d'Alcantara, ce qui mit à sa disposition des revenus immenses et une grande influence sur la noblesse.

6. Law remboursa un très grand nombre de charges créées par Louis XIV et onéreuses à l'État.

7. Ce jugement est juste. Si le système de Law l'avait emporté, la monarchie serait demeurée

Il ne suffit pas qu'il y ait dans une monarchie des rangs intermédiaires : il faut encore un dépôt de lois[1]. Ce dépôt ne peut être que dans les corps politiques[2], qui annoncent les lois lorsqu'elles sont faites, et les rappellent lorsqu'on les oublie. L'ignorance naturelle à la noblesse, son inattention, son mépris pour le gouvernement civil[3], exigent qu'il y ait un corps qui fasse sans cesse sortir les lois de la poussière où elles seraient ensevelies. Le Conseil du prince n'est pas un dépôt convenable. Il est, par sa nature, le dépôt de la volonté momentanée du prince qui exécute, et non pas le dépôt des lois fondamentales. De plus, le Conseil du monarque change sans cesse ; il n'est point permanent ; il ne saurait être nombreux ; il n'a point à un assez haut degré[4] la confiance du peuple : il n'est donc pas en état de l'éclairer dans les temps difficiles, ni de le ramener à l'obéissance[5].

absolue et la France devenue démocratique et égalitaire. Ce n'est pas une raison pour être sévère pour lui. Montesquieu, qui admire la démocratie antique, semble terrifié à l'idée d'une France nivelée et républicaine comme Athènes.

1. C'est-à-dire un corps chargé d'enregistrer, de conserver et de vérifier les lois. Cf. p. 288.

2. C'est-à-dire les corps qui ont part au gouvernement de l'État.

3. Par opposition au gouvernement militaire. N'oubliez pas qu'au temps de Montesquieu la noblesse ne s'occupe qu'à l'armée.

4. « A un assez haut degré » a été ajouté par Montesquieu dans le courant de l'impression du volume, sans doute après le passage de la censure.

5. Montesquieu ne dit pas quel est le corps qui aura le dépôt des lois. Mais il est visible que, dans sa pensée, il ne peut s'agir que du Parlement. Tout ce paragraphe est manifestement une allusion aux événements et aux polémiques du règne de Louis XV, et en particulier aux luttes entre le Parlement et le Conseil du Roi. L'auteur d'un *Mémoire sur l'autorité du Parlement* (1732) exposait en ces termes quel devait être, dans la monarchie, le rôle du Parlement, et de quelle manière il fallait traiter le Conseil : « Quand il s'agit d'une chose où le peuple a intérêt, ce n'est pas dans le Conseil du Roi qu'elle peut être résolue. Le roi ne peut contracter avec ses peuples que dans le sein du Parlement, lequel, aussi ancien que la couronne, et né avec l'État, est la représentation de la monarchie tout entière [ce qui est d'ailleurs complètement faux : mais telle était la théorie du temps]. Le Conseil du roi, espèce de juridiction établie au mépris des lois les plus fondamentales du royaume, n'a aucun caractère public, et il commet une usurpation manifeste quand il casse ou infirme les arrêts du Parlement. Il importe peu que le roi soit présent à son Conseil ; il n'y assiste

Dans les États despotiques, où il n'y a point de lois fondamentales, il n'y a pas non plus de dépôt de lois. De là vient que, dans ces pays, la religion a ordinairement tant de force : c'est qu'elle forme une espèce de dépôt et de permanence. Et si ce n'est pas la religion, ce sont les coutumes qu'on y vénère, au lieu des lois[1].

(Livre II, chap. IV.)

DES LOIS RELATIVES A LA NATURE DE L'ÉTAT DESPOTIQUE[2]

Il résulte de la nature du pouvoir despotique, que l'homme seul qui l'exerce le fasse de même exercer par un seul. Un homme à qui ses cinq sens disent sans cesse qu'il est tout, et que les autres ne sont rien, est naturellement paresseux, ignorant, voluptueux. Il abandonne donc les affaires. Mais s'il les confiait à plusieurs, il y aurait des disputes entre eux, on ferait des brigues pour être le premier esclave, le prince serait obligé de rentrer dans l'administration. Il est donc plus simple qu'il l'abandonne à un vizir[3], qui aura d'abord la même puissance que lui. L'établissement d'un vizir est, dans cet État, une loi fondamentale[4]. (Livre II, chap. V, fragm.)

pas pour détruire les lois ; le rôle du souverain consiste à les maintenir. »

1. Cf. p. 97, et *Considérations*, p. 262.

2. Cf. plus loin, p. 95 et suiv.

3. Les rois d'Orient ont toujours des vizirs, dit M. Chardin.] — Chardin, *Description du gouvernement des Persans* (dans ses *Voyages*), chap. V : « Le *grand-vizir* [c'est dans ce sens en effet qu'il faut entendre, dans ce passage de Montesquieu, le mot vizir] est comme un agent ou vice-gérant général du roi dans toutes les affaires du roi et du royaume. Les Empires mahométans ont eu de tout temps des grands-vizirs, et n'ont jamais pu s'en passer. Comme ces rois de l'Orient ne songent d'ordinaire qu'aux plaisirs des sens, il est d'autant plus nécessaire qu'il y ait quelqu'un qui pense à la conservation et à la gloire de l'Empire.... Si l'on remonte plus haut que le mahométisme, et jusqu'aux premiers temps, on trouvera que les rois de l'Orient avaient tous leurs grands-vizirs, comme les rois d'Egypte, leur Joseph, ceux de l'Assyrie, leur Daniel. »

4. Comparez le préfet du prétoire dans la Rome impériale, le maire du palais chez les Francs mérovingiens.

DU PRINCIPE DE LA DÉMOCRATIE

Il ne faut pas beaucoup de probité pour qu'un gouvernement monarchique ou un gouvernement despotique se maintiennent ou se soutiennent. La force des lois dans l'un, le bras du prince toujours levé dans l'autre, règlent ou contiennent tout. Mais dans un État populaire, il faut un ressort de plus, qui est la *vertu*[1].

Ce que je dis est confirmé par le corps entier de l'histoire, et est très conforme à la nature des choses. Car il est clair que, dans une monarchie, où celui qui fait exécuter les lois se juge au-dessus des lois, on a besoin de moins de vertu que dans un gouvernement populaire[2], où celui qui fait exécuter les lois sent qu'il y est soumis lui-même, et qu'il en portera le poids.

Il est clair encore que le monarque qui, par mauvais conseil ou par négligence, cesse de faire exécuter les lois, peut aisément réparer le mal : il n'a qu'à changer de Conseil, ou se corriger de cette négligence même. Mais lorsque, dans un gouvernement populaire, les lois ont

1. Voici l'*Avertissement* que Montesquieu a mis plus tard au début de l'*Esprit des Lois* (édit. de 1758) :

« Pour l'intelligence des quatre premiers livres de cet ouvrage, il faut observer que ce que j'appelle la *vertu* dans la république est l'amour de la patrie, c'est-à-dire l'amour de l'égalité. Ce n'est point une vertu morale ni une vertu chrétienne, c'est la vertu *politique*; et celle-ci est le ressort qui fait mouvoir le gouvernement républicain, comme l'*honneur* est le ressort qui fait mouvoir la monarchie. J'ai donc appelé *vertu politique* l'amour de la patrie et de l'égalité. J'ai eu des idées nouvelles : il a bien fallu trouver de nouveaux mots, ou donner aux anciens de nouvelles acceptions. Ceux qui n'ont pas compris ceci m'ont fait dire des choses absurdes et qui seraient révoltantes dans tous les pays du monde, parce que dans tous les pays du monde on veut de la morale. »

Cette idée de la « vertu » politique est empruntée à Aristote (*Politique*, III, II), lorsqu'il distingue « la vertu du bon citoyen et la vertu de l'honnête homme ».

2. « C'est surtout dans cette constitution que le citoyen doit s'armer de force et de constance et dire chaque jour, du fond de son cœur : *Malo periculosam libertatem quam quietum servitium.* » Rousseau, *le Contrat social*, III, IV.

cessé d'être exécutées, comme cela ne peut venir que de la corruption de la république, l'État est déjà perdu.

Ce fut un assez beau spectacle, dans le siècle passé, de voir les efforts impuissants des Anglais pour établir parmi eux la démocratie. Comme ceux qui avaient part aux affaires n'avaient point de vertu, que leur ambition était irritée par le succès de celui qui avait le plus osé[1], que l'esprit d'une faction n'était réprimé que par l'esprit d'une autre, le gouvernement changeait sans cesse : le peuple, étonné, cherchait la démocratie, et ne la trouvait nulle part. Enfin, après bien des mouvements, des chocs et des secousses, il fallut se reposer dans le gouvernement même qu'on avait proscrit[2].

Quand Sylla voulut rendre à Rome la liberté, elle ne put plus la recevoir[3] : elle n'avait plus qu'un faible reste de vertu ; et comme elle en eut toujours moins, au lieu de se réveiller après César, Tibère, Caïus, Claude, Néron, Domitien, elle fut toujours plus esclave : tous les coups portèrent sur les tyrans, aucun sur la tyrannie.

Les politiques grecs, qui vivaient dans le gouvernement populaire, ne reconnaissaient d'autre force qui pût le soutenir que celle de la vertu[4]. Ceux d'aujourd'hui ne nous parlent que de manufactures, de commerce, de finances, de richesses, et de luxe même[5].

Lorsque cette vertu cesse, l'ambition entre dans les

1. Cromwell.]

2. Allusion aux événements qui suivirent la mort de Cromwell jusqu'à la restauration des Stuarts.

3. Cf. *Considérations*, p. 108.

4. Réminiscence de Platon, *Gorgias* (trad. Cousin, p. 392) : « Ils ont agrandi l'État », dit-il des politiciens de son temps, « mais ils ne s'aperçoivent pas que cet agrandissement est une enflure, une tumeur pleine de corruption. Et c'est là tout ce qu'ont fait les anciens politiques pour avoir rempli la république de ports, d'arsenaux, de murailles, de tributs et d'autres bagatelles, sans y joindre la justice et la tempérance. »

5. Il s'agit surtout de Law : mais voyez comme ces phrases rappellent Platon. « Montesquieu ne soupçonnait point que ces manufactures, ce commerce, ces richesses, ce luxe même qu'il jugeait incompatibles avec les démocraties, en deviendraient l'élément fondamental ; que cette révolution s'opérerait dans son propre pays et gagnerait toute l'Europe. » (Sorel, p. 94.)

cœurs qui peuvent la recevoir, et l'avarice entre dans tous. Les désirs changent d'objets : ce qu'on aimait, on ne l'aime plus; on était libre avec les lois, on veut être libre contre elles; chaque citoyen est comme un esclave échappé de la maison de son maître; ce qui était maxime, on l'appelle rigueur; ce qui était règle, on l'appelle gène; ce qui était attention, on l'appelle crainte. C'est la frugalité qui y est l'avarice, et non pas le désir d'avoir. Autrefois le bien des particuliers faisait le trésor public; mais pour lors le trésor public devient le patrimoine des particuliers. La république est une dépouille; et sa force n'est plus que le pouvoir de quelques citoyens et la licence de tous[1].

Athènes eut dans son sein les mêmes forces pendant qu'elle domina avec tant de gloire, et pendant qu'elle servit avec tant de honte. Elle avait vingt mille citoyens[2], lorsqu'elle défendit les Grecs contre les Perses, qu'elle disputa l'empire à Lacédémone, et qu'elle attaqua la Sicile. Elle en avait vingt mille lorsque Démétrius de Phalère les dénombra[3], comme dans un marché l'on compte les esclaves. Quand Philippe osa dominer dans la Grèce, quand il parut aux portes d'Athènes[4], elle n'avait encore perdu que le temps. On peut voir dans Démosthène quelle peine il fallut pour la réveiller[5] : on y craignait

1. On devine, en lisant ce passage, toute une suite de réminiscences des déclamations antiques; cf. Salluste, *Jugurtha*, XXXI; *Catilina*, XX, etc.

2. Plutarque, *in Pericle*; Platon, *in Critia*.] — Plutarque, *Periclès*, XXXVII; Platon, *Critias*, p. 112.

3. Il s'y trouva vingt et un mille citoyens, dix mille étrangers, quatre cent mille esclaves. Voyez Athénée, liv. VI.] — Cf. *Considérations*, p. 26, où ce passage est discuté.

4. Elle avait vingt mille citoyens. Voyez Démosthène, *in Aristogitonem*.] — I, 51.

5. « Démosthène », a écrit Lucien (*Éloge de Démosthène*, XXXV), « réveille malgré eux ses concitoyens assoupis comme par la mandragore. Peu soucieux de leur être agréable, sa franchise est le fer qui coupe et brûle leur indolence. Si les Athéniens n'avaient pas chez eux Démosthène, Philippe prendrait leur ville plus facilement qu'il n'a vaincu Thèbes et les Thessaliens : la ruse, la violence, la surprise, l'argent en auraient bon marché. »

Philippe, non pas comme l'ennemi de la liberté, mais des plaisirs[1]. Cette ville, qui avait résisté à tant de défaites, qu'on avait vue renaître après ses destructions, fut vaincue à Chéronée, et le fut pour toujours. Qu'importe que Philippe renvoie tous les prisonniers? il ne renvoie pas des hommes. Il était toujours aussi aisé de triompher des forces d'Athènes qu'il était difficile de triompher de sa vertu.

Comment Carthage aurait-elle pu se soutenir? Lorsque Annibal, devenu préteur, voulut empêcher les magistrats de piller la république, n'allèrent-ils pas l'accuser devant les Romains? Malheureux, qui voulaient être citoyens sans qu'il y eût de cité, et tenir leurs richesses de la main de leurs destructeurs! Bientôt Rome leur demanda pour otages trois cents de leurs principaux citoyens; elle se fit livrer les armes et les vaisseaux, et ensuite leur déclara la guerre. Par les choses que fit le désespoir dans Carthage désarmée[2], on peut juger de ce qu'elle aurait pu faire avec sa vertu lorsqu'elle avait ses forces.

(Livre III, ch. III.)

DU PRINCIPE DE L'ARISTOCRATIE

Comme il faut de la vertu dans le gouvernement populaire, il en faut aussi dans l'aristocratique. Il est vrai qu'elle n'y est pas si absolument requise.

Le peuple, qui est à l'égard des nobles ce que les sujets sont à l'égard du monarque, est contenu par leurs lois. Il a donc moins besoin de vertu que le peuple de la démocratie. Mais comment les nobles seront-ils contenus? Ceux qui doivent faire exécuter les lois contre leurs col-

1. Ils avaient fait une loi pour punir de mort celui qui proposerait de convertir aux usages de la guerre l'argent destiné pour les théâtres.] — Voyez entre autres textes *Oratores attici*, édit. Didot, t. II, p. 528. Démosthène osa parler contre cette loi, cf. Duruy, *Histoire des Grecs*, édit. illustrée, t. III, p. 195.

2. Cette guerre dura trois ans.] — Troisième guerre punique.

lègues sentiront d'abord qu'ils agissent contre eux-mêmes. Il faut donc de la vertu dans ce corps, par la nature de la constitution.

Le gouvernement aristocratique a par lui-même une certaine force que la démocratie n'a pas. Les nobles y forment un corps qui, par sa prérogative et pour son intérêt particulier, réprime le peuple : il suffit qu'il y ait des lois, pour qu'à cet égard elles soient exécutées.

Mais autant qu'il est aisé à ce corps de réprimer les autres, autant est-il difficile qu'il se réprime lui-même[1]. Telle est la nature de cette constitution, qu'il semble qu'elle mette les mêmes gens sous la puissance des lois, et qu'elle les en retire.

Or, un corps pareil ne peut se réprimer que de deux manières : ou par une grande vertu, qui fait que les nobles se trouvent en quelque façon égaux à leur peuple, ce qui peut former une grande république ; ou par une vertu moindre, qui est une certaine modération qui rend les nobles au moins égaux à eux-mêmes, ce qui fait leur conservation.

La modération est donc l'âme de ces gouvernements[2]. J'entends celle qui est fondée sur la vertu, non pas celle qui vient d'une lâcheté et d'une paresse de l'âme.

(Livre III, ch. IV.)

L'aristocratie se corrompt, lorsque le pouvoir des nobles devient arbitraire : il ne peut plus y avoir de vertu dans ceux qui gouvernent ni dans ceux qui sont gouvernés.

(Livre VIII, chap. V, fragm.)

---

1. Les crimes publics y pourront être punis, parce que c'est l'affaire de tous ; les crimes particuliers n'y seront pas punis, parce que l'affaire de tous est de ne les pas punir.]

2. Bien remarquer cette pensée qui reviendra constamment dans l'*Esprit des Lois*. Ce n'est pas qu'elle soit incontestable. La modération doit être le principe de tout gouvernement régulier, monarchie, démocratie ou aristocratie : elle n'est même pas incompatible avec le despotisme.

QUE LA VERTU N'EST POINT LE PRINCIPE DU GOUVERNEMENT MONARCHIQUE

Dans les monarchies, la politique fait faire les grandes choses avec le moins de vertu qu'elle peut; comme dans les plus belles machines, l'art emploie aussi peu de mouvements, de forces et de roues qu'il est possible.

L'État subsiste indépendamment de l'amour pour la patrie, du désir de la vraie gloire, du renoncement à soi-même, du sacrifice de ses plus chers intérêts, et de toutes ces vertus héroïques que nous trouvons dans les anciens, et dont nous avons seulement entendu parler[1].

Les lois y tiennent la place de toutes ces vertus dont on n'a aucun besoin; l'État vous en dispense : une action qui se fait sans bruit y est en quelque façon sans conséquence.

Quoique tous les crimes soient publics par leur nature, on distingue pourtant les crimes véritablement publics d'avec les crimes privés, ainsi appelés parce qu'ils offensent plus un particulier que la société entière.

Or, dans les républiques, les crimes privés sont plus publics, c'est-à-dire choquent plus la constitution de l'État que les particuliers[2]; et, dans les monarchies, les crimes publics sont plus privés, c'est-à-dire choquent plus les fortunes particulières que la constitution de l'État même.

Je supplie qu'on ne s'offense pas de ce que j'ai dit : je parle après toutes les histoires. Je sais très bien qu'il n'est pas rare qu'il y ait des princes vertueux; mais je dis que dans une monarchie il est très difficile que le peuple le soit[3].

1. Cf. p. 106, n. 1.
2. Parce que tout citoyen est une partie du souverain.
3. Je parle ici de la vertu publique, qui est la vertu morale dans le sens qu'elle se dirige au bien général; fort peu des vertus morales particulières; et point du tout de cette vertu qui a du rapport aux vérités révélées. On verra bien ceci au livre V, chap. II.] — Cf. pages 106 et 107.

Qu'on lise ce que les historiens de tous les temps ont dit sur la cour des monarques; qu'on se rappelle les conversations des hommes de tous les pays sur le misérable caractère des courtisans : ce ne sont point des choses de spéculation, mais d'une triste expérience.

L'ambition dans l'oisiveté, la bassesse dans l'orgueil, le désir de s'enrichir sans travail, l'aversion pour la vérité, la flatterie, la trahison, la perfidie, l'abandon de tous ses engagements, le mépris des devoirs du citoyen, la crainte de la vertu du prince, l'espérance de ses faiblesses, et, plus que tout cela, le ridicule perpétuel jeté sur la vertu, forment, je crois, le caractère du plus grand nombre des courtisans, marqué dans tous les lieux et dans tous les temps[1]. Or, il est très malaisé que la plupart des principaux d'un État soient malhonnêtes gens, et que les inférieurs soient gens de bien; que ceux-là soient trompeurs, et que ceux-ci consentent à n'être que dupes.

Que si dans le peuple il se trouve quelque malheureux honnête homme[2], le cardinal de Richelieu, dans son Testament politique, insinue[3] qu'un monarque doit se garder de s'en servir[4]. Tant il est vrai que la vertu

1. Satire des courtisans. « Montesquieu », dit M. Janet, « en exagérant ici la corruption des cours, se rend très difficile à lui-même de prouver plus tard que le principe de la monarchie, c'est l'honneur. »

2. Entendez ceci dans le sens de la note précédente.] — P. 83, n. 3.

3. Au lieu de « insinue », le texte primitif (corrigé avant le tirage définitif) portait « déclare » (Vian, p. 262).

4. « Il ne faut pas », y est-il dit, « se servir de gens de bas lieu : ils sont trop austères et trop difficiles. »] — Au chap. IV de la Ire partie : « On peut dire hardiment que, de deux personnes dont le mérite est égal, celle qui est la plus aisée en ses affaires est préférable à l'autre, étant certain qu'il faut qu'un pauvre magistrat ait l'âme d'une trempe bien forte, si elle ne se laisse quelquefois amollir par la considération de ses intérêts. Aussi l'expérience nous apprend que les riches sont moins sujets à concussions que les autres, et que la pauvreté contraint un officier à être fort soigneux du revenu de son sac. » Evidemment c'est là une *insinuation* et non une *déclaration*. On sait la haine de Montesquieu contre Richelieu (cf. p. 336 et 103) et on en devine le motif.

n'est pas le ressort de ce gouvernement! Certainement elle n'en est point exclue; mais elle n'en est pas le ressort[1]. (Livre III, chap. v.)

COMMENT ON SUPPLÉE A LA VERTU DANS LE GOUVERNEMENT MONARCHIQUE

Je me hâte et je marche à grands pas, afin qu'on ne croie pas que je fasse une satire du gouvernement monarchique[2]. Non : s'il manque d'un ressort, il en a un autre. L'*honneur*, c'est-à-dire le préjugé de chaque personne et de chaque condition[3], prend la place de la vertu politique dont j'ai parlé, et la représente partout. Il y peut inspirer les plus belles actions; il peut, joint à la force des lois, conduire au but du gouvernement, comme la vertu même.

Ainsi dans les monarchies bien réglées, tout le monde sera à peu près bon citoyen, et on trouvera rarement quelqu'un qui soit homme de bien : car, pour être homme de bien[4], il faut avoir intention de l'être, et aimer l'État moins pour soi que pour lui-même[5].

(Livre III, chap. vi.)

---

1. Cette dernière phrase manquait dans la première édition.

2. Remarquez cette intervention constante de Montesquieu. Les *Considérations* sont un ouvrage d'allure plus impersonnelle et de style plus sobre et plus sévère.

3. Le mot « préjugé » veut dire le sentiment, la conscience et comme la vertu propre de chaque corps, de chaque personne ou de chaque classe. Il n'implique aucun sens défavorable. Le préjugé est, dans l'ordre moral, ce que le privilège est dans l'ordre politique. On comprend par là le lien étroit qui unit ce *principe* de l'honneur à la *nature* du gouvernement monarchique, caractérisée par l'équilibre ou la coexistence du roi et des Ordres privilégiés. Voyez « le point d'honneur » dans les *Considérations*, p. 203; et *Lettres Persanes*, XCI.

4. Ce mot *homme de bien* ne s'entend ici que dans un sens politique.] — Cette note, et la fin de la phrase (*et aimer*, etc.), manquent dans la première édition.

5. Cf. la note 3 de la p. 83.]

DU PRINCIPE DE LA MONARCHIE

Le gouvernement monarchique suppose, comme nous avons dit, des prééminences, des rangs, et même une noblesse d'origine. La nature de l'honneur est de demander des préférences et des distinctions[1] : il est donc, par la chose même, placé dans ce gouvernement.

L'ambition est pernicieuse dans une république[2] : elle a de bons effets dans la monarchie; elle donne la vie à ce gouvernement; et on y a cet avantage qu'elle n'y est pas dangereuse, parce qu'elle y peut être sans cesse réprimée.

Vous diriez qu'il en est comme du système de l'univers, où il y a une force qui éloigne sans cesse du centre tous les corps, et une force de pesanteur qui les y ramène. L'honneur fait mouvoir toutes les parties du corps politique, il les lie par son action même, et il se trouve que chacun va au bien commun, croyant aller à ses intérêts particuliers[3].

Il est vrai que, philosophiquement parlant, c'est un

1. « Ces préférences, ces distinctions, ces honneurs, cet honneur, étaient dans la république romaine tout autant pour le moins que dans les débris de cette république qui forment aujourd'hui tant de royaumes. La préture, le consulat, les haches, les faisceaux, le triomphe, valaient bien des rubans de toutes couleurs. » Remarque infiniment juste de Voltaire.

2. Cf. p. 107 et s.

3. Allusion au système de l'attraction universelle de Newton. « Il a dit, dans ses *Philosophiae moralis Principia mathematica*, I, II : *Haec est vis centrifuga, qua corpus urget circulum : et huic aequalis est vis contraria, qua circulus continuo repellit corpus centrum versus.* Cette méthode pour réduire les problèmes de dynamique à des problèmes fictifs de statique était en grande vogue au moment où écrivait Montesquieu. Et, en 1743, d'Alembert généralisait cette méthode; il montrait comment les problèmes de mouvement les plus compliqués pouvaient être censés ramenés à des problèmes d'équilibre. » (D'après une communication de M. Duhem.) C'est une puissante originalité de Montesquieu que d'avoir adapté aux gouvernements et aux sociétés les lois de l'équilibre physique retrouvées par Newton. On en remarquera ici de nombreuses applications (cf. p. 86). De même dans les *Considérations*, p. 99.

honneur faux qui conduit toutes les parties de l'État: mais cet honneur faux est aussi utile au public que le vrai le serait aux particuliers qui pourraient l'avoir[1].

Et n'est-ce pas beaucoup d'obliger les hommes à faire toutes les actions difficiles et qui demandent de la force, sans autre récompense que le bruit de ces actions?

(Livre III, chap. VII.)

DE LA CORRUPTION DU PRINCIPE DE LA MONARCHIE

Le principe de la monarchie se corrompt, lorsque les premières dignités sont les marques de la première servitude, lorsqu'on ôte aux grands le respect des peuples, et qu'on les rend de vils instruments du pouvoir arbitraire.

Il se corrompt encore plus, lorsque l'honneur a été mis en contradiction avec les honneurs, et que l'on peut être à la fois couvert d'infamie et de dignités[2].

1. Si l'on songe que la monarchie, d'après Montesquieu, est le gouvernement où le pouvoir d'un seul et les privilèges des Ordres se font équilibre, on sera moins tenté de critiquer ce qu'il dit de l'honneur. L'honneur est, chez l'un et les autres, le sentiment de sa propre considération : chez le roi, l'honneur consiste à ne point commander, chez les sujets, à ne point faire d'actes contraires à la dignité; il consiste aussi à faire tous les actes conformes à cette dignité et susceptibles de l'accroître. Dans le premier cas l'honneur est cette force qui « éloigne du centre », dans le second cas, celle « qui les ramène ». Le parlementaire aura l'amour-propre de ses privilèges, le clergé ne permettra pas que l'on opprime les âmes, la noblesse ignorera la trahison et la lâcheté. Dans chacun de ces Ordres, l'honneur sera, comme l'amour de la patrie est la vertu politique dans la démocratie, le principe de la vie publique et la garantie du bien de l'État. Mais ce qu'on peut le plus reprocher à cette théorie, c'est qu'elle fait table rase de l'idée de patrie qui, même dans la monarchie de Louis XIV, planait à la fois au-dessus de l'orgueil du roi et de l'honneur des Ordres.

2. Sous le règne de Tibère, on éleva des statues et l'on donna les ornements triomphaux aux délateurs : ce qui avilit tellement ces honneurs, que ceux qui les avaient mérités les dédaignèrent (fragment de Dion, liv. LVIII, tiré de l'*Extrait des Vertus et des Vices* de Constantin Porphyrogénète). Voyez, dans Tacite, comment Néron, sur la découverte et la punition d'une prétendue conju-

Il se corrompt, lorsque le prince change sa justice en sévérité; lorsqu'il met, comme les empereurs romains, une tête de Méduse sur sa poitrine[1]; lorsqu'il prend cet air menaçant et terrible que Commode faisait donner à ses statues[2].

Le principe de la monarchie se corrompt, lorsque des âmes singulièrement lâches tirent vanité de la grandeur que pourrait avoir leur servitude, et qu'elles croient que ce qui fait que l'on doit tout au prince fait que l'on ne doit rien à sa patrie.

Mais, s'il est vrai (ce que l'on a vu dans tous les temps) qu'à mesure que le pouvoir du monarque devient immense sa sûreté diminue, corrompre ce pouvoir jusqu'à le faire changer de nature, n'est-ce pas un crime de lèse-majesté contre lui[3]? (Livre VIII, chap. VII.)

« Ce qui perdit les dynasties de Tsin et de Soüi », dit un auteur chinois, « c'est qu'au lieu de se borner, comme les anciens, à une inspection générale, seule digne du souverain, les princes voulurent gouverner tout immédiatement par eux-mêmes[4]. » L'auteur chinois nous donne

ration, donna à Petronius Turpilianus, à Nerva, à Tigellinus, les ornements triomphaux (*Annales*, liv. XV). Voyez aussi comment les généraux dédaignèrent de faire la guerre, parce qu'ils en méprisaient les honneurs, *pervulgatis triumphi insignibus* (Tacite, *Annales*, liv. XIII).] — Montesquieu a bien soin d'indiquer tous ses textes, pour ne point être accusé de songer aux rois de son temps. Tac., *Ann.*, XIII, LIII; XV, LXXII; Dion, LVIII, XII. Et il est évident qu'il songe à eux.

1. Dans cet État, le prince savait bien quel était le principe de son gouvernement.] — Il s'agit de la tête de Méduse sculptée sur les cuirasses des empereurs (bustes de Pertinax, de Septime Sévère, etc.).

2. Hérodien.] — II, XIV, 9.

3. Dans tout ce passage, qui est fort beau, Montesquieu songe très certainement au règne de Louis XIV. Ce chapitre se terminait par un éloge de Louis XV, effacé par Montesquieu lors de l'impression (Vian, p. 263) : « La plus belle monarchie du monde est aujourd'hui gouvernée par un roi qui comprend que la plus grande force de son empire consiste dans l'amour de ses sujets et qui possède toutes les qualités propres à le mériter. »

4. Compilation d'ouvrages faits sous les Ming, rapportés par le P. Du Halde.] — La dynastie des Tsin est du IIIe siècle av. J.-C.; celle des Souï finit au VIIe s. après J.-C.; celle des Ming va du XIVe au XVIIe siècle après J.-C. Du Halde, *Description de la Chine*, t. II, 1735, p. 648.

ici la cause de la corruption de presque toutes les monarchies[1]. (Livre VIII, chap. VI, fragm.)

DU PRINCIPE DU GOUVERNEMENT DESPOTIQUE

Comme il faut de la *vertu* dans une république, et dans une monarchie de l'*honneur*, il faut de la *crainte* dans un gouvernement despotique : pour la vertu, elle n'y est point nécessaire, et l'honneur y serait dangereux[2].

Le pouvoir immense du prince y passe tout entier à ceux à qui il le confie. Des gens capables de s'estimer beaucoup eux-mêmes seraient en état d'y faire des révolutions. Il faut donc que la crainte y abatte tous les courages, et y éteigne jusqu'au moindre sentiment d'ambition.

Un gouvernement modéré peut, tant qu'il veut, et sans péril, relâcher ses ressorts : il se maintient par ses lois et par sa force même. Mais lorsque dans le gouvernement despotique le prince cesse un moment de lever le bras, quand il ne peut pas anéantir à l'instant ceux qui ont les premières places[3], tout est perdu : car le ressort du gou-

1. Montesquieu a dû être fort joyeux de trouver chez le P. Du Halde ce passage sur les Chinois. Cela lui a permis de dire, sans craindre la censure, ce qu'il pensait de la monarchie absolue en France. Il a beau dire (cf. p. 56, n. 3) qu'il fait un livre de droit et ne s'occupe que des principes, toute cette théorie sur la monarchie sent singulièrement le parlementaire de 1748. On trouvera ici d'autres détails sur la *monarchie* sous la rubrique XII, comme on en trouvera sur la *démocratie* sous la rubrique IV et sur le *despotisme* sous la rubrique V.

2. Il faut bien se rappeler la remarque suivante de Montesquieu à propos de cette définition (livre III, ch. XI). « Tels sont les principes des trois gouvernements : ce qui ne signifie pas que dans une certaine république on soit vertueux, mais qu'on devrait l'être. Cela ne prouve pas non plus que dans une certaine monarchie on ait de l'honneur, et que dans un État despotique particulier on ait de la crainte, mais qu'il faudrait en avoir : sans quoi le gouvernement sera imparfait. »

3. Comme il arrive souvent dans l'aristocratie militaire.] — Le vrai type du despote serait donc Tibère, au jour où il fit périr Séjan.

vernement, qui est la crainte, n'y étant plus, le peuple n'a plus de protecteur....

Il faut que le peuple soit jugé par les lois, et les grands par la fantaisie du prince; que la tête du dernier sujet soit en sûreté, et celle des bachas toujours exposée. On ne peut parler sans frémir de ces gouvernements monstrueux. Le sophi de Perse, détrôné de nos jours par Mirivéis, vit le gouvernement périr avant la conquête, parce qu'il n'avait pas versé assez de sang[1].

L'histoire nous dit que les horribles cruautés de Domitien effrayèrent les gouverneurs au point que le peuple se rétablit un peu sous son règne[2]. C'est ainsi qu'un torrent qui ravage tout d'un côté laisse de l'autre des campagnes où l'œil voit de loin quelques prairies.

(Livre III, chap. IX.)

Il y a peu de lois qui ne soient bonnes lorsque l'État n'a point perdu ses principes; et, comme disait Épicure en parlant des richesses, ce n'est point la liqueur qui est corrompue, c'est le vase.

(Livre VIII, chap. XI, fragm.)

---

*LES TROIS POUVOIRS[3]

Il y a, dans chaque État, trois sortes de pouvoirs : la puissance législative, la puissance exécutrice des choses

1. Voyez l'histoire de cette révolution, par le P. Ducerceau.] — Révolte de l'afghan Mir-Weiss contre le sophi Hussein (roi de Perse) en 1709 : mais ce fut seulement Mir-Mahmoud, fils de Mir-Weiss, qui le détrôna en 1722. Hussein était un prince doux et pieux, c'est-à-dire que Montesquieu considère son règne comme en contradiction avec le principe du despotisme. [Ducerceau, *Histoire de la dernière révolution de Perse*, t. I, 1728.

2. Son gouvernement était militaire : ce qui est une des espèces du gouvernement despotique.] — Suétone, *Domitien*, VIII.

3. Cf. Aristote, *Politique*, VI, XI, I : « Dans tout État, il est trois

qui dépendent du droit des gens[1], et la puissance exécutrice de celles qui dépendent du droit civil[2].

Par la première, le prince ou le magistrat fait des lois pour un temps ou pour toujours, et corrige ou abroge celles qui sont faites. Par la seconde, il fait la paix ou la guerre, envoie ou reçoit des ambassades, établit la sûreté, prévient les invasions. Par la troisième, il punit les crimes ou juge les différends des particuliers. On appellera cette dernière la puissance de juger; et l'autre, simplement la puissance exécutrice de l'État....

Lorsque, dans la même personne ou dans le même corps de magistrature, la puissance législative est réunie à la puissance exécutrice, il n'y a point de liberté, parce qu'on peut craindre que le même monarque ou le même sénat ne fasse des lois tyranniques pour les exécuter tyranniquement.

Il n'y a point encore de liberté, si la puissance de juger n'est pas séparée de la puissance législative et de l'exécutrice. Si elle était jointe à la puissance législative, le

parties, dont le législateur, s'il est sage, s'occupera par-dessus tout à bien régler les intérêts. Ces trois parties une fois bien organisées, l'État tout entier est nécessairement bien organisé lui-même; et les États ne peuvent différer réellement que par l'organisation différente de ces trois éléments. Le premier de ces trois objets, c'est l'assemblée générale délibérant sur les affaires publiques. Le second, c'est le corps des magistrats dont il faut régler la nature, les attributions et le mode de nomination. Le troisième, c'est le corps judiciaire. » Locke devait préciser ces idées en opposant le *pouvoir législatif* au *pouvoir exécutif*, dans son *Traité sur le gouvernement civil*, 1690: cf. ici, p. 195 et s.

1. Montesquieu sous-entend ici le droit politique : c'est la puissance qui aura la garde des intérêts publics. Cf. livre I, ch. III : « Les hommes ont des lois dans le rapport que les peuples ont entre eux : et c'est le *droit des gens*. Considérés comme vivant dans une société qui doit être maintenue, ils ont des lois dans le rapport qu'ont ceux qui gouvernent avec ceux qui sont gouvernés : et c'est le *droit politique*. Ils en ont encore dans le rapport que tous les citoyens ont entre eux : et c'est le *droit civil*. » Le pouvoir exécutif veille à l'exécution des deux premiers de ces droits, le pouvoir judiciaire à celle du droit civil.

2. C'est la puissance judiciaire, qui aura la garde des intérêts privés.

pouvoir sur la vie et la liberté des citoyens serait arbitraire : car le juge serait législateur. Si elle était jointe à la puissance exécutrice, le juge pourrait avoir la force d'un oppresseur.

Tout serait perdu, si le même homme, ou le même corps des principaux, ou des nobles, ou du peuple[1], exerçait ces trois pouvoirs : celui de faire des lois, celui d'exécuter les résolutions publiques, et celui de juger les crimes ou les différends des particuliers....

(Liv. XI, ch. vi : *De la Constitution d'Angleterre,* fragm.)

Je voudrais rechercher, dans les gouvernements modérés[2] que nous connaissons, quelle est la distribution des trois pouvoirs, et calculer par là les degrés de liberté dont chacun d'eux peut jouir. Mais il ne faut pas toujours tellement épuiser un sujet qu'on ne laisse rien à faire au lecteur. Il ne s'agit pas de faire lire, mais de faire penser. (Livre XI, chap. xx.).

1. Monarchie, oligarchie, aristocratie, démocratie.

2. Montesquieu vient de l'étudier dans la république romaine (cf. p. 165-191) et chez les Anglais (suite du même chapitre, p. 193 et s.). Les gouvernements modérés sont la république et la monarchie.

IV

Le despotisme[1].

COMMENT LES LOIS SONT RELATIVES AU PRINCIPE DU GOUVERNEMENT DESPOTIQUE

Le gouvernement despotique a pour principe la crainte:

1. Nous avons déjà remarqué (p. 72, n. 4) la place très considérable que Montesquieu fait au despotisme dans l'*Esprit des Lois* et les objections qui ont été faites déjà par Voltaire à la distinction établie entre la monarchie et le despotisme. Le principe de la monarchie et le principe du despotisme sont en réalité identiques (c'est ce qu'avait montré Hobbes, *Imperium*, ch. VII, § 3), et Montesquieu l'avoue lui-même quelque part (III, x : « le pouvoir est pourtant le même », ici, p. 103).

Il est possible qu'en les opposant si nettement, Montesquieu a eu surtout en vue la réfutation de Hobbes. « Il s'est fatigué », dit Barthélemy-Saint Hilaire (traduction de la *Politique*, p. 148), « à tracer entre la monarchie et le despotisme une limite qui scientifiquement n'existe pas. » « La monarchie et le despotisme sont deux frères qui ont tant de ressemblance qu'on les prend souvent l'un pour l'autre. » (Voltaire). Mais il est plus probable encore que Montesquieu, en faisant du despotisme le plus noir tableau, et en le distinguant si foncièrement du gouvernement modéré de la monarchie, songeait surtout à avertir ses concitoyens, à sauvegarder les prérogatives des Ordres (cf. p. 71 et s.) et à arrêter les progrès incessants du pouvoir royal. Le despotisme fut, au XVIIIe siècle, une manière d'épouvantail dont les philosophes agitèrent l'opinion publique. « Les rois veulent être absolus », dit J.-J. Rousseau (*le Contrat social*, III, VI), « et de loin on leur crie que le meilleur moyen de l'être est de se faire aimer de leurs peuples. » Dès les *Lettres Persanes*, Montesquieu avait attaqué le despotisme (cf. p. 283); dans les *Considérations*, on loua surtout la haine qu'il en avait marquée (p. XXI, n. 3), et, dans ses théories de l'*Esprit des Lois*, il lui fit une place à part, pour qu'on le vit mieux et qu'il pût l'attaquer plus franchement.

mais à des peuples timides, ignorants, abattus, il ne faut pas beaucoup de lois[1].

Tout y doit rouler sur deux ou trois idées : il n'en faut donc pas de nouvelles. Quand vous instruisez une bête, vous vous donnez bien de garde de lui faire changer de maître, de leçon et d'allure : vous frappez son cerveau par deux ou trois mouvements, et pas davantage.

Lorsque le prince est enfermé, il ne peut sortir du séjour de la volupté sans désoler tous ceux qui l'y retiennent. Ils ne peuvent souffrir que sa personne et son pouvoir passent en d'autres mains. Il fait donc rarement la guerre en personne, et il n'ose guère la faire par ses lieutenants[2].

Un prince pareil, accoutumé dans son palais à ne trouver aucune résistance, s'indigne de celle qu'on lui fait les armes à la main : il est donc ordinairement conduit par la colère ou par la vengeance. D'ailleurs, il ne peut avoir d'idée de la vraie gloire. Les guerres doivent donc s'y faire dans toute leur fureur naturelle, et le droit des gens y avoir moins d'étendue qu'ailleurs[3].

Un tel prince a tant de défauts, qu'il faudrait craindre d'exposer au grand jour sa stupidité naturelle. Il est caché, et l'on ignore l'état où il se trouve[4]. Par bonheur,

1. Comme l'a remarqué M. Sorel (p. 100), Montesquieu songe trop constamment au despotisme des peuples orientaux. « Il lui manque d'avoir connu la Russie. Voici un Empire où le prince est la loi vivante et arbitraire, et où l'amour qu'il inspire au peuple fait toute la force de l'État. »

2. Montesquieu songeait à Tibère et à Domitien : cf. *Considérations*, p. 113. Mais il y a beaucoup d'exceptions à cette loi. Et on songe ici, involontairement, à Napoléon.

3. « Le droit des gens », c'est-à-dire les règles internationales de probité, de justice, de bonne foi. Montesquieu songe aux guerres sans merci des despotes orientaux et, je crois, en particulier à la grande guerre de Nadir-Chah, roi de Perse, contre les Mongols. Lors du sac de Delhi, cent mille hommes périrent, les survivants furent mis à la torture pour être forcés à révéler les trésors cachés (1739). Mais de pareilles violations de l'humanité se sont rencontrées dans les gouvernements modérés, monarchie ou république.

4. Voyez ici, p. 318, les portraits de Tibère et de Louis XI. On pense encore à Philippe II.

les hommes sont tels dans ces pays, qu'ils n'ont besoin que d'un nom qui les gouverne.

Charles XII étant à Bender[1], trouvant quelque résistance dans le sénat de Suède, écrivit qu'il leur enverrait une de ses bottes pour commander. Cette botte aurait commandé comme un roi despotique.

Si le prince est prisonnier, il est censé être mort : et un autre monte sur le trône[2]. Les traités que fait le prisonnier sont nuls : son successeur ne les ratifierait pas. En effet, comme il est les lois[3], l'État et le prince, et que, sitôt qu'il n'est plus le prince, il n'est rien, s'il n'était pas censé mort, l'État serait détruit.

Une des choses qui détermina le plus les Turcs à faire leur paix séparée avec Pierre Ier, fut que les Moscovites dirent au vizir, qu'en Suède on avait mis un autre roi sur le trône[4].

La conservation de l'État n'est que la conservation du prince, ou plutôt du palais où il est enfermé. Tout ce qui ne menace pas directement ce palais ou la ville capitale, ne fait point d'impression sur des esprits ignorants, orgueilleux et prévenus; et quant à l'enchaînement des événements, ils ne peuvent le suivre, le prévoir, y penser même. La politique, ses ressorts et ses lois, y doivent être très bornés, et le gouvernement politique y est aussi simple que le gouvernement civil[5].

Tout se réduit à concilier le gouvernement politique et civil avec le gouvernement domestique[6], les officiers de l'État avec ceux du sérail.

1. Charles XII n'était point alors à Bender, mais à Démotica : Voltaire, *Histoire de Charles XII*, chap. VII.

2. Montesquieu fait-il allusion à Valérien, empereur de Rome, fait prisonnier par les Perses en 266 ? Du jour où il fut pris, l'Empire appartint à d'autres maîtres. De même, l'emprisonnement de Hussein par Mir-Mahmoud en Perse, en 1722, amena la fin de son règne.

3. « La loi », édit. de 1748.

4. Suite de Pufendorf, *Histoire universelle*, au traité de la Suède, chap. X. — T. V, 1722, Amsterdam, p. 524.

5. Selon M. Chardin, il n'y a point de Conseil d'État en Perse.]

6. Sous les premiers empereurs romains, la presque totalité des

Un pareil État sera dans la meilleure situation lorsqu'il pourra se regarder comme seul dans le monde; qu'il sera environné de déserts, et séparé des peuples qu'il appellera barbares[1]. Ne pouvant compter sur la milice, il sera bon qu'il détruise une partie de lui-même.

Comme le principe du gouvernement despotique est la crainte, le but en est la tranquillité : mais ce n'est point une paix, c'est le silence de ces villes que l'ennemi est prêt d'occuper[2].

La force n'étant pas dans l'État, mais dans l'armée qui l'a fondé, il faudrait, pour défendre l'État, conserver cette armée : mais elle est formidable au prince. Comment donc concilier la sûreté de l'État avec la sûreté de la personne?

Voyez, je vous prie, avec quelle industrie[3] le gouvernement moscovite cherche à sortir du despotisme, qui lui est plus pesant qu'aux peuples même. On a cassé les grands corps de troupes, on a diminué les peines des crimes, on a établi des tribunaux, on a commencé à connaître les lois, on a instruit les peuples[4]. Mais il y a des causes particulières qui le ramèneront peut-être au malheur qu'il voulait fuir[5].

fonctions financières, des administrations centrales, etc., étaient aux mains d'affranchis du prince. Sur cette *conciliation* qui est le plus souvent une *confusion*, on trouvera des détails, pour la Perse, dans le livre de Chardin.

1. Cf. les *Considérations*, p. 186.

2. Galgacus dit des Romains (Tacite, *Agricola*, XXX) : *Ubi solitudinem, ibi pacem appellant*. Sur ce « silence des villes » prises par l'ennemi, voyez Tite-Live (I, xxix) parlant d'Albe, que les Romains vont occuper : *Silentium triste ac tacita moestitia*.

3. Activité habile, sens du latin *industria*.

4. Réformes de Pierre le Grand : suppression des strélitz (2000 pendus, 5000 décapités); fondation de trois collèges à Moscou; rédaction d'un code (1722); nouvelle organisation judiciaire, etc.

5. L'étendue de la Russie et de ses conquêtes (*Esprit des Lois*, X, xvi : « Lorsque la conquête est immense, elle suppose le despotisme »), l'ignorance du peuple et le maintien de l'esclavage : « De quel autre instrument que le despotisme pouvait-il se servir (Pierre le Grand) chez un peuple où tout était servitude, où les enfants étaient esclaves de leurs pères et les femmes de leurs maris, où la barbarie était si grande, que les plus érudits ne savaient compter qu'avec des boules enfilées; où la plus grande partie des hommes

Dans ces États, la religion a plus d'influence que dans aucun autre; elle est une crainte ajoutée à la crainte. Dans les Empires mahométans, c'est de la religion que les peuples tirent en partie le respect étonnant qu'ils ont pour leur prince[1].

C'est la religion qui corrige un peu la constitution turque. Les sujets, qui ne sont pas attachés à la gloire et à la grandeur de l'État par honneur, le sont par la force et par le principe de la religion.

De tous les gouvernements despotiques, il n'y en a point qui s'accable plus lui-même que celui où le prince se déclare propriétaire de tous les fonds de terre, et l'héritier de tous ses sujets : il en résulte toujours l'abandon de la culture des terres; et si d'ailleurs le prince est marchand, toute espèce d'industrie est ruinée[2].

Dans ces États, on ne répare, on n'améliore rien[3] : on ne bâtit de maisons que pour la vie; on ne fait point de fossés, on ne plante point d'arbres; on tire tout de la terre, on ne lui rend rien : tout est en friche, tout est désert[4].

Pensez-vous que des lois qui ôtent la propriété des fonds de terre et la succession des biens, diminueront l'avarice

était abrutie par la misère, au point de croire que le ciel n'était point fait pour eux, mais seulement pour leurs princes et leurs boyards? » (Ségur, *Histoire de Russie*.)

1. Cf. p. 77; *Considérations*, p. 262.

2. Cf. *Esprit des Lois*, XX, XIX : « Que le prince ne doit point faire le commerce ». Et Montesquieu devait songer aux entreprises fondées par Law.

3. Voyez Ricaut, *État de l'Empire ottoman*, p. 196.] — Même pour la Turquie, le portrait du despotisme que fait Montesquieu n'est pas d'une vérité absolue. Peu après la mort de Montesquieu, Mustapha III avait remis l'ordre dans les finances, corrigé les abus, fondé des sociétés savantes. Dans tous les pays despotiques du monde, il peut se trouver, suivant le mot de Platon (*Lois*, IV, p. 219), « un tyran modéré, jeune, tempérant, doué de pénétration, de mémoire, de courage, de nobles sentiments ». Et Montesquieu lui-même dans *Arsace et Isménie* semble avoir voulu « nous peindre le bonheur d'un peuple qui a su rencontrer un despotisme intelligent » (remarque importante de M. Faguet).

4. Une description semblable du despotisme (à propos de l'Empire des Perses) se trouve chez Platon, *Lois*, livre III, p. 189 (trad. Cousin).

et la cupidité des grands[1]? Non : elles irriteront cette cupidité et cette avarice[2]. On sera porté à faire mille vexations, parce qu'on ne croira avoir en propre que l'or ou l'argent que l'on pourra voler ou cacher.

Pour que tout ne soit pas perdu, il est bon que l'avidité du prince soit modérée par quelque coutume. Ainsi, en Turquie, le prince se contente ordinairement de prendre trois pour cent sur les successions des gens du peuple[3]. Mais, comme le Grand Seigneur donne la plupart des terres à sa milice[4], et en dispose à sa fantaisie; comme il se saisit de toutes les successions des officiers de l'Empire; comme, lorsqu'un homme meurt sans enfants mâles, le Grand Seigneur a la propriété, et que les filles n'ont que l'usufruit, il arrive que la plupart des biens de l'État sont possédés d'une manière précaire....

Dans les États où il n'y a point de lois fondamentales, la succession à l'Empire ne saurait être fixe. La couronne y est élective par le prince, dans sa famille ou hors de sa famille. En vain serait-il établi que l'aîné succéderait : le prince en pourrait toujours choisir un autre. Le successeur est déclaré par le prince lui-même, ou par ses ministres, ou par une guerre civile. Ainsi cet État a une raison de dissolution de plus qu'une monarchie[5].

Chaque prince de la famille royale ayant une égale capacité pour être élu, il arrive que celui qui monte sur le trône fait d'abord étrangler ses frères, comme en

1. La république romaine confisqua les terres des vaincus. Mais les grands les envahirent et en usurpèrent la jouissance : leur avidité ne fit que s'accroître à la faveur de la loi de conquête. Mais de tels faits peuvent se passer sous n'importe quel régime politique.

2. Sens d'avidité, du latin *avaritia*.

3. Voyez, sur les successions des Turcs, *Lacédémone ancienne et moderne*. Voyez aussi Ricaut, *de l'Empire Ottoman*.] — Le premier de ces ouvrages est de La Guilletière, 2 vol., 1676.

4. Les Janissaires.

5. Le choix arbitraire de l'héritier de l'empire serait pour Montesquieu le comble du despotisme. L'histoire lui donnait pourtant un formel démenti. Les meilleurs des princes qui aient gouverné l'humanité, les Antonins, sont venus au trône par un choix de ce genre.

Turquie; ou les fait aveugler, comme en Perse[1]; ou les rend fous, comme chez le Mogol; ou si l'on ne prend point ces précautions, comme à Maroc, chaque vacance de trône est suivie d'une affreuse guerre civile.

Par les constitutions de Moscovie[2], le czar peut choisir qui il veut pour son successeur, soit dans sa famille soit hors de sa famille. Un tel établissement de succession cause mille révolutions, et rend le trône aussi chancelant que la succession est arbitraire. L'ordre de succession étant une des choses qu'il importe le plus au peuple de savoir, le meilleur est celui qui frappe le plus les yeux, comme la naissance et un certain ordre de naissance. Une telle disposition arrête les brigues, étouffe l'ambition ; on ne captive plus l'esprit d'un prince faible, et l'on ne fait point parler les mourants[3].

Lorsque la succession est établie par une loi fondamentale, un seul prince est le successeur, et ses frères n'ont aucun droit réel ou apparent de lui disputer la couronne. On ne peut présumer ni faire valoir une volonté particulière du père. Il n'est donc pas plus question d'arrêter ou de faire mourir le frère du roi, que quelque autre sujet que ce soit.

Mais dans les États despotiques, où les frères du prince sont également ses esclaves et ses rivaux, la prudence veut que l'on s'assure de leurs personnes : surtout dans les pays mahométans, où la religion regarde la victoire ou le succès comme un jugement de Dieu ; de sorte que personne n'y est souverain de droit, mais seulement de fait.

L'ambition est bien plus irritée dans des États où des princes du sang voient que, s'ils ne montent pas sur le trône, ils seront enfermés ou mis à mort, que parmi

1. On y arrache les yeux à tous ceux qui viennent du sang royal, soit par les femmes, soit par les hommes; ou on les laisse mourir, quand ils naissent, en ne les allaitant pas. (Chardin, chap. I et III.)

2. Voyez les différentes constitutions, surtout celle de 1722.]

3. En imaginant leurs intentions et en supposant des testaments.

nous, où les princes du sang jouissent d'une condition qui, si elle n'est pas si satisfaisante pour l'ambition, l'est peut-être plus pour les désirs modérés.

Les princes des États despotiques ont toujours abusé du mariage. Ils prennent ordinairement plusieurs femmes, surtout dans la partie du monde où le despotisme est pour ainsi dire naturalisé, qui est l'Asie[1]. Ils en ont tant d'enfants, qu'ils ne peuvent guère avoir d'affection pour eux, ni ceux-ci pour leurs frères.

La famille régnante ressemble à l'État : elle est trop faible, et son chef est trop fort; elle paraît étendue, et elle se réduit à rien. Artaxerxès[2] fit mourir tous ses enfants pour avoir conjuré contre lui. Il n'est pas vraisemblable que cinquante enfants conspirent contre leur père. Il est plus simple de croire qu'il y a là quelque intrigue de ces sérails d'Orient, de ces lieux où l'artifice, la méchanceté, la ruse, règnent dans le silence, et se couvrent d'une épaisse nuit; où un vieux prince, devenu tous les jours plus imbécile[3], est le premier prisonnier du palais.

Après tout ce que nous venons de dire, il semblerait que la nature humaine[4] se soulèverait sans cesse contre le gouvernement despotique; mais, malgré l'amour des hommes pour la liberté, malgré leur haine contre la violence, la plupart des peuples y sont soumis. Cela est aisé à comprendre. Pour former un gouvernement modéré, il faut combiner les puissances, les régler, les tempérer, les faire agir; donner, pour ainsi dire, un lest à l'une pour la mettre en état de résister à une autre : c'est un chef-d'œuvre de législation que le hasard fait rarement, et que rarement on laisse faire à la prudence. Un gouvernement despotique, au contraire, saute, pour

1. La polygamie des despotes orientaux est une conséquence de leur religion et non pas de leur despotisme

2. Voy. Justin.]— Livre X, chap. I.

3. Dénué de force et d'activité. N'y aurait-il pas une allusion à Louis XIV? Cf. p. 284 et p. 335.

4. Expression familière à l'auteur.

ainsi dire, aux yeux; il est uniforme partout : comme il ne faut que des passions pour l'établir, tout le monde est bon pour cela. (Livre V, chap. XIV.)

DIFFÉRENCE DE L'OBÉISSANCE DANS LES GOUVERNEMENTS MODÉRÉS ET DANS LES GOUVERNEMENTS DESPOTIQUES

Dans les États despotiques la nature du gouvernement demande une obéissance extrême : et la volonté du prince, une fois connue, doit avoir aussi infailliblement son effet qu'une boule jetée contre une autre doit avoir le sien[1].

Il n'y a point de tempérament, de modification, d'accommodements, de termes, d'équivalents, de pourparlers, de remontrances, rien d'égal ou de meilleur à proposer. L'homme est une créature qui obéit à une créature qui veut.

On n'y peut pas plus représenter ses craintes sur un événement futur, qu'excuser ses mauvais succès sur le caprice de la fortune. Le partage des hommes, comme des bêtes, y est l'instinct, l'obéissance, le châtiment.

Il ne sert de rien d'opposer les sentiments naturels, le respect pour un père, la tendresse pour ses enfants et ses femmes, les lois de l'honneur, l'état de sa santé : on a reçu l'ordre, et cela suffit.

En Perse, lorsque le roi a condamné quelqu'un, on ne peut plus lui en parler ni demander grâce. S'il était ivre ou hors de sens, il faudrait que l'arrêt s'exécutât tout de même[2] : sans cela il se contredirait, et la loi ne peut se

1. On peut rappeler, à ce propos, la manière dont Tibère se débarrasse de Séjan tout-puissant. Il lui suffit d'écrire une lettre au Sénat :

Verbosa et grandis epistola venit
A Capreis. Bene habet, nil plus interrogo.
(JUVÉNAL, X, 71.)

2. Voyez Chardin.] — *Gouvernement des Persans*, chap. II : « Le gouvernement de Perse est monarchique, despotique et absolu, étant tout entier dans la main d'un seul homme, qui est le chef souverain, tant pour le spirituel que pour le temporel, le maître à pur et à

contredire. Cette manière de penser y a été de tout temps : l'ordre que donna Assuérus d'exterminer les Juifs ne pouvant être révoqué[1], on prit le parti de leur donner la permission de se défendre[2].

Il y a pourtant une chose que l'on peut quelquefois opposer à la volonté du prince[3] : c'est la religion. On abandonnera son père, on le tuera même, si le prince l'ordonne : mais on ne boira pas du vin, s'il le veut et s'il l'ordonne. Les lois de la religion sont d'un précepte supérieur, parce qu'elles sont données sur la tête du prince comme sur celles des sujets. Mais quant au droit naturel, il n'en est pas de même : le prince est supposé n'être plus un homme.

Dans les États monarchiques et modérés, la puissance est bornée par ce qui en est le ressort, je veux dire l'honneur, qui règne, comme un monarque, sur le prince

plein de la vie et des biens de ses sujets. On exécute toujours exactement ce qu'il prononce, sans avoir égard ni au fond ni aux circonstances des choses, quoiqu'on voie clair comme le jour qu'il n'y a la plupart du temps nulle justice dans ses ordres, et souvent pas de sens commun. Sitôt que le prince commande, on fait sur-le-champ tout ce qu'il dit, et lors même qu'il ne sait pas ce qu'il fait ni ce qu'il dit, comme lorsqu'il est ivre : excès dans lequel les derniers rois de Perse tombent fort fréquemment depuis un siècle. » Chardin raconte à ce sujet ceci : « Je me souviens qu'un jour un seigneur m'étant venu voir, au sortir de chez le roi, il entra d'un air gai, prit un miroir, se mit à ajuster son turban en riant, et puis il me dit : « Toutes les fois « que je sors de devant le roi, je « tâte si j'ai encore la tête sur les « épaules, et j'y regarde même « dans le miroir dès que je suis « revenu au logis. »

1. Cet ordre fut révoqué par un nouvel édit, rapporté fort au long dans le livre d'Esther, et dont voici la principale disposition : *Unde eas litteras, quas sub nomine nostro ille (Aman) direxerat, sciatis esse irritas* (ch. XVI, v. 7).

2. « Il fut permis aux Juifs, non pas de se défendre, comme le dit l'auteur, mais d'exterminer leurs ennemis, comme il avait été permis à leurs ennemis de les exterminer. Le jour de cette vengeance fut fixé au 13 du mois Adar, qui était le même jour auquel Aman avait fixé son exécution. Celle des Juifs fut sanglante : ils mirent à mort un grand nombre de leurs ennemis avec les dix fils d'Aman ; et ce fut en mémoire de cet événement qu'ils instituèrent la fête de *Purim*. » Note de Dupin, *Observations sur un livre intitulé*, etc., t. I, p. 149.

3. Voyez Chardin.] — Cf. *Considérations*, p. 262.

et sur le peuple. On n'ira point lui alléguer les lois de la religion, un courtisan se croirait ridicule : on lui alléguera sans cesse celles de l'honneur. De là résultent des modifications nécessaires dans l'obéissance : l'honneur est naturellement sujet à des bizarreries, et l'obéissance les suivra toutes.

Quoique la manière d'obéir soit différente dans ces deux gouvernements, le pouvoir est pourtant le même. De quelque côté que le monarque se tourne, il emporte et précipite la balance, et est obéi. Toute la différence est que, dans la monarchie, le prince a des lumières[1], et que les ministres y sont infiniment plus habiles et plus rompus aux affaires que dans l'État despotique.

(Livre III, chap. x.)

DE L'ÉDUCATION DANS LE GOUVERNEMENT DESPOTIQUE

Comme l'éducation dans les monarchies ne travaille qu'à élever le cœur, elle ne cherche qu'à l'abaisser dans les États despotiques. Il faut qu'elle y soit servile. Ce sera un bien, même dans le commandement, de l'avoir eue telle, personne n'y étant tyran sans être en même temps esclave.

L'extrême obéissance suppose de l'ignorance dans celui qui obéit; elle en suppose même dans celui qui commande : il n'a point à délibérer, à douter, ni à raisonner, il n'a qu'à vouloir.

Dans les États despotiques, chaque maison est un Empire séparé. L'éducation, qui consiste principalement à vivre avec les autres, y est donc très bornée : elle se

1. Non seulement l'intelligence n'est pas étrangère aux despotes (Pisistrate, César, Tibère), mais elle est souvent au contraire leur qualité dominante. Outre les empereurs romains, voyez les empereurs mongols cités p. 128, n. 4. Montesquieu est ici l'esclave, et peut-être l'esclave volontaire, de sa théorie, qui est de ne voir dans le despotisme que la *volonté arbitraire* du souverain.

réduit à mettre la crainte dans le cœur, et à donner à l'esprit la connaissance de quelques principes de religion fort simples. Le savoir y sera dangereux, l'émulation funeste; et pour les vertus, Aristote ne peut croire qu'il y en ait quelqu'une de propre aux esclaves[1] : ce qui bornerait bien l'éducation dans ce gouvernement.

L'éducation y est donc, en quelque façon, nulle. Il faut ôter tout, afin de donner quelque chose, et commencer par faire un mauvais sujet, pour faire un bon esclave[2].

Eh! pourquoi l'éducation s'attacherait-elle à y former un bon citoyen qui prît part au malheur public? S'il aimait l'État, il serait tenté de relâcher les ressorts du gouvernement : s'il ne réussissait pas, il se perdrait; s'il réussissait, il courrait risque de se perdre : lui, le prince et l'Empire. (Livre IV, chap. III.)

Les hommes sont tous égaux dans le gouvernement républicain; ils sont égaux dans le gouvernement despotique : dans le premier, c'est parce qu'ils sont tout; dans le second, c'est parce qu'ils ne sont rien.

(Livre VI, chap. II, fragm.)

Les fleuves courent se mêler dans la mer : les monarchies vont se perdre dans le despotisme.

(Livre VIII, chap. XVII, fragm.)

---

1. *Politique*, livre I.] — I, v. 5 : « La première question, quant à l'esclave, c'est de savoir si l'on peut attendre de lui, au delà de sa vertu d'instrument et de serviteur, quelque vertu, comme la sagesse, le courage, l'équité, etc., ou bien, s'il ne peut avoir d'autre mérite que ses services tout corporels. Des deux côtés, il y a doute. Si l'on suppose ces vertus aux esclaves, où sera leur différence avec les hommes libres? Si on les leur refuse, la chose n'est pas moins absurde : car ils sont hommes et ont leur part de raison. » On voit qu'Aristote est moins catégorique que ne semble le dire Montesquieu. C'est toujours un peu le tort de notre auteur de forcer la pensée des écrivains.

2. Tout cela est un peu exagéré. Il y a eu de tout temps, depuis Pisistrate et César jusqu'à Charlemagne et Louis XIV, des despotes amis de la culture, protecteurs des lettres et propaga-

Le cardinal de Richelieu[1] veut que l'on évite dans les monarchies les épines des Compagnies, qui forment des difficultés sur tout. Quand cet homme n'aurait pas eu le despotisme dans le cœur il l'aurait eu dans la tête[2].

(Livre V, chap. x.)

IDÉE DU DESPOTISME

Quand les sauvages de la Louisiane veulent avoir du fruit, ils coupent l'arbre au pied, et cueillent le fruit[3]. Voilà le gouvernement despotique[4].

(Livre V, chap. xiii.)

teurs de l'instruction : mais il ne faut pas oublier que Montesquieu veut, avant tout, inspirer de l'horreur pour le despotisme. Ce ne sont pas là des exposés historiques, mais les développements d'une thèse.

1. *Testament politique*.] — Chap. IV, sect. iii : « Il ne faut rien souffrir de ces grandes Compagnies qui puisse blesser l'autorité souveraine. »

2. Il s'agit des Parlements. On connaît la haine de Montesquieu pour Richelieu, cf. p. 84 et 336. Du reste, ce jugement est parfaitement juste.

3. *Lettres édifiantes*, recueil II, page 315.] — Ce sont les lettres écrites par les jésuites en mission, recueil plein de faits d'ordinaire bien vus et bien exposés.

4. Ce trait d'esprit forme à lui seul tout un chapitre. C'est encore un de ces artifices littéraires dont Montesquieu a si souvent usé dans son ouvrage pour forcer l'attention.

V

République, démocratie, liberté[1].

CE QUE C'EST QUE LA VERTU DANS L'ÉTAT POLITIQUE[2]

La vertu, dans une république, est une chose très simple : c'est l'amour de la république; c'est un sentiment, et non une suite de connaissances; le dernier homme de l'État peut avoir ce sentiment, comme le premier. Quand le peuple a une fois de bonnes maximes, il s'y tient plus longtemps que ce que l'on appelle les honnêtes gens. Il est rare que la corruption commence par lui. Souvent il a tiré, de la médiocrité de ses lumières, un attachement plus fort pour ce qui est établi[3].

1. Dans tout ce que Montesquieu dit du régime républicain, il s'inspire surtout d'Aristote, et il a constamment sous les yeux Rome et les villes grecques. Et il voit ces démocraties anciennes parées de cette beauté idéale sous laquelle l'éducation classique les lui avait décrites. Il en parle comme Plutarque et comme Salluste. Il devance et il complète Rousseau. Les révolutionnaires de 1789 ne feront que transporter dans la France moderne ces principes de « vertu politique » qui, par l'intermédiaire de Montesquieu et de Rousseau, leur sont venus de Grèce et de Rome. « S'il y avait un peuple de dieux », écrivait Rousseau (*le Contrat social*, III, IV), « il se gouvernerait démocratiquement. Un gouvernement si parfait ne convient pas à des hommes. » Mais je ne crois pas un seul instant que Montesquieu ait songé à réformer son pays suivant le type des républiques anciennes (pas plus d'ailleurs que suivant celui de la monarchie anglaise) : il idéalise en décrivant, mais il ne propose pas et ne conseille pas.

2. Montesquieu entend ici le mot « politique » dans le sens étymologique, πολιτεία, πολιτικός, cité ou État formé d'une association d'hommes égaux.

3. Remarque très profonde et

L'amour de la patrie conduit à la bonté des mœurs, et la bonté des mœurs mène à l'amour de la patrie[1]. Moins nous pouvons satisfaire nos passions particulières, plus nous nous livrons aux générales. Pourquoi les moines aiment-ils tant leur Ordre? c'est justement par l'endroit qui fait qu'il leur est insupportable. Leur règle les prive de toutes les choses sur lesquelles les passions ordinaires s'appuient : reste donc cette passion pour la règle même qui les afflige. Plus elle est austère, c'est-à-dire, plus elle retranche de leurs penchants, plus elle donne de force à ceux qu'elle leur laisse. (Livre V, chap. II.)

CE QUE C'EST QUE L'AMOUR DE LA RÉPUBLIQUE DANS LA DÉMOCRATIE

L'amour de la république, dans une démocratie, est celui de la démocratie; l'amour de la démocratie est celui de l'égalité.

L'amour de la démocratie est encore l'amour de la frugalité. Chacun, devant y avoir le même bonheur et les mêmes avantages, y doit goûter les mêmes plaisirs, et former les mêmes espérances : chose qu'on ne peut attendre que de la frugalité générale[2].

très juste. Cet hommage rendu aux « petites gens » est singulièrement à l'éloge de Montesquieu. Les témoignages des contemporains nous montrent en effet qu'il avait pour eux une affection toute particulière : cf. p. 331 et p. 36, n. 1.

1. Voici bien ce que je reproche à Montesquieu : il ne parle pas de patrie quand il est question de la monarchie et de la France : il insiste sur le mot et le sentiment quand il parle des démocraties anciennes, comme s'il n'y avait vraiment de *patrie* que là où il y a *république* et *égalité*. Je ne suis pas sûr pourtant que la cause de cette erreur ne soit pas dans l'effort fait par Montesquieu pour identifier ses sentiments avec ceux des sociétés dont il parle (cf. la remarque de M. Faguet, p. 47, n. 2), et comme le mot *patrie* est essentiel à la langue classique, il le devient à celle de Montesquieu quand il parle des républiques d'autrefois. Remarquez du reste comme ces phrases sentent leur Platon et leur Cicéron.

2. Ici Montesquieu va trop loin. L'égalité politique, même dans une république peu étendue, ne doit pas entraîner nécessairement l'absence de tout luxe et la médio-

L'amour de l'égalité, dans une démocratie, borne l'ambition au seul désir, au seul bonheur de rendre à sa patrie de plus grands services que les autres citoyens. Ils ne peuvent pas lui rendre tous des services égaux: mais ils doivent tous également lui en rendre. En naissant, on contracte envers elle une dette immense, dont on ne peut jamais s'acquitter[1].

Ainsi les distinctions y naissent du principe de l'égalité, lors même qu'elle paraît ôtée par des services heureux, ou par des talents supérieurs.

L'amour de la frugalité borne le *désir d'avoir* à l'attention que demande le nécessaire pour sa famille, et même le superflu pour sa patrie. Les richesses donnent une puissance dont un citoyen ne peut pas user pour lui, car il ne serait pas égal. Elles procurent des délices dont il ne doit pas jouir non plus, parce qu'elles choqueraient l'égalité tout de même.

Aussi les bonnes démocraties, en établissant la frugalité domestique, ont-elles ouvert la porte aux dépenses publiques, comme on fit à Athènes et à Rome[2]. Pour

crité de toutes les fortunes. Il est digne de remarque que l'on trouve, dans ce raisonnement de Montesquieu, le germe de toutes les théories socialistes contemporaines (cf. plus loin, p. 148). Mais ici encore notre philosophe s'inspire des écrivains anciens, servant comme de trait d'union entre eux et les publicistes modernes.

1. Pour Montesquieu, comme pour les théoriciens de 1789, la liberté, l'égalité, le règne du peuple devraient être l'avènement du bonheur et le triomphe de la vertu. Mais ce qui, chez Montesquieu, n'était qu'une théorie en quelque sorte historique et rétrospective, devint chez les révolutionnaires un principe de constitution. On trouve chez Fustel de Coulanges (*la Cité antique*, livre III, ch. XIII et XIV) tous les textes anciens dont s'inspire ici Montesquieu.

2. Lois somptuaires d'une part, pour restreindre les dépenses de chacun, jeux et spectacles d'autre part, offerts gratuitement au peuple par les magistrats. En réalité, il y eut à Rome comme à Athènes des inégalités de fortune aussi grandes que dans n'importe quel État moderne. Ici Montesquieu se souvient de Théophraste, qui voyait dans ces largesses publiques le vrai emploi des richesses (Cicéron, *de Officiis*, II, XVI, 56). Il s'écarte au contraire d'Aristote, qui blâme ces excès de dépenses (VIII, VII, 12) : « Il vaut mieux ne pas accorder aux riches, même quand ils le demandent, de subvenir aux dépenses publiques considérables, mais sans utilité directe, telles que les repré-

lors, la magnificence et la profusion naissaient du fond de la frugalité même; et, comme la religion demande qu'on ait les mains pures pour faire des offrandes aux dieux, les lois voulaient des mœurs frugales, pour que l'on pût donner à sa patrie.

Le bon sens et le bonheur des particuliers consiste beaucoup dans la médiocrité[1] de leurs talents et de leurs fortunes. Une république où les lois auront formé beaucoup de gens médiocres, composée de gens sages, se gouvernera sagement; composée de gens heureux, elle sera très heureuse[2]. (Livre V, chap. III.)

DE L'ÉDUCATION DANS LE GOUVERNEMENT RÉPUBLICAIN

C'est dans le gouvernement républicain que l'on a besoin de toute la puissance de l'éducation[3]. La crainte des gouvernements despotiques naît d'elle-même parmi les menaces et les châtiments; l'honneur des monarchies est favorisé par les passions, et les favorise à son tour: mais la vertu politique est un renoncement à soi-même, qui est toujours une chose très pénible[4].

sentations théâtrales, les fêtes aux flambeaux. » Cf. p. 117, n. 1.

1. Sens du latin *mediocris*, moyen ou modéré.

2. Ce qui n'est réalisable que dans les petites républiques, comme en Suisse, où il y a peu de commerce et où les ambitions sont bornées. Mais il ne faut pas perdre de vue que dans tout ce passage Montesquieu s'inspire d'Aristote (*Politique*, VI, IX) : « Si le bonheur consiste dans l'exercice facile et permanent de la vertu, et que *la vertu n'est qu'un milieu entre deux extrêmes*.... les États bien administrés sont ceux où la classe moyenne est plus nombreuse. C'est un grand bonheur que les citoyens aient une fortune médiocre, mais suffisant à tous les besoins. Partout où la fortune extrême est à côté de l'extrême indigence, ces deux excès amènent ou la démagogie absolue, ou l'oligarchie pure, ou la tyrannie, etc. »

3. Ce que les fondateurs de la liberté de 1789 à 1795 ont eu le plus à cœur a été l'instruction du peuple, et ils ne cesseront de répéter ces paroles dans leurs rapports.

4. Voyez dans *la Cité antique*, III, XVIII, les textes relatifs à l'immixtion de l'État dans la vie des citoyens. En somme, Montesquieu a bien vu qu'il faut, dans une cité

On peut définir cette vertu, l'amour des lois et de la patrie. Cet amour, demandant une préférence continuelle de l'intérêt public au sien propre, donne toutes les vertus particulières : elles ne sont que cette préférence.

Cet amour est singulièrement affecté aux démocraties. Dans elles seules, le gouvernement est confié à chaque citoyen. Or le gouvernement est comme toutes les choses du monde : pour le conserver, il faut l'aimer[1].

On n'a jamais ouï dire que les rois n'aimassent pas la monarchie, et que les despotes haïssent le despotisme.

Tout dépend donc d'établir dans la république cet amour; et c'est à l'inspirer que l'éducation doit être attentive[2]. Mais pour que les enfants puissent l'avoir, il y a un moyen sûr : c'est que les pères l'aient eux-mêmes.

On est ordinairement le maître de donner à ses enfants ses connaissances : on l'est encore plus de leur donner ses passions.

Si cela n'arrive pas, c'est que ce qui a été fait dans la maison paternelle est détruit par les impressions du dehors.

Ce n'est point le peuple naissant[3] qui dégénère; il ne se perd que lorsque les hommes faits sont déjà corrompus.

(Livre IV, chap. v.)

---

démocratique, que le citoyen s'habitue à sacrifier sa vie et ses sentiments aux besoins de l'Etat, et qu'il n'y a de *liberté publique* que s'il y a *vertu particulière*, c'est-à-dire renoncement. De là à conclure (comme l'a fait Fustel de Coulanges, p. 269) que les républiques anciennes ont entièrement méconnu la liberté individuelle, il n'y avait qu'une distance infiniment petite : Montesquieu n'a pas osé la franchir, parce qu'il ne les juge pas, mais expose leurs principes.

1. « Une éducation conforme à la constitution est celle qui enseigne à pouvoir vivre sous un gouvernement oligarchique ou sous un gouvernement démocratique. » (Aristote, *Politique*, VIII, VII, 21.)

2. Inspiré de Platon, *les Lois*, I : « L'éducation proprement dite est celle qui a pour but de nous former à la vertu dès notre enfance, et qui nous inspire le désir ardent d'être des citoyens accomplis, instruits à commander et à obéir selon la justice. »

3. La jeunesse.

DIFFÉRENCE DES EFFETS DE L'ÉDUCATION CHEZ LES ANCIENS ET PARMI NOUS

La plupart des peuples anciens vivaient dans des gouvernements qui ont la vertu pour principe; et lorsqu'elle y était dans sa force, on y faisait des choses que nous ne voyons plus aujourd'hui, et qui étonnent nos petites âmes[1].

Leur éducation avait un autre avantage sur la nôtre : elle n'était jamais démentie. Épaminondas, la dernière année de sa vie, disait, écoutait, voyait, faisait les mêmes choses que dans l'âge où il avait commencé d'être instruit[2].

Aujourd'hui, nous recevons trois éducations différentes ou contraires : celle de nos pères, celle de nos maîtres, celle du monde. Ce qu'on nous dit dans la dernière renverse toutes les idées des premières. Cela vient, en quelque partie, du contraste qu'il y a parmi nous entre les engagements de la religion et ceux du monde : chose que les anciens ne connaissaient pas[3].

(Livre IV, chap. IV.)

---

1. L'âme des anciens n'était pas plus solidement trempée que l'âme de notre temps. Mais le XVIIIe siècle, ne l'oublions pas, avait pour l'antiquité un véritable culte, aveugle et passionné. Et Montesquieu ne fait que devancer Rousseau (*Fabricius, qu'eût dit votre grande âme...*) et les hommes de la Révolution. Il a été beaucoup plus juste pour les modernes lorsque (dans ses *Pensées*, édit. Laboulaye, VII, p. 164) il a montré, par de nombreux exemples, que « nous n'avons pas laissé d'avoir en France de ces hommes rares qui auraient été avoués par les Romains ». Et Montesquieu cita Louis IX, L'Hôpital, La Noue, Coligny, Miron, Turenne, Molé, Catinat.

2. Cf. Plutarque, début de la *Vie de Pélopidas*, et Cornélius Népos, *Epaminondas*. C'est la théorie de Platon dans *les Lois*, liv. I : « Je dis que pour devenir un homme excellent en quelque profession que ce soit, il faut s'exercer dès l'enfance dans tout ce qui peut y avoir rapport, pendant ses divertissements comme dans les moments sérieux : par exemple il faut que celui qui veut être un jour un bon laboureur s'amuse dès ses premiers ans à remuer la terre. »

3. Cf. ce que dit Montesquieu de l'éducation en France (livre IV, ch. II; ici, p. 249).

MOYENS DE FAVORISER LE PRINCIPE DE LA DÉMOCRATIE

On ne peut pas établir un partage égal des terres dans toutes les démocraties[1]. Il y a des circonstances où un tel arrangement serait impraticable, dangereux, et choquerait même la constitution. On n'est pas toujours obligé de prendre les voies extrêmes. Si l'on voit dans une démocratie que ce partage, qui doit maintenir les mœurs, n'y convienne pas, il faut avoir recours à d'autres moyens.

Si l'on établit un corps fixe qui soit par lui-même la règle des mœurs, un sénat où l'âge, la vertu, la gravité, les services donnent entrée, les sénateurs, exposés à la vue du peuple comme les simulacres des dieux[2], inspireront des sentiments qui seront portés dans le sein de toutes les familles.

Il faut surtout que ce sénat s'attache aux institutions anciennes, et fasse en sorte que le peuple et les magistrats ne s'en départent jamais[3].

Il y a beaucoup à gagner, en fait de mœurs, à garder les coutumes anciennes. Comme les peuples corrompus font rarement de grandes choses, qu'ils n'ont guère établi de sociétés, fondé de villes, donné de lois, et qu'au contraire ceux qui avaient des mœurs simples et austères ont fait la plupart des établissements, rappeler les hommes aux maximes anciennes, c'est ordinairement les ramener à la vertu[4]....

1. Partage que Montesquieu admet comme bon en principe et qu'il loue chez les anciennes républiques (*Considérations*, p. 25). Là, grâce aux migrations constantes et aux fondations de colonies, le partage des terres a pu être souvent une réalité.

2. C'est l'expression latine, *simulacra deorum*, « représentations figurées des dieux ». Réminiscence de Tite-Live, qui dit des vieillards romains attendant les Gaulois (390 av. J.-C.), *simillimi diis* (V, XLI).

3. Montesquieu parle du sénat dans les mêmes termes que tous les écrivains grecs et romains.

4. Ainsi que Tacite, Salluste, et comme tous les écrivains anciens,

On a douté si les membres du sénat dont nous parlons doivent être à vie, ou choisis pour un temps. Sans doute qu'ils doivent être choisis pour la vie, comme cela se pratiquait à Rome[1], à Lacédémone[2], et à Athènes même. Car il ne faut pas confondre ce qu'on appelait le sénat à Athènes, qui était un corps qui changeait tous les trois mois[3], avec l'Aréopage, dont les membres étaient établis pour la vie comme des modèles perpétuels[4].

Maxime générale : dans un sénat fait pour être la règle, et pour ainsi dire, le dépôt des mœurs, les sénateurs doivent être élus pour la vie ; dans un sénat fait pour préparer les affaires, les sénateurs peuvent changer.

L'esprit, dit Aristote, vieillit comme le corps[5]. Cette réflexion n'est bonne qu'à l'égard d'un magistrat unique, et ne peut être appliquée à une assemblée de sénateurs.

Outre l'Aréopage[6], il y avait à Athènes des gardiens des

Montesquieu regarde les sociétés primitives comme des modèles de sagesse et de vertu. Et Rousseau ne dira pas autre chose dans ses célèbres discours. Il est plus que douteux qu'il faille conserver ce jugement traditionnel. Les peuples qu'on appelle *primitifs* et qu'on aurait plutôt raison, comme disait Fustel de Coulanges, d'appeler *arriérés*, offrent au moins autant de vices que les peuples dits *corrompus*.

1. Les magistrats y étaient annuels, et les sénateurs pour la vie.]

2. « Lycurgue », dit Xénophon (*de Republica Lacedaemoniorum*), « voulut qu'on élût les sénateurs parmi les vieillards, pour qu'ils ne se négligeassent pas, même à la fin de la vie : et en les établissant juges du courage des jeunes gens, il a rendu la vieillesse de ceux-là plus honorable que la force de ceux-ci. »] — X, 2.

3. Le sénat des 500 d'Athènes était nommé pour un an : mais il y avait un roulement entre les membres. Chaque groupe de 50 siégeait en permanence pendant 35 jours environ.

4. Cf. Aristote, *Politique*, VIII, III, 5 : « La considération extrême dont l'Aréopage fut entouré à l'époque de la guerre médique parut donner beaucoup de force au gouvernement. » Eschyle dit de lui (*Euménides*, 700 et suivantes), qu'il était un « collège d'hommes désintéressés et sévères, graves et honorés, institués pour être, lorsque tous dorment dans la cité, des sentinelles actives et vigilantes, craintes et respectées ».

5. *Politique*, II, VI, 17. C'est le motif que donne Aristote pour combattre l'institution d'un sénat à vie.

6. Montesquieu veut montrer dans ce chapitre que, dans une démocratie, les mœurs sont plus utiles que les lois, ce qui est une de ses idées favorites, comme on peut le voir par les *Considérations*.

mœurs et des gardiens des lois[1]. A Lacédémone, tous les vieillards étaient censeurs[2]. A Rome, deux magistrats particuliers avaient la censure. Comme le sénat veille sur le peuple, il faut que des censeurs aient les yeux sur le peuple et sur le sénat. Il faut qu'ils rétablissent dans la république tout ce qui a été corrompu, qu'ils notent la tiédeur, jugent les négligences, et corrigent les fautes, comme les lois punissent les crimes[3]....

Rien ne maintient plus les mœurs, qu'une extrême subordination des jeunes gens envers les vieillards. Les uns et les autres seront contenus, ceux-là par le respect qu'ils auront pour les vieillards, et ceux-ci par le respect qu'ils auront pour eux-mêmes[4].

Rien ne donne plus de force aux lois, que la subordination extrême des citoyens aux magistrats. « La grande différence que Lycurgue a mise entre Lacédémone et les autres cités », dit Xénophon[5], « consiste en ce qu'il a surtout fait que les citoyens obéissent aux lois : ils courent lorsque le magistrat les appelle. Mais à Athènes un homme riche serait au désespoir que l'on crût qu'il dépendît du magistrat. »

L'autorité paternelle est encore très utile pour maintenir les mœurs. Nous avons déjà dit que, dans une république, il n'y a pas une force si réprimante que dans les autres gouvernements. Il faut donc que les lois cherchent à y suppléer : elles le font par l'autorité paternelle[6].

1. L'Aréopage lui-même était soumis à la censure.] — Montesquieu veut dire par là que l'Aréopage censurait la conduite de ses membres et avait le droit de retrancher du corps les indignes. Six des archontes étaient appelés θεσμοθέται, « gardiens des lois ».

2. Sans doute d'après le texte cité page 113, note 2.

3. Cf. *Considérations*, p. 88 et s.

4. Voyez l'admirable éloge que Cicéron fait de la vieillesse dans son *de Senectute*, en particulier XI, 38 : *Ita senectus honesta est, si se ipsa defendit, si jus suum retinet, si nemini mancipata est, si usque ad ultimum spiritum dominatur in suos.*

5. *Republique de Lacédémone.*] — VIII, 2. Xénophon ne parle pas d'Athènes : « Dans les autres villes, les plus opulents (οἱ δυνατώτεροι) ne veulent point paraître craindre les magistrats, mais ils regardent cela comme une preuve de non-liberté (ἀνελεύθερον). »

6. Voyez, sur la puissance pa-

A Rome, les pères avaient droit de vie et de mort sur leurs enfants[1]. A Lacédémone, chaque père avait droit de corriger l'enfant d'un autre[2].

La puissance paternelle se perdit à Rome avec la république[3]. Dans les monarchies, où l'on n'a que faire de mœurs si pures, on veut que chacun vive sous la puissance des magistrats[4].

Les lois de Rome, qui avaient accoutumé les jeunes gens à la dépendance, établirent une longue minorité[5]. Peut-être avons-nous eu tort de prendre cet usage : dans une monarchie on n'a pas besoin de tant de contrainte.

Cette même subordination dans la république y pourrait demander que le père restât pendant sa vie le maître des biens de ses enfants, comme il fut réglé à Rome[6]. Mais cela n'est pas de l'esprit de la monarchie.

(Livre V, chap. VII.)

DE LA CORRUPTION DU PRINCIPE DE LA DÉMOCRATIE

Le principe de la démocratie se corrompt, non seulement lorsqu'on perd l'esprit d'égalité, mais encore quand

ternelle, *la Cité antique*, p. 98 et suiv. Montesquieu revient avec complaisance sur l'autorité paternelle *Lettres Persanes*, LXXIX (ou CXXIX); *Esprit des Lois*, VI. XX. Il avait dit, dans le premier de ces livres, de cette autorité : « Rien ne soulage plus les magistrats, rien ne dégarnit plus les tribunaux, rien enfin ne répand plus de tranquillité dans un État, où les mœurs font toujours de meilleurs citoyens que les lois. »

1. On peut voir dans l'histoire romaine avec quel avantage pour la république on se servit de cette puissance. Je ne parlerai que du temps de la plus grande corruption. Aulus Fulvius s'était mis en chemin pour aller trouver Catilina : son père le rappela et le fit mourir. (Salluste, *de Bello Catil.*) Plusieurs autres citoyens firent de même. (Dion, livre XXXVII.) Sall., *Catil.*, XXXIX ; Dion Cassius, XXXVII, XXXVI.

2. Xénophon, *de Republica Lacedaemoniorum*, II, 10.

3. Une première atteinte à l'autorité paternelle fut portée par la loi des Douze Tables; cf. *la Cité antique*, p. 367.

4. La puissance paternelle n'a rien à voir avec le gouvernement. Elle n'a jamais été si forte à Rome que durant la période royale.

5. Cela est général à toutes les civilisations antiques.

6. En tout ceci (et c'est là le vice de sa méthode), Montesquieu

on prend l'esprit d'égalité extrême, et que chacun veut être égal à ceux qu'il choisit pour lui commander. Pour lors le peuple, ne pouvant souffrir le pouvoir même qu'il confie, veut tout faire par lui-même, délibérer pour le sénat, exécuter pour les magistrats, et dépouiller tous les juges[1].

Il ne peut plus[2] y avoir de vertu dans la république. Le peuple veut faire les fonctions des magistrats : on ne les respecte donc plus. Les délibérations du sénat n'ont plus de poids[3] : on n'a donc plus d'égards pour les sénateurs, et par conséquent pour les vieillards. Que si l'on n'a pas du respect pour les vieillards, on n'en aura pas non plus pour les pères : les maris ne méritent pas plus de déférence, ni les maîtres plus de soumission. Tout le monde parviendra à aimer ce libertinage : la gêne du commandement fatiguera, comme celle de l'obéissance. Les femmes, les enfants, les esclaves, n'auront de soumission pour personne. Il n'y aura plus de mœurs, plus d'amour de l'ordre, enfin plus de vertu[4].

veut trouver des déductions théoriques là où il n'y a que des faits sociaux et historiques. La puissance paternelle n'est pas la conséquence du régime républicain : elle lui est antérieure et étrangère. C'est l'élément essentiel de la vie privée et religieuse des peuples d'autrefois : « La propriété ne pouvant pas se partager et reposant tout entière sur la tête du père, ni la femme ni le fils n'avaient rien en propre. L'ancien droit n'est pas l'œuvre d'un législateur ; il s'est, au contraire, imposé au législateur. C'est dans la famille qu'il a pris naissance. Il est sorti spontanément et tout formé des antiques principes qui la constituaient. » (*La Cité antique*, p. 93 et suiv.)

1. C'est ce qui arriva sous la Révolution, en 1791 et 1792. Chaque individu, se sentant libre, se crut par là même souverain : « les hommes, agités et redressés par un sentiment nouveau, s'abandonnent à l'orgueilleux plaisir de se sentir indépendants et puissants » (Taine, *la Révolution*, I, p. 296) ; les tribunes prirent part aux discussions des assemblées, les assistants aux jugements des tribunaux, le peuple se fit, dans la rue, magistrat et exécuteur. Voyez notamment, à Paris, les usurpations des sections et des clubs. Si, dans tout ce passage, Montesquieu est l'écho des philosophes grecs il semble presque annoncer et prédire la démagogie jacobine.

2. L'édit. originale ajoute ici « alors », que les édit. postérieures ont supprimé, je crois à tort.

3. « Ne sont plus pesées », édit. originale.

4. Aristote, *Politique*, VIII, IX, 6 : « Les vices que présente la

On voit dans le Banquet de Xénophon une peinture bien naïve d'une république où le peuple a abusé de l'égalité. Chaque convive donne à son tour la raison pourquoi il est content de lui. « Je suis content de moi », dit Chamidès, « à cause de ma pauvreté. Quand j'étais riche, j'étais obligé de faire ma cour aux calomniateurs, sachant bien que j'étais plus en état de recevoir du mal d'eux que de leur en faire; la république me demandait toujours quelque nouvelle somme; je ne pouvais m'absenter. Depuis que je suis pauvre, j'ai acquis de l'autorité; personne ne me menace, je menace les autres, je puis m'en aller ou rester. Déjà les riches se lèvent de leurs places et me cèdent le pas. Je suis un roi, j'étais esclave; je payais un tribut à la république, aujourd'hui elle me nourrit; je ne crains plus de perdre, j'espère d'acquérir[1]. »

Le peuple tombe dans ce malheur, lorsque ceux à qui il se confie, voulant cacher leur propre corruption, cherchent à le corrompre. Pour qu'il ne voie pas leur ambition, ils ne lui parlent que de sa grandeur; pour qu'il

démocratie extrême se retrouvent dans la tyrannie : licence accordée aux femmes dans l'intérieur des familles pour qu'elles trahissent leurs maris; licence aux esclaves pour qu'ils dénoncent aussi leurs maitres. »

1. *Banquet*, IV, 29 et suiv. Εἰμὶ νῦν μὲν τυράννῳ ἐοικώς, τότε δὲ σαφῶς δοῦλος ἦν. La traduction de Montesquieu est très libre. Montesquieu semble prévoir ici le socialisme d'Etat, bien que ces développements ne soient faits qu'à l'aide de réminiscences antiques. Mais il n'y a pas divergence fondamentale entre le socialisme des Grecs du IVe siècle avant J.-C. et le collectivisme de nos jours : « Si divers que soient les plans de réforme, ils reposent presque tous sur cette idée que c'est l'État qui doit se charger de les exécuter. Leurs auteurs sont persuadés que la loi seule a assez d'empire sur les particuliers pour avoir raison de leur égoïsme, et qu'en dehors de la force brutale il n'y a qu'elle qui soit capable de répartir équitablement la richesse. Cette tendance se marque encore mieux chez les théoriciens socialistes de l'antiquité que chez les modernes, et il était impossible, à vrai dire, qu'il en fût autrement. Les anciens attribuaient à l'Etat une autorité si considérable sur la personne du citoyen, non seulement sur ses actes mais même sur ses sentiments et ses pensées les plus intimes, qu'il paraissait tout naturel d'étendre son action aux fortunes privées et de faire de lui le grand dispensateur des biens. » Guiraud, *la Propriété en Grèce*, p. 573.

n'aperçoive pas leur avarice, ils flattent sans cesse la sienne[1].

La corruption augmentera parmi les corrupteurs, et elle augmentera parmi ceux qui sont déjà corrompus. Le peuple se distribuera tous les deniers publics; et, comme il aura joint à sa paresse la gestion des affaires, il voudra joindre à sa pauvreté les amusements du luxe. Mais avec sa paresse et son luxe, il n'y aura que le trésor public qui puisse être un objet pour lui[2].

Il ne faudra pas s'étonner si l'on voit les suffrages se donner pour de l'argent. On ne peut donner beaucoup au peuple sans retirer encore plus de lui : mais pour retirer de lui, il faut renverser l'État. Plus il paraîtra tirer d'avantage de sa liberté, plus il s'approchera du moment où il doit la perdre. Il se forme de petits tyrans qui ont tous les vices d'un seul. Bientôt ce qui reste de liberté devient insupportable : un seul tyran s'élève; et le peuple perd tout, jusqu'aux avantages de sa corruption[3].

La démocratie a donc deux excès à éviter : l'esprit d'inégalité, qui la mène à l'aristocratie ou au gouvernement d'un seul; et l'esprit d'égalité extrême, qui la conduit au despotisme d'un seul, comme le despotisme d'un seul finit par la conquête.

1. Aristote. *Politique*, VI, IV, 5 : « Le démagogue et le courtisan ont une ressemblance frappante : tous les deux ont un crédit sans bornes, l'un sur le tyran, l'autre sur le peuple ainsi corrompu. » Avarice dans le sens d'avidité, ce qui est toujours le cas chez Montesquieu.

2. Un objet de convoitises ou d'exploitation, un objectif.

3. Anarchie dans Rome, de 58 à 50 : Clodius, Milon, Pompée, Crassus, étaient des manières de petits tyrans : tyrannie de César depuis 49. Remarquez comme les expressions de Montesquieu s'appliquent, mieux encore qu'aux révolutions de Rome et d'Athènes, à celles de la France de 1793 à 1799 : les membres de la Convention, les Directeurs, furent autant « de petits tyrans » : puis « un seul tyran » s'éleva, et le peuple perdit et ce qui lui restait de liberté et la licence de sa corruption. « Le tyran », dit Platon, *République*, VIII, p. 569, « est un fils dénaturé et parricide. Le peuple qui lui a donné naissance devra le nourrir, lui et sa suite ; puis le tyran le désarmera et le frappera. »

Il est vrai que ceux qui corrompirent les républiques grecques ne devinrent pas toujours tyrans. C'est qu'ils s'étaient plus attachés à l'éloquence qu'à l'art militaire[1] : outre qu'il y avait dans le cœur de tous les Grecs une haine implacable contre ceux qui renversaient le gouvernement républicain ; ce qui fit que l'anarchie dégénéra en anéantissement, au lieu de se changer en tyrannie.

Mais Syracuse, qui se trouva placée au milieu d'un grand nombre de petites oligarchies changées en tyrannies[2] ; Syracuse, qui avait un sénat[3] dont il n'est presque jamais fait mention dans l'histoire, essuya des malheurs que la corruption ordinaire ne donne pas. Cette ville, toujours dans la licence[4] ou dans l'oppression, également travaillée par sa liberté et par sa servitude, recevant toujours l'une et l'autre comme une tempête, et malgré sa puissance au dehors, toujours déterminée à une révolution par la plus petite force étrangère, avait dans son sein un peuple immense, qui n'eut jamais que cette cruelle alternative, de se donner un tyran ou de l'être lui-même[5]. (Livre VIII, chap. II.)

DE L'ESPRIT D'ÉGALITÉ EXTRÊME

Autant que le ciel est éloigné de la terre, autant le véritable esprit d'égalité l'est-il[6] de l'esprit d'égalité extrême. Le premier ne consiste point à faire en sorte

1. Thémistocle, Aristide, Périclès, Cléon.

2. Voyez Plutarque, dans les *Vies de Timoléon et de Dion*.]

3. C'est celui des Six Cents dont parle Diodore.] — XI, LXXVI.

4. Ayant chassé les tyrans, ils firent citoyens des étrangers et des soldats mercenaires : ce qui causa des guerres civiles. (Aristote, *Polit.*, liv. V, chap. III.) Le peuple ayant été cause de la victoire sur les Athéniens, la république fut changée (*ibid.*, chap. IV). La passion de deux magistrats fit changer la forme de cette république (*ibid.*, liv. VII, chap. IV).] — Aristote, VIII, II, 11 ; VIII, III, 6 (défaite des Athéniens par Syracuse en 412) ; VIII, III, 1.

5. Tout ce chapitre est inspiré d'Aristote.

6. Tournure habituelle au XVIIIe siècle.

que tout le monde commande ou que personne ne soit commandé, mais à obéir et à commander à ses égaux. Il ne cherche pas à n'avoir point de maître, mais à n'avoir que ses égaux pour maîtres.

Dans l'état de nature, les hommes naissent bien dans l'égalité : mais ils n'y sauraient rester. La société la leur fait perdre, et ils ne redeviennent égaux que par les lois.

Telle est la différence entre la démocratie réglée et celle qui ne l'est pas, que dans la première on n'est égal que comme citoyen, et que dans l'autre on est encore égal comme magistrat, comme sénateur, comme juge, comme père, comme mari, comme maître[1].

La place naturelle de la vertu est auprès de la liberté; mais elle ne se trouve pas plus auprès de la liberté extrême qu'auprès de la servitude[2].

(Livre VIII, chap. III.)

DIVERSES SIGNIFICATIONS DONNÉES AU MOT DE LIBERTÉ

Il n'y a point de mot qui ait reçu plus de différentes significations, et qui ait frappé les esprits de tant de manières, que celui de *liberté*. Les uns l'ont pris pour la facilité de déposer celui à qui ils avaient donné un pouvoir tyrannique[3]; les autres, pour la faculté d'élire celui à qui ils devaient obéir[4]; d'autres, pour le droit d'être

1. « La démagogie [c'est-à-dire la corruption de la démocratie] est née presque toujours de ce qu'on a prétendu rendre absolue et générale une égalité qui n'était réelle qu'à certains égards : parce que tous sont également libres, ils ont cru qu'ils devaient être égaux d'une manière absolue. » Aristote, *Politique*, VIII, I, 2. L'emploi de ces différents termes (père, mari, maître) montre bien que Montesquieu ne songe ici qu'aux républiques de l'antiquité.

2. On connait la définitition de la vertu chez Aristote (cf. p. 103, n. 2). Montesquieu se souvient constamment de cette définition quand il parle de la vertu politique et des gouvernements modérés.

3. Expulsion des tyrans dans les villes grecques.

4. Élection des rois à Rome.

armés, et de pouvoir exercer la violence[1]; ceux-ci, pour le privilège de n'être gouvernés que par un homme de leur nation, ou par leurs propres lois[2]. Certain peuple a longtemps pris la liberté pour l'usage de porter une longue barbe[3]. Ceux-ci ont attaché ce nom à une forme de gouvernement, et en ont exclu les autres. Ceux qui avaient goûté du gouvernement républicain l'ont mise dans ce gouvernement; ceux qui avaient joui du gouvernement monarchique l'ont placée dans la monarchie[4]. Enfin chacun a appelé *liberté* le gouvernement qui était conforme à ses coutumes ou à ses inclinations; et comme, dans une république, on n'a pas toujours devant les yeux, et d'une manière si présente, les instruments des maux dont on se plaint, et que même les lois paraissent y parler plus et les exécuteurs de la loi y parler moins, on la place ordinairement dans les républiques, et on l'a exclue des monarchies. Enfin, comme dans les démocraties le peuple paraît à peu près faire ce qu'il veut, on a mis la liberté dans ces sortes de gouvernements, et on a confondu le pouvoir du peuple avec la liberté du peuple.

(Livre XI, chap. II.)

---

1. Ne s'agit-il pas de la Pologne? Le 25 juin 1697, lors de l'élection du successeur de Sobieski, « tout ce qui, dans la république, possédait un cheval de bataille, un sabre et un cœur de citoyen, était là. Quelques milliers de gentilshommes campagnards, à pied et armés de faux, étaient venus s'aligner sur les revers de ce camp souverain, pour protester de l'égalité de pouvoir que l'antique constitution de la Pologne accordait à tous ses enfants nobles, sans distinction de fortune. » (Mieroslawski, *la Pologne pittoresque*.)

2. « J'ai », dit Cicéron, « copié l'édit de Scévola, qui permet aux Grecs de terminer entre eux leurs différends selon leurs lois: ce qui fait qu'ils se regardent comme des peuples libres ».] — Cicéron dans son gouvernement de Cilicie (*ad Atticum epistola*, VI, VI, 15). Lorsque les Romains accordaient la liberté aux villes grecques, ils entendaient par là qu'elles n'auraient pas de garnison et qu'elles pourraient user de leurs propres lois, *legibus suis uti*. Mais c'était une liberté précaire, toute subordonnée à l'*imperium* des Romains.

3. Les Moscovites ne pouvaient souffrir que le czar Pierre la leur fît couper.] — Cela a bien l'air d'une plaisanterie de Montesquieu.

4. Les Cappadociens refusèrent l'état républicain, que leur offrirent les Romains.] — Justin, XXXVIII, II: *Cappadoces, munus libertatis abnuentes, negant vivere gentem sine rege posse*. 95 av. J.-C.

I

CE QUE C'EST QUE LA LIBERTÉ

Il est vrai que dans les démocraties le peuple paraît faire ce qu'il veut : mais la liberté politique ne consiste point à faire ce que l'on veut. Dans un État, c'est-à-dire dans une société où il y a des lois, la liberté ne peut consister qu'à pouvoir faire ce que l'on doit vouloir, et à n'être point contraint de faire ce que l'on ne doit pas vouloir.

Il faut se mettre dans l'esprit ce que c'est que l'indépendance, et ce que c'est que la liberté. La liberté est le droit de faire tout ce que les lois permettent[1]; et si un citoyen pouvait faire ce qu'elles défendent, il n'aurait plus de liberté, parce que les autres auraient tout de même ce pouvoir[2]. (Livre XI, chap. III.)

1. *Omnes legum servi sumus ut liberi esse possimus.* Cicéron, *pro Cluentio*, LIII, 146.

2. Aristote, *Politique*, VII, I, 6 : « Le premier caractère de la liberté, c'est l'alternative du commandement et de l'obéissance. » III, VI, 13 : « La souveraineté doit appartenir aux lois fondées sur la raison, et le magistrat, unique ou multiple, ne doit être souverain que là où la loi n'a pu rien disposer. »

VI

La religion[1].

DES RELIGIONS EN GÉNÉRAL

Comme on peut juger parmi les ténèbres celles qui sont les moins épaisses, et parmi les abîmes ceux qui sont les moins profonds, ainsi l'on peut chercher, entre les religions fausses, celles qui sont les plus conformes au bien de la société; celles qui, quoiqu'elles n'aient pas l'effet de mener les hommes aux félicités de l'autre vie, peuvent le plus contribuer à leur bonheur dans celle-ci.

Je n'examinerai donc les diverses religions du monde que par rapport au bien que l'on en tire dans l'état civil,

1. La plupart des chapitres relatifs à la religion excitèrent un vif mécontentement parmi les théologiens, orthodoxes, et surtout jansénistes. Les *Nouvelles ecclésiastiques*, qui étaient jansénistes, publièrent contre Montesquieu de vives attaques (cf. page 28), auxquelles il répondit dans sa *Défense* : « Ils sont théologiens » disait-il (p. 172) de ses adversaires, « et l'auteur est jurisconsulte. Ils se croient en état de faire son métier, et lui ne se sent pas propre à faire le leur. Au lieu de l'attaquer avec tant d'aigreur, ils auraient mieux fait de sentir eux-mêmes le prix des choses qu'il a dites en faveur de la religion, qu'il a également respectée et défendue. » Et ceci, plus vif encore (p. 189) : « Comme la religion se défend beaucoup par elle même, elle perd plus lorsqu'elle est mal défendue, que lorsqu'elle n'est point du tout défendue. » Mais, tout en répondant hardiment et spirituellement à ses adversaires, Montesquieu essayait de se ménager des appuis contre eux. Il empêcha que son livre ne fût condamné en Sorbonne. Il intercéda en cour de Rome pour éviter qu'il ne fût mis à l'*index* : ce à quoi d'ailleurs il ne put réussir. Mais il prépara une nouvelle édition, où il devait faire des changements capables d'apaiser l'autorité religieuse (c'est celle qui parut en 1758). Cf. Vian, p. 295 et 551.

soit que je parle de celle qui a sa racine dans le ciel, ou bien de celles qui ont la leur sur la terre.

Comme dans cet ouvrage je ne suis point théologien, mais écrivain politique, il pourrait y avoir des choses qui ne seraient entièrement vraies que dans une façon de penser humaine, n'ayant point été considérées dans le rapport avec des vérités plus sublimes.

A l'égard de la vraie religion, il ne faudra que très peu d'équité pour voir que je n'ai jamais prétendu faire céder ses intérêts aux intérêts politiques, mais les unir : or, pour les unir, il faut les connaître[1].

La religion chrétienne, qui ordonne aux hommes de s'aimer, veut sans doute que chaque peuple ait les meilleures lois politiques et les meilleures lois civiles, parce qu'elles sont, après elle, le plus grand bien que les hommes puissent donner et recevoir[2]. (Livre XXIV, chap. I.)

PARADOXE DE BAYLE

M. Bayle a prétendu prouver qu'il valait mieux être athée qu'idolâtre[3] : c'est-à-dire, en d'autres termes, qu'il est moins dangereux de n'avoir point du tout de religion que d'en avoir une mauvaise. « J'aimerais mieux », dit-il, « que l'on dit de moi que je n'existe pas, que si l'on disait que je suis un méchant homme. » Ce n'est qu'un sophisme, fondé sur ce qu'il n'est d'aucune utilité au genre humain que l'on croie qu'un certain homme existe; au lieu qu'il est très utile que l'on croie que Dieu est[4].

1. Texte primitif (édit. de Genève, 1748) : « Il ne faudra que très peu d'équité pour voir que je n'ai jamais prétendu faire céder les intérêts *de la religion* aux intérêts politiques », etc.

2. Cf. p. 126.

3. *Pensées sur la comète*, etc.] — *Pensées diverses écrites à un docteur en Sorbonne à l'occasion de la comète qui parut au mois de décembre* 1680. Bayle fut, au XVIIe siècle, le représentant le plus convaincu, le plus érudit et le plus éloquent du scepticisme.

4. « Si Dieu n'existait pas, il faudrait l'inventer », disait Voltaire.

De l'idée qu'il n'est pas suit l'idée de notre indépendance; ou si nous ne pouvons pas avoir cette idée, celle de notre révolte. Dire que la religion n'est pas un motif réprimant, parce qu'elle ne réprime pas toujours, c'est dire que les lois civiles ne sont pas un motif réprimant non plus. C'est mal raisonner contre la religion, de rassembler dans un grand ouvrage[1] une longue énumération des maux qu'elle a produits, si l'on ne fait de même celle des biens qu'elle a faits. Si je voulais raconter tous les maux qu'ont produits dans le monde les lois civiles, la monarchie, le gouvernement républicain, je dirais des choses effroyables. Quand il serait inutile que les sujets eussent une religion, il ne le serait pas que les princes en eussent, et qu'ils blanchissent d'écume le seul frein que ceux qui ne craignent point les lois humaines puissent avoir[2].

Un prince qui aime la religion et qui la craint, est un lion qui cède à la main qui le flatte ou à la voix qui l'apaise; celui qui craint la religion et qui la hait, est comme les bêtes sauvages qui mordent la chaîne qui les empêche de se jeter sur ceux qui passent; celui qui n'a point du tout de religion, est cet animal terrible qui ne sent sa liberté que lorsqu'il déchire et qu'il dévore.

La question n'est pas de savoir s'il vaudrait mieux qu'un certain homme ou qu'un certain peuple n'eût point de religion que d'abuser de celle qu'il a; mais de savoir quel est le moindre mal, que l'on abuse quelquefois de la religion, ou qu'il n'y en ait point du tout parmi les hommes.

Pour diminuer l'horreur de l'athéisme on charge trop l'idolâtrie. Il n'est pas vrai que, quand les anciens élevaient des autels à quelque vice, cela signifiât qu'ils aimassent ce vice : cela signifiait au contraire qu'ils le haïssaient. Quand les Lacédémoniens érigèrent une cha-

1. Le *Dictionnaire historique et critique* de Bayle.

2. Montesquieu revient constamment sur cette idée, que la religion est un frein au despotisme : cf. p. 97, et *Considérations*, p. 252.

pelle à la Peur, cela ne signifiait pas que cette nation belliqueuse lui demandât de s'emparer dans les combats des cœurs des Lacédémoniens[1]. Il y avait des divinités à qui on demandait de ne pas inspirer le crime, et d'autres à qui on demandait de le détourner[2].

(Livre XXIV, chap. II.)

QUE LE GOUVERNEMENT MODÉRÉ CONVIENT MIEUX A LA RELIGION CHRÉTIENNE, ET LE GOUVERNEMENT DESPOTIQUE A LA MAHOMÉTANE

La religion chrétienne est éloignée du pur despotisme : c'est que la douceur étant si recommandée dans l'Évangile[3], elle s'oppose à la colère despotique avec laquelle le prince se ferait justice et exercerait ses cruautés....

Pendant que les princes mahométans donnent sans cesse la mort ou la reçoivent, la religion chez les chrétiens rend les princes moins timides, et par conséquent moins cruels. Le prince compte sur ses sujets, et les sujets sur le prince. Chose admirable ! la religion chrétienne, qui ne semble avoir d'objet que la félicité de l'autre vie, fait encore notre bonheur dans celle-ci.

C'est la religion chrétienne qui, malgré la grandeur de l'Empire et le vice du climat, a empêché le despotisme de s'établir en Éthiopie, et a porté au milieu de l'Afrique les mœurs de l'Europe et ses lois[4].

1. Les Romains avaient de même leur sanctuaire de *Pavor* et *Pallor*.

2. Cela est très juste. Les Romains adoraient ainsi le dieu *Rubigo* (rouille), pour empêcher la rouille de ronger le blé.

3. Discours sur la montagne (Matthieu, V, 5-10) : « Bienheureux sont les débonnaires, car ils hériteront la terre. Bienheureux ceux qui procurent la paix, car ils seront appelés enfants de Dieu. Bienheureux ceux qui sont affamés et altérés de la justice, car ils seront rassasiés. »

4. L'Éthiopie est l'Abyssinie : c'est, en effet, un État chrétien, d'une civilisation réelle, de mœurs modérées, et de traditions fort antiques, peut-être le plus ancien État du monde après la Chine. Convertie à l'Évangile au IVe siècle, l'Abyssinie a résisté victorieusement à toutes les invasions arabes,

Le prince héritier d'Éthiopie jouit d'une principauté, et donne aux autres sujets l'exemple de l'amour et de l'obéissance. Tout près de là, on voit le mahométisme faire enfermer les enfants du roi de Sennar; à sa mort, le Conseil les envoie égorger en faveur de celui qui monte sur le trône[1].

Que, d'un côté, l'on se mette devant les yeux les massacres continuels des rois et des chefs grecs et romains, et de l'autre, la destruction des peuples et des villes par ces mêmes chefs, Thimur et Gengis-kan, qui ont dévasté l'Asie : et nous verrons que nous devons au christianisme, et dans le gouvernement un certain droit politique, et dans la guerre un certain droit des gens, que la nature humaine ne saurait assez reconnaître.

C'est ce droit des gens qui fait que, parmi nous, la victoire laisse aux peuples vaincus ces grandes choses, la vie, la liberté, les lois, les biens, et toujours la religion, lorsqu'on ne s'aveugle pas soi-même[2].

On peut dire que les peuples de l'Europe ne sont pas aujourd'hui plus désunis que ne l'étaient dans l'Empire romain devenu despotique et militaire les peuples et les armées, ou que ne l'étaient les armées entre elles : d'un côté, les armées se faisaient la guerre; et de l'autre, on

et elle vient de retrouver une force nouvelle sous son roi Ménélik, chef du Choa, qui a reconstitué en 1889 l'ancien royaume éthiopien.

1. *Relation d'Ethiopie*, par le sieur Ponce, médecin, au quatrième recueil des *Lettres édifiantes*.] — 1715, p. 102. Le Sennaar formait alors un royaume musulman, qui s'étendait sur toute la Nubie, et qui ne fut détruit qu'en 1820, par Ismaïl-Pacha.

2. Fustel de Coulanges, *la Cité antique*, III, xv : « Il n'y a jamais de droit pour l'étranger; à plus forte raison n'y en a-t-il pas quand on lui fait la guerre. Le vainqueur pouvait user de sa victoire comme il lui plaisait. Aucune loi divine ni humaine n'arrêtait sa vengeance ou sa cupidité. On ne faisait pas seulement la guerre aux soldats : on la faisait à la population tout entière, hommes, femmes, enfants, esclaves. On ne la faisait pas seulement aux êtres humains, on la faisait aux champs et aux moissons. » Le christianisme, au contraire, rappelle aux nations ennemies qu'elles ont un dieu commun et une même foi, quand *elles ne s'aveuglent pas* (guerre de Cent Ans, guerre de Trente Ans, etc.), ce qui est malheureusement la règle.

leur donnait le pillage des villes, et le partage ou la confiscation des terres[1]. (Livre XXIV, chap. III.)

DE LA SECTE STOÏQUE

Les diverses sectes de philosophie, chez les anciens, pouvaient être considérées comme des espèces de religion[2]. Il n'y en a jamais eu dont les principes fussent plus dignes de l'homme, et plus propres à former des gens de bien, que celle des stoïciens; et si je pouvais un moment cesser de penser que je suis chrétien, je ne pourrais m'empêcher de mettre la destruction de la secte de Zénon[3] au nombre des malheurs du genre humain.

Elle n'outrait que les choses dans lesquelles il y a de la grandeur : le mépris des plaisirs et de la douleur.

Elle seule savait faire les citoyens; elle seule faisait les grands hommes; elle seule faisait les grands empereurs.

Faites pour un moment abstraction des vérités révélées; cherchez dans toute la nature, et vous n'y trouverez pas de plus grand objet que les Antonins[4]. Julien même,

1. Guerres civiles : 1° entre Marius et Sylla ; 2° entre César et Pompée ; 3° entre les triumvirs et les meurtriers de César; 4° entre Octave et Antoine : 5° après la mort de Néron; 6° après celle de Commode ; 7° sous Valérien et Gallien.

2. Remarque extrêmement juste. Le philosophe a même été, dans les premiers temps de l'Empire, une manière de directeur de conscience. « La philosophie prenait de plus en plus le caractère d'une religion; elle avait ses prédicateurs, ses missionnaires, ses directeurs de consciences, ses casuistes. Les grands personnages entretenaient auprès d'eux un philosophe familier, qui était en même temps leur ami intime, leur moniteur, le gardien de leur âme. Avant de mourir on s'entretenait avec quelque sage, comme chez nous on appelle un prêtre, afin que le dernier soupir eût un caractère moral et religieux. Il n'était pas rare, au cirque, au théâtre, dans les assemblées, de voir un philosophe se lever, comme un messager divin, au nom des vérités éternelles. » Renan, *Marc-Aurèle*, p. 41 et suiv. Montesquieu, plus affirmatif au début, imprimait en 1748 : « étaient des espèces de religion ».

3. Zénon fonda le stoïcisme, à Athènes, vers 300 av. J.-C.

4. « Tels furent, à la tête du plus grand Empire qui eût jamais existé, ces deux admirables souverains, Antonin le Pieux et Marc-Aurèle. L'histoire n'a offert qu'un autre exemple de cette hérédité

Julien (un suffrage ainsi arraché ne me rendra point complice de son apostasie) : non, il n'y a point eu après lui de prince plus digne de gouverner les hommes[1].

Pendant que les stoïciens regardaient comme une chose vaine les richesses, les grandeurs humaines, la douleur, les chagrins, les plaisirs, ils n'étaient occupés qu'à travailler au bonheur des hommes, à exercer les devoirs de la société : il semblait qu'ils regardassent cet esprit sacré, qu'ils croyaient être en eux-mêmes, comme une espèce de providence favorable qui veillait sur le genre humain[2].

Nés pour la société, ils croyaient tous que leur destin était de travailler pour elle[3] : d'autant moins à charge que leurs récompenses étaient toutes dans eux-mêmes, qu'heureux par leur philosophie seule, il semblait que le seul bonheur des autres pût augmenter le leur[4].

(Livre XXIV, chap. x.)

---

de la sagesse sur le trône, en la personne des trois empereurs mongols Baber, Humaïoun, Akbar [xvie siècle]. » Renan, p. 4.

1. Cf. *Considérations*, p. 171 et 192. Lisez la fin du *Discours* de Julien *sur la Mère des Dieux* : « Accorde à tous les hommes le bonheur dont la base est la connaissance des dieux, et au peuple romain, surtout, le commun avantage d'effacer la tache de l'impiété, et de voir son gouvernement favorisé de la fortune, pendant des milliers de siècles. Puissé-je recueillir, pour prix de mon dévouement à ton culte, la vérité dans le dogme et la croyance des dieux, et la perfection dans l'acquit de mes devoirs sacrés ! Qu'il me soit donné de surpasser, en vertu et en bonheur, tous les princes, dans l'administration des affaires civiles et militaires ! que ma vie enfin se termine, sans douleur, avec gloire, et surtout avec la douce espérance d'aller de suite me réunir à toi ! » Voilà qui justifie le mot de Montesquieu. Julien ne se rattache que très faiblement au stoïcisme.

2. « Que demandes-tu de plus en faisant du bien aux hommes ? Ne te suffit-il pas d'avoir fait quelque chose de conforme à ta nature, et veux-tu en être récompensé ? C'est comme si l'œil demandait un salaire parce qu'il voit. » Marc-Aurèle, *Pensées*, IX, XLII.

3. *Nec sibi, sed toti genitum se credere mundo*, dit Lucain de Caton (*Pharsale*, II, 383).

4. « Offre au gouvernement du dieu qui est au dedans de toi un être viril, mûri par l'âge, ami du bien public, un Romain, un empereur ; un soldat à son poste, comme s'il attendait le signal de la trompette ; un homme prêt à quitter sans regret la vie, et dont la parole n'a besoin ni de l'appui d'un serment, ni du témoignage de personne. » Marc-Aurèle, III, vi.

*LA MISÉRICORDE CHRÉTIENNE

La religion païenne, qui ne défendait que quelques crimes grossiers, qui arrêtait la main et abandonnait le cœur[1], pouvait avoir des crimes inexpiables[2] : mais une religion qui enveloppe toutes les passions, qui n'est pas plus jalouse des actions que des désirs et des pensées, qui ne nous tient point attachés par quelques chaînes, mais par un nombre innombrable de fils; qui laisse derrière elle la justice humaine, et commence une autre justice; qui est faite pour mener sans cesse du repentir à l'amour, et de l'amour au repentir; qui met entre le juge et le criminel un grand médiateur, entre le juste et le médiateur un grand juge : une telle religion ne doit point avoir de crimes inexpiables. Mais, quoiqu'elle donne des craintes et des espérances à tous, elle fait assez sentir que, s'il n'y a point de crime qui par sa nature soit inexpiable, toute une vie peut l'être; qu'il serait très dangereux de tourmenter sans cesse la miséricorde par de nouveaux crimes et de nouvelles expiations; qu'inquiets sur les anciennes dettes, jamais quittes envers le Seigneur, nous devons craindre d'en contracter de nouvelles, de combler la mesure, et d'aller jusqu'au terme où la bonté paternelle finit[3].

(Livre XXIV, ch. XIII : *Des crimes inexpiables*, fragm.)

Pour qu'une religion attache, il faut qu'elle ait une morale pure. Les hommes, fripons en détail, sont en

1. Montesquieu ne veut parler sans doute ici du culte païen qu'en tant que culte officiel, avec sanctions publiques : ce n'était en effet qu'un ensemble de pratiques, que l'on répétait sans y voir aucun sens.

2. C'est-à-dire des crimes pour lesquels on n'admettait pas d'expiation publique (*piaculum*), et dont le coupable était abandonné « aux furies et à sa conscience ». La religion n'intervenait que dans les crimes spéciaux, intéressant les rapports de la cité avec ses dieux.

3. Admirable résumé du catéchisme romain.

gros de très honnêtes gens; ils aiment la morale, et si je ne traitais pas un sujet si grave, je dirais que cela se voit admirablement bien sur les théâtres : on est sûr de plaire au peuple par les sentiments que la morale avoue, et on est sûr de le choquer par ceux qu'elle réprouve.

(Livre XXV, chap. II, fragm.)

---

*LOIS RELIGIEUSES ET LOIS CIVILES

Les lois religieuses ont plus de sublimité, les lois civiles ont plus d'étendue.

Les lois de perfection tirées de la religion ont plus pour objet la bonté de l'homme qui les observe, que celle de la société dans laquelle elles sont observées : les lois civiles, au contraire, ont plus pour objet la bonté morale des hommes en général, que celle des individus.

(Livre XXVI, chap. IX, fragm.)

DU SENTIMENT POUR LA RELIGION

L'homme pieux et l'athée parlent toujours de religion : l'un parle de ce qu'il aime, et l'autre de ce qu'il craint[1].

(Livre XXV, chap. I.)

1. Cette pensée forme à elle seule tout un chapitre (cf. p. 105). Montesquieu s'est particulièrement défendu contre le reproche de déisme qu'on faisait à son livre. « Quoique l'*Esprit des Lois* », dit-il dans sa *Défense* (p. 4), « soit un ouvrage de pure politique et de pure jurisprudence, l'auteur a eu souvent occasion d'y parler de la religion chrétienne : il l'a fait de manière à en faire sentir toute la grandeur; et s'il n'a pas eu pour objet de travailler à la faire croire, il a cherché à la faire aimer. »

VII

Commerce et richesse.

*AVANTAGES DU COMMERCE

Les matières qui suivent[1] demanderaient d'être traitées avec plus d'étendue : mais la nature de cet ouvrage ne le permet pas. Je voudrais couler sur une rivière tranquille : je suis entraîné par un torrent[2].

Le commerce guérit des préjugés destructeurs ; et c'est presque une règle générale que partout où il y a des mœurs douces il y a du commerce, et que partout où il y a du commerce il y a des mœurs douces.

Qu'on ne s'étonne donc point si nos mœurs sont moins féroces qu'elles ne l'étaient autrefois. Le commerce a fait que la connaissance des mœurs de toutes les nations a pénétré partout : on les a comparées entre elles, et il en a résulté de grands biens.

On peut dire que les lois du commerce perfectionnent les mœurs, par la même raison que ces mêmes lois perdent les mœurs. Le commerce corrompt les mœurs pures[3] ; c'était le sujet des plaintes de Pla-

1. Pour comprendre ceci, il faut se rappeler que c'est le début du XXe livre et, dans l'édition primitive, du tome II (cf. p. 43).

2. Montesquieu abuse des cours d'eau dans ses comparaisons : *Considérations*, p. 278 ; ici, p. 150.

3. César dit des Gaulois que le voisinage et le commerce de Marseille les avaient gâtés de façon qu'eux qui autrefois avaient toujours vaincu les Germains leur étaient devenus inférieurs. *Guerre des Gaules*, liv. VI.] — Voici exactement ce que dit César (VI, XXIV) : on verra comment Montesquieu

ton[1] : il polit et adoucit les mœurs barbares, comme nous le voyons tous les jours. (Livre XX, chap. I.)

DE L'ESPRIT DU COMMERCE

L'effet naturel du commerce est de porter à la paix Deux nations qui négocient ensemble se rendent réciproquement dépendantes : si l'une a intérêt d'acheter, l'autre a intérêt de vendre; et toutes les unions sont fondées sur des besoins mutuels.

Mais si l'esprit de commerce unit les nations, il n'unit pas de même les particuliers. Nous voyons que, dans les pays[2] où l'on n'est affecté que de l'esprit de commerce, on trafique de toutes les actions humaines et de toutes les vertus morales : les plus petites choses, celles que l'humanité demande, s'y font ou s'y donnent pour de l'argent.

L'esprit de commerce produit dans les hommes un certain sentiment de justice exacte, opposé d'un côté au brigandage, et de l'autre à ces vertus morales qui font qu'on ne discute pas toujours ses intérêts avec rigidité, et qu'on peut les négliger pour ceux des autres.

La privation totale du commerce produit au contraire le brigandage, qu'Aristote met au nombre des manières d'acquérir[3]. L'esprit n'en est point opposé à de certaines

arrange sa pensée : *Gallis autem provinciarum propinquitas et transmarinarum rerum notitia multa ad copiam et usus largitur; paulatim adsuefacti superari multisque victi proeliis, ne se quidem ipsi cum illis* (les Germains) *virtute comparant*.

1. Cf. notamment *les Lois*, VIII, p. 831.

2. La Hollande.] — Montesquieu aurait pu ajouter l'Angleterre, où régnait au XVIIIe siècle un esprit de vénalité inimaginable : « Il y a [au parlement] des membres écossais, qui n'ont que 200 livres sterling pour leur voix et la vendent à ce prix. Les Anglais ne sont plus dignes de leur liberté. Ils la vendent au roi, et si le roi la leur redonnait, ils la lui vendraient encore. » *Notes sur l'Angleterre* : Laboulaye, t. VII, p. 190.

3. Aristote, *Politique*, I, III, 4. Cf. Thucydide, I, V : « Jadis les Grecs ne surent pas plus tôt communiquer entre eux à l'aide de vaisseaux, que, guidés par des

vertus morales : par exemple, l'hospitalité, très rare dans les pays de commerce, se trouve admirablement parmi les peuples brigands.... (Livre XX, chap. II.)

DE LA PAUVRETÉ DES PEUPLES

Il y a deux sortes de peuples pauvres : ceux que la dureté du gouvernement a rendus tels; et ces gens-là sont incapables de presque aucune vertu, parce que leur pauvreté fait une partie de leur servitude[1] : les autres ne sont pauvres que parce qu'ils ont dédaigné, ou parce qu'ils n'ont pas connu les commodités de la vie; et ceux-ci peuvent faire de grandes choses, parce que cette pauvreté fait une partie de leur liberté[2].

(Livre XX, chap. III.)

LA VRAIE PAUVRETÉ

Un homme n'est pas pauvre parce qu'il n'a rien, mais parce qu'il ne travaille pas. Celui qui n'a aucun bien et qui travaille est aussi à son aise que celui qui a cent écus de revenu sans travailler. Celui qui n'a rien et qui a un métier n'est pas plus pauvre que celui qui a dix arpents de terre en propre, et qui doit les travailler pour subsister. L'ouvrier qui a donné à ses enfants son art pour héritage, leur a laissé un bien qui s'est multiplié à proportion de leur nombre. Il n'en est pas de même de

hommes puissants, ils se mirent à exercer la piraterie, autant pour leur gain particulier, que pour procurer de la nourriture aux faibles. » Si, aux époques civilisées, il y a opposition entre le commerce et le brigandage, il est vrai de dire que le brigandage et la piraterie ont été la première forme des expéditions commerciales.

1. Montesquieu songe ici à l'Espagne, dont il a souvent décrit la misère, cf. ici, p. 7, n. 9.

2. Ce sont les peuples sauvages ou barbares, et Montesquieu peut songer aux Germains des invasions.

celui qui a dix arpents de fonds pour vivre, et qui les partage à ses enfants. (Livre XXIII, chap. XXIX, fragm.)

Quelles causes de prospérité pour la Grèce, que des jeux qu'elle donnait pour ainsi dire à l'univers, des temples où tous les rois envoyaient des offrandes, des fêtes où l'on s'assemblait de toutes parts, des oracles qui faisaient l'attention de la curiosité humaine, enfin le goût et les arts portés à un point que de croire les surpasser sera toujours ne les pas connaître!

(Livre XXI, chap. VII, fragm.)

Les bonnes républiques grecques avaient des institutions admirables. Les riches employaient leur argent en fêtes, en chœurs de musique, en chariots, en chevaux pour la course, en magistratures onéreuses. Les richesses y étaient aussi à charge que la pauvreté[1].

(Livre VII, chap. III, fragm.)

L'effet du commerce sont les richesses, la suite des richesses le luxe, celle du luxe la perfection des arts.

(Livre XXI, chap. VI, fragm.)

1. Montesquieu, qui semble parfois partisan du nivellement des fortunes, du moins quand il parle des républiques anciennes, trouve *admirables* les moyens employés par elles pour arriver à ce résultat. En réalité, ils furent d'une politique fort maladroite, et devinrent la cause de l'antipathie que l'aristocratie grecque conçut pour sa liberté et de la faveur qu'elle accorda à l'étranger. « Le gouvernement républicain, lorsqu'il ne professe pas un grand respect pour les droits individuels, se change facilement en despotisme. Le pauvre organisa une guerre en règle contre la richesse. Cette guerre fut d'abord déguisée sous des formes légales: on chargea les riches de toutes les dépenses publiques, on les accabla d'impôts, on leur fit construire des trirèmes, on voulut qu'ils donnassent des fêtes au peuple (Xénophon, *Respublica Atheniensium*, I, 13). Puis on multiplia les amendes dans les jugements. La démocratie des pauvres était devenue la tyrannie à partir du jour où les besoins et les intérêts matériels avaient fait irruption en elle, elle s'était altérée et corrompue. » *La Cité antique*, IV, XII.

VIII

Les devoirs de l'État. — Montesquieu réformateur[1].

DE LA GUERRE

La vie des États est comme celle des hommes : ceux-ci ont droit de tuer dans le cas de la défense naturelle; ceux-là ont droit de faire la guerre pour leur propre conservation.

Dans le cas de la défense naturelle, j'ai droit de tuer, parce que ma vie est à moi, comme la vie de celui qui m'attaque est à lui : de même, un État fait la guerre, parce que sa conservation est juste comme toute autre conservation.

Entre les citoyens, le droit de la défense naturelle n'emporte point avec lui la nécessité de l'attaque. Au lieu d'attaquer, ils n'ont qu'à recourir aux tribunaux. Ils ne peuvent donc exercer le droit de cette défense que dans les cas momentanés où l'on serait perdu si l'on attendait le secours des lois. Mais entre les sociétés, le droit de la défense naturelle entraîne quelquefois la nécessité d'attaquer, lorsqu'un peuple voit qu'une plus longue paix en mettrait un autre en état de le détruire, et que l'attaque est dans ce moment le seul moyen d'empêcher cette destruction.

1. Nous réunissons ici les principaux passages de l'*Esprit des Lois* où Montesquieu indique ou plutôt insinue les réformes politiques, morales et surtout juridiques qu'il propose à la France.

Il suit de là que les petites sociétés ont plus souvent le droit de faire la guerre que les grandes, parce qu'elles sont plus souvent dans le cas de craindre d'être détruites.

Le droit de la guerre dérive donc de la nécessité et du juste rigide. Si ceux qui dirigent la conscience ou les conseils des princes ne se tiennent pas là, tout est perdu[1]; et lorsqu'on se fondera sur des principes arbitraires de gloire, de bienséance, d'utilité, des flots de sang inonderont la terre.

Que l'on ne parle pas surtout de la gloire du prince : sa gloire serait son orgueil; c'est une passion, et non pas un droit légitime.

Il est vrai que la réputation de sa puissance pourrait augmenter les forces de son État : mais la réputation de sa justice les augmenterait tout de même.

(Livre X, chap. II.)

DE L'AUGMENTATION DES TROUPES

Une maladie nouvelle s'est répandue en Europe; elle a saisi nos princes, et leur fait entretenir un nombre désordonné de troupes. Elle a ses redoublements, et elle devient nécessairement contagieuse : car, sitôt qu'un État augmente ce qu'il appelle ses troupes, les autres soudain augmentent les leurs; de façon qu'on ne gagne rien par là que la ruine commune. Chaque monarque tient sur pied toutes les armées qu'il pourrait avoir si ses peuples étaient en danger d'être exterminés; et on nomme paix cet état[2] d'effort de tous contre tous. Aussi l'Europe est-elle si ruinée, que les particuliers qui seraient dans la

1. Tournure très ou plutôt trop fréquente chez l'auteur.

2. Il est vrai que c'est cet état d'effort qui maintient principalement l'équilibre, parce qu'il éreinte les grandes puissances.) — Cela est encore plus vrai aujourd'hui que du temps de Montesquieu.

situation où sont les trois puissances de cette partie du monde les plus opulentes[1], n'auraient pas de quoi vivre. Nous sommes pauvres avec les richesses et le commerce de tout l'univers; et bientôt, à force d'avoir des soldats, nous n'aurons plus que des soldats, et nous serons comme des Tartares[2]....

(Livre XIII, chap. XVII, fragm.)

---

*QUE LE PRINCE NE DOIT PAS JUGER

Les lois sont les yeux du prince : il voit par elles ce qu'il ne pourrait pas voir sans elles. Veut-il faire la fonction des tribunaux? il travaille non pas pour lui, mais pour ses séducteurs contre lui.

(Livre VI, chap. V, fragm.)

---

*QU'IL FAUT ABRÉGER LA PROCÉDURE

Les formalités de la justice sont nécessaires à la liberté : mais le nombre en pourrait être si grand qu'il choquerait le but des lois même qui les auraient établies, les affaires n'auraient point de fin, la propriété des biens resterait incertaine, on donnerait à l'une des parties le bien de l'autre sans examen, ou on les ruinerait toutes les deux à force d'examiner.

Les citoyens perdraient leur liberté et leur sûreté; les

1. La France, l'Autriche, l'Angleterre (ou peut-être la Prusse).

2. Il ne faut pour cela que faire valoir la nouvelle invention des milices établies dans presque toute l'Europe, et les porter au même excès que l'on a fait les troupes réglées.] — Les troupes réglées sont les régiments de ligne, qui se recrutaient par voie de recrutement volontaire. Les milices (organisées en France en 1726) étaient recrutées par voie de tirage au sort parmi les hommes de seize à quarante ans. Elles sont l'origine du système militaire actuel. Montesquieu a été singulièrement prophétique dans ce passage : il n'y a rien à y ajouter, rien à en retrancher pour qu'il soit aujourd'hui admirablement vrai.

accusateurs n'auraient plus les moyens de convaincre, ni les accusés le moyen de se justifier[1].

(Livre XXIX, chap. I.)

DE LA TORTURE OU QUESTION CONTRE LES CRIMINELS

Parce que les hommes sont méchants, la loi est obligée de les supposer meilleurs qu'ils ne sont Ainsi la déposition de deux témoins suffit dans la punition de tous les crimes. La loi les croit, comme s'ils parlaient par la bouche de la vérité. L'on juge aussi que tout enfant conçu pendant le mariage est légitime : la loi a confiance en la mère, comme si elle était la pudicité même. Mais la question contre les criminels n'est pas dans un cas forcé comme ceux-ci. Nous voyons aujourd'hui une nation très bien policée la rejeter sans inconvénient[2]. Elle n'est donc pas nécessaire par sa nature[3].

Tant d'habiles gens et tant de beaux génies ont écrit contre cette pratique, que je n'ose parler après eux. J'allais dire qu'elle pourrait convenir dans les gouvernements despotiques, où tout ce qui inspire la crainte entre plus dans les ressorts du gouvernement ; j'allais dire que

1. Il doit s'agir de l'Angleterre, où la justice était alors aussi lente à juger que facile à influencer. Cf. Swift, *Gulliver*, II, VI : « Ayant été presque ruiné par un long procès à la chancellerie, qui fut néanmoins jugé en ma faveur, et que je gagnai même à mes dépens, etc. »

2. La nation anglaise.] — La torture fut abolie en France le 9 octobre 1789.

3. Les citoyens d'Athènes ne pouvaient être mis à la question (Lysias, *oratio in Agoratum*), excepté dans le crime de lèse-majesté. On donnait la question trois jours après la condamnation (Curius Fortunatus, *Rhetor. schol.*, liv. II). Il n'y avait pas de question préparatoire. Quant aux Romains, la loi 3 et 4 *ad legem Juliam majestatis* fait voir que la naissance, la dignité, la profession de la milice garantissaient de la question, si ce n'est dans le cas de crime de lèse-majesté. Voyez les sages restrictions que les lois des Wisigoths mettaient à cette pratique.] — *Digeste*, XLVIII, IV ; *Code Justinien*, IX, VIII ; Lysias, XXVII ; *Lex Wisigothorum*, VI, II-V ; Curius Fortunatianus, *Artis rhetoricae scholasticae lib.* I, p. 43, édit. Pithou, 1599 (texte très douteux).

les esclaves, chez les Grecs et chez les Romains[1].... Mais j'entends la voix de la nature qui crie contre moi.

(Livre VI, chap. XVII.)

DES LOIS PÉNALES

Il faut éviter les lois pénales en fait de religion. Elles impriment de la crainte, il est vrai : mais, comme la religion a ses lois pénales aussi qui inspirent de la crainte, l'une est effacée par l'autre. Entre ces deux craintes différentes, les âmes deviennent atroces.

La religion a de si grandes menaces, elle a de si grandes promesses, que, lorsqu'elles sont présentes à notre esprit, quelque chose que le magistrat puisse faire pour nous contraindre à la quitter, il semble qu'on ne nous laisse rien quand on nous l'ôte, et qu'on ne nous ôte rien lorsqu'on nous la laisse.

Ce n'est donc pas en remplissant l'âme de ce grand objet, en l'approchant du moment où il lui doit être d'une plus grande importance, que l'on parvient à l'en détacher : il est plus sûr d'attaquer une religion par la faveur, par les commodités de la vie, par l'espérance de la fortune; non pas par ce qui avertit, mais par ce qui fait que l'on oublie; non pas par ce qui indigne, mais par ce qui jette dans la tiédeur, lorsque d'autres passions agissent sur nos âmes, et que celles que la religion inspire sont dans le silence. Règle générale : en fait de changement de religion, les invitations sont plus fortes que les peines.

Le caractère de l'esprit humain a paru dans l'ordre même des peines qu'on a employées. Que l'on se rappelle les persécutions du Japon[2] : on se révolta plus contre les supplices cruels que contre les peines longues, qui lassent

1. Que les esclaves pouvaient être mis à la torture.

2. Voyez le Recueil des Voyages qui ont servi à l'établissement de la Compagnie des Indes, tome V, partie I, p. 192.]

plus qu'elles n'effarouchent, qui sont plus difficiles à surmonter, parce qu'elles paraissent moins difficiles.

En un mot, l'histoire nous apprend assez que les lois pénales n'ont jamais eu d'effet que comme destruction.

(Livre XXV, chap. XII.)

DE LA TOLÉRANCE EN FAIT DE RELIGION

Nous sommes ici politiques, et non théologiens : et, pour les théologiens même, il y a bien de la différence entre tolérer une religion et l'approuver.

Lorsque les lois d'un État ont cru devoir souffrir plusieurs religions, il faut qu'elles les obligent aussi à se tolérer entre elles. C'est un principe, que toute religion qui est réprimée devient elle-même réprimante : car sitôt que, par quelque hasard, elle peut sortir de l'oppression, elle attaque la religion qui l'a réprimée, non pas comme une religion, mais comme une tyrannie.

Il est donc utile que les lois exigent de ces diverses religions, non seulement qu'elles ne troublent pas l'État, mais aussi qu'elles ne se troublent pas entre elles. Un citoyen ne satisfait point aux lois, en se contentant de ne pas agiter le corps de l'État : il faut encore qu'il ne trouble pas quelque citoyen que ce soit.

(Livre XXV, chap. IX.)

---

* CONTRE L'ACCUSATION DE SACRILÈGE

Dans les choses qui troublent la tranquillité ou la sûreté de l'État, les actions cachées sont du ressort de la justice humaine. Mais dans celles qui blessent la divinité, là où il n'y a point d'action publique, il n'y a point de matière de crime : tout s'y passe entre l'homme et Dieu, qui sait la mesure et le temps de ses vengeances. Que si, confondant les choses, le magistrat recherche aussi le sacrilège caché, il porte une inquisition sur un genre d'action où elle n'est point nécessaire : il détruit la liberté des citoyens, en armant contre eux le zèle des consciences timides et celui des consciences hardies.

Le mal est venu de cette idée, qu'il faut venger la Divinité. Mais il faut faire honorer la Divinité, et ne la venger jamais. En effet, si l'on se conduisait par cette dernière idée, quelle serait la fin des supplices? Si les lois des hommes ont à venger un Être infini, elles se régleront sur son infinité, et non pas sur les faiblesses, sur les ignorances, sur les caprices de la nature humaine.

(Livre XII, chap. IV, fragm.)

Tout ce qui regarde les mœurs, tout ce qui regarde les règles de la modestie, ne peut guère être compris sous un code de lois. Il est aisé de régler par des lois ce qu'on doit aux autres; il est difficile d'y comprendre tout ce qu'on se doit à soi-même.

(Livre VII, chap. X, fragm.)

TRÈS HUMBLE REMONTRANCE AUX INQUISITEURS D'ESPAGNE ET DE PORTUGAL[1]

Une juive de dix-huit ans, brûlée à Lisbonne au dernier autodafé, donna occasion à ce petit ouvrage; et je crois que c'est le plus inutile qui ait jamais été écrit. Quand il s'agit de prouver des choses si claires, on est sûr de ne pas convaincre.

L'auteur déclare que, quoiqu'il soit juif, il respecte la

1. Il va sans dire que tout ceci est une pure invention de Montesquieu, sauf l'autodafé de Lisbonne. Il y eut à Lisbonne, en 1715, un autodafé qui fut tristement célèbre en Europe, et dans lequel fut brûlé notamment le poète Antonio Jozé. Le supplice du feu fut aboli en Portugal par le ministre Pombal, ce qui ne l'empêcha pas, d'ailleurs, de faire brûler le jésuite Malagrida (1761).

religion chrétienne, et qu'il l'aime assez pour ôter aux princes qui ne seront pas chrétiens un prétexte plausible pour la persécuter.

« Vous vous plaignez », dit-il aux inquisiteurs, « de ce que l'empereur du Japon fait brûler à petit feu tous les chrétiens qui sont dans ses États[1]; mais il vous répondra : Nous vous traitons, vous qui ne croyez pas comme nous, comme vous traitez vous-mêmes ceux qui ne croient pas comme vous; vous ne pouvez vous plaindre que de votre faiblesse, qui vous empêche de nous exterminer, et qui fait que nous vous exterminons.

« Mais il faut avouer que vous êtes bien plus cruels que cet empereur. Vous nous faites mourir, nous qui ne croyons que ce que vous croyez, parce que nous ne croyons pas tout ce que vous croyez. Nous suivons une religion que vous savez vous-mêmes avoir été autrefois chérie de Dieu; nous pensons que Dieu l'aime encore, et vous pensez qu'il ne l'aime plus; et parce que vous jugez ainsi, vous faites passer par le fer et par le feu ceux qui sont dans cette erreur si pardonnable, de croire que Dieu aime encore ce qu'il a aimé[2].

« Si vous êtes cruels à notre égard, vous l'êtes bien plus à l'égard de nos enfants : vous les faites brûler, parce qu'ils suivent les inspirations que leur ont données ceux que la loi naturelle et les lois de tous les peuples leur apprennent à respecter comme des dieux[3].

« Vous vous privez de l'avantage que vous a donné sur les mahométans la manière dont leur religion s'est établie. Quand ils se vantent du nombre de leurs fidèles, vous leur dites que la force les leur a acquis, et qu'ils ont

1. Cf. p. 140.

2. C'est la source de l'aveuglement des juifs, de ne pas sentir que l'économie de l'Evangile est dans l'ordre des desseins de Dieu, et qu'ainsi elle est une suite de son immutabilité même.]

3. Leurs pères. C'est une idée chère à Montesquieu, grand partisan de la puissance paternelle comme force réprimante (voyez ici, p. 114); cf. *Lettres Persanes*, LXXIX : « Les pères sont l'image du créateur de l'univers. »

étendu leur religion par le fer : pourquoi donc établissez-vous la vôtre par le feu?

« Quand vous voulez nous faire venir à vous, nous vous objectons une source dont vous vous faites gloire de descendre[1]. Vous nous répondez que votre religion est nouvelle, mais qu'elle est divine; et vous le prouvez parce qu'elle s'est accrue par la persécution des païens et par le sang de vos martyrs : mais aujourd'hui vous prenez le rôle des Dioclétien, et vous nous faites prendre le vôtre.

« Nous vous conjurons, non pas par le Dieu puissant que nous servons vous et nous, mais par le Christ que vous nous dites avoir pris la condition humaine pour vous proposer des exemples que vous puissiez suivre; nous vous conjurons d'agir avec nous comme il agirait lui-même s'il était encore sur la terre. Vous voulez que nous soyons chrétiens, et vous ne voulez pas l'être[2].

« Mais, si vous ne voulez pas être chrétiens, soyez au moins des hommes : traitez-nous comme vous feriez, si, n'ayant que ces faibles lueurs de justice que la nature nous donne, vous n'aviez point une religion pour vous conduire, et une révélation pour vous éclairer.

« Si le ciel vous a assez aimés pour vous faire voir la vérité, il vous a fait une grande grâce : mais est-ce aux enfants qui ont eu l'héritage de leur père de haïr ceux qui ne l'ont pas eu?

« Que si vous avez cette vérité, ne nous la cachez pas par la manière dont vous nous la proposez. Le caractère de la vérité, c'est son triomphe sur les cœurs et les esprits, et non pas cette impuissance que vous avouez, lorsque vous voulez la faire recevoir par des supplices.

« Si vous êtes raisonnables, vous ne devez pas nous faire mourir, parce que nous ne voulons pas vous tromper. Si votre Christ est le fils de Dieu, nous espérons qu'il nous récompensera de n'avoir pas voulu profaner ses mystères;

1. Abraham et Jacob. — 2. La douceur est la vertu chrétienne.

et nous croyons que le Dieu que nous servons vous et nous, ne nous punira pas de ce que nous avons souffert la mort pour une religion qu'il nous a autrefois donnée, parce que nous croyons qu'il nous l'a encore donnée.

« Vous vivez dans un siècle où la lumière naturelle est plus vive qu'elle n'a jamais été, où la philosophie a éclairé les esprits[1], où la morale de votre Évangile a été plus connue, où les droits respectifs des hommes les uns sur les autres, l'empire qu'une conscience a sur une autre conscience, sont mieux établis. Si donc vous ne revenez pas de vos anciens préjugés, qui, si vous n'y prenez garde, sont vos passions, il faut avouer que vous êtes incorrigibles, incapables de toute lumière et de toute instruction; et une nation est bien malheureuse, qui donne de l'autorité à des hommes tels que vous.

« Voulez-vous que nous vous disions naïvement notre pensée? Vous nous regardez plutôt comme vos ennemis que comme les ennemis de votre religion : car, si vous aimiez votre religion, vous ne la laisseriez pas corrompre par une ignorance grossière.

« Il faut que nous vous avertissions d'une chose : c'est que, si quelqu'un dans la postérité ose jamais dire que dans le siècle où nous vivons les peuples d'Europe étaient policés, on vous citera pour prouver qu'ils étaient barbares; et l'idée que l'on aura de vous sera telle, qu'elle flétrira votre siècle, et portera la haine sur tous vos contemporains. » (Livre XXV, chap. XIII.)

DE L'ESCLAVAGE DES NÈGRES

Si j'avais à soutenir le droit que nous avons eu de rendre les nègres esclaves, voici ce que je dirais :

Les peuples d'Europe ayant exterminé ceux de l'Amé-

1. Cf. Voltaire. *Siècle de Louis XV*; ici, page 26, note 1.

rique, ils ont dû mettre en esclavage ceux de l'Afrique, pour s'en servir à défricher tant de terres.

Le sucre serait trop cher, si l'on ne faisait travailler la plante qui le produit par des esclaves.

Ceux dont il s'agit sont noirs depuis les pieds jusqu'à la tête; et ils ont le nez si écrasé, qu'il est presque impossible de les plaindre.

On ne peut se mettre dans l'esprit que Dieu, qui est un être très sage, ait mis une âme, surtout une âme bonne, dans un corps tout noir....

On peut juger de la couleur de la peau par celle des cheveux, qui, chez les Égyptiens, les meilleurs philosophes du monde, était d'une si grande conséquence, qu'ils faisaient mourir tous les hommes roux qui leur tombaient entre les mains[1].

Une preuve que les nègres n'ont pas le sens commun, c'est qu'ils font plus de cas d'un collier de verre que de l'or, qui, chez des nations policées, est d'une si grande conséquence.

Il est impossible que nous supposions que ces gens-là soient des hommes, parce que, si nous les supposions des hommes, on commencerait à croire que nous ne sommes pas nous-mêmes chrétiens.

De petits esprits exagèrent trop l'injustice que l'on fait aux Africains : car, si elle était telle qu'ils le disent, ne serait-il pas venu dans la tête des princes d'Europe, qui font entre eux tant de conventions inutiles, d'en faire une générale en faveur de la miséricorde et de la pitié[2]?

(Livre XV, chap. v.)

---

1. Ce détail se trouve dans Diodore de Sicile, I, 88, comme me le communique M. Maspero.

2. Il va de soi que tout cela est ironique, d'une ironie qui semble parfois un peu lourde, et dont quelques traits ont paru à M. Brunetière (*Questions de critique*, p. 95) « des plaisanteries de robin » et « qui sentent la province ». Mais il était difficile à Montesquieu d'attaquer ouvertement, à grand renfort d'éloquence, l'esclavage des nègres. Le clergé de son temps, la société tout entière l'acceptaient ; la royauté l'en-

DES NATIONS CHEZ LESQUELLES LA LIBERTÉ CIVILE EST GÉNÉRALEMENT ÉTABLIE[1]

On entend dire tous les jours qu'il serait bon que parmi nous il y eût des esclaves[2].

Mais pour bien juger de ceci, il ne faut pas examiner s'ils seraient utiles à la petite partie riche et voluptueuse de chaque nation : sans doute qu'ils lui seraient utiles; mais, prenant un autre point de vue, je ne crois pas qu'aucun de ceux qui la composent voulût tirer au sort pour savoir qui devrait former la partie de la nation qui serait libre, et celle qui serait esclave. Ceux qui parlent le plus pour l'esclavage l'auraient le plus en horreur, et les hommes les plus misérables en auraient horreur de même. Le cri pour l'esclavage est donc le cri du luxe et

couragcait (cf. p. 147, n. 2) : elle anoblissait ceux des armateurs-négriers qui faisaient fortune. Quand Montesquieu écrivait : « Le sucre serait trop cher », etc., il ne faisait que répéter des paroles réellement prononcées. Quelques années plus tard, Choiseul écrivait aux Chambres de Commerce : « La traite des noirs mérite plus de protection que toute autre, puisqu'elle est le premier mobile des cultures ». Et un intendant, écrivant au roi pour solliciter des lettres de noblesse en faveur d'un négociant, écrivait qu'il les méritait « en pratiquant la traite des nègres, aussi avantageuse à nos colonies qu'à eux-mêmes ». *Histoire de Bordeaux*, p. 531.

1. Ce chapitre a été ajouté après 1748, et c'est sans doute à la suite de quelque écrit sur la question.

2. Il ne faut pas oublier que, même à la veille de la Révolution, les colonies françaises de l'Amérique étaient exploitées par des esclaves noirs, achetés en Guinée et au Dahomey. Beaucoup d'armateurs français, dans les ports de l'Ouest, durent leur fortune, sous Louis XV et Louis XVI, les uns au trafic, les autres au travail des nègres. Quand les philosophes parlaient de supprimer l'esclavage, les économistes protestaient au nom des intérêts des colonies, du commerce et de l'armement. Un jour, un ministre de Louis XVI démentit en ces termes le bruit qui avait couru de l'abolition de l'esclavage : « Des gens malintentionnés ont répandu, dans les différents ports du royaume, que le gouvernement projetait de donner la liberté aux nègres. Une pareille nouvelle n'a pu exciter que le mépris pour ceux qui en sont les auteurs. Je devais vous en informer afin que, si quelque esprit faible en avait conçu de l'inquiétude, vous puissiez le dissuader. Les négociants n'ont à attendre du roi que des actes de bienfaisance et de nouvelles marques de son attention pour tout ce qui peut contribuer à la prospérité du commerce. »

de la volupté, et non pas celui de l'amour de la félicité publique. Qui peut douter que chaque homme, en particulier, ne fût très content d'être le maître des biens, de l'honneur et de la vie des autres; et que toutes ses passions ne se réveillassent d'abord à cette idée? Dans ces choses, voulez-vous savoir si les désirs de chacun sont légitimes? examinez les désirs de tous.

(Livre XV, chap. IX.)

---

*DEVOIRS DE L'ÉTAT ENVERS LES PAUVRES

Quelques aumônes que l'on fait à un homme nu dans les rues ne remplissent point les obligations de l'État, qui doit à tous les citoyens une subsistance assurée, la nourriture, un vêtement convenable, et un genre de vie qui ne soit point contraire à la santé[1].

(Livre XXIII, chap. XXIX, fragm.)

DE L'ESPRIT DU LÉGISLATEUR

Je le dis, et il me semble que je n'ai fait cet ouvrage que pour le prouver. L'esprit de modération doit être celui du législateur[2]; le bien politique comme le bien moral se trouve toujours entre deux limites.

(Livre XXIX, ch. I, fragm.)

1. Ce passage est très remarquable en ce qu'il montre quelle étendue infinie Montesquieu assignait aux devoirs de l'État. Il s'inspirait évidemment en cela des théoriciens antiques qui, partant tous d'une idée morale, voulaient exclure de leur république idéale l'excès de la richesse et celui de la misère, et s'en remettaient à l'État du soin de refréner l'une et de supprimer l'autre. Comme l'at avÉtait tous les droits, il avait tous les devoirs. Mais, en se rattachant directement à Aristote, à Pythagore ou à Platon, Montesquieu est ici le précurseur des socialistes contemporains : Louis Blanc dira, comme lui, que l'État est *le tuteur* naturel de l'ignorant, du faible, du misérable (cf. Michel, *l'Idée de l'État*, p. 257).

2. Théorie habituelle à Montesquieu, cf. page 254.

IX

Alexandre.

CHARLES XII[1]

Ce prince, qui ne fit usage que de ses seules forces, détermina sa chute en formant des desseins qui ne pouvaient être exécutés que par une longue guerre : ce que son royaume ne pouvait soutenir.

Ce n'était pas un État qui fût dans la décadence qu'il entreprit de renverser, mais un Empire naissant[2]. Les Moscovites se servirent de la guerre qu'il leur faisait, comme d'une école. A chaque défaite, ils s'approchaient de la victoire[3]; et perdant au dehors, ils apprenaient à se défendre au dedans[4].

Charles se croyait le maître du monde dans les déserts de la Pologne, où il errait[5], et dans lesquels la Suède était comme répandue, pendant que son principal ennemi se fortifiait contre lui, le serrait, s'établissait sur la mer Baltique, détruisait ou prenait la Livonie[6].

1. Les deux chapitres que nous donnons d'abord se suivent dans l'*Esprit des Lois* et n'en forment qu'un en réalité, puisque la fin tout entière du premier annonce et prépare le second. Nous donnons le texte des éditions de 1758 et de 1767, faites après la mort de Montesquieu, mais d'après ses notes et ses corrections. Dans les éditions originales (1748 et 1749) les deux chapitres sont intervertis.

2. Guerre contre la Russie en 1700.

3. Défaite des Russes à Narva, en 1700. Nouvelle défaite sur la Duna, en 1701.

4. Réorganisation de l'armée moscovite par Pierre le Grand.

5. Guerre de Pologne, de 1701 à 1706.

6. Campagnes de Pierre contre

La Suède ressemblait à un fleuve dont on coupait les eaux dans sa source, pendant qu'on les détournait dans son cours[1].

Ce ne fut point Pultova qui perdit Charles[2] : s'il n'avait pas été détruit dans ce lieu, il l'aurait été dans un autre. Les accidents de la fortune se réparent aisément : on ne peut pas parer à des événements qui naissent continuellement de la nature des choses[3]?

Mais la nature ni la fortune ne furent jamais si fortes contre lui que lui-même[4].

Il ne se réglait point sur la disposition actuelle des choses, mais sur un certain modèle qu'il avait pris : encore le suivit-il très mal. Il n'était point Alexandre; mais il aurait été le meilleur soldat d'Alexandre.

Le projet d'Alexandre ne réussit que parce qu'il était sensé[5]. Les mauvais succès des Perses dans les invasions qu'ils firent de la Grèce, les conquêtes d'Agésilas[6], et la retraite des Dix Mille, avaient fait connaître au juste la supériorité des Grecs dans leur manière de combattre et dans le genre de leurs armes; et l'on savait bien que les Perses étaient trop grands pour se corriger.

Ils ne pouvaient plus affaiblir la Grèce par des divisions : elle était alors réunie sous un chef, qui ne pouvait avoir de meilleur moyen pour lui cacher sa servitude que de l'éblouir par la destruction de ses ennemis éternels, et par l'espérance de la conquête de l'Asie[7].

les lieutenants de Charles. Fondation de Saint-Pétersbourg à l'embouchure de la Néva, en plein pays ennemi (1703).

1. Cf. p. 132, n. 2.

2. Bataille de Pultava, 8 juillet 1709.

3. Remarque semblable dans les *Considérations*, p. 118.

4. Son orgueil et son entêtement furent les principales causes de sa ruine.

5. A partir d'ici, Montesquieu suit Arrien, *de Expeditione Alexandri*. Arrien écrivit, dans la première moitié du second siècle ap. J.-C., une ἀνάβασις Ἀλεξάνδρου, qui est la meilleure source sur l'expédition d'Alexandre.

6. En Asie Mineure.

7. Les Grecs étaient assemblés dans l'isthme de Corinthe, et ils avaient arrêté par un décret qu'ils se joindraient à Alexandre pour faire la guerre aux Perses. Alexandre fut nommé chef de l'expédition. « A quoi bon combattre les Messéniens, les Arca-

Un Empire cultivé par la nation du monde la plus industrieuse, et qui travaillait les terres par principe de religion, fertile et abondant en toutes choses, donnait à un ennemi toutes sortes de facilités pour y subsister[1].

On pouvait juger, par l'orgueil de ces rois, toujours vainement mortifiés par leurs défaites, qu'ils précipiteraient leur chute en donnant toujours des batailles, et que la flatterie ne permettrait jamais qu'ils pussent douter de leur grandeur[2].

Et non seulement le projet était sage, mais il fut sagement exécuté. Alexandre, dans la rapidité de ses actions, dans le feu de ses passions[3] même, avait, si j'ose me servir de ce terme, une saillie de raison qui le conduisait[4], et que ceux qui ont voulu faire un roman de son histoire[5], et qui avaient l'esprit plus gâté que lui, n'ont pu nous dérober. Parlons-en tout à notre aise.

(Livre X, chap. XIII.)

---

diens, les Argiens ? » avait dit jadis Aristagoras de Milet (Hérodote, V, XLIX). « ces peuples n'ont ni or ni argent. Enlevez donc Suse, où le Grand Roi entasse ses trésors. Vous pourrez alors vous vanter de le disputer en opulence à Zeus même ».

1. La Médie et la Perse étaient fort riches en mines et en cultures. La richesse de la Chaldée et la fertilité de l'Egypte étaient plus grandes encore. En Perse, le travail de la terre était la première loi religieuse : « C'est un saint », disait le livre sacré, « celui qui s'est construit ici-bas une maison dans laquelle il entretient le feu du foyer, sa femme, ses enfants et de bons troupeaux. Celui qui fait produire du blé à la terre, celui qui cultive les fruits des champs, celui-là cultive la pureté : il avance la loi d'Aouramazdâ autant que s'il offrait cent sacrifices ».

2. Après sa défaite du Granique, Darius, « confiant dans la multitude de ses troupes, encouragé par un songe que les Mages interprétaient à son avantage », livre la bataille d'Issus.

3. A la bataille du Granique, Alexandre se jette au milieu des Perses, « emporté par la colère plutôt que par la raison », dit Plutarque, *Alexandre*, XVI.

4. C'est ainsi qu'après le Granique, au lieu de poursuivre les Perses, il s'assura la possession de toute l'Asie antérieure : de même après Issus, il alla occuper la Syrie et l'Egypte.

5. Montesquieu pense-t-il à Quinte-Curce (qu'on mésestimait à tort) ou aux romanciers qui ont écrit, au moyen âge et plus tard, un *Roman d'Alexandre* ?

ALEXANDRE[1]

Il ne partit qu'après avoir assuré la Macédoine contre les peuples barbares qui en étaient voisins et achevé d'accabler les Grecs; il ne se servit de cet accablement que pour l'exécution de son entreprise; il rendit impuissante la jalousie des Lacédémoniens: il attaqua les provinces maritimes; il fit suivre à son armée de terre les côtes de la mer, pour n'être point séparé de sa flotte; il se servit admirablement bien de la discipline contre le nombre; il ne manqua point de subsistances; et s'il est vrai que la victoire lui donna tout, il fit aussi tout pour se procurer la victoire.

Dans le commencement de son entreprise, c'est-à-dire dans un temps où un échec pouvait le renverser, il mit peu de chose au hasard : quand la fortune le mit au-dessus des événements, la témérité fut quelquefois un de ses moyens. Lorsque avant son départ il marche contre les Triballiens et les Illyriens[2], vous voyez une guerre comme celle que César fit depuis dans les Gaules[3]. Lorsqu'il est de retour dans la Grèce[4], c'est comme malgré lui qu'il prend et détruit Thèbes : campé auprès de leur ville, il attend que les Thébains veuillent faire la paix;

1. Texte primitif du début de ce chapitre : « Alexandre fit une grande conquête. Voyons comment il se conduisit. On a assez parlé de sa valeur, parlons de sa prudence.

« Les mesures qu'il prit furent justes. Il ne partit qu'après avoir achevé, etc.... entreprise; il ne laissa rien derrière lui contre lui. Il attaqua, etc.... victoire.

« Voici comme il fit ses conquêtes: il faut voir comme il les conserva. » Tout ce développement a beaucoup gagné en ampleur.

2. Voyez Arrien, *de Expeditione Alexandri*, lib. I.]

3. Montesquieu veut dire par là qu'Alexandre fit cette guerre, qui était contre des Barbares, avec la même tactique puissante et serrée dont César usa contre la Gaule.

4. *Ibidem.*] — Chap. VII et VIII. « Arrivé devant cette ville, il lui donna le temps de se repentir. Mais les Thébains invitaient, par des proclamations, ceux qui voulaient concourir à mettre la Grèce en liberté, à se ranger dans leur ligue. Alexandre, dès lors, ne pensa plus qu'à la guerre. » Plutarque, *Alexandre*.

ils précipitent eux-mêmes leur ruine. Lorsqu'il s'agit de combattre les forces maritimes des Perses[1], c'est plutôt Parménion qui a de l'audace, c'est plutôt Alexandre qui a de la sagesse. Son industrie[2] fut de séparer les Perses des côtes de la mer, et de les réduire à abandonner eux-mêmes leur marine, dans laquelle ils étaient supérieurs. Tyr était par principe attachée aux Perses, qui ne pouvaient se passer de son commerce et de sa marine : Alexandre la détruisit. Il prit l'Égypte, que Darius avait laissée dégarnie de troupes pendant qu'il assemblait des armées innombrables dans un autre univers[3].

Le passage du Granique fit qu'Alexandre se rendit maître des colonies grecques ; la bataille d'Issus lui donna Tyr et l'Égypte ; la bataille d'Arbelles lui donna toute la terre.

Après la bataille d'Issus, il laisse fuir Darius, et ne s'occupe qu'à affermir et à régler ses conquêtes : après la bataille d'Arbelles, il le suit de si près[4] qu'il ne lui laisse aucune retraite dans son Empire. Darius n'entre dans ses villes et dans ses provinces que pour en sortir : les marches d'Alexandre sont si rapides, que vous croyez voir l'empire de l'univers plutôt le prix de la course, comme dans les jeux de la Grèce, que le prix de la victoire.

C'est ainsi qu'il fit ses conquêtes : voyons comment il les conserva[5].

Il résista à ceux qui voulaient qu'il traitât[6] les Grecs

1. *Ibidem.*] — Arrien, I, XVIII.
2. Son habileté.
3. Tout cela est très exactement résumé d'Arrien.
4. *Ibidem*, lib. III.]
5. M. Radet (*Annales des Universités du Midi*, 1895, p. 158) a très bien marqué le double caractère de l'œuvre d'Alexandre : « Jusqu'en 330, il reste le champion de l'Europe et le stratège-autocrate de l'Hellade : son expédition est une revanche des guerres médiques. A la mort de Darius, tout change. L'Empire des Achéménides n'ayant plus de maître légitime, Alexandre s'en proclame l'héritier ; il pense et agit en successeur de Cyrus ; il prétend à la domination universelle, et pour assurer l'unité du monde, il veut en être le dieu. Dans la première période, Alexandre conquiert l'Asie ; dans la seconde, l'Asie conquiert Alexandre. »
6. C'était le conseil d'Aristote. (Plutarque. Œuvres morales, *de la Fortune d'Alexandre.*)] — Plut. I.

comme maîtres, et les Perses comme esclaves : il ne songea qu'à unir les deux nations, et à faire perdre les distinctions du peuple conquérant et du peuple vaincu; il abandonna, après la conquête, tous les préjugés qui lui avaient servi à la faire[1]; il prit les mœurs des Perses, pour ne pas désoler les Perses en leur faisant prendre les mœurs des Grecs[2]; c'est ce qui fit qu'il marqua tant de respect pour la femme et pour la mère de Darius, et qu'il montra tant de continence[3]. Qu'est-ce que ce conquérant, qui est pleuré de tous les peuples qu'il a soumis[4]? qu'est-ce que cet usurpateur, sur la mort duquel la famille qu'il a renversée du trône verse des larmes? C'est un trait de cette vie dont les historiens ne nous disent pas que quelque autre conquérant puisse se vanter.

Rien n'affermit plus une conquête, que l'union qui se fait des deux peuples par les mariages. Alexandre prit des femmes de la nation qu'il avait vaincue : il voulut que ceux de sa cour[5] en prissent aussi; le reste des Macédoniens suivit cet exemple[6]. Les Francs et les Bourgui-

vi. Cf. Aristote, *Politique*, I, i, 5 : « Les poètes [Euripide] ne se trompent pas en disant : « Oui, le Grec « a droit de commander au Barbare ».

1. Quinte-Curce, VIII, viii, 10, fait dire à Alexandre : *Veni in Asiam, non ut funditus everterem gentes, nec ut dimidia parte terrarum solitudinem facerem, sed ut illos, quos bello subegissem, victoriae meae non poeniteret.* Et telles ont bien dû être les intentions du conquérant.

2. Ce n'est pas tout à fait cela : « Tout en se rapprochant des mœurs des Barbares, Alexandre s'appliqua aussi à les modifier par l'introduction d'usages macédoniens, dans la pensée que le mélange et cette communication réciproque des mœurs des deux peuples, en cimentant leur bienveillance mutuelle, contribuerait plus que la force à affermir sa puissance, quand il serait éloigné des Barbares. Il choisit donc parmi eux trente mille enfants, qu'il fit instruire dans les lettres grecques et former aux exercices militaires des Macédoniens. Il leur donna plusieurs maîtres chargés de diriger leur éducation. » Plutarque, *Alexandre*.

3. L'édit. de 1748 ajoutait ici : « C'est ce qui le fit tant regretter des Perses ». Montesquieu a supprimé ce passage pour améliorer le style et éviter les répétitions, dont il avait grand peur.

4. Quinte-Curce, X, v.

5. Voyez Arrien, *de Expeditione Alexandri*, *lib.* VII.] — Chap. iv. Il épousa Roxane, fille du satrape des Bactriens, ainsi que la fille de Darius.

6. Cf. aussi Plutarque, *Vie d'Alexandre*.

gnons[1] permirent ces mariages; les Wisigoths les défendirent[2] en Espagne, et ensuite ils les permirent; les Lombards ne les permirent pas seulement, mais même les favorisèrent[3]; quand les Romains voulurent affaiblir la Macédoine, ils y établirent qu'il ne pourrait se faire d'union par mariages entre les peuples des provinces[4].

Alexandre, qui cherchait à unir les deux peuples, songea à faire dans la Perse un grand nombre de colonies grecques : il bâtit une infinité de villes, et il cimenta si bien toutes les parties de ce nouvel Empire, qu'après sa mort, dans le trouble et la confusion des plus affreuses guerres civiles, après que les Grecs se furent, pour ainsi dire, anéantis eux-mêmes, aucune province de Perse ne se révolta.

Pour ne point épuiser[5] la Grèce et la Macédoine, il envoya à Alexandrie une colonie de Juifs[6] : il ne lui importait quelles mœurs eussent ces peuples, pourvu qu'ils lui fussent fidèles[7].

Il ne laissa pas seulement aux peuples vaincus leurs mœurs; il leur laissa encore leurs lois civiles, et souvent même les rois et les gouverneurs qu'il avait trouvés. Il mettait les Macédoniens[8] à la tête des troupes, et les gens du pays à la tête du gouvernement; aimant mieux courir le risque de quelque infidélité particulière (ce qui lui

1. Voyez la *Loi des Bourguignons*, titre XII, art. 5.]

2. Voyez la *Loi des Wisigoths*, liv. III, tit. V, § 1, qui abroge la loi ancienne, qui avait plus d'égard, y est-il dit, à la différence des nations que des conditions.] — III, II, 1, *apud* dom Bouquet, IV, p. 320.

3. Voyez la *Loi des Lombards*, liv. II, tit. VII, §§ 1 et 2.]

4. Cf. *Considérations*, p. 67.

5. « Trop épuiser » dans les édit. originales.

6. Les rois de Syrie, abandonnant le plan des fondateurs de l'Empire, voulurent obliger les Juifs à prendre les mœurs des Grecs : ce qui donna à leur État de terribles secousses.] — Sous Antiochus IV Épiphane (175-164).

7. Tous les paragraphes qui suivent manquent dans les édit. originales. En revanche, nous trouvons ici, dans le texte, la note 6, qui finit le chapitre. On voit comme le développement a été amplifié et heureusement complété par Montesquieu après 1749 ; on remarquera la prédominance des emprunts à Arrien dans les passages ajoutés.

8. Voyez Arrien, *de Expeditione Alexandri*, lib. III et autres.] — Ch. V. Par exemple en Égypte.

arriva quelquefois), que d'une révolte générale. Il respecta les traditions anciennes, et tous les monuments de la gloire ou de la vanité des peuples. Les rois de Perse avaient détruit les temples des Grecs, des Babyloniens et des Égyptiens : il les rétablit[1]; peu de nations se soumirent à lui, sur les autels desquelles il ne fît des sacrifices. Il semblait qu'il n'eût conquis que pour être le monarque particulier de chaque nation, et le premier citoyen de chaque ville. Les Romains conquirent tout pour tout détruire[2] : il voulut tout conquérir pour tout conserver; et quelque pays qu'il parcourût, ses premières idées, ses premiers desseins furent toujours de faire quelque chose qui pût en augmenter la prospérité et la puissance. Il en trouva les premiers moyens dans la grandeur de son génie : les seconds, dans sa frugalité et son économie particulière[3], les troisièmes, dans son immense prodigalité pour les grandes choses. Sa main se fermait pour les dépenses privées : elle s'ouvrait pour les dépenses publiques. Fallait-il régler sa maison? c'était un Macédonien; fallait-il payer les dettes des soldats, faire part de sa conquête aux Grecs, faire la fortune de chaque homme de son armée? il était Alexandre.

Il fit deux mauvaises actions : il brûla Persépolis, et tua Clitus. Il les rendit célèbres par son repentir : de sorte qu'on oublia ses actions criminelles, pour se souvenir de son respect pour la vertu; de sorte qu'elles furent considérées plutôt comme des malheurs que comme des choses qui lui fussent propres; de sorte que la postérité trouve la beauté de son âme presque à côté de ses emportements et de ses faiblesses; de sorte qu'il fallut le plaindre, et qu'il n'était plus possible de le haïr.

1. *Ibidem.*] — Chap. XVI, etc.

2. Cf. p. 191. Présentée sous cette forme, la pensée de Montesquieu est exagérée. Mais il est certain que la conquête romaine, en Italie, dans l'Afrique carthaginoise et en Grèce, se signala surtout par des ruines, que l'Empire seul songea à réparer.

3. Voyez Arrien, *de Expeditione Alexandri, lib.* VII.] — Chap. XXVIII.

Je vais le comparer à César. Quand César voulut imiter les rois d'Asie, il désespéra des Romains pour une chose de pure ostentation[1] : quand Alexandre voulut imiter les rois d'Asie, il fit une chose qui entrait dans le plan de sa conquête[2]. (Livre X, chap. XIV.)

D'ALEXANDRE. SA CONQUÊTE[3]

Quatre événements arrivés sous Alexandre[4] firent dans le commerce une grande révolution : la prise de Tyr, la conquête de l'Égypte, celle des Indes, et la découverte de la mer qui est au midi de ce pays.

L'Empire des Perses s'étendait jusqu'à l'Indus[5]. Longtemps avant Alexandre, Darius avait envoyé des navigateurs qui descendirent ce fleuve, et allèrent jusqu'à la mer Rouge[6]. Comment donc les Grecs furent-ils les premiers qui firent par le midi le commerce des Indes? Com-

1. Il n'est pas bien sûr que César n'ait pas voulu, par réflexion et par système, gouverner les Romains avec le titre de roi (cf. *Considérations*, p. 119) : en cela, sans doute, il faisait fausse route. Mais quand il s'inspira de l'Égypte ou de la Syrie en acceptant sa propre apothéose, il fit œuvre d'excellente politique : le culte des empereurs a été, en effet, un des gages les plus sûrs de la fidélité des provinces et de l'unité de l'Empire.

2. Ce chapitre renferme une des meilleures appréciations que l'on ait jamais faites de la politique d'Alexandre. Et il est peut-être la preuve la plus nette des qualités et de l'instinct historiques de Montesquieu. (Cf. *Introduction aux Considérations*, p. XXIV.)

3. Ce chapitre était réuni, dans les éditions primitives (1748 et 1749), au précédent (*du Commerce des Grecs*) et aux suivants (*du Commerce des Grecs après Alexandre* et *du Tour de l'Afrique*) : tout cela formait un seul chapitre, long et fatigant à lire : Montesquieu l'a heureusement découpé. Il y a fait en outre de grands changements de style.

4. M. Radet dit très justement, p. 169 : « En jetant dans la circulation les trésors des Achéménides, en ouvrant au commerce méditerranéen la route de la Haute-Asie vers l'Inde et la Chine, Alexandre a provoqué une révolution économique qui mérite d'entrer en comparaison avec celle dont nous sommes redevables à Christophe Colomb ».

5. Strabon, liv. XV.] — Ch. I, 10.

6. Hérodote, *in Melpomene*.] — Hérodote a donné aux neuf livres de son histoire le nom des Muses. IV, XLIV : « La plus grande partie de l'Asie fut découverte par Darius », etc. Il s'agit de Darius, fils d'Hystaspe (521-485).

ment les Perses ne l'avaient-ils pas fait auparavant? Que leur servaient des mers qui étaient si proches d'eux, des mers qui baignaient leur Empire? Il est vrai qu'Alexandre conquit les Indes : mais faut-il conquérir un pays pour y négocier? J'examinerai ceci.

L'Ariane[1], qui s'étendait depuis le golfe Persique jusqu'à l'Indus, et de la mer du midi jusqu'aux montagnes des Paropamisades[2], dépendait bien en quelque façon de l'Empire des Perses[3]; mais, dans sa partie méridionale, elle était aride, brûlée, inculte et barbare[4]. La tradition[5] portait que les armées de Sémiramis et de Cyrus avaient péri dans ces déserts; et Alexandre, qui se fit suivre par sa flotte, ne laissa pas d'y perdre une grande partie de son armée. Les Perses laissaient toute la côte au pouvoir des Ichtyophages[6], des Orittes, et autres peuples barbares[7]. D'ailleurs les Perses n'étaient pas navigateurs, et leur religion même leur ôtait toute idée de commerce maritime[8]. La navigation que Darius fit faire sur l'Indus et la mer des Indes fut plutôt une fantaisie d'un prince qui veut montrer sa puissance, que le projet réglé d'un monarque qui veut l'employer. Elle n'eut de suite ni pour le commerce ni pour la marine, et si l'on sortit de l'ignorance, ce fut pour y retomber[9].

1. Strabon, liv. XV.] — Chap. II. C'est aujourd'hui la Perse (plateau de l'Iran), l'Afghanistan et le Béloučhistan.

2. Ou Paropanisos. Ce sont les montagnes qui séparent le Turkestan de l'Afghanistan.

3. Le centre de la puissance perse était à Persépolis, dans le Farsistan actuel.

4. *Ariana*, dit Pline, *regio ambusta fervoribus, desertisque circumdata*. (*Histoire naturelle*, VI, XXIII.) C'est la région du Béloutchistan (ancienne Gédrosie), désert de Kirman (dans l'ancienne Garamanie).

5. *Ibidem.*] — Strabon, XV, I, 6.

6. Pline, liv. VI, chap. XXIII; Strabon, liv. XV.] — Str., XV, II, 2.

7. Les Ichtyophages habitaient la région du Mekran (frontière de la Perse et du Béloutchistan); les Orittes, sur la côte de ce dernier pays.

8. Pour ne point souiller les éléments, ils ne naviguaient pas sur les fleuves. (M. Hyde, *Religion des Perses*.) Encore aujourd'hui ils n'ont point de commerce maritime, et ils traitent d'athées ceux qui vont sur mer.] — Hyde, *Veterum Persarum et Magorum religionis historia*, 1700, chap. VI.

9. Je ne sais pas si Montesquieu, par désir de contraste, n'exagère

Il y a plus : il était reçu[1] avant l'expédition d'Alexandre, que la partie méridionale des Indes était inhabitable[2]; ce qui suivait de la tradition que Sémiramis[3] n'en avait ramené que vingt hommes, et Cyrus que sept.

Alexandre entra par le nord[4]. Son dessein était de marcher vers l'orient : mais ayant trouvé la partie du midi[5] pleine de grandes nations, de villes et de rivières, il en tenta la conquête, et la fit.

Pour lors il forma le dessein d'unir les Indes avec l'Occident par un commerce maritime, comme il les avait unies par des colonies qu'il avait établies dans les terres[6].

Il fit construire une flotte sur l'Hydaspe, descendit cette rivière, entra dans l'Indus, et navigua jusqu'à son embouchure. Il laissa son armée et sa flotte à Patale[7], alla lui-même avec quelques vaisseaux reconnaître la mer, marqua les lieux où il voulut que l'on construisît des ports, des havres, des arsenaux. De retour à Patale, il se sépara de sa flotte, et prit la route de terre pour lui donner du secours et en recevoir. La flotte suivit la côte depuis l'embouchure de l'Indus, le long du rivage des pays des Orittes, des Ichtyophages, de la Caramanie et de la Perse. Il fit creuser des puits, bâtir des villes; il défendit

pas l'inutilité de l'expédition de Darius. Hérodote, IV, XLIV : « Darius, voulant savoir en quel endroit de la mer se jetait l'Indus, envoya sur des vaisseaux des hommes sûrs ». Cela ne paraît pas « la fantaisie d'un prince ». « Ce périple achevé, Darius subjugua les Indiens et se servit de cette mer. » Ce qui semble bien indiquer que des relations commerciales régulières s'établirent entre la Perse et les Indes. La vérité est que Darius abandonna brusquement ses projets sur l'Inde pour attaquer la Grèce.

1. Strabon, liv. XV.] — Chap. I, 32.

2. Hérodote, *in Melpomene*, dit que Darius conquit les Indes. Cela ne peut être entendu que de l'Ariane : encore ne fut ce qu'une conquête en idée.] — Cf. p. 157, n. 6.

3. Strabon, liv. XV.] — Chap. I. 6.

4. Par les défilés de l'Indou-Kouch et la rivière de Kaboul.

5. Ou plutôt de l'ouest (vallée de l'Indus).

6. Les principaux centres du Turkestan et de l'Afghanistan remontent à Alexandre : *Alexandria eschata* (Khodjend), Alex. de Margiane (Merv), Alex. d'Asie (Hérat), Alex. d'Arachosie (Candahar).

7. Pattala, à l'origine du delta de l'Indus Tout cela d'après Arrien, livre X.

aux Ichtyophages[1] de vivre de poisson; il voulait que les bords de cette mer fussent habités par des nations civilisées. Néarque et Onésicrite ont fait le journal de cette navigation, qui fut de dix mois. Ils arrivèrent à Suse : ils y trouvèrent Alexandre, qui donnait des fêtes à son armée.

Ce conquérant avait fondé Alexandrie dans la vue de s'assurer de l'Égypte : c'était une clef pour l'ouvrir dans le lieu même où les rois ses prédécesseurs avaient une clef pour la fermer[2]; et il ne songeait point à un commerce dont la découverte de la mer des Indes pouvait seule lui faire naître la pensée[3].

Il paraît même qu'après cette découverte il n'eut aucune vue nouvelle sur Alexandrie. Il avait bien, en général, le projet d'établir un commerce entre les Indes et les parties occidentales de son Empire; mais pour le projet de faire ce commerce par l'Égypte, il lui manquait trop de connaissances pour pouvoir le former. Il avait vu l'Indus, il avait vu le Nil : mais il ne connaissait point les mers d'Arabie, qui sont entre deux[4]. À peine fut-il arrivé des Indes, qu'il fit construire de nouvelles flottes, et navigua[5] sur l'Euléus, le Tigre, l'Euphrate et la mer; il ôta les cataractes que les Perses avaient mises sur ces fleuves; il

1. Ceci ne saurait s'entendre de tous les Ichtyophages, qui habitaient une côte de dix mille stades. Comment Alexandre aurait-il pu leur donner la subsistance? Comment se serait-il fait obéir? Il ne peut être ici question que de quelques peuples particuliers. Néarque, dans le livre *Rerum indicarum*, dit qu'à l'extrémité de cette côte, du côté de la Perse, il avait trouvé les peuples moins ichtyophages. Je croirais que l'ordre d'Alexandre regardait cette contrée, ou quelque autre encore plus voisine de la Perse.] — Cf. Néarque, *apud* Arrien, *Indica*, XXXI.

2. Alexandrie fut fondée dans une plage appelée Racotis. Les anciens rois y tenaient une garnison pour défendre l'entrée du pays aux étrangers, et surtout aux Grecs, qui étaient, comme on sait, de grands pirates. Voyez Pline, liv. V, chap. x, et Strabon, liv. XXII.] — Chap. I, 6.

3. Les deux alinéas qui suivent manquent dans l'édit. de 1748.

4. Il est fort douteux que depuis la conquête de l'Inde occidentale par Darius, des relations commerciales ne se soient pas établies entre la mer Rouge et la vallée de l'Indus.

5. Arrien, *de Expeditione Alexandri, lib.* VII.] — VII. Le fleuve Εὐλαῖος est le Kerkha, qui arrose la Perse occidentale et se perd dans les marais du Chatt-el-Arab

découvrit que le sein Persique[1] était un golfe de l'Océan. Comme il alla reconnaître cette mer[2], ainsi qu'il avait reconnu celle des Indes; comme il fit construire un port à Babylone pour mille vaisseaux, et des arsenaux; comme il envoya cinq cents talents en Phénicie et en Syrie, pour en faire venir des nautoniers, qu'il voulait placer dans les colonies qu'il répandait sur les côtes; comme enfin il fit des travaux immenses sur l'Euphrate et les autres fleuves de l'Assyrie, on ne peut douter que son dessein ne fût de faire le commerce des Indes par Babylone et le golfe Persique.

Quelques gens, sous prétexte qu'Alexandre voulait conquérir l'Arabie[3], ont dit qu'il avait formé le dessein d'y mettre le siège de son Empire : mais comment aurait-il choisi un lieu qu'il ne connaissait pas[4]? D'ailleurs c'était le pays du monde le plus incommode : il se serait séparé de son Empire. Les califes, qui conquirent au loin, quittèrent d'abord l'Arabie pour s'établir ailleurs[5].

(Livre XXI, chap. VIII.)

1. *Sinus Persicus*, golfe Persique.
2. *Ibidem*.] — Arrien, VII, XIX.
3. Strabon, liv. XVI, à la fin.] — Chap. IV, 27.
4. Voyant la Babylonie inondée, il regardait l'Arabie, qui en est proche, comme une île. Aristobule dans Strabon, liv. XVI.] — Chap. I, 11.
5. Voyez encore, sur Alexandre, ici, page 334.

X

Le peuple romain[1].

EFFET DU SERMENT CHEZ UN PEUPLE VERTUEUX

Il n'y a point eu de peuple, dit Tite-Live[2], où la dissolution se soit plus tard introduite que chez les Romains, et où la modération et la pauvreté aient été plus longtemps honorées.

Le serment eut tant de force chez ce peuple, que rien ne l'attacha plus aux lois. Il fit bien des fois, pour l'observer, ce qu'il n'aurait jamais fait pour la gloire ni pour la patrie[3].

Quintius Cincinnatus, consul, ayant voulu lever une armée dans la ville contre les Èques et les Volsques, les tribuns s'y opposèrent. « Eh bien ! » dit-il, « que tous ceux qui ont fait serment au consul de l'année précédente marchent sous mes enseignes[4]. » En vain les

1. Nous donnons ici, en particulier, un très long développement sur l'histoire intérieure et la constitution de Rome (ici, pages 165 et suiv.), développement qui semble bien avoir été écrit par Montesquieu pour compléter les *Considérations*, et qui les complète en effet. C'est un morceau écrit tout d'une suite, entièrement achevé, et qui paraît un peu isolé dans l'*Esprit des Lois*.

2. Livre I.] — Préface : *Nulla unquam respublica nec major nec sanctior nec bonis exemplis ditior fuit, nec in quam tam sero avaritia luxuriaque immigraverint, nec ubi tantus ac tam diu paupertati ac parsimoniae honos fuerit.*

3. Cf. *Considérations*, p. 8 et 102.

4. Tite-Live, livre III.] — Ch. xx. « C'est qu'à cette époque », ajoute l'historien latin, « Rome n'était pas négligente de ses serments, ce qui est la maladie de notre siècle : chacun n'accommodait pas à ses besoins les lois et les serments par des interprétations person-

tribuns s'écrièrent-ils qu'on n'était plus lié par ce serment, que, quand on l'avait fait, Quintius était un homme privé. Le peuple fut plus religieux que ceux qui se mêlaient de le conduire ; il n'écouta ni les distinctions ni les interprétations des tribuns.

Lorsque le même peuple voulut se retirer sur le Mont-Sacré, il se sentit retenir par le serment qu'il avait fait aux consuls de les suivre à la guerre[1]. Il forma le dessein de les tuer : on lui fit entendre que le serment n'en subsisterait pas moins. On peut juger de l'idée qu'il avait de la violation du serment, par le crime qu'il voulait commettre.

Après la bataille de Cannes, le peuple, effrayé, voulut se retirer en Sicile ; Scipion lui fit jurer qu'il resterait à Rome : la crainte de violer leur serment surmonta toute autre crainte[2]. Rome était un vaisseau tenu par deux ancres dans la tempête : la religion et les mœurs[3].

(Livre VIII, chap. XIII.)

QUE LORSQU'UN PEUPLE EST VERTUEUX IL FAUT PEU DE PEINES

Le peuple romain avait de la probité. Cette probité eut tant de force, que souvent le législateur n'eut besoin que de lui montrer le bien pour le lui faire suivre. Il semblait qu'au lieu d'ordonnances il suffisait de lui donner des conseils.

Les peines des lois royales et celles des lois des Douze

nelles : mais tous au contraire conformaient leurs mœurs à la religion. » 460 av. J.-C.

1. Tite-Live, livre II.] — Chap. XXXII : Le peuple voulut tuer les consuls pour se délier du serment, *de consulum caede ut solverentur sacramento*. En 494 av. J.-C.

2. Ce n'est pas tout le peuple de Rome, mais quelques jeunes nobles qui formèrent ce projet de retraite. Scipion les alla trouver et les obligea à jurer, après lui, *ut ego rempublicam populi Romani non deseram neque alium civem Romanum deserere patiar* (Tite-Live, XXII, LV).

3. Montesquieu n'a rien dit, dans les *Considérations*, de plus énergique ni de plus vrai. Il semble même, dans l'*Esprit des Lois*, se rendre plus compte qu'il ne l'avait fait auparavant, de la portée et de l'influence du sentiment religieux, dont il a trop peu parlé dans ses précédents livres. Cf. *Introduction* aux *Considérations*, p. XI et suiv.

Tables furent presque toutes ôtées dans la république, soit par une suite de la loi Valérienne[1], soit par une conséquence de la loi Porcie[2]. On ne remarqua pas que la république en fût plus mal réglée, et il n'en résulta aucune lésion de police.

Cette loi Valérienne, qui défendait aux magistrats toute voie de fait contre un citoyen qui avait appelé au peuple, n'infligeait à celui qui y contreviendrait que la peine d'être réputé méchant[3]. (Livre VI, chap. XI.)

A Rome, il était permis à un citoyen d'en accuser un autre. Cela était établi selon l'esprit de la république, où chaque citoyen doit avoir pour le bien public un zèle sans bornes, où chaque citoyen est censé tenir tous les droits de la patrie dans ses mains. (Livre VI, chap. VIII, fragm.)

---

1. Elle fut faite par Valerius Publicola, bientôt après l'expulsion des rois; elle fut renouvelée deux fois, toujours par des magistrats de la même famille, comme le dit Tite Live, liv. X. Il n'était pas question de lui donner plus de force, mais d'en perfectionner les dispositions : *diligentius sanctam*, dit Tite-Live, *ibidem*.] X, IX.

2. *Lex Porcia pro tergo civium lata*. Elle fut faite en 454 de la fondation de Rome.] — Il y eut trois lois Porciennes destinées à protéger le corps des citoyens (*tergum civium*, allusion à la destination des *virgae* des licteurs) : elles sont de 198, 195 et 184 av. J.-C. La date que donne Montesquieu (300 av. J.-C.), est celle de la 3e loi Valérienne. Cf. note 3.

3. *Nihil ultra quam improbe factum adjecit* (Tite-Live).] — Voici le texte de Tite-Live : on verra que Montesquieu le suit de très près : *Eodem anno* [300 av. J.-C.] *M. Valerius consul de provocatione legem tulit, diligentius sanctam. Tertio ea tum post reges exactos lata est, semper a familia eadem* [loi de 509, par Valerius Publicola ; loi *Valeria Horatia*, de 449]. *Causam renovandae saepius haud aliam fuisse reor, quam quod plus paucorum opes, quam libertas plebis, poterant. Porcia tamen lex sola pro tergo civium lata videtur : quod gravi poena, si quis verberasset necassetve civem Romanum, sanxit. Valeria lex, quum eum, qui provocasset, virgis caedi, securique necari vetuisset, si quis adversus ea fecisset, nihil ultra, quam improbe factum, adjecit.* Et Tite-Live conclut par ces mots, qui ont inspiré tout ce chapitre de Montesquieu : *Id* (*qui tum pudor hominum erat*) *visum, credo, vinculum satis validum legis: nunc vix serio ita minetur quisquam.* « Personne aujourd'hui ne prendrait au sérieux cette menace. »

* Tableau de la constitution romaine[1].

I. — DU GOUVERNEMENT DES ROIS DE ROME, ET COMMENT LES POUVOIRS Y FURENT DISTRIBUÉS

Le gouvernement des rois de Rome avait quelque rapport à celui des rois des temps héroïques chez les Grecs[2]. Il tomba, comme les autres, par son vice général, quoique, en lui-même et dans sa nature particulière, il fût très bon.

Pour faire connaître ce gouvernement, je distinguerai celui des cinq premiers rois, celui de Servius Tullius, et celui de Tarquin.

La couronne[3] était élective, et sous les cinq premiers rois, le sénat eut la plus grande part à l'élection.

Après la mort du roi, le sénat examinait si l'on garderait la forme du gouvernement qui était établie. S'il jugeait à propos de la garder, il nommait un magistrat[4],

1. Dans ce chapitre et les suivants (tirés du livre XI, *sur la liberté politique*), Montesquieu essaie de montrer comment étaient distribués à Rome, aux différentes époques, les pouvoirs législatif, exécutif, judiciaire; cf. p. 91. Il venait de le montrer pour l'Angleterre (ici, p. 193). Il aurait voulu faire ce même travail pour tous les gouvernements modérés; il explique pourquoi il n'a pu le faire, p. 92.

2. « Ils étaient rois, prêtres, juges », dit Montesquieu de ces rois grecs (XI, XI).

3. Expression abusive. Les rois de Rome ne portaient pas de couronne et sans doute aussi pas de diademe.

4. Denys d'Halicarnasse, liv. II, p. 120; et liv. IV, p. 242 et 243. — II, LVII; IV, LXXVI. C'est le magistrat appelé *interrex* (cf. *Consid.*, p. 87, n. 3). L'interroi était dépositaire des auspices, et lui seul avait qualité pour les transmettre. L'élection du roi avait lieu devant les chefs de famille assemblés sous les auspices de l'interroi. « Il dépend de l'interroi de faire aussi large qu'il le veut la part du suffrage, et de s'assurer que le roi *nommé* par lui, sous la garantie des auspices qu'il détient, est bien le candidat du peuple. Il peut ne proposer aux curies assemblées qu'un seul nom et leur enlever ainsi toute liberté; il peut, au contraire, laisser à leur choix une

tiré de son corps, qui élisait un roi : le sénat devait approuver l'élection; le peuple[1], la confirmer; les auspices, la garantir. Si une de ces trois conditions manquait, il fallait faire une autre élection.

La constitution était monarchique, aristocratique et populaire[2]; et telle fut l'harmonie du pouvoir, qu'on ne vit ni jalousie ni dispute dans les premiers règnes[3]. Le roi commandait les armées, et avait l'intendance des sacrifices; il avait la puissance de juger les affaires civiles[4] et criminelles[5]; il convoquait le sénat; il assemblait le peuple; il lui portait de certaines affaires, et réglait les autres avec le sénat[6].

Le sénat avait une grande autorité. Les rois prenaient souvent des sénateurs pour juger avec eux; ils ne portaient point d'affaires au peuple qu'elles n'eussent été délibérées dans le sénat[7].

Le peuple avait le droit d'élire les magistrats[8], de consentir aux nouvelles lois, et lorsque le roi le permettait, celui de déclarer la guerre et de faire la paix[9]. Il n'avait

certaine latitude. » Bouché-Leclercq. *Manuel des Institutions romaines*. p. 18.

1. Le mot désigne ici les chefs des familles patriciennes.

2. En employant le mot « populaire » dans le sens restreint de « corps des patriciens », la définition de Montesquieu est parfaitement acceptable.

3. La constitution était surtout aristocratique et religieuse. La puissance du roi était fort limitée par celle des chefs de clans ou de *gentes*. Quant à « l'harmonie », la tradition nous dit au contraire qu'elle fut loin de régner entre Romulus et le sénat : voyez *la Cité antique*, p. 293.

4. Voyez le discours de Tanaquil, dans Tite-Live, liv. I, décade I, et le règlement de Servius Tullius, dans Denys d'Halicarnasse, livre IV, p. 229.] — Tite-Live, I, XLI : *Eum jura redditurum*, dit Tanaquil du roi qu'elle propose au peuple. Denys, IV, XXV.

5. Voyez Denys d'Halicarnasse, liv. II, p. 118 : et liv. III, p. 171.] — II, LVI ; III, XXV.

6. Ce fut par un sénatus-consulte que Tullus Hostilius envoya détruire Albe. Denys d'Halicarnasse, liv. III, p. 167 et 172.] — III, XXVI. Ce détail est d'authenticité fort douteuse.

7. *Ibid.*, liv. IV, p. 276.] — Denys, IV, LXXVII.

8. Denys d'Halicarnasse, liv. II. Il fallait pourtant qu'il ne nommât pas à toutes les charges, puisque Valerius Publicola fit la fameuse loi qui défendait à tout citoyen d'exercer aucun emploi, s'il ne l'avait obtenu par le suffrage du peuple.] — Denys, II, XIV; V, XIX.

9. Tout ce tableau de la constitution de Rome est emprunté à

point la puissance de juger. Quand Tullus Hostilius renvoya le jugement d'Horace au peuple, il eut des raisons particulières, que l'on trouve dans Denys d'Halicarnasse[1].

La constitution changea sous Servius Tullius[2]. Le sénat n'eut point de part à son élection : il se fit proclamer par le peuple. Il se dépouilla des jugements civils[3], et ne se réserva que les criminels; il porta directement au peuple toutes les affaires : il le soulagea des taxes, et en mit tout le fardeau sur les patriciens[4]. Ainsi, à mesure qu'il affaiblissait la puissance royale et l'autorité du sénat, il augmentait le pouvoir du peuple[5].

Tarquin ne se fit élire ni par le sénat ni par le peuple. Il regarda Servius Tullius comme un usurpateur, et prit la couronne comme un droit héréditaire; il extermina la plupart des sénateurs; il ne consulta plus ceux qui restaient, et ne les appela pas même à ses jugements[6]. Sa

Denys, surtout II, XIX. Mais Denys transporte à l'époque royale la constitution de l'époque républicaine. En réalité, le roi était à la fois juge, prêtre et général; il avait l'exécutif et le judiciaire : le pouvoir législatif restait aux chefs de famille, et sans doute aussi la décision des affaires importantes. Il faut comparer ce tableau à celui que donne Fustel de Coulanges (*la Cité antique*, p. 337 et suiv.), qui est beaucoup plus vivant et plus juste. On dirait que Montesquieu a désiré retrouver dans la monarchie romaine des analogies avec la monarchie anglaise.

1. Liv. III, p. 159.] — Chap. XXI : Tullus n'osait condamner l'homme qui avait sauvé la patrie. Le récit de Tite-Live, plus circonstancié et plus exact, montre que le jugement ne fut porté devant l'assemblée du peuple que sur appel (*provocatio*) de l'accusé.

2. Liv. IV.] — La vraie révolution opérée par Servius Tullius consista à affaiblir l'aristocratie patricienne, en introduisant les plébéiens les plus riches dans l'armée (nouvelle division du peuple en classes et en centuries ; cf. p. 172).

3. Il se priva de la moitié de la puissance royale, dit Denys d'Halicarnasse, liv. IV, p. 229.] — Chap. XXV. Montesquieu semble opposer ici *le peuple* au corps des patriciens : en réalité ces deux choses furent longtemps identiques, et ce ne fut que plus tard que le mot *peuple* comprit également la plèbe. Cf. p. 179, n. 3.

4. Sur les plus riches, dit Denys, IV, IX.

5. On croyait que, s'il n'avait pas été prévenu par Tarquin, il aurait établi le gouvernement populaire (Denys d'Halicarnasse, liv. IV, p. 243).] — Chap. XL. La tradition voulait même que la nomination des premiers consuls, en 509, eût été faite d'après les règlements laissés par Servius (*ex commentariis Ser. Tullii*, Tite-Live, I, LX).

6. Denys d'Halicarnasse, liv. IV.]

puissance augmenta; mais ce qu'il y avait d'odieux dans cette puissance devint plus odieux encore : il usurpa le pouvoir du peuple; il fit des lois sans lui; il en fit même contre lui[1]. Il aurait réuni les trois pouvoirs dans sa personne : mais le peuple se souvint un moment qu'il était législateur, et Tarquin ne fut plus[2].

II. — RÉFLEXIONS GÉNÉRALES SUR L'ÉTAT DE ROME APRÈS L'EXPULSION DES ROIS

On ne peut jamais quitter les Romains : c'est ainsi qu'encore aujourd'hui, dans leur capitale, on laisse les nouveaux palais pour aller chercher des ruines; c'est ainsi que l'œil, qui s'est reposé sur l'émail des prairies, aime à voir les rochers et les montagnes[3].

Les familles patriciennes avaient eu, de tout temps, de grandes prérogatives. Ces distinctions, grandes sous les rois, devinrent bien plus importantes après leur expulsion. Cela causa la jalousie des plébéiens, qui voulurent les abaisser. Les contestations frappaient sur la constitution sans affaiblir le gouvernement : car, pourvu que les magistratures conservassent leur autorité, il était assez indifférent de quelle famille étaient les magistrats[4].

1. *Ibidem.*] — Cf. *Considérations*, p. 4-6.

2. Tout cela est artificiel. Tarquin fut un tyran à la manière de ceux des villes grecques (« la tyrannie est le gouvernement d'un seul, régnant en maître sur l'association politique », Aristote, *Politique*, VI, vi, 1). Sur son gouvernement, cf. *la Cité antique*, p. 294. Les deux règnes de Servius Tullius et de Tarquin sont, malgré leur apparente opposition, deux épisodes d'une même histoire, la lutte entre le patriciat héréditaire et la royauté devenue tyrannique.

3. Cf. *Introduction* aux *Considérations*, p. IX et suiv.

4. Montesquieu traite trop légèrement cette question. Il y a autre chose que jalousie et égoïsme. Il y a la lutte (générale dans les villes antiques) entre la noblesse héréditaire des patriciens et la plèbe, venue des pays conquis ou reste d'une population primitive. « La plèbe est hors de la religion, hors de la loi, hors de la société, hors de la famille. Elle ne peut aspirer aux magistratures, non pas seulement parce qu'elle ne peut commander, mais parce qu'un plébéien, étranger à la religion de la cité, ne peut prendre les auspices. » Il n'y a pas seulement là « questions de famille »,

Une monarchie élective, comme était Rome, suppose nécessairement un corps aristocratique puissant qui la soutienne : sans quoi elle se change d'abord en tyrannie[1] ou en État populaire. Mais un État populaire n'a pas besoin de cette distinction de familles pour se maintenir[2]. C'est ce qui fit que les patriciens, qui étaient des parties nécessaires de la constitution du temps des rois, en devinrent une partie superflue du temps des consuls : le peuple[3] put les abaisser sans se détruire lui-même, et changer la constitution sans la corrompre[4].

Quand Servius Tullius eut avili les patriciens, Rome dut tomber des mains des rois dans celles du peuple[5]. Mais le peuple, en abaissant les patriciens, ne dut point craindre de retomber dans celles des rois.

Un État peut changer de deux manières, ou parce que la constitution se corrige, ou parce qu'elle se corrompt. S'il a conservé ses principes[6], et que la constitution change, c'est qu'elle se corrige ; s'il a perdu ses principes, quand la constitution vient à changer, c'est qu'elle se corrompt.

Rome, après l'expulsion des rois, devait être une démocratie[7]. Le peuple avait déjà la puissance législative : c'était son suffrage unanime qui avait chassé les rois ; et s'il ne persistait pas dans cette volonté, les Tarquins

mais antagonisme religieux, lutte de classes et peut-être même de races. Voyez toute *la Cité antique*.

1. La tyrannie est la forme despotique de la monarchie antique.

2. Mais rien n'empêchait Rome de demeurer une aristocratie. Montesquieu tend trop, ici comme ailleurs, à transformer l'histoire en théorie nécessaire. Il abuse toujours, dans son livre, de la *méthode déductive*.

3. Où les plébéiens formaient dès lors la majorité.

4. La domination patricienne qui suivit l'expulsion des rois fut d'assez courte durée : de 509 à 366, date de l'admission des plébéiens aux magistratures suprêmes.

5. Montesquieu, ici encore, ne tient pas compte de la domination patricienne. Il y a là confusion complète des faits. Rome tomba dans la domination du *patriciat*, que la *plèbe* abaissa plus tard.

6. Si un État républicain demeure *vertueux*, il ne touche à sa constitution que pour l'amender (par exemple à Rome lors des luttes entre les deux Ordres) ; s'il cesse de l'être, il n'y touche que pour la corrompre (par exemple sous Sylla et César).

7. Oui, parce qu'en face du patricien héréditaire il y avait une plèbe nombreuse et riche.

pouvaient à tous les instants revenir[1]. Prétendre qu'il eût voulu les chasser pour tomber dans l'esclavage de quelques familles, cela n'était pas raisonnable. La situation des choses demandait donc que Rome fût une démocratie; et cependant elle ne l'était pas. Il fallut tempérer le pouvoir des principaux, et que les lois inclinassent vers la démocratie[2].

Souvent les États fleurissent plus dans le passage insensible d'une constitution à une autre, qu'ils ne le faisaient dans l'une ou l'autre de ces constitutions. C'est pour lors que tous les ressorts du gouvernement sont tendus; que tous les citoyens ont des prétentions; qu'on s'attaque ou qu'on se caresse; et qu'il y a une noble émulation entre ceux qui défendent la constitution qui décline, et ceux qui mettent en avant celle qui prévaut[3].

III. — COMMENT LA DISTRIBUTION DES TROIS POUVOIRS COMMENÇA A CHANGER APRÈS L'EXPULSION DES ROIS

Quatre choses choquaient principalement la liberté de Rome. Les patriciens obtenaient seuls tous les emplois sacrés, politiques, civils et militaires: on avait attaché au consulat un pouvoir exorbitant[4]; on faisait des outrages au peuple[5]; enfin on ne lui laissait presque aucune influence dans les suffrages. Ce furent ces quatre abus que le peuple corrigea.

1° Il fit établir qu'il y aurait des magistratures où les plébéiens pourraient prétendre[6]; et il obtint peu à peu

1. C'est qu'en effet l'expulsion des rois a été décidée par les centuries réunies en comices, et depuis Servius les plébéiens faisaient partie de ces centuries.

2. Pour comprendre l'échec fatal de la domination des patriciens, lire *la Cité antique*, p. 355 et suiv.

3. Excellente remarque (voyez la France sous Richelieu), mais qu'il ne faudrait pas généraliser.

4. La *lex Valeria de provocatione* dut être illusoire dans les premiers temps, au moins pour les plébéiens. Ne pas oublier que, sauf ce droit d'appel laissé au peuple, le pouvoir des consuls ne différait pas de celui des rois.

5. La plèbe.

6. Le tribunat militaire, auquel un plébéien arriva en 400 av. J.-C. Il n'y eut des *tribuni mi-*

qu'il aurait part à toutes, excepté à celle d'*entre-roi*[1].

2° On décomposa le consulat, et on en forma plusieurs magistratures. On créa des préteurs[2] à qui on donna la puissance de juger les affaires privées; on nomma des questeurs[3] pour faire juger les crimes publics; on établit des édiles à qui on donna la police[4]; on fit des trésoriers[5] qui eurent l'administration des deniers publics; enfin, par la création des censeurs, on ôta aux consuls cette partie de la puissance législative qui règle les mœurs des citoyens et la police momentanée des divers corps de l'État[6]. Les principales prérogatives qui leur restèrent furent de présider aux grands États du peuple[7], d'assembler le sénat et de commander les armées.

3° Les lois sacrées établirent des tribuns qui pouvaient à tous les instants arrêter les entreprises des patriciens, et n'empêchaient pas seulement les injures particulières, mais encore les générales[8].

4° Enfin les plébéiens augmentèrent leur influence dans les décisions publiques. Le peuple romain était divisé de trois manières, par centuries[9], par curies[10] et

itum consulari imperio que de 444 à 367.

1. Lois liciniennes (*leges Liciniae Sextiae*), qui déclarèrent les plébéiens éligibles au consulat, et probablement à toutes les magistratures (367). Si l'*interrex* demeura patricien, c'est sans doute à cause des fonctions religieuses attachées à cette charge.

2. Tite-Live, décade I, liv. VI.] — Chap. XLII. Création d'un préteur, *qui jus in Urbe diceret*, en 366. Sur toutes ces magistratures, voyez le *Manuel des Institutions romaines* de M. Bouché-Leclercq.

3. *Quaestores parricidii*. (Pomponius, *leg*. 2, § 23, ff. *de Origine juris*).] — *Digeste*, I. II, 2, 22. En réalité les questeurs semblent dater de l'époque royale. Les *quaestores* sont, sous la responsabilité des consuls, des enquêteurs et des accusateurs, et, en même temps, ont l'administration du trésor public.

4. Édiles plébéiens en 494; édiles curules en 366.

5. Plutarque, *Vie de Publicola*.] — Chap. XII. Ce sont les questeurs: cf. note 3.

6. Premiers censeurs en 443. Cf. *Considérations*, p. 88 et suiv.

7. *Comitiis centuriatis*.]

8. Création du tribunat de la plèbe en 494. Le pouvoir du tribun consiste uniquement, à l'origine, à porter secours (*jus auxilii*) aux plébéiens menacés par l'arbitraire des consuls, et par suite à s'opposer absolument aux décisions des magistrats contraires à leurs protégés.

9. Division d'après le cens, créée par Servius Tullius: cf. p. 167.

10. Division primitive du peuple

par tribus[1]; et quand il donnait son suffrage, il était assemblé et formé d'une de ces trois manières.

Dans la première, les patriciens, les principaux, les gens riches, le sénat, ce qui était à peu près la même chose[2], avaient presque toute l'autorité; dans la seconde, ils en avaient moins; dans la troisième, encore moins.

La division par centuries était plutôt une division de cens et de moyens qu'une division de personnes. Tout le peuple était partagé en cent quatre-vingt-treize centuries[3] qui avaient chacune une voix. Les patriciens et les principaux formaient les quatre-vingt-dix-huit premières centuries; le reste des citoyens était répandu dans les quatre-vingt-quinze autres. Les patriciens étaient donc, dans cette division, les maîtres des suffrages.

Dans la division par curies[4], les patriciens n'avaient pas les mêmes avantages: ils en avaient pourtant. Il fallait consulter les auspices, dont les patriciens étaient les maîtres; on n'y pouvait faire de proposition au peuple, qui n'eût été auparavant portée au sénat et approuvée par un sénatus-consulte. Mais dans la division par tribus il n'était question ni d'auspices ni de sénatus-consulte, et les patriciens n'y étaient pas admis[5].

romain, à la fois géographique, religieuse, héréditaire et civile. Mais il n'est pas absolument certain que la plèbe tout entière fût admise dans les comices par curies; il semble bien, en tout cas, que ces assemblées donnassent un avantage décisif aux patriciens.

1. Division géographique, créée par Servius Tullius.

2. Pas tout à fait: car il y eut de très bonne heure une classe riche parmi les plébéiens. Cette classe riche parait avoir exercé une action heureuse : « Comme elle avait intérêt à la grandeur de Rome, elle souhaitait l'union des deux Ordres. » Cf. *la Cité antique*, p. 355.

3. Voyez là-dessus Tite-Live, liv. I; et Denys d'Halicarnasse, liv. IV et VII.] — Cf. p. 167. Ce ne sont pas comme patriciens, mais comme riches que les nobles y disposaient des suffrages.

4. Denys d'Halicarnasse, liv. IX, p. 598.]—Cf. p. 171, n. 10. Denys, IX, XLI. La question de savoir si les plébéiens ont été admis dans les curies a été fort longtemps controversée. On l'accepte aujourd'hui. Mais quand et dans quelles mesure? c'est ce qu'on ignore. En tout cas, l'assemblée par curies est toujours demeurée favorable au patriciat, et c'est pour cela qu'elle disparut de bonne heure.

5. A l'origine, les comices par tribus étaient moins des assemblées politiques que des concilia-

Or, le peuple[1] chercha toujours à faire par curies les assemblées qu'on avait coutume de faire par centuries, et à faire par tribus les assemblées qui se faisaient par curies : ce qui fit passer les affaires des mains des patriciens dans celles des plébéiens.

Ainsi, quand les plébéiens eurent obtenu le droit de juger les patriciens, ce qui commença lors de l'affaire de Coriolan[2], les plébéiens voulurent les juger assemblés par tribus[3], et non par centuries; et lorsqu'on établit en faveur du peuple[4] les nouvelles magistratures de tribuns et d'édiles, le peuple obtint qu'il s'assemblerait par curies pour les nommer[5]; et quand sa puissance fut affermie, il obtint qu'ils seraient nommés dans une assemblée par tribus[6].

IV. — COMMENT, DANS L'ÉTAT FLORISSANT DE LA RÉPUBLIQUE, ROME PERDIT TOUT A COUP SA LIBERTÉ

Dans le feu des disputes entre les patriciens et les plébéiens, ceux-ci demandèrent que l'on donnât des lois fixes afin que les jugements ne fussent plus l'effet d'une volonté capricieuse ou d'un pouvoir arbitraire. Après bien

bules de la plèbe. Ce sont les tribuns qui en ont fait peu à peu les réunions régulières de la plèbe, parce qu'ils n'étaient gênés, pour les tenir, ni par les auspices ni par l'*auctoritas patrum* (cf. p. 172, n. 4).

1. La plèbe.

2. Denys d'Halicarnasse, livre VII.] — XXXVIII et suiv. Cette tradition au sujet de Coriolan est peut-être légendaire.

3. Contre l'ancien usage, comme on le voit dans Denys d'Halicarnasse, liv. V, p. 320.] — Denys, V, chap. XIX.

4. La plèbe.

5. Liv. VI, p. 410 et 411.] — Ch. LXXXIX.

6. Liv. IX, p. 605.] — Ch. XLIX. Malgré le témoignage de Denys, on peut hésiter à admettre que la plèbe se soit réunie séparément par curies, ce qui était la vieille division de la cité patricienne. Il est probable que dès l'origine ses assemblées particulières ont été les assemblées par tribus. C'est ce qu'il faut retenir de ce développement de Montesquieu : les comices par centuries, où patriciens et plébéiens étaient mêlés, déplaisaient cependant à la plèbe, à cause des formalités qui en entravaient la tenue et de la prépondérance qui y était faite à la richesse. Elle préfère l'assemblée par tribus, réunion toute géographique et à l'écart de laquelle se tenait le patriciat.

des résistances, le sénat y acquiesça. Pour composer ces lois, on nomma des décemvirs. On crut qu'on devait leur accorder un grand pouvoir, parce qu'ils avaient à donner des lois à des partis qui étaient presque incompatibles. On suspendit la nomination de tous les magistrats; et, dans les comices, ils furent élus seuls administrateurs de la république. Ils se trouvèrent revêtus de la puissance consulaire et de la puissance tribunitienne[1]. L'une leur donnait le droit d'assembler le sénat; l'autre, celui d'assembler le peuple : mais ils ne convoquèrent ni le sénat ni le peuple. Dix hommes dans la république eurent seuls toute la puissance législative, toute la puissance exécutrice, toute la puissance des jugements. Rome se vit soumise à une tyrannie aussi cruelle que celle de Tarquin. Quand Tarquin exerçait ses vexations, Rome était indignée du pouvoir qu'il avait usurpé; quand les décemvirs exercèrent les leurs, elle fut étonnée du pouvoir qu'elle avait donné[2].

Mais quel était ce système de tyrannie, produit par des gens qui n'avaient obtenu le pouvoir politique et militaire que par la connaissance des affaires civiles[3], et qui, dans les circonstances de ces temps-là, avaient besoin au dedans de la lâcheté des citoyens pour qu'ils se laissassent gouverner, et de leur courage au dehors pour les défendre?

Le spectacle de la mort de Virginie, immolée par son père à la pudeur et à la liberté, fit évanouir la puissance des décemvirs. Chacun se trouva libre, parce que chacun fut offensé; tout le monde devint citoyen, parce que tout

1. Ou plutôt on supprima pendant la durée de leur magistrature consuls et tribuns.

2. De 451 à 449. Les décemvirs s'appelaient *Xviri legibus scribundis*. C'était d'ailleurs l'usage, dans l'antiquité, de conférer les pouvoirs absolus aux magistrats ou aux citoyens chargés de rédiger des lois. La *lex de provocatione* (cf. p. 164, n. 1) fut suspendue.

3. Déclamation pure. Montesquieu oublie que les décemvirs, comme tous les magistrats romains, unissaient nécessairement le pouvoir militaire et la juridiction civile.

le monde se trouva père[1]. Le sénat et le peuple rentrèrent dans une liberté qui avait été confiée à des tyrans ridicules.

Le peuple romain, plus qu'un autre, s'émouvait par les spectacles : celui du corps sanglant de Lucrèce fit finir la royauté ; le débiteur qui parut sur la place couvert de plaies fit changer la forme de la république[2] ; la vue de Virginie fit chasser les décemvirs ; pour faire condamner Manlius, il fallut ôter au peuple la vue du Capitole ; la robe sanglante de César remit Rome dans la servitude.

V. — DE LA PUISSANCE LÉGISLATIVE DANS LA RÉPUBLIQUE ROMAINE

On n'avait point de droits à se disputer sous les décemvirs[3] ; mais quand la liberté revint, on vit les jalousies renaître : tant qu'il resta quelques privilèges aux patriciens, les plébéiens les leur ôtèrent.

Il y aurait eu peu de mal si les plébéiens s'étaient contentés de priver les patriciens de leurs prérogatives, et s'ils ne les avaient pas offensés dans leur qualité même de citoyens. Lorsque le peuple était assemblé par curies ou

1. Étrange expression.

2. Sécession de la plèbe et établissement du tribunat en 494.

3. Ici Montesquieu néglige l'importance extrême que la législation des décemvirs (les lois des *Douze Tables*) a eue dans l'histoire intérieure de Rome : « L'œuvre des législateurs, préalablement exposée au forum, discutée librement par tous les citoyens, fut ensuite acceptée par les comices centuriates, c'est-à-dire par l'assemblée où les deux Ordres étaient confondus. Il y avait en cela une innovation grave. Adoptée par toutes les classes, la même loi s'appliqua désormais à toutes. On ne trouve pas, dans ce qui nous reste de ce code, un seul mot qui implique une inégalité entre le plébéien et le patricien, soit pour le droit de propriété, soit pour les contrats et les obligations, soit pour la procédure. A partir de ce moment, le plébéien comparut devant le même tribunal que le patricien, agit comme lui, fut jugé d'après la même loi que lui. Or il ne pouvait pas se faire de révolution plus radicale : les habitudes de chaque jour, les mœurs, les sentiments de l'homme envers l'homme, l'idée de la dignité personnelle, le principe du droit, tout se trouva changé dans Rome ». *La Cité antique*, p. 357.

par centuries, il était composé de sénateurs[1], de patriciens et de plébéiens. Dans les disputes, les plébéiens gagnèrent ce point que seuls, sans les patriciens et sans le sénat, ils pourraient faire des lois qu'on appela plébiscites[2]; et les comices où on les fit s'appelèrent comices par tribus. Ainsi il y eut des cas où les patriciens n'eurent point de part à la puissance législative[3], et où ils furent soumis à la puissance législative d'un autre corps de l'État[4]. Ce fut un délire de la liberté[5]. Le peuple, pour établir la démocratie, choqua les principes mêmes de la démocratie. Il semblait qu'une puissance aussi exorbitante aurait dû anéantir l'autorité du sénat : mais Rome avait des institutions admirables. Elle en avait deux surtout : par l'une, la puissance législative du peuple était réglée; par l'autre, elle était bornée.

Les censeurs, et avant eux les consuls[6], formaient et créaient, pour ainsi dire, tous les cinq ans, le corps du peuple; ils exerçaient la législation sur le corps même qui avait la puissance législative. « Tiberius Gracchus, censeur », dit Cicéron, « transféra les affranchis dans les tribus de la ville, non par la force de son éloquence,

1. Il y eut depuis 400 des sénateurs plébéiens.

2. Denys d'Halicarnasse, liv. XI, p. 725.] — XLV. En 449, la loi *Valeria Horatia* décida *ut quod tributim plebs jussisset, populum teneret*.

3. Par les lois sacrées, les plébéiens purent faire des plébiscites, seuls, et sans que les patriciens fussent admis dans leur assemblée (Denys d'Halicarnasse, liv. VI, p. 410; et liv. VII, p. 430).] — VI, LXXXIX; VII, XLI.

4. Par la loi faite après l'expulsion des décemvirs, les patriciens furent soumis aux plébiscites, quoiqu'ils n'eussent pu y donner leur voix (Tite-Live, liv. III; et Denys d'Halicarnasse, liv. XI, p. 725). Et cette loi fut confirmée par celle de Publilius Philo, dictateur, l'an de Rome 416. Tite-Live, liv. VIII).] — La loi de 449 et la *lex Publilia Philonis* en 339 av. J.-C. (Tite-Live, VIII, XII) : *Ut plebiscita omnes Quirites tenerent*.

5. Bouché-Leclercq, p. 104 : La *lex Hortensia* (en 287) acheva d'affranchir les plébéiens du contrôle du sénat, « qui dès lors n'eut plus de moyen direct pour modérer l'intempérance législative des tribuns de la plèbe ».

6. L'an 312 de Rome, les consuls faisaient encore le cens, comme il paraît par Denys d'Halicarnasse, liv. XI.] — XI, LXIII. Les premiers censeurs sont de 443. Il ne serait pas impossible que la censure ait été créée par les décemvirs. Cf. *Considérations*, p. 88.

mais par une parole et par un geste; et s'il ne l'eût pas fait, cette république, qu'aujourd'hui nous soutenons à peine, nous ne l'aurions plus[1]. »

D'un autre côté, le sénat avait le pouvoir d'ôter, pour ainsi dire, la république des mains du peuple, par la création du dictateur, devant lequel le souverain baissait la tête, et les lois les plus populaires restaient dans le silence[2].

VI. — DE LA PUISSANCE EXÉCUTRICE DANS LA MÊME RÉPUBLIQUE

Si le peuple fut jaloux de sa puissance législative, il le fut moins de sa puissance exécutrice. Il la laissa presque toute entière au sénat et aux consuls, et il ne se réserva guère que le droit d'élire les magistrats, et de confirmer les actes du sénat et des généraux.

Rome, dont la passion était de commander, dont l'ambition était de tout soumettre, qui avait toujours usurpé, qui usurpait encore, avait continuellement de grandes affaires; ses ennemis conjuraient contre elle, ou elle conjurait contre ses ennemis.

Obligée de se conduire d'un côté avec un courage héroïque, et de l'autre avec une sagesse consommée, l'état des choses demandait que le sénat eût la direction des affaires. Le peuple disputait au sénat toutes les branches de la puissance législative, parce qu'il était jaloux de sa liberté; il ne lui disputait point les branches de la

1. Censure de Tiberius Sempronius Gracchus en 165 av. J.-C. (Cicéron, *de Oratore*, I, IX, 38.) Enfermés dans les quatre tribus urbaines (outre ces 4, il y avait 31 tribus rustiques), les affranchis ne pouvaient exercer aucune influence décisive sur les votes, chaque tribu ne comptant que pour un suffrage.

2. Comme celles qui permettaient d'appeler au peuple des ordonnances de tous les magistrats.] — Le dictateur est un magistrat *sine provocatione*, « dont on ne peut appeler ». En réalité, le dictateur, n'étant nommé que pour une affaire déterminée, n'avait aucune action sur l'assemblée du peuple, et d'ailleurs, après la 2e guerre punique, il n'y eut plus de dictateur, et l'assemblée demeura souveraine en matière législative.

puissance exécutrice, parce qu'il était jaloux de sa gloire.

La part que le sénat prenait à la puissance exécutrice était si grande, que Polybe dit que les étrangers pensaient tous que Rome était une aristocratie[1]. Le sénat disposait des deniers publics et donnait les revenus à ferme; il était l'arbitre des affaires des alliés; il décidait de la guerre et de la paix, et dirigeait à cet égard les consuls; il fixait le nombre des troupes romaines et des troupes alliées, distribuait les provinces et les armées aux consuls ou aux préteurs; et l'an du commandement expiré, il pouvait leur donner un successeur; il décernait les triomphes; il recevait des ambassades et en envoyait; il nommait les rois[2], les récompensait, les punissait, les jugeait, leur donnait ou leur faisait perdre le titre d'alliés du peuple romain.

Les consuls faisaient la levée des troupes qu'ils devaient mener à la guerre; ils commandaient les armées de terre ou de mer, disposaient des alliés; ils avaient dans les provinces toute la puissance de la république; ils donnaient la paix aux peuples vaincus, leur en imposaient les conditions, ou les renvoyaient au sénat[3].

Dans les premiers temps, lorsque le peuple prenait quelque part aux affaires de la guerre et de la paix, il exerçait plutôt sa puissance législative que sa puissance exécutrice. Il ne faisait guère que confirmer ce que les rois, et après eux les consuls ou le sénat, avaient fait. Bien loin que le peuple fût l'arbitre de la guerre, nous voyons que les consuls ou le sénat la faisaient souvent malgré l'opposition de ses tribuns[4]. Mais, dans l'ivresse des prospérités, il augmenta sa puissance exécutrice[5].

1. Liv. VI.]

2. Intervention du sénat dans les affaires de succession au trône, par ex. en Syrie en 152 (Polybe, XXXIII, XVIII).

3. Tout cela est résumé de l'admirable tableau que Polybe fait de la constitution romaine, liv. VI, chap. XI et suiv. Sur le rôle du sénat dans la politique extérieure de Rome, lire le chapitre VI des *Considérations*.

4. Montesquieu songe ici surtout aux guerres italiennes du ve et du IVe siècle av. J.-C.

5. En 167 un préteur, sans y

Ainsi il créa lui-même les tribuns des légions, que les généraux avaient nommés jusqu'alors[1]; et quelque temps avant la première guerre punique, il régla qu'il aurait seul le droit de déclarer la guerre[2].

VII. — DE LA PUISSANCE DE JUGER DANS LE GOUVERNEMENT DE ROME

La puissance de juger fut donnée au peuple, au sénat, aux magistrats, à de certains juges. Il faut voir comment elle fut distribuée. Je commence par les affaires civiles.

Les consuls jugèrent après les rois[3], comme les préteurs jugèrent après les consuls. Servius Tullius s'était dépouillé du jugement des affaires civiles[4] : les consuls ne les jugèrent pas non plus, si ce n'est dans des cas très rares[5], que l'on appela pour cette raison *extraor-*

être autorisé ni par le sénat ni par les consuls, proposa au peuple de déclarer la guerre aux Rhodiens. Mais l'affaire n'eut pas de suite, devant l'opposition des tribuns (Tite-Live, XLV, xxi). Voyez, sur tous les pouvoirs du sénat, le t. II du *Sénat romain* de M. Willems.

1. L'an de Rome 444 (Tite-Live, première décade, liv. IX). La guerre contre Persée paraissant périlleuse, un sénatus-consulte ordonna que cette loi serait suspendue; et le peuple y consentit. (Tite-Live, cinquième decade, liv. II.)] — La légion, sous la République, était commandée par 6 tribuns militaires. L'effectif normal comportait 4 légions. Les 24 tribuns furent nommés à l'origine par les consuls ; en 362 le peuple prit pour lui l'élection de 10 tribuns ; de 16 à partir de 311 (444 de Rome, Tite-Live, IX, xxx) : des 24 à partir de 207. La suspension de la loi est de 171 ; Tite-Live, XLII, xxxi.

2. Il l'arracha du sénat, dit Freinshemius, deuxième décade, liv. VI.] — C'est une conjecture de Freinshemius (qui a refait, en 1649-54, les livres perdus de Tite-Live, en particulier celui-là). Il n'est pas douteux que la plus ancienne intervention dûment constatée de l'assemblée du peuple dans une déclaration de guerre est à propos de la première lutte contre Carthage (Polybe, I, xi). Mais il n'est point permis de douter que le droit de déclarer la guerre ne soit un droit essentiel et primitif de la cité tout entière.

3. On ne peut douter que les consuls, avant la création des préteurs, n'eussent eu les jugements civils. Voyez Tite-Live, première décade, liv. II, p. 19 ; Denys d'Halicarnasse, liv. X, p. 627, et même livre, p. 645.] — Tite-Live, II, xxvi ; Denys, X, i et xix.

4. Cf. p. 167, n. 3. Mais cela est douteux. Sous les rois, dit Cicéron (*de Republica*, II, 2), *omnia conficiebantur judiciis regiis*.

5. Souvent les tribuns jugèrent seuls : rien ne les rendit plus

dinaires[1]. Ils se contentèrent de nommer les juges, et de former les tribunaux qui devaient juger. Il paraît, par le discours d'Appius Claudius dans Denys d'Halicarnasse[2], que, dès l'an de Rome 259, ceci était regardé comme une coutume établie chez les Romains; et ce n'est pas la faire remonter bien haut que de la rapporter à Servius Tullius.

Chaque année le préteur formait une liste[3] ou tableau de ceux qu'il choisissait pour faire la fonction de juges pendant l'année de sa magistrature. On en prenait le nombre suffisant pour chaque affaire. Cela se pratique à peu près de même en Angleterre[4]. Et ce qui était très favorable à la liberté[5], c'est que le préteur prenait les juges du consentement des parties[6]. Le grand nombre de récusations que l'on peut faire aujourd'hui en Angleterre revient à peu près à cet usage[7].

Ces juges ne décidaient que des questions de fait[8] : par exemple, si une somme avait été payée ou non, si une action avait été commise ou non. Mais pour les questions de droit[9], comme elles demandaient une certaine capacité, elles étaient portées au tribunal des centumvirs[10].

odieux (Denys d'Halicarnasse, liv. XI, p. 709.)]

1. *Judicia extraordinaria.* Voy. les *Institutes*, liv. IV.] — IV, xv, 8.

2. Liv. VI, p. 360.] — En 495; VI, xxiv.

3. *Album judicum.*]

4. Cf. p. 195.

5. « Nos ancêtres n'ont pas voulu », dit Cicéron, *pro Cluentio*, « qu'un homme, dont les parties ne seraient pas convenues, pût être juge, non seulement de la réputation d'un citoyen, mais même de la moindre affaire pécuniaire ».] — *Pro Cluentio*, XLIII, § 120.

6. Voyez, dans les fragments de la loi Servilienne, de la Cornélienne, et autres, de quelle manière ces lois donnaient des juges dans les crimes qu'elles se proposaient de punir. Souvent ils étaient pris par choix, quelquefois par le sort, ou enfin par le sort mêlé avec le choix.] — *Lex Servilia* (106), *lex Cornelia* (de Sylla, 82), et surtout la *lex Aurelia* (79), qui demeura le plus longtemps en vigueur.

7. Cf. p. 195.

8. Sénèque, *de Beneficiis*, liv. III, chap. VII, *in fine*.]

9. Voyez Quintilien, liv. IV, p. 54, in-folio, édition de Paris, 1541.] — Le tribunal permanent des centumvirs jugeait les affaires délicates, celles sur lesquelles il était bon de fixer la jurisprudence. Elles lui étaient renvoyées par le préteur.

10. *Leg.* 2, § 24, ff. *de Origine*

Les rois se réservèrent le jugement des affaires criminelles, et les consuls leur succédèrent en cela. Ce fut en conséquence de cette autorité que le consul Brutus fit mourir ses enfants et tous ceux qui avaient conjuré pour les Tarquins[1]. Ce pouvoir était exorbitant. Les consuls ayant déjà la puissance militaire, ils en portaient l'exercice même dans les affaires de la ville; et leurs procédés, dépouillés des formes de la justice, étaient des actions violentes plutôt que des jugements.

Cela fit faire la loi Valérienne, qui permit d'appeler au peuple de toutes les ordonnances des consuls qui mettraient en péril la vie d'un citoyen. Les consuls ne purent plus prononcer une peine capitale contre un citoyen romain que par la volonté du peuple[2].

On voit, dans la première conjuration pour le retour des Tarquins, que le consul Brutus juge les coupables; dans la seconde, on assemble le sénat et les comices pour juger[3].

Les lois qu'on appela *sacrées*[4] donnèrent aux plébéiens des tribuns qui formèrent un corps qui eut d'abord des prétentions immenses. On ne sait quelle fut plus grande, ou dans les plébéiens la lâche hardiesse de demander, ou dans le sénat la condescendance et la facilité d'accorder. La loi Valérienne avait permis les appels au peuple, c'est-à-dire au peuple composé de sénateurs, de patriciens et de plébéiens. Les plébéiens établirent que

juris. Des magistrats appelés décemvirs présidaient au jugement, le tout sous la direction d'un préteur.] — *Digeste*, II, II, 2. 24. Il est douteux que ces magistrats (*decemviri litibus judicandis*) aient été appelés, avant l'Empire du moins, à présider le tribunal des centumvirs. Montesquieu applique trop volontiers aux premiers temps de la République des textes relatifs à la période impériale.

1. Ce n'est là qu'une tradition légendaire.

2. *Quoniam de capite civis Romani, injussu populi Romani non erat permissum consulibus jus dicere*. Voyez Pomponius, *leg.* 2, § 16. ff. *de Origine juris*.] — *Digeste*, I, II. Sur cette loi, cf p. 164, n. 1, 2 et 3.

3. Denys d'Halicarnasse, liv. V, p. 322.]

4. Ce sont les lois accordées par le patriciat à la plèbe, lois qui furent jurées et qui ressemblent à des traités d'alliance entre deux peuples différents.

ce serait devant eux que les appellations seraient portées[1]. Bientôt on mit en question si les plébéiens pourraient juger un patricien : cela fut le sujet d'une dispute, que l'affaire de Coriolan fit naître, et qui finit avec cette affaire. Coriolan, accusé par les tribuns devant le peuple, soutenait, contre l'esprit de la loi Valérienne, qu'étant patricien il ne pouvait être jugé que par les consuls : les plébéiens, contre l'esprit de la même loi, prétendirent qu'il ne devait être jugé que par eux seuls; et ils le jugèrent[2].

La loi des Douze Tables modifia ceci[3]. Elle ordonna qu'on ne pourrait décider de la vie d'un citoyen que dans les grands États du peuple[4]. Ainsi, le corps des plébéiens, ou, ce qui est la même chose, les comices par tribus, ne jugèrent plus que les crimes dont la peine n'était qu'une amende pécuniaire. Il fallait une *loi* pour infliger une peine capitale : pour condamner à une peine pécuniaire, il ne fallait qu'un *plébiscite*.

Cette disposition de la loi des Douze Tables fut très

1. Les appellations de la plèbe, veut dire sans doute Montesquieu, et il pense ici à la création du tribunat, en 494 : le plébéien put en appeler du consul au tribun.

2. Tout cela est très exact dès l'instant que Montesquieu accepte comme authentique l'histoire de Coriolan. Cf. Bouché-Leclercq, *Manuel*, p. 120 : « Les tribuns s'attribuaient le droit de mettre en mouvement, eux aussi, l'action publique, et comme ils n'avaient ni le droit de convoquer les centuries ni chance de faire accepter par elles leurs prétentions, ils accusaient de haute trahison et faisaient condamner par les conciles de la plèbe leurs adversaires politiques. Les condamnations prononcées par la plèbe n'avaient aucune valeur juridique, mais elles n'en étaient pas moins dangereuses pour ceux qui en étaient frappés. Ce qui compliquait la situation, c'est que la *loi sacrée* de 494 avait créé une nouvelle situation de crimes de haute trahison, et que les plébéiens pouvaient se croire en droit de veiller à l'exécution du pacte conclu entre les deux Ordres. La plèbe prétendait appliquer sa propre jurisprudence, établie par le plébiscite d'Icilius (492), qui déclarait justiciables de la plèbe ceux qui violeraient la *loi sacrée*. Dès 491, ils citent devant la plèbe Coriolan. Les procès de ce genre se multiplièrent bientôt, et il devint urgent de mettre fin à cet état de choses. »

3. En 450 av. J.-C.

4. Les comices par centuries. Aussi Manlius Capitolinus fut-il jugé dans ces comices (Tite-Live, décade première, liv. VI, p. 68).] – VI, xx. En 384.

sage. Elle forma une conciliation admirable entre le corps des plébéiens et le sénat. Car, comme la compétence des uns et des autres dépendit de la grandeur de la peine et de la nature du crime, il fallut qu'ils se concertassent ensemble.

La loi Valérienne ôta tout ce qui restait à Rome du gouvernement qui avait du rapport à celui des rois grecs des temps héroïques[1]. Les consuls se trouvèrent sans pouvoir pour la punition des crimes. Quoique tous les crimes soient publics, il faut pourtant distinguer ceux qui intéressent plus les citoyens entre eux, de ceux qui intéressent plus l'État dans le rapport qu'il a avec un citoyen. Les premiers sont appelés privés; les seconds sont les crimes publics[2]. Le peuple jugea lui-même les crimes publics[3]; et à l'égard des privés, il nomma pour chaque crime, par une commission particulière, un questeur pour en faire la poursuite. C'était souvent un des magistrats, quelquefois un homme privé, que le peuple choisissait. On l'appelait *questeur du parricide*. Il en est fait mention dans la loi des Douze Tables[4].

1. C'est fort juste. La *lex Valeria* enleva aux consuls ce qui était « royal » dans leur *imperium*. Sur cette royauté primitive, cf. *Esprit des Lois*, XV, XI : « Chez les Grecs, dans les temps héroïques, il s'établit une espèce de monarchie qui ne subsista pas. Ceux qui avaient inventé des arts, fait la guerre pour le peuple, assemblé des hommes dispersés, ou qui leur avaient donné des terres, obtenaient le royaume pour eux, et le transmettaient à leurs enfants. Ils étaient rois, prêtres et juges. C'est une des cinq espèces de monarchies dont nous parle Aristote; et c'est la seule qui puisse réveiller l'idée de la constitution monarchique. Mais le plan de cette constitution est opposé à celui de nos monarchies d'aujourd'hui. « Les trois pouvoirs y étaient distribués de manière que le peuple y avait la puissance législative; et le roi, la puissance exécutrice, avec la puissance de juger; au lieu que, dans les monarchies que nous connaissons, le prince a la puissance exécutrice et la législative, ou du moins une partie de la législative; mais il ne juge pas. »

2. Nous dirions « crimes de droit commun » (meurtre, faux, etc.), et « crimes politiques » (trahison, concussion, brigue, etc.).

3. Dans les comices par centuries (procès de Manlius Capitolinus), quand il s'agit d'une affaire capitale; devant les comices par tribus, quand il s'agit d'un crime n'entraînant qu'une amende.

4. Dit Pomponius, dans la loi 2, au Digeste, *de Origine juris*.] —

Le questeur[1] nommait ce qu'on appelait le juge de la question, qui tirait au sort les juges, formait le tribunal, et présidait sous lui au jugement[2].

Il est bon de faire remarquer ici la part que prenait le sénat dans la nomination du questeur, afin que l'on voie comment les puissances étaient, à cet égard, balancées. Quelquefois le sénat faisait élire un dictateur pour faire la fonction de questeur[3]; quelquefois il ordonnait que le peuple serait convoqué par un tribun, pour qu'il nommât un questeur[4]; enfin, le peuple nommait quelquefois un magistrat pour faire son rapport au sénat sur un certain crime, et lui demander qu'il donnât un questeur, comme on voit dans le jugement de Lucius Scipion[5] dans Tite-Live[6].

L'an de Rome 604, quelques-unes de ces commissions furent rendues permanentes[7]. On divisa peu à peu toutes les matières criminelles en diverses parties, qu'on appela des *questions perpétuelles*. On créa divers préteurs[8]

I, II, 2, 23. Il semble que ces juges instructeurs fussent élus par le peuple quand il s'agissait d'un crime de trahison (*duoviri perduellionis*), désignés par le consul quand il s'agissait d'un meurtre (*quaestores parricidii*). Il n'est pas certain non plus que des crimes publics n'aient pas été jugés par un tribunal ou des crimes privés par les comices.

1. Prenez ce mot, ici, dans le sens de juge d'instruction.

2. Voyez un fragment d'Ulpien, qui en rapporte un autre de la loi Cornélienne : on le trouve dans la *Collation des lois Mosaïques et Romaines, titul.* I, *de Sicariis et Homicidiis.*] — Cette *Collation* est un recueil de droit compilé vers 400 ap. J.-C. On en trouvera le texte dans les *Textes du droit romain*, de M. Girard, 2e édit., p. 496. La conclusion que Montesquieu tire de ce document est encore très problématique. Le rôle et la nomination du *judex quaestionis* sont choses fort obscures. Il est important de noter que « qui » ne se trouve pas dans les premières éditions de l'ouvrage.

3. Cela avait surtout lieu dans les crimes commis en Italie, où le sénat avait une principale inspection. Voyez Tite-Live, première décade, liv. IX, sur les conjurations de Capoue.] — IX, XXVI. En 314 av. J.-C.

4. Cela fut ainsi dans la poursuite de la mort de Posthumius, l'an 340 de Rome. Voyez Tite-Live.] — IV, L.

5. Ce jugement fut rendu l'an de Rome 567.] — En 187 av. J.-C.

6. Liv. VIII.] — XXXVIII, LIV et LV.

7. Cicéron, *in Bruto*.] — XXVII, 106. En 149. Les tribunaux permanents (*quaestiones perpetuae*) furent définitivement organisés par Sylla.

8. Ou plutôt on en augmenta le nombre.

et on attribua à chacun d'eux quelqu'une de ces questions. On leur donna pour un an la puissance de juger les crimes qui en dépendaient; et ensuite ils allaient gouverner leur province.

A Carthage, le sénat des Cent était composé de juges qui étaient pour la vie[1]. Mais à Rome les préteurs étaient annuels; et les juges n'étaient pas même pour un an, puisqu'on les prenait pour chaque affaire[2]. On a vu, dans le chapitre VI de ce livre[3], combien, dans de certains gouvernements, cette disposition était favorable à la liberté.

Les juges furent pris dans l'ordre des sénateurs jusqu'au temps des Gracques. Tiberius Gracchus fit ordonner qu'on les prendrait dans celui des chevaliers : changement si considérable, que le tribun se vanta d'avoir, par une seule rogation[4], coupé les nerfs de l'ordre des sénateurs[5].

Il faut remarquer que les trois pouvoirs peuvent être bien distribués par rapport à la liberté de la constitution, quoiqu'ils ne le soient pas si bien dans le rapport avec la liberté du citoyen[6]. A Rome, le peuple ayant la plus grande partie de la puissance législative, une partie de la puissance exécutrice[7] et une partie de la puissance de juger, c'était un grand pouvoir qu'il fallait balancer par un autre. Le sénat avait bien une partie de la puissance exécutrice[8]; il avait quelque branche de la

1. Cela se prouve par Tite-Live, liv. XXXIII, qui dit qu'Annibal rendit leur magistrature annuelle. — XXXIII, XLVI.

2. Le jour de l'audience, on constituait le jury par voie de tirage au sort, l'accusé et l'accusation ayant le droit de récuser un certain nombre de juges.

3. Livre XI, chap. VI. A propos de la constitution de l'Angleterre : cf. ici, p. 194.

4. *Rogatio*, c'est-à-dire proposition de loi.

5. Tibérius Gracchus ne fit que proposer cette réforme, qui fut l'œuvre de son frère Caïus en 122 av. J.-C. Plutarque, *Vie de Tibérius*, XVI.

6. Les citoyens, pris en corps, peuvent être libres, sans que chacun le soit individuellement. Et c'était le cas des républiques antiques, où chacun devait se soumettre au despotisme inconditionné de l'Etat. Cf. p. 109, n. 4.

7. Fort peu.

8. La plus grande partie.

puissance législative[1] : mais cela ne suffisait pas pour contre-balancer le peuple. Il fallait qu'il eût part à la puissance de juger; et il y avait part lorsque les juges étaient choisis parmi les sénateurs. Quand les Gracques privèrent les sénateurs de la puissance de juger[2], le sénat ne put plus résister au peuple. Ils choquèrent donc la liberté de la constitution, pour favoriser la liberté du citoyen; mais celle-ci se perdit avec celle-là.

Il en résulta des maux infinis. On changea la constitution dans un temps où, dans le feu des discordes civiles, il y avait à peine une constitution. Les chevaliers ne furent plus cet ordre moyen qui unissait le peuple au sénat; et la chaîne de la constitution fut rompue[3].

Il y avait même des raisons particulières qui devaient empêcher de transporter les jugements aux chevaliers. La constitution de Rome était fondée sur ce principe, que ceux-là devaient être soldats qui avaient assez de bien pour répondre de leur conduite à la république. Les chevaliers, comme les plus riches, formaient la cavalerie des légions. Lorsque leur dignité fut augmentée, ils ne voulurent plus servir dans cette milice; il fallut lever une autre cavalerie[4] : Marius prit toute sorte de gens dans les légions, et la république fut perdue[5].

De plus, les chevaliers étaient les traitants de la république[6]; ils étaient avides, ils semaient les malheurs dans les malheurs, et faisaient naître les besoins publics des besoins publics. Bien loin de donner à de telles gens

1. Les sénatus-consultes avaient force pendant un an, quoiqu'ils ne fussent pas confirmés par le peuple. (Denys d'Halicarnasse, liv. IX, p. 595; et liv. XI, p. 735.)] — XI, LIV (le texte ne dit pas cela tout à fait); IX, XXXVII (plus explicite).

2. En l'an 630.] — De Rome.

3. Tout cela est très bien vu et admirablement dit.

4. A partir de Marius, la cavalerie n'est guère plus composée que d'auxiliaires étrangers, et l'infanterie (c'est-à-dire les légions) de citoyens misérables.

5. *Capite censos plerosque* (Salluste, *Guerre de Jugurtha*.)] — Cf. *Considérations*, p. 93.

6. C'était parmi eux qu'étaient pris les *publicains*, ou fermiers des impôts publics. Ils étaient les traitants, toujours parce qu'ils étaient les plus riches.

la puissance de juger, il aurait fallu qu'ils eussent été sans cesse sous les yeux des juges. Il faut dire cela à la louange des anciennes lois françaises : elles ont stipulé, avec les gens d'affaires, avec la méfiance que l'on garde à des ennemis[1]. Lorsqu'à Rome les jugements furent transportés aux traitants, il n'y eut plus de vertu, plus de police, plus de lois, plus de magistrature, plus de magistrats[2].

On trouve une peinture bien naïve de ceci dans quelques fragments de Diodore de Sicile et de Dion. « Mutius Scevola », dit Diodore[3], « voulut rappeler les anciennes mœurs, et vivre de son bien propre avec frugalité et intégrité. Car ses prédécesseurs ayant fait une société avec les traitants, qui avaient pour lors les jugements à Rome, ils avaient rempli la province de toutes sortes de crimes. Mais Scevola fit justice des publicains, et fit mener en prison ceux qui y traînaient les autres. »

Dion nous dit[4] que Publius Rutilius, son lieutenant, qui n'était pas moins odieux aux chevaliers, fut accusé, à son retour, d'avoir reçu des présents, et fut condamné à une amende. Il fit sur-le-champ cession de biens. Son

1. Cf. contre les traitants, XIII, xx.

2. Les conséquences furent peut-être moins graves que ne le prétend Montesquieu (et il y a un peu, chez lui, la haine du parlementaire contre l'homme d'affaires). Belot (*Histoire des chevaliers romains*, II, p. 197) répond à Montesquieu : « Mais la justice était-elle mieux rendue lorsque la judicature était le privilège d'une oligarchie de trois cents sénateurs? Au contraire, jamais la vénalité des juges, jamais leur connivence avec les coupables puissants ne fut plus scandaleuse qu'avant le tribunat de C. Gracchus et après la dictature de Sylla [qui rendit les jugements aux sénateurs]. Où pouvait-on mieux choisir les jurés que parmi les chevaliers romains, c'est-à-dire parmi les citoyens de la première classe, assez nombreux pour n'être pas une coterie, assez riches pour être indépendants, assez éclairés pour être justes? »

3. Fragment de cet auteur, liv. XXXVI, dans le recueil de Constantin Porphyrogénète, *des Vertus et des Vices*.] — Sur ces *Extraits*, cf. *Considérations*, p. 201. En 99, Q. Mucius Scevola, proconsul de la province d'Asie, se signala par la juste sévérité avec laquelle il traita les publicains qui pillaient le pays. Diodore, XXXVII, v.

4. Fragment de son Histoire, tiré de l'*Extrait des Vertus et des Vices*.] — Lieutenant de Scevola; en 97 av. J.-C. Dion Cassius, édit. Boissevain, p. 339.

innocence parut, en ce que l'on lui trouva beaucoup moins de bien qu'on ne l'accusait d'en avoir volé, et il montrait les titres de sa propriété. Il ne voulut plus rester dans la ville avec de telles gens.

« Les Italiens », dit encore Diodore[1], « achetaient en Sicile des troupes d'esclaves pour labourer leurs champs et avoir soin de leurs troupeaux : ils leur refusaient la nourriture. Ces malheureux étaient obligés d'aller voler sur les grands chemins, armés de lances et de massues, couverts de peaux de bêtes, de grands chiens autour d'eux. Toute la province fut dévastée, et les gens du pays ne pouvaient dire avoir en propre que ce qui était dans l'enceinte des villes. Il n'y avait ni proconsul ni préteur qui pût ou voulût s'opposer à ce désordre, et qui osât punir ces esclaves, parce qu'ils appartenaient aux chevaliers, qui avaient à Rome les jugements[2]. » Ce fut pourtant une des causes de la guerre des esclaves. Je ne dirai qu'un mot : une profession qui n'a ni ne peut avoir d'objet que le gain; une profession qui demandait toujours, et à qui on ne demandait rien; une profession sourde et inexorable, qui appauvrissait les richesses et la misère même, ne devait point avoir à Rome les jugements.

VIII. — DU GOUVERNEMENT DES PROVINCES ROMAINES

C'est ainsi que les trois pouvoirs furent distribués dans la ville; mais il s'en faut bien qu'ils le fussent de même dans les provinces. La liberté était dans le centre, et la tyrannie aux extrémités.

Pendant que Rome ne domina que dans l'Italie, les peuples furent gouvernés comme des confédérés : on suivait les lois de chaque république. Mais lorsqu'elle con-

1. Fragment du livre XXXIV, dans l'*Extrait des Vertus et des Vices*.] — XXXIV, 1, 32 et 33.

2. *Penes quos Romae tum judicia erant, atque ex equestri ordine solerent sortito judices eligi in causa praetorum et proconsulum, quibus, post administratam provinciam, dies dicta erat.*] — Traduction du texte grec de Diodore.

quit plus loin, que le sénat n'eut pas immédiatement l'œil sur les provinces, que les magistrats qui étaient à Rome ne purent plus gouverner l'Empire, il fallut envoyer des préteurs et des proconsuls. Pour lors, cette harmonie des trois pouvoirs ne fut plus. Ceux qu'on envoyait avaient une puissance qui réunissait celle de toutes les magistratures romaines : que dis-je? celle même du sénat, celle même du peuple[1]. C'étaient des magistrats despotiques, qui convenaient beaucoup à l'éloignement des lieux où ils étaient envoyés. Ils exerçaient les trois pouvoirs; ils étaient, si j'ose me servir de ce terme, les bachas de la république[2].

Nous avons dit ailleurs[3] que les mêmes citoyens, dans la république, avaient, par la nature des choses, les emplois civils et militaires. Cela fait qu'une république qui conquiert ne peut guère communiquer son gouvernement, et régir l'État conquis selon la forme de sa constitution. En effet, le magistrat qu'elle envoie pour gouverner, ayant la puissance exécutrice civile et militaire, il faut bien qu'il ait aussi la puissance législative : car qui est-ce qui ferait des lois sans lui? Il faut aussi qu'il ait la puissance de juger : car qui est-ce qui jugerait indépendamment de lui? Il faut donc que le gouverneur qu'elle envoie ait les trois pouvoirs, comme cela fut dans les provinces romaines[4]....

C'était un privilège d'une grande conséquence pour un

1. Ils faisaient leurs édits en entrant dans les provinces.]

2. *Pacha*, titre des gouverneurs de province en Turquie. L'orthographe *bacha* est erronée.

3. Liv. V, chap. XIX. Voyez aussi les liv. II, III, IV et V.]

4. Voici, en réalité, quelle était l'origine du pouvoir du gouverneur. Il exerçait en province, au nom du peuple romain, tous les droits royaux qui avaient été autrefois ceux des consuls (judiciaire, civil, militaire), avant que le consulat n'eût été démembré; il représentait en même temps l'autorité souveraine que le droit de conquête avait donnée au peuple romain sur le pays vaincu. L'absolutisme du gouverneur de province dérive de ces deux principes : le droit de conquête et l'omnipotence primitive du magistrat populaire. Cf. la formule du *Digeste* (I, XVIII, 12) : *Is, qui provinciae praeest, omnium Romae magistratuum vice et officio fungi debet.*

citoyen romain, de ne pouvoir être jugé que par le peuple. Sans cela, il aurait été soumis dans les provinces au pouvoir arbitraire d'un proconsul ou d'un propréteur. La Ville ne sentait point la tyrannie, qui ne s'exerçait que sur les nations assujetties.

Ainsi, dans le monde romain, comme à Lacédémone, ceux qui étaient libres étaient extrêmement libres, et ceux qui étaient esclaves étaient extrêmement esclaves[1].

Pendant que les citoyens payaient des tributs, ils étaient levés avec une équité très grande. On suivait l'établissement de Servius Tullius, qui avait distribué tous les citoyens en six classes, selon l'ordre de leurs richesses, et fixé la part de l'impôt à proportion de celle que chacun avait dans le gouvernement[2]. Il arrivait de là qu'on souffrait la grandeur du tribut, à cause de la grandeur du crédit; et que l'on se consolait de la petitesse du crédit par la petitesse du tribut.

Il y avait encore une chose admirable : c'est que la division de Servius Tullius par classes étant pour ainsi dire le principe fondamental de la constitution, il arrivait que l'équité, dans la levée des tributs, tenait au principe fondamental du gouvernement, et ne pouvait être ôtée qu'avec lui.

Mais pendant que la ville payait les tributs sans peine, ou n'en payait point du tout[3], les provinces étaient désolées par les chevaliers, qui étaient les traitants de la république. Nous avons parlé de leurs vexations, et toute l'histoire en est pleine[4].

« Toute l'Asie m'attend comme son libérateur », disait Mithridate[5], « tant ont excité de haine contre les Romains

1. En principe, car en fait et surtout sous l'Empire, la condition de la province fut fort tolérable. Il se passa même alors l'inverse de ce qu'on avait vu sous la République : le despotisme fut au centre, et la liberté aux extrémités.

2. Cf. p. 167 et 172.

3. Après la conquête de la Macédoine, les tributs cessèrent à Rome.] — Cf. *Considérations*, p. 181.

4. Cf. ici, p. 186.

5. Harangue tirée de Trogue

les rapines des proconsuls[1], les exactions des gens d'affaires et les calomnies des jugements[2]. »

Voilà ce qui fit que la force des provinces n'ajouta rien à la force de la république, et ne fit au contraire que l'affaiblir. Voilà ce qui fit que les provinces regardèrent la perte de la liberté de Rome comme l'époque de l'établissement de la leur[3]. (Livre XI, chap. XII-XIX.)

DÉPOPULATION DE L'UNIVERS

L'Italie, la Sicile, l'Asie Mineure, l'Espagne, la Gaule, la Germanie, étaient à peu près, comme la Grèce, pleines de petits peuples, et regorgeaient d'habitants : l'on n'y avait pas besoin de lois pour en augmenter le nombre.

(Livre XXIII, chap. XVIII.)

Toutes ces petites républiques furent englouties dans une grande, et l'on vit insensiblement l'univers se dépeupler : il n'y a qu'à voir ce qu'étaient l'Italie et la Grèce avant et après les victoires des Romains.

« On me demandera », dit Tite-Live[4] « où les Volsques ont pu trouver assez de soldats pour faire la guerre, après avoir été si souvent vaincus. Il fallait qu'il y eût un peuple infini dans ces contrées, qui ne seraient aujourd'hui qu'un désert, sans quelques soldats et quelques esclaves romains[5]. »

« Les oracles ont cessé », dit Plutarque[6], « parce que les

Pompée, rapportée par Justin, livre XXXVIII.] — Et probablement imaginée.

1. Voyez les Oraisons contre Verrès.]

2. On sait que ce fut le tribunal de Varus qui fit révolter les Germains.]

3. Très vrai. Et cela explique l'extrême facilité avec laquelle les provinciaux acceptèrent le régime impérial.

4. Liv. VI.] Chap. XII.

5. Abandonné par ses habitants, dévasté par Rome, le territoire des Volsques a formé en grande partie la région infertile et malsaine des Marais Pontins.

6. Œuvres morales : *des Oracles qui ont cessé*.]

lieux où ils parlaient sont détruits : à peine trouverait-on aujourd'hui dans la Grèce trois mille hommes de guerre. »

« Je ne décrirai point », dit Strabon [1], « l'Épire et les lieux circonvoisins, parce que ces pays sont entièrement déserts. Cette dépopulation, qui a commencé depuis longtemps, continue tous les jours ; de sorte que les soldats romains ont leur camp dans les maisons abandonnées. » Il trouve la cause de ceci dans Polybe, qui dit que Paul-Émile, après sa victoire, détruisit soixante-dix villes de l'Épire, et en emmena cent cinquante mille esclaves [2].

(*Id.*, chap. XIX.)

Les Romains, en détruisant tous les peuples, se détruisaient eux-mêmes. Sans cesse dans l'action, l'effort et la violence, ils s'usaient, comme une arme dont on se sert toujours. (*Id.*, chap. XX, fragm.)

Les Romains, destructeurs pour ne pas paraître conquérants, ruinèrent Carthage et Corinthe ; et par une telle pratique ils se seraient peut-être perdus, s'ils n'avaient pas conquis toute la terre.

(Livre XXI, chap. XII, fragm.)

Je me trouve fort dans mes maximes, lorsque j'ai pour moi les Romains. (Livre VI, chap. XV, fragm.)

1. Livre VII, page 496.

2. Polybe, XXX, XV, 5.

XI

Le peuple anglais[1].

DE LA CONSTITUTION D'ANGLETERRE[2]

La puissance de juger ne doit pas être donnée à un sénat permanent, mais exercée par des personnes tirées

1. Sur le séjour de Montesquieu en Angleterre (oct. 1729-août 1731), cf. Sorel, p. 48-49 : « Il fit ainsi la découverte du gouvernement libre et conçut le dessein de la révéler à l'Europe ». Voyez son *Eloge* par d'Alembert, ici, p. 16.

Dans l'*Esprit des Lois*, il présente le gouvernement et les mœurs de l'Angleterre d'une manière théorique et presque idéale. Il faut lire, comme correctif, les notes qu'il prit en 1729-31, qui sont infiniment plus défavorables au peuple anglais (Laboulaye, t. VII) : « Les Anglais », y concluait-il, « ne sont plus dignes de leur liberté. »

2. Extraits du chapitre intitulé *de la Constitution d'Angleterre*.

Le chapitre débute par la théorie des trois pouvoirs, que nous avons donnée plus haut (p. 91). C'est le mécanisme théorique de la constitution anglaise que Montesquieu décrit ici (cf. p. 206). Qu'elle soit pour lui « le plus haut point de liberté », cela ressort bien de la fin du chapitre. Qu'il ait voulu la proposer à la France, qu'il l'ait regardée comme un idéal souhaitable, c'est ce dont on doutera en lisant, à la fin de ce même chapitre, les trois paragraphes avant le dernier.

Il ne nous dit pas s'il la regarde comme une monarchie, une aristocratie ou une démocratie, ni de quelle manière il peut la faire rentrer dans sa division des trois espèces de gouvernement (p. 57). C'est peut-être parce qu'elle tient à la fois de l'une et l'autre des différentes formes de gouvernements modérés (aristocratie, monarchie, démocratie modérée, cf. p. 92), qu'il la regarde comme la meilleure. Polybe (VI, XI) admirait la constitution de Rome, parce qu'elle était un harmonieux mélange des institutions monarchiques, aristocratiques et démocratiques : Montesquieu paraît ne pas dire autre chose du gouvernement anglais.

Ce morceau de Montesquieu est celui de l'*Esprit des Lois* qui fut le plus célébré et a eu le plus d'influence. On écrivit de son

du corps du peuple[1], dans certains temps de l'année, de la manière prescrite par la loi, pour former un tribunal qui ne dure qu'autant que la nécessité le requiert[2].

De cette façon, la puissance de juger, si terrible parmi les hommes, n'étant attachée ni à un certain état, ni à une certaine profession, devient, pour ainsi dire, invisible et nulle[3]. On n'a point continuellement des juges devant les yeux; et l'on craint la magistrature, et non pas les magistrats.

temps qu'il avait révélé aux Anglais « la beauté de leur gouvernement » (lettre de Montesquieu à Bertolini, 5 déc. 1754). Il révéla en tout cas à la France la théorie des trois pouvoirs, oubliés depuis Aristote (cf. p. 91), et le système du gouvernement représentatif et parlementaire, inconnu aux anciens. C'est grâce aux leçons de Montesquieu que les législateurs de la Constituante l'acclimatèrent en France : Mounier, Malouet, Thouret s'en inspirèrent très fidèlement dans leurs discours et leurs rapports, et reproduisirent souvent mot pour mot les paragraphes de ce chapitre (cf. Duguit, *la Séparation des pouvoirs et l'Assemblée nationale de 1789*, p. 9). On sait quelle haine Rousseau avait pour ce système représentatif (cf. p. 59) : si sur presque tous les points, l'action de Rousseau a été prépondérante en 1789, sur celui là au moins elle a fléchi devant celle de Montesquieu.

1. Comme à Athènes.] — C'est là peut-être la première et la principale des libertés anglaises, que nul ne peut être inquiété dans ses biens ou sa personne, mais accusé suivant les formes légales et jugé par le verdict de ses pairs (jury). C'est l'œuvre de la Grande Charte, 1215. Elle demeura à peu près intacte au milieu de toutes les révolutions politiques.

2. Naturellement, sessions et tribunaux variaient suivant la nature des juridictions. Ainsi, la Cour des Juges de Paix, du temps de Montesquieu, se réunissait quatre fois par an, une fois par trimestre, dans chaque comté. Et les sessions ne duraient qu'autant qu'il y avait des affaires à juger.

3. Montesquieu veut dire par là que, si le pouvoir judiciaire existe comme principe de gouvernement et organe de répression, il ne donne pas naissance à une classe permanente et visible de fonctionnaires : sans doute en cela il s'inspire de Locke qui, lui aussi, ne veut point parler de la puissance judiciaire. Mais cela est un peu outré : car en Angleterre, comme à Rome, comme en France de nos jours, il y avait des juges, non pas seulement pour présider les tribunaux, instruire les affaires, diriger les débats, prononcer les jugements, mais encore pour juger certaines causes, dans l'intervalle des sessions et sans l'intervention du jury. C'est ainsi qu'au temps même où écrivait Montesquieu, on se plaignait en Angleterre de l'extension grandissante de la *juridiction sommaire et sans jury* exercée par les juges de paix; voyez Glasson, *Histoire du droit de l'Angleterre*, t. V, p. 525. Mais n'oublions pas que Montesquieu expose la théorie de la constitution anglaise, et ne juge point la manière dont elle fonctionnait.

Il faut même que dans les grandes accusations le criminel, concurremment avec la loi, se choisisse des juges; ou, du moins, qu'il en puisse récuser un si grand nombre que ceux qui restent soient censés être de son choix[1].

Les deux autres pouvoirs[2] pourraient plutôt être donnés à des magistrats[3] ou à des corps permanents[4], parce qu'ils ne s'exercent sur aucun particulier, n'étant, l'un, que la volonté générale de l'État, et l'autre, que l'exécution de cette volonté générale.

Mais, si les tribunaux ne doivent pas être fixes, les jugements doivent l'être à un tel point qu'ils ne soient jamais qu'un texte précis de la loi. S'ils étaient une opinion particulière du juge, on vivrait dans la société sans savoir précisément les engagements que l'on y contracte[5].

Il faut même que les juges soient de la condition de l'accusé, ou ses pairs, pour qu'il ne puisse pas se mettre dans l'esprit qu'il soit tombé entre les mains de gens portés à lui faire violence[6].

Si la puissance législative laisse à l'exécutrice le droit d'emprisonner des citoyens qui peuvent donner caution de leur conduite, il n'y a plus de liberté[7], à moins qu'ils

1. L'accusé peut récuser les jurés, en matière criminelle, non seulement *pour des causes motivées*, mais aussi *d'une manière peremptoire*, sans s'expliquer : les récusations motivées peuvent être en nombre illimité. Glasson, V, p. 589.

2. Exécutif et législatif; cf. p. 91.

3. Les ministres.

4. Le Parlement.

5. Glasson, V, p. 596 : « La procédure anglaise était, sans contredit, une des parties les plus remarquables de la législation de ce pays au XVIIIe siècle. Elle laissait bien loin derrière elle celle de la France qui, malgré les ordonnances de Louis XIV, était restée, sous l'influence du droit canonique, inquisitoriale, secrète et arbitraire, sans garanties pour les accusés. La procédure criminelle anglaise l'emportait sur la nôtre et sur toute celle du continent par une grande précision dans la détermination de l'infraction, par la publicité de l'accusation, par l'examen du jury, par l'absence de la torture. Aussi, lorsque l'heure des réformes sonna en France et dans les autres pays, on s'empressa d'emprunter à l'Angleterre ses institutions. »

6. Texte de la Grande Charte : « Nous nous engageons à ne sévir et à ne laisser sévir contre aucun homme libre que par le jugement de ses pairs et conformément aux lois. »

7. Texte de la Grande Charte :

ne soient arrêtés pour répondre sans délai à une accusation que la loi a rendue capitale : auquel cas ils sont réellement libres, puisqu'ils ne sont soumis qu'à la puissance de la loi[1].

Mais, si la puissance législative se croyait en danger par quelque conjuration secrète contre l'État, ou quelque intelligence avec les ennemis du dehors, elle pourrait, pour un temps court et limité, permettre à la puissance exécutrice de faire arrêter les citoyens suspects, qui ne perdraient leur liberté pour un temps que pour la conserver pour toujours[2]....

Comme, dans un État libre, tout homme qui est censé avoir une âme libre doit être gouverné par lui-même, il faudrait que le peuple en corps eût la puissance législative; mais, comme cela est impossible dans les grands États, et est sujet à beaucoup d'inconvénients dans les petits, il faut que le peuple fasse par ses représentants tout ce qu'il ne peut faire par lui-même[3].

L'on connaît beaucoup mieux les besoins de sa ville que ceux des autres villes, et on juge mieux de la capacité de ses voisins que de celle de ses autres compatriotes. Il ne faut donc pas que les membres du corps législatif soient tirés en général du corps de la nation, mais il convient que, dans chaque lieu principal, les habitants se choisissent un représentant[4].

« Nul homme libre ne peut être arrêté et emprisonné et dépossédé de ses biens, ou mis hors la loi ou spolié de quelque façon que ce soit. Bill de l'*habeas corpus* en 1679 : Aucun juge ne peut refuser à quelque prisonnier que ce soit, dans les vingt-quatre heures, l'ordre d'*habeas corpus*, qui oblige le geôlier à le produire devant la cour que cet ordre désignera et à vérifier la cause de son emprisonnement.

1. Le bénéfice de l'*habeas corpus* est refusé à celui qui est accusé de trahison ou de félonie.

2. Suspension de l'*habeas corpus*. Elle ne peut être accordée au roi que par le Parlement; p. ex. : en 1689, à l'occasion de la révolte de l'Islande et des complots jacobites; en 1745, lors de l'expédition du prétendant Charles-Edouard.

3. Cf. p. 60. Chambre des Communes ou Chambre Basse (*House of Commons* ou *Lower House*). Locke, *le Gouvernement civil*, XI, 1 : « Dans les États bien réglés, le pouvoir législatif est remis entre les mains de plusieurs personnes. »

4. Il n'y a pas de liste électorale

Le grand avantage des représentants, c'est qu'ils sont capables de discuter les affaires. Le peuple n'y est point du tout propre : ce qui forme un des grands inconvénients de la démocratie[1].

Il n'est pas nécessaire que les représentants, qui ont reçu de ceux qui les ont choisis une instruction générale, en reçoivent une particulière sur chaque affaire.... Il est vrai que de cette manière la parole des députés serait plus l'expression de la voix de la nation : mais cela jetterait dans des longueurs infinies, rendrait chaque député le maître de tous les autres; et dans les occasions les plus pressantes, toute la force de la nation pourrait être arrêtée par un caprice....

Tous les citoyens, dans les divers districts, doivent avoir droit de donner leur voix pour choisir le représentant, excepté ceux qui sont dans un tel état de bassesse qu'ils sont réputés n'avoir point de volonté propre[2].

Il y avait un grand vice dans la plupart des anciennes républiques : c'est que le peuple avait droit d'y prendre des résolutions actives, et qui demandent quelque exécution; chose dont il est entièrement incapable[3]. Il ne doit entrer dans le gouvernement que pour choisir ses représentants : ce qui est très à sa portée[4]. Car, s'il y a peu de gens qui connaissent le degré précis de la capacité des hommes, chacun est pourtant capable de savoir en gé-

en Angleterre : mais les villes, les comtés, les bourgs, les universités désignent séparément leurs députés.

1. Cf. p. 60.

2. A cet égard, la Constitution anglaise était loin de se conformer aux règles indiquées par Montesquieu : dans les comtés, le droit électoral appartenait aux propriétaires francs tenanciers (*freeholders*), tirant de leurs biens-fonds un certain revenu ; dans les villes, aux francs bourgeois (*freemen*), participant aux droits de corporation ; dans les bourgs, à quelques familles, et souvent à une seule famille de propriétaires, qui disposait et trafiquait à son gré de son vote (« bourgs pourris », *rotten boroughs*). Sur 558 membres de la Chambre des Communes, 200 représentaient 7000 électeurs.

3. Cf. Locke, XIII, 2.

4. Montesquieu revient constamment sur cette idée dans l'*Esprit des Lois*. Cf. p. 60.

néral si celui qu'il choisit est plus éclairé que la plupart des autres.

Le corps représentant ne doit pas être choisi non plus pour prendre quelque résolution active, chose qu'il ne ferait pas bien, mais pour faire des lois, ou pour voir si l'on a bien exécuté celles qu'il a faites, chose qu'il peut très bien faire, et qu'il n'y a même que lui qui puisse bien faire.

Il y a toujours dans un État des gens distingués par la naissance, les richesses ou les honneurs; mais s'ils étaient confondus parmi le peuple, et s'ils n'y avaient qu'une voix comme les autres, la liberté commune serait leur esclavage, et ils n'auraient aucun intérêt à la défendre, parce que la plupart des résolutions seraient contre eux. La part qu'ils ont à la législation doit donc être proportionnée aux autres avantages qu'ils ont dans l'État : ce qui arrivera s'ils forment un corps qui ait droit d'arrêter les entreprises du peuple, comme le peuple a droit d'arrêter les leurs[1].

Ainsi, la puissance législative sera confiée, et au corps des nobles, et au corps qui sera choisi pour représenter le peuple, qui auront chacun leurs assemblées et leurs délibérations à part, et des vues et des intérêts séparés[2].

Des trois puissances dont nous avons parlé, celle de juger est en quelque façon nulle. Il n'en reste que deux; et comme elles ont besoin d'une puissance réglante pour les tempérer, la partie du corps législatif qui est composée de nobles est très propre à produire cet effet[3].

Le corps des nobles doit être héréditaire. Il l'est premièrement par sa nature; et d'ailleurs il faut qu'il ait un très grand intérêt à conserver ses prérogatives,

1. La Chambre des Lords ou Chambre Haute (*Upper House*). Théorie très importante et dont la Constituante s'est écartée à tort, en ne créant qu'une seule Chambre.

2. Le Parlement, formé de la réunion des deux Chambres.

3. La Chambre Haute peut modifier ou repousser les lois votées par les Communes.

odieuses par elles-mêmes, et qui, dans un État libre, doivent toujours être en danger[1]....

La puissance exécutrice doit être entre les mains d'un monarque, parce que cette partie du gouvernement, qui a presque toujours besoin d'une action momentanée, est mieux administrée par un que par plusieurs; au lieu que ce qui dépend de la puissance législative est souvent mieux ordonné par plusieurs que par un seul.

Que s'il n'y avait point de monarque, et que la puissance exécutrice fût confiée à un certain nombre de personnes tirées du corps législatif, il n'y aurait plus de liberté, parce que les deux puissances seraient unies, les mêmes personnes ayant quelquefois et pouvant toujours avoir part à l'une et à l'autre.

Si le corps législatif était un temps considérable sans être assemblé, il n'y aurait plus de liberté. Car il arriverait de deux choses l'une : ou qu'il n'y aurait plus de résolution législative, et l'État tomberait dans l'anarchie; ou que ces résolutions seraient prises par la puissance exécutrice, et elle deviendrait absolue.

Il serait inutile que le corps législatif fût toujours assemblé. Cela serait incommode pour les représentants, et d'ailleurs occuperait trop la puissance exécutrice, qui ne penserait point à exécuter, mais à défendre ses prérogatives et le droit qu'elle a d'exécuter[2].

De plus : si le corps législatif était continuellement assemblé, il pourrait arriver que l'on ne ferait que suppléer de nouveaux députés à la place de ceux qui mourraient ; et dans ce cas, si le corps législatif était une fois corrompu, le

1. Autre idée chère à Montesquieu : cf. p. 66 et s.

2. Locke, XII, 1 : « Des assemblées du pouvoir législatif perpétuelles, fréquentes, longues sans nécessité, ne pourraient qu'être à charge au peuple, et produire avec le temps des inconvénients dangereux. » Montesquieu se sert évidemment dans ce chapitre, du livre de Locke *du Gouvernement civil*, en particulier ch. XII : « De la subordination des pouvoirs de l'État » ; mais ces emprunts sont moins nombreux et moins directs qu'on ne le dit. Il semble en avoir fait aussi à Sidney, *Discours sur le Gouvernement*, 1698.

mal serait sans remède. Lorsque divers corps législatifs se succèdent les uns aux autres, le peuple, qui a mauvaise opinion du corps législatif actuel, porte avec raison ses espérances sur celui qui viendra après; mais si c'était toujours le même corps, le peuple, le voyant une fois corrompu, n'espérerait plus rien de ses lois : il deviendrait furieux, ou tomberait dans l'indolence.

Le corps législatif ne doit point s'assembler lui-même : car un corps n'est censé avoir de volonté que lorsqu'il est assemblé; et s'il ne s'assemblait pas unanimement, on ne saurait dire quelle partie serait véritablement le corps législatif, celle qui serait assemblée, ou celle qui ne le serait pas. Que s'il avait droit de se proroger lui-même, il pourrait arriver qu'il ne se prorogerait jamais : ce qui serait dangereux dans les cas où il voudrait attenter contre la puissance exécutrice. D'ailleurs, il y a des temps plus convenables les uns que les autres pour l'assemblée du corps législatif : il faut donc que ce soit la puissance exécutrice qui règle le temps de la tenue et de la durée de ces assemblées, par rapport aux circonstances qu'elle connaît[1].

Si la puissance exécutrice n'a pas le droit d'arrêter les entreprises du corps législatif, celui-ci sera despotique : car, comme il pourra se donner tout le pouvoir qu'il peut imaginer, il anéantira toutes les autres puissances.

Mais il ne faut pas que la puissance législative ait réciproquement la faculté d'arrêter la puissance exécutrice. Car l'exécution ayant ses limites par sa nature, il est inutile de la borner; outre que la puissance exécutrice

1. Le Parlement ne peut être convoqué par le roi Cf. Locke. XII, 8 : « Le soin de convoquer le pouvoir législatif, à qui pourrait-il être mieux confié qu'à celui à qui on a confié le pouvoir de faire exécuter les lois ? Étant toujours en activité, et instruit de l'état des affaires publiques, il pourra se servir de sa prérogative pour le bien public. » XIII, 9 : « Étant impossible de prévoir quel lieu sera le plus propre et quelle saison la plus utile pour l'assemblée, le choix en est laissé au pouvoir exécutif » ; et c'est là la *prérogative* essentielle de la monarchie anglaise.

s'exerce toujours sur des choses momentanées[1]. Et la puissance des tribuns de Rome était vicieuse, en ce qu'elle arrêtait non seulement la législation, mais même l'exécution : ce qui causait de grands maux[2].

Mais si, dans un État libre, la puissance législative ne doit pas avoir le droit d'arrêter la puissance exécutrice, elle a droit, et doit avoir la faculté d'examiner de quelle manière les lois qu'elle a faites ont été exécutées, et c'est l'avantage qu'a ce gouvernement sur celui de Crète et de Lacédémone, où les cosmes[3] et les éphores[4] ne rendaient point compte de leur administration.

Mais, quel que soit cet examen, le corps législatif ne doit pas avoir le pouvoir de juger la personne, et par conséquent la conduite de celui qui exécute[5]. Sa personne doit être sacrée, parce qu'étant nécessaire à l'État pour que le corps législatif n'y devienne pas tyrannique, dès le moment qu'il serait accusé ou jugé, il n'y aurait plus de liberté.

Dans ces cas l'État ne serait point une monarchie, mais une république non libre. Mais comme celui qui exécute ne peut rien exécuter mal sans avoir des conseillers méchants et qui haïssent les lois comme ministres, quoiqu'elles les favorisent comme hommes, ceux-ci peuvent être recherchés et punis[6]. Et c'est l'avantage de ce gouvernement sur celui de Gnide, où, la loi ne permettant point d'appeler en jugement les amymones[7], même

1. Locke. XIII. 2. demande qu'on laisse à la discrétion et à la prudence du pouvoir exécutif de dépêcher les affaires qui demandent une prompte exécution. L'édition originale de Montesquieu portait « presque toujours ».

2. Les tribuns avaient le droit d'intercéder contre les décrets des magistrats, contre les sénatus-consultes et contre les rogations portées devant les comices.

3. Voyez la *République* d'Aristote. II, VII, 2 et 6.

4. *Ibidem*, II, VI, 16.

5. A la restauration de la royauté, sous Charles II, le Parlement avait déclaré le roi inviolable et irresponsable.

6. La responsabilité ministérielle est un principe de la constitution anglaise. Les ministres peuvent être poursuivis pour crimes politiques (ce qui entraine la peine de mort), ou pour concussion (ce qui est puni par la confiscation des biens et la détention).

7. C'étaient des magistrats que le peuple élisait tous les ans. Voyez Étienne de Byzance.] — Et il est

après leur administration[1], le peuple ne pouvait jamais se faire rendre raison des injustices qu'on lui avait faites.

Quoique en général la puissance de juger ne doive être unie à aucune partie de la législative, cela est sujet à trois exceptions, fondées sur l'intérêt particulier de celui qui doit être jugé.

Les grands sont toujours exposés à l'envie; et s'ils étaient jugés par le peuple, ils pourraient être en danger[2], et ne jouiraient pas du privilège qu'a le moindre des citoyens dans un État libre, d'être jugé par ses pairs. Il faut donc que les nobles soient appelés, non pas devant les tribunaux ordinaires de la nation, mais devant cette partie du corps législatif qui est composée de nobles[3].

Il pourrait arriver que la loi, qui est en même temps clairvoyante et aveugle, serait, en de certains cas, trop rigoureuse. Mais les juges de la nation ne sont, comme nous avons dit, que la bouche qui prononce les paroles de la loi, des êtres inanimés qui n'en peuvent modérer ni la force ni la rigueur. C'est donc la partie du corps législatif que nous venons de dire être, dans une autre occasion, un tribunal nécessaire, qui l'est encore dans celle-ci; c'est à son autorité suprême à modérer la loi en faveur de la loi même, en prononçant moins rigoureusement qu'elle[4].

Il pourrait encore arriver que quelque citoyen, dans les affaires publiques, violerait les droits du peuple, et

bien évident qu'ici, comme plus haut lorsqu'il parle de la Crète. Montesquieu fait allusion à la monarchie de Louis XIV.

1. On pouvait accuser les magistrats romains après leur magistrature. Voyez, dans Denys d'Halicarnasse, liv. IX, l'affaire du tribun Genutius.] — En 476. Denys, IX, XXVII. Il y a bien d'autres exemples : Montesquieu cite le plus ancien.

2. Cf. p. 80.

3. La Chambre des Lords a la juridiction sur les pairs.

4. La Chambre des Lords est la Cour Suprême de Justice du royaume. C'est devant elle que sont portés les appels des principaux tribunaux. Elle peut aussi faire tomber l'*attainder*, c'est-à-dire l'infamie qui frappait le condamné et entraînait la confiscation de ses biens.

ferait des crimes que les magistrats établis ne sauraient ou ne voudraient pas punir. Mais en général, la puissance législative ne peut pas juger; et elle le peut encore moins dans ce cas particulier, où elle représente la partie intéressée, qui est le peuple. Elle ne peut donc être qu'accusatrice. Mais devant qui accusera-t-elle? Ira-t-elle s'abaisser devant les tribunaux de la loi, qui lui sont inférieurs, et d'ailleurs composés de gens qui, étant peuple comme elle, seraient entraînés par l'autorité d'un si grand accusateur? Non : il faut, pour conserver la dignité du peuple et la sûreté du particulier, que la partie législative du peuple accuse devant la partie législative des nobles, laquelle n'a ni les mêmes intérêts qu'elle ni les mêmes passions[1].

C'est l'avantage qu'a ce gouvernement sur la plupart des républiques anciennes, où il y avait cet abus, que le peuple était en même temps et juge et accusateur.

La puissance exécutrice, comme nous avons dit, doit prendre part à la législation par sa faculté d'empêcher : sans quoi, elle sera bientôt dépouillée de ses prérogatives. Mais si la puissance législative prend part à l'exécution, la puissance exécutrice sera également perdue.

Si le monarque prenait part à la législation par la faculté de statuer, il n'y aurait plus de liberté. Mais, comme il faut pourtant qu'il ait part à la législation pour se défendre, il faut qu'il y prenne part par la faculté d'empêcher[2].

Ce qui fut cause que le gouvernement changea à Rome, c'est que le sénat, qui avait une partie de la puissance exécutrice, et les magistrats, qui avaient l'autre, n'avaient pas, comme le peuple, la faculté d'empêcher[3].

1. Droit des Communes d'accuser les ministres devant la Chambre des Lords. Il fut exercé notamment lors du procès de Strafford en 1641.

2. *Veto* royal. En droit, le roi n'est pas, en effet, un simple rouage du pouvoir exécutif. C'est un principe du droit anglais que le Parlement ne peut faire de loi sans son concours.

3. A partir du temps des Grac-

Voici donc la constitution fondamentale du gouvernement dont nous parlons. Le corps législatif y étant composé de deux parties, l'une enchaînera l'autre par sa faculté mutuelle d'empêcher. Toutes les deux seront liées par la puissance exécutrice, qui le sera elle-même par la législative.

Ces trois puissances devraient former un repos ou une inaction. Mais comme, par le mouvement nécessaire des choses, elles sont contraintes d'aller, elles seront forcées d'aller de concert[1]....

Dans quelques républiques anciennes, où le peuple en corps avait le débat des affaires, il était naturel que la puissance exécutrice les proposât et les débattît avec lui : sans quoi il y aurait eu, dans les résolutions, une confusion étrange[2].

Si la puissance exécutrice statue sur la levée des deniers publics autrement que par son consentement, il n'y aura plus de liberté, parce qu'elle deviendra législative dans le point le plus important de la législation[3].

Si la puissance législative statue, non pas d'année en année, mais pour toujours, sur la levée des deniers publics, elle court risque de perdre sa liberté, parce que la puissance exécutrice ne dépendra plus d'elle, et quand on tient un pareil droit pour toujours, il est assez indifférent qu'on le tienne de soi ou d'un autre[4]. Il en est de

ques, le sénat s'arrogea cependant le droit de suspendre la vie publique en confiant aux consuls des pouvoirs suprêmes par la formule : *videant consules ne quid detrimenti respublica accipiat.* Il est de fait que ce droit dictatorial empêcha pendant près d'un siècle l'établissement de la monarchie.

1. Toujours ces comparaisons avec la physique générale du globe, chères à Montesquieu : cf. p. 86. L'équilibre dans le système physique de Newton, comme dans le système politique de Montesquieu, est le résultat de la *force réelle* qui sollicite et de la *force d'inertie* qui résiste.

2. A Rome.

3. *Déclaration des Droits* en 1689 : « Toute levée d'argent, pour l'usage de la couronne, sous prétexte de la prérogative royale, sans le consentement du Parlement, ou pour un plus long temps ou d'une autre manière qu'elle a été accordée, est contraire aux lois. »

4. Budget annuel.

même si elle statue, non pas d'année en année, mais pour toujours, sur les forces de terre et de mer qu'elle doit confier à la puissance exécutrice[1]....

L'armée étant une fois établie, elle ne doit point dépendre immédiatement du corps législatif, mais de la puissance exécutrice; et cela par la nature de la chose, son fait consistant plus en action qu'en délibération[2]...

Si l'on veut lire l'admirable ouvrage de Tacite sur les mœurs des Germains[3], on verra que c'est d'eux que les Anglais ont tiré l'idée de leur gouvernement politique. Ce beau système a été trouvé dans les bois[4].

Comme toutes les choses humaines ont une fin, l'État dont nous parlons perdra sa liberté, il périra. Rome, Lacédémone et Carthage ont bien péri. Il périra, lorsque la puissance législative sera plus corrompue que l'exécutrice[5].

1. Depuis la *Déclaration des Droits*, le Parlement vote et renouvelle chaque année une loi qui autorise la couronne à lever une armée pour un an.

2. Le roi est généralissime des troupes de terre et de mer.

3. *De minoribus rebus principes consultant, de majoribus omnes: ita tamen ut ea quoque, quorum penes plebem arbitrium est, apud principes pertractentur.*] — *Germanie* de Tacite, XI.

4. Montesquieu veut dire par là que c'est de la Germanie qu'est sorti le système des assemblées populaires, des libertés publiques et de la monarchie tempérée. Beaucoup l'ont pensé après lui. Guizot écrit de même, mais avec plus de ménagements (*Civilisation en France*, VIIe leçon) : « Les Germains nous ont donné l'esprit de liberté, de la liberté telle que nous la concevons et la connaissons aujourd'hui, comme le droit et le bien de chaque individu, maître de lui-même et de ses actions et de son sort, tant qu'il ne nuit à aucun autre. L'idée fondamentale de la liberté, dans l'Europe moderne, lui vient de ses conquérants. » Ainsi présentée, cette idée n'est pas inacceptable. Elle l'est sous la forme plaisante que lui donne Montesquieu. « C'est faire le goguenard », disait Voltaire, « dans un livre de jurisprudence universelle. » La constitution anglaise, à des habitudes de liberté douze fois séculaires, joignait un rouage compliqué, formé insensiblement du travail de vingt générations.

5. Il n'est pas douteux que Montesquieu croyait ce moment proche, en voyant l'effroyable corruption qui sévissait de son temps en Angleterre (cf. p. 155, n. 2). Rien ne se faisait, au Parlement, qu'à prix d'or : « La corruption était si bien dans les mœurs publiques et dans l'état politique qu'après la chute de Walpole, lord Bute, qui l'avait dénoncée, fut obligé de la pratiquer et de l'accroître. Son collègue Fox changea les bureaux du

Ce n'est point à moi à examiner si les Anglais jouissent actuellement de cette liberté, ou non. Il me suffit de dire qu'elle est établie par leurs lois, et je n'en cherche pas davantage[1].

Je ne prétends point par là ravaler les autres gouvernements, ni dire que cette liberté politique extrême doive mortifier ceux qui n'en ont qu'une modérée. Comment dirais-je cela, moi qui crois que l'excès même de la raison n'est pas toujours désirable, et que les hommes s'accommodent presque toujours mieux des milieux que des extrémités[2]?

Harrington, dans son *Oceana*[3], a aussi examiné quel était le plus haut point de liberté où la constitution d'un État peut être portée. Mais on peut dire de lui qu'il n'a cherché cette liberté qu'après l'avoir méconnue, et qu'il a bâti Chalcédoine ayant le rivage de Byzance devant les yeux. (Livre XI, chap. VI.)

Trésor en marché, débattit son prix avec des centaines de membres, déboursa en une matinée 25000 livres sterling. La chute des Stuarts a mis le gouvernement aux mains de quelques grandes familles qui, au moyen de bourgs pourris, de députés achetés et de discours sonores, oppriment le roi, manient les passions populaires, intriguent, mentent, se chamaillent, et tâchent de s'escroquer le pouvoir. » Taine, *Littérature anglaise*, t. IV, p. 260.

1. Montesquieu, *Notes sur l'Angleterre* : « L'Angleterre est à présent le plus libre pays qui soit au monde, je n'en excepte aucune république. Mais si la Chambre Basse devenait maîtresse, son pouvoir serait illimité et dangereux, parce qu'elle aurait en même temps la puissance exécutive : au lieu qu'à présent le pouvoir illimité est dans le Parlement et le roi, et la puissance exécutive dans le roi, dont le pouvoir est borné. Il faut donc qu'un bon Anglais cherche à défendre sa liberté également contre les attentats de la couronne et ceux de la Chambre. »

2. Cf. p. 109, n. 2.

3. Harrington (né en 1611 dans le Northamptonshire, mort en 1677), républicain, utopiste, sociologue, a, sous le titre d'*Oceana* (1re édit. 1656), décrit un gouvernement idéal. Qu'avait-il besoin de chercher cet idéal? veut dire Montesquieu : il l'avait sous les yeux, dans son pays. C'est comme si, voulant bâtir une ville sur le Bosphore, il négligeait la merveilleuse situation de Constantinople et de la Corne d'Or pour l'installer à Chalcédoine, sur la rive d'en face.

COMMENT LES LOIS PEUVENT CONTRIBUER A FORMER LES MŒURS, LES MANIÈRES ET LE CARACTÈRE D'UNE NATION[1]

Les coutumes d'un peuple esclave sont une partie de sa servitude : celles d'un peuple libre sont une partie de sa liberté.

J'ai parlé, au livre XI[2], d'un peuple libre; j'ai donné les principes de sa constitution : voyons les effets qui ont dû suivre, le caractère qui a pu s'en former, et les manières qui en résultent.

Je ne dis point que le climat n'ait produit, en grande partie, les lois et les manières dans cette nation[3], mais je dis que les mœurs et les manières de cette nation devraient avoir un grand rapport à ses lois.

Comme il y aurait dans cet État deux pouvoirs visibles, la puissance législative et l'exécutrice[4], et que tout citoyen y[5] aurait sa volonté propre, et ferait valoir à son gré son indépendance, la plupart des gens auraient plus d'affection pour une de ces puissances que pour l'autre, le grand nombre n'ayant pas ordinairement assez d'équité ni de sens pour les affectionner également toutes les deux.

Et comme la puissance exécutrice, disposant de tous

1. Ce chapitre est le portrait du peuple anglais, page très célèbre, une des plus belles, des plus profondes, des plus durables qu'ait écrites Montesquieu et, chose étrange, plus vraie peut-être aujourd'hui qu'elle ne l'était de son temps, et à laquelle on ne peut reprocher que la manière bizarre, détournée et contournée, dont elle est écrite.

2. Chap. VI. — Cf. p. 193 et s.

3. Voyez livre XIV, chap. XIII (*Effets qui résultent du climat d'Angleterre*) : L'Angleterre, dit Montesquieu, est « une nation à qui une maladie du climat affecte tellement l'âme qu'elle pourrait porter le dégoût de toutes choses jusqu'à celui de la vie » : elle est habitée par « des gens à qui tout serait insupportable ». Elle a « encore reçu du climat un certain caractère d'impatience, qui ne lui permet pas de souffrir longtemps les mêmes choses ». Aussi importe-t-il que, dans ce pays, les hommes ne puissent pas « se prendre à un seul de ce qui cause leurs chagrins », et que « les lois y gouvernent plus que les hommes ». Cf. encore ici, p. 223, fin.

4. Le Parlement et le Cabinet ou Conseil des ministres.

5. « Y », c'est-à-dire dans l'État.

les emplois, pourrait donner de grandes espérances et jamais de craintes, tous ceux qui obtiendraient d'elle seraient portés à se tourner de son côté, et elle pourrait être attaquée par tous ceux qui n'en espéreraient rien[1].

Toutes les passions y étant libres, la haine, l'envie, la jalousie, l'ardeur de s'enrichir et de se distinguer, paraîtraient dans toute leur étendue[2]; et si cela était autrement, l'État serait comme un homme abattu par la maladie, qui n'a point de passions, parce qu'il n'a point de forces[3].

La haine qui serait entre les deux partis[4] durerait, parce qu'elle serait toujours impuissante.

Ces partis étant composés d'hommes libres, si l'un prenait trop le dessus, l'effet de la liberté ferait que celui-ci serait abaissé, tandis que les citoyens, comme les mains qui secourent le corps, viendraient relever l'autre[5].

Comme chaque particulier, toujours indépendant, suivrait beaucoup ses caprices et ses fantaisies, on changerait souvent de parti; on en abandonnerait un, où l'on laisserait tous ses amis, pour se lier à un autre, dans lequel on trouverait tous ses ennemis; et souvent, dans cette nation, on pourrait oublier les lois de l'amitié et celles de la haine.

Le monarque serait dans le cas des particuliers[6]; et

1. « Les ministres, ou plutôt le Premier Ministre distribue à ses amis et à ses créatures les offices et les fonctions politiques et administratives. Pitt donne et retire sa parole, attaque et défend Walpole, propose la guerre ou la paix, le tout pour devenir ou rester ministre. » Taine.

2. *Notes sur l'Angleterre* : « L'argent est ici souverainement estimé; l'honneur et la vertu peu. »

3. Sur la nécessité des divisions dans un pays libre, théorie chère à Montesquieu, cf. *Considérations*, p. 98.

4. Lutte entre les partis en Angleterre, *whigs* et *torys*.

5. Aux dernières élections anglaises (1895) le parti libéral, qui était au pouvoir, a subi, contre toute attente, un irrémédiable échec. Et cela rappelle ce qui arriva sous le règne d'Anne (en 1710) : une proclamation royale cassa le Parlement, composé en grande majorité de *whigs*, et la nation envoya autant de *torys* qu'elle était jusque-là représentée par des whigs.

6. Le consentement du souverain, nécessaire en droit pour transformer en lois les bills du

contre les maximes ordinaires de la prudence, il serait souvent obligé de donner sa confiance à ceux qui l'auraient le plus choqué, et de disgracier ceux qui l'auraient le mieux servi, faisant par nécessité ce que les autres princes font par choix[1].

On craint de voir échapper un bien que l'on sent, que l'on ne connaît guère, et qu'on peut nous déguiser; et la crainte grossit toujours les objets. Le peuple serait inquiet sur sa situation, et croirait être en danger dans les moments même les plus sûrs.

D'autant mieux que ceux qui s'opposeraient le plus vivement à la puissance exécutrice[2], ne pouvant avouer les motifs intéressés de leur opposition, ils augmenteraient les terreurs du peuple, qui ne saurait jamais au juste s'il serait en danger ou non. Mais cela même contribuerait à lui faire éviter les vrais périls où il pourrait dans la suite être exposé.

Mais le corps législatif ayant la confiance du peuple, et étant plus éclairé que lui, il pourrait le faire revenir des mauvaises impressions qu'on lui aurait données, et calmer ses mouvements.

C'est le grand avantage qu'aurait ce gouvernement sur les démocraties anciennes, dans lesquelles le peuple avait une puissance immédiate[3] : car lorsque des orateurs

Parlement, n'est qu'une formalité, puisqu'il n'y a pas d'exemple que la couronne ait opposé son veto à un bill depuis 1707, sous la reine Anne. Charles Ier avait dit au Long Parlement que, s'il se soumettait à ses conditions, il ne serait plus que « l'image, le semblant, l'ombre vaine d'un roi » : depuis la révolution de 1688, la puissance effective du souverain mérita d'être appelée ainsi (Lacour-Gayet, *Lectures historiques*, *rhétorique*, p. 551).

1. Le roi, pour choisir ses ministres, s'adresse au chef du parti qui a la majorité au Parlement, quelles que puissent être ses sympathies personnelles. De même, il doit abandonner ses ministres lorsque le Parlement les a mis en minorité.

2. Montesquieu désigne par là, autant qu'on peut le supposer, l'hostilité du Parlement contre Charles Ier, dans les premiers temps du règne.

3. Tandis qu'en Angleterre le peuple délègue sa puissance à des représentants. C'est ici que Montesquieu a le mieux pressenti ou marqué le caractère du système représentatif.

l'agitaient, ces agitations avaient toujours leur effet.

Ainsi, quand les terreurs imprimées n'auraient point d'objet certain, elles ne produiraient que de vaines clameurs et des injures[1], et elles auraient même ce bon effet qu'elles tendraient tous les ressorts du gouvernement, et rendraient tous les citoyens attentifs. Mais, si elles naissaient à l'occasion du renversement des lois fondamentales, elles seraient sourdes, funestes, atroces, et produiraient des catastrophes.

Bientôt on verrait un calme affreux, pendant lequel tout se réunirait contre la puissance violatrice des lois[2].

Si, dans le cas où les inquiétudes n'ont pas d'objet certain, quelque puissance étrangère menaçait l'État, et le mettait en danger de sa fortune ou de sa gloire, pour lors, les petits intérêts cédant aux plus grands, tout se réunirait en faveur de la puissance exécutrice[3].

Que si les disputes étaient formées à l'occasion de la violation des lois fondamentales, et qu'une puissance étrangère parût, il y aurait une révolution qui ne changerait pas la forme du gouvernement ni sa constitution : car les révolutions que forme la liberté ne sont qu'une confirmation de la liberté[4].

1. Attaques des journalistes et des députés contre la royauté et ses ministres, si fréquentes en particulier sous le ministère Walpole (1720-1742) : « Comme on voit le diable dans les papiers périodiques, on croit que le peuple va se révolter demain, mais il faut seulement se mettre dans l'esprit qu'en Angleterre comme ailleurs, le peuple est mécontent des ministres, et que le peuple y écrit ce que l'on pense ailleurs. » *Notes sur l'Angleterre.*

2. Ceci et tout ce qui précède résume les préludes de la Révolution anglaise de 1641.

3. Luttes contre la Hollande et la France, au XVIIe siècle. Montesquieu, dit M. Sorel à propos de ce passage (p.106), « a mis en évidence ce terrible ressort national des Anglais, qui échappait aux regards des Européens du continent. Il a réfuté, d'un trait de plume, ce préjugé qui a trompé si longtemps les Français, abusé les conventionnels et perdu Napoléon. Il a, en un mot, prévu Pitt et discerné le caractère formidable de la guerre de vingt-trois ans, lorsqu'il a porté ce jugement, qui, induit des faits et confirmé par l'histoire, mérite d'être comparé aux plus fortes hypothèses scientifiques. »

4. Révolution de 1688 : Guillaume d'Orange roi sous le nom de Guillaume III.

Une nation libre peut avoir un libérateur; une nation subjuguée ne peut avoir qu'un autre oppresseur.

Car tout homme qui a assez de force pour chasser celui qui est déjà le maître absolu dans un État, en a assez pour le devenir lui-même[1].

Comme, pour jouir de la liberté, il faut que chacun puisse dire ce qu'il pense; et que, pour la conserver, il faut encore que chacun puisse dire ce qu'il pense, un citoyen, dans cet État, dirait et écrirait tout ce que les lois ne lui ont pas défendu expressément de dire ou d'écrire[2].

Cette nation, toujours échauffée, pourrait plus aisément être conduite par ses passions que par la raison, qui ne produit jamais de grands effets sur l'esprit des hommes; et il serait facile à ceux qui la gouverneraient de lui faire faire des entreprises contre ses véritables intérêts[3].

Cette nation aimerait prodigieusement sa liberté, parce que cette liberté serait vraie; et il pourrait arriver que, pour la défendre, elle sacrifierait son bien, son aisance, ses intérêts; qu'elle se chargerait des impôts les plus durs, et tels que le prince le plus absolu n'oserait les faire supporter à ses sujets[4].

Mais, comme elle aurait une connaissance certaine de

1. Tout ce qui précède est à la fois un éloge de la constitution de l'Angleterre et un résumé de ses révolutions intérieures au XVIIe siècle.

2. Liberté de la presse, définitive depuis l'abolition de la censure, en 1695. « L'ambassadeur de Danemark, s'étant plaint d'un écrit blessant pour son souverain, non sans ajouter : « Le publiciste « danois qui écrirait ainsi contre « Votre Majesté aurait le cou « coupé ». Guillaume répondit, avec son flegme néerlandais : « Je « ne puis en faire autant pour le « publiciste anglais que vous me « signalez, mais je l'informerai « de ce que vous venez de me « dire, pour qu'il le mette dans « sa seconde édition. » Sayous, *les Deux Révolutions d'Angleterre*, p. 250.

3. Guerre contre la France depuis 1743, où l'Angleterre se trouva amenée aux plus grands sacrifices pour défendre l'électorat de Hanovre.

4. Crise financière pendant la guerre de 1688-97. Et pendant la guerre d'Espagne, impôts sur les vins, le malt, le tabac.

la nécessité de s'y soumettre, qu'elle payerait dans l'espérance bien fondée de ne payer plus, les charges y seraient plus pesantes que le sentiment de ces charges : au lieu qu'il y a des États où le sentiment est infiniment au-dessus du mal.

Elle aurait un crédit sûr, parce qu'elle emprunterait à elle-même et se payerait elle-même[1]. Il pourrait arriver qu'elle entreprendrait au-dessus de ses forces naturelles, et ferait valoir contre ses ennemis d'immenses richesses de fiction, que la confiance et la nature de son gouvernement rendraient réelles.

Pour conserver sa liberté, elle emprunterait de ses sujets, et ses sujets, qui verraient que son crédit serait perdu si elle était conquise, auraient un nouveau motif de faire des efforts pour défendre sa liberté[2].

Si cette nation habitait une île[3], elle ne serait point conquérante[4], parce que des conquêtes séparées l'affaibliraient. Si le terrain de cette île était bon, elle le serait encore moins, parce qu'elle n'aurait pas besoin de la guerre pour s'enrichir. Et comme aucun citoyen ne dépendrait d'un autre citoyen, chacun ferait plus de cas de sa liberté que de la gloire de quelques citoyens ou d'un seul.

Là on regarderait les hommes de guerre comme des gens d'un métier qui peut être utile et souvent dangereux, comme des gens dont les services sont laborieux pour la nation même; et les qualités civiles y seraient plus considérées[5].

1. Création des Billets de l'Échiquier, sous Guillaume III : « Ces billets », disait-on alors, « passent comme l'argent de main en main. »

2. Augmentation de la dette pendant la guerre de la succession d'Espagne.

3. Remarquez la manière déguisée (et un peu puérile) dont Montesquieu parle de l'Angleterre.

4. Montesquieu oublie l'Irlande et la guerre de Cent Ans. Et, depuis 1748, l'histoire extérieure de l'Angleterre n'a été qu'une série de conquêtes.

5. Cf. Monod (*Introduction* à Green, *Histoire du peuple anglais*, p. xv) : « L'Angleterre donne avec

Cette nation, que la paix[1] et la liberté rendraient aisée, affranchie des préjugés destructeurs, serait portée à devenir commerçante. Si elle avait quelqu'une de ces marchandises primitives qui servent à faire de ces choses auxquelles la main de l'ouvrier donne un grand prix, elle pourrait faire des établissements propres à se procurer la jouissance de ce don du ciel dans toute son étendue[2].

Si cette nation était située vers le nord, et qu'elle eût un grand nombre de denrées superflues, comme elle manquerait aussi d'un grand nombre de marchandises que son climat lui refuserait, elle ferait un commerce nécessaire, mais grand, avec les peuples du midi; et choisissant les États qu'elle favoriserait d'un commerce avantageux, elle ferait des traités réciproquement utiles avec la nation qu'elle aurait choisie[3].

Dans un État où d'un côté l'opulence serait extrême, et de l'autre les impôts excessifs[4], on ne pourrait guère vivre sans industrie avec une fortune bornée. Bien des gens, sous prétexte de voyages ou de santé, s'exileraient de chez eux, et iraient chercher l'abondance dans les pays de la servitude même[5].

Une nation commerçante a un nombre prodigieux de petits intérêts particuliers; elle peut donc choquer et être choquée d'une infinité de manières. Celle-ci deviendrait souverainement jalouse; et elle s'affligerait plus de la prospérité des autres qu'elle ne jouirait de la sienne[6].

les Etats-Unis l'exemple d'une société où l'armée ne joue qu'un rôle tout à fait secondaire, où la vie militaire n'existe qu'à l'état d'exception, où tout est combiné pour développer l'activité pacifique et la richesse. »

1. Texte primitif : « La loi et la liberté ».

2. Manufactures de laines.

3. Traité de Méthuen, avec le Portugal, en 1703. Les Portugais admirent les laines anglaises; l'Angleterre diminua d'un tiers, pour les vins de Portugal, les droits de douane. Depuis lors, dans une dépendance commerciale absolue de l'Angleterre, le Portugal se laissa « vêtir et nourrir » par elle.

4. Surtout pour l'aristocratie.

5. Colonies anglaises en Amérique, mais surtout séjour des Anglais en Italie, le pays du papisme.

6. Remarque très importante et toujours vraie. « Elle est moins occupée de sa prospérité que de

Et ses lois, d'ailleurs douces et faciles, pourraient être si rigides à l'égard du commerce et de la navigation qu'on ferait chez elle, qu'elle semblerait ne négocier qu'avec des ennemis[1].

Si cette nation envoyait au loin des colonies, elle le ferait plus pour étendre son commerce que sa domination[2].

Comme on aime à établir ailleurs ce qu'on trouve établi chez soi, elle donnerait aux peuples de ses colonies la forme de son gouvernement propre; et ce gouvernement portant avec lui la prospérité, on verrait se former de grands peuples dans les forêts même qu'elle enverrait habiter[3].

Il pourrait être qu'elle aurait autrefois subjugué une nation voisine, qui, par sa situation, la bonté de ses ports, la nature de ses richesses, lui donnerait de la jalousie : ainsi, quoiqu'elle lui eût donné ses propres lois, elle la tiendrait dans une grande dépendance ; de façon que les citoyens y seraient libres, et que l'État lui-même serait esclave[4].

L'État conquis aurait un très bon gouvernement civil, mais il serait accablé par le droit des gens; et on lui imposerait des lois de nation à nation, qui seraient telles, que sa prospérité ne serait que précaire, et seulement en dépôt pour un maître[5].

La nation dominante habitant une grande île, et étant

son envie de la prospérité des autres : ce qui est son esprit dominant. » (*Notes sur l'Angleterre.*)

1. Acte de navigation (1651).

2. On peut bien dire qu'il y a un intérêt commercial à l'origine de toutes les colonies anglaises.

3. Amérique anglaise.

4. L'Irlande. Les jurisconsultes anglais regardaient l'Irlande comme une colonie, dépendant de la mère patrie, et tenue d'accepter le souverain que l'Angleterre s'était donné. (Macaulay, *Guillaume III*. I, chap. II.) Le Parlement de Dublin avait moins de pouvoir que l'Assemblée de la Jamaïque : aucun bill ne pouvait y être présenté sans l'approbation du Conseil privé (*id.*, III, I).

5. L'Irlande était gouvernée comme une dépendance conquise par l'épée (Macaulay). Les colons anglais y exerçaient sur la population indigène une domination absolue.

en possession d'un grand commerce, aurait toutes sortes de facilités pour avoir des forces de mer; et comme la conservation de sa liberté demanderait qu'elle n'eût ni places, ni forteresses, ni armées de terre, elle aurait besoin d'une armée de mer qui la garantît des invasions; et sa marine serait supérieure à celle de toutes les autres puissances, qui, ayant besoin d'employer leurs finances pour la guerre de terre, n'en auraient plus assez pour la guerre de mer[1].

L'empire de la mer a toujours donné aux peuples qui l'ont possédé une fierté naturelle, parce que, se sentant capables d'insulter partout, ils croient que leur pouvoir n'a pas plus de bornes que l'Océan[2].

Cette nation pourrait avoir une grande influence dans les affaires de ses voisins. Car, comme elle n'emploierait pas sa puissance à conquérir, on rechercherait plus son amitié, et l'on craindrait plus sa haine que l'inconstance de son gouvernement et son agitation intérieure ne sembleraient le permettre[3].

Ainsi, ce serait le destin de la puissance exécutrice d'être presque toujours inquiétée au dedans, et respectée au dehors[4].

S'il arrivait que cette nation devînt en quelques occasions le centre des négociations de l'Europe, elle y porterait un peu plus de probité et de bonne foi que les autres, parce que ses ministres étant souvent obligés de justifier leur conduite devant un conseil populaire, leurs négociations ne pourraient être secrètes, et ils seraient forcés d'être, à cet égard, un peu plus honnêtes gens[5].

De plus, comme ils seraient en quelque façon garants

1. Toujours très vrai.

2. Montesquieu songe aux Phéniciens, aux Vénitiens et aux Barbaresques.

3. Rôle prépondérant de l'Angleterre dans les guerres contre Louis XIV.

4. Tout-puissant au dehors, le ministère anglais est toujours menacé au dedans; voyez Godolphin sous la reine Anne et Walpole au XVIIIe siècle. Tout cela est admirablement vrai et le demeure.

5. Pas beaucoup plus.

des événements qu'une conduite détournée pourrait faire naître, le plus sûr pour eux serait de prendre le plus droit chemin.

Si les nobles avaient eu dans de certains temps un pouvoir immodéré dans la nation, et que le monarque eût trouvé le moyen de les abaisser en élevant le peuple[1], le point de l'extrême servitude aurait été entre le moment de l'abaissement des grands, et celui où le peuple aurait commencé à sentir son pouvoir[2].

Il pourrait être que cette nation ayant été autrefois soumise à un pouvoir arbitraire, en aurait en plusieurs occasions conservé le style : de manière que, sur le fond d'un gouvernement libre, on verrait souvent la forme d'un gouvernement absolu[3].

A l'égard de la religion, comme dans cet État chaque citoyen aurait sa volonté propre, et serait par conséquent conduit par ses propres lumières ou ses fantaisies, il arriverait, ou que chacun aurait beaucoup d'indifférence pour toutes sortes de religions, de quelque espèce qu'elles fussent, moyennant quoi tout le monde serait porté à embrasser la religion dominante[4]; ou que l'on serait zélé pour la religion en général, moyennant quoi les sectes se multiplieraient[5].

1. Sous Henri VII (création de la Chambre Etoilée, dirigée contre la féodalité). Cf. *Considérations*, page 6.

2. Henri VII et Henri VIII.

3. « Le secrétaire du Parlement, quand il s'agit de lire un bill voté, prononce l'antique formule de la loi française, dont l'emploi rappelle l'autorité législative des rois normands. S'agit-il d'un bill d'intérêt public : « Le Roy le veult » ; d'un bill de finance : « Le Roy re-« mercie ses loyals sujets, accepte « leur bénévolence, et ainsi le « veult. » Lacour-Gayet, p. 530.

4. Montesquieu, dans son voyage en Angleterre, fut frappé du grand nombre d'athées : « Point de religion en Angleterre. Si quelqu'un parle de religion, tout le monde se met à rire. Un homme ayant dit de mon temps : « Je « crois cela comme *article de foi*. » tout le monde se mit à rire. » Il modifia son jugement dans l'*Esprit des Lois*, parce que la situation avait changé en Angleterre depuis 1738.

5. Ariens, méthodistes, quakers, wesleyens, presbytériens. C'est surtout à partir de 1738 que le sentiment religieux se réveilla en Angleterre, en particulier sous l'influence de John Wesley (1703-1791).

Il ne serait pas impossible qu'il y eût dans cette nation des gens qui n'auraient point de religion, et qui ne voudraient pas cependant souffrir qu'on les obligeât à changer celle qu'ils auraient, s'ils en avaient une : car ils sentiraient d'abord que la vie et les biens ne sont pas plus à eux que leur manière de penser, et que qui peut ravir l'un peut encore mieux ôter l'autre.

Si parmi les différentes religions, il y en avait une à l'établissement de laquelle on eût tenté de parvenir par la voie de l'esclavage, elle y serait odieuse; parce que, comme nous jugeons des choses par les liaisons et les accessoires que nous y mettons, celle-ci ne se présenterait jamais à l'esprit avec l'idée de liberté.

Les lois contre ceux qui professeraient cette religion ne seraient point sanguinaires : car la liberté n'imagine point ces sortes de peines; mais elles seraient si réprimantes, qu'elles feraient tout le mal qui peut se faire de sang-froid[1].

Il pourrait arriver de mille manières[2] que le clergé aurait si peu de crédit que les autres citoyens en auraient davantage. Ainsi, au lieu de se séparer, il aimerait mieux supporter les mêmes charges que les laïques, et ne faire à cet égard qu'un même corps : mais comme il chercherait toujours à s'attirer le respect du peuple, il se distinguerait par une vie plus retirée, une conduite plus réservée, et des mœurs plus pures.

Ce clergé ne pouvant protéger la religion, ni être protégé par elle, sans force pour contraindre, chercherait à persuader : on verrait sortir de sa plume de très bons ouvrages, pour prouver la révélation et la providence du grand Être[3].

1. Lois contre le papisme. Elles frappaient les catholiques de toutes sortes d'incapacités politiques et civiles : les biens des papistes étaient soumis à des taxes spéciales.

2. Et surtout à cause de l'introduction de la Réforme. J'imagine que Montesquieu a mis ici « mille » pour ne pas dire sa vraie pensée.

3. Fort ironique allusion aux écrits théologiques des ecclésias-

Il pourrait arriver qu'on éluderait ses assemblées et qu'on ne voudrait pas lui permettre de corriger ses abus même ; et que, par un délire de la liberté, on aimerait mieux laisser sa réforme imparfaite que de souffrir qu'il fût réformateur[1].

Les dignités, faisant partie de la constitution fondamentale, seraient plus fixes qu'ailleurs ; mais d'un autre côté, les grands, dans ce pays de liberté, s'approcheraient plus du peuple : les rangs seraient donc plus séparés, et les personnes plus confondues[2].

Ceux qui gouvernent ayant une puissance qui se remonte pour ainsi dire, et se refait tous les jours, auraient plus d'égard pour ceux qui leur sont utiles que pour ceux qui les divertissent : ainsi on y verrait peu de courtisans, de flatteurs, de complaisants, enfin de toutes ces sortes de gens qui font payer aux grands le vide même de leur esprit[3].

On n'y estimerait guère les hommes par des talents ou des attributs frivoles, mais par des qualités réelles ; et de ce genre il n'y en a que deux : les richesses et le mérite personnel[4].

tiques anglais et surtout, sans doute, à ceux du recteur Jean Norris (mort en 1711 : *Lettres sur l'amour de Dieu*, *Traité de la raison et de la foi*), et de Clarke (mort en 1729 : *Traité de l'existence de Dieu* et *de la Religion naturelle et révélée* ; cf. p. 51). « Un étranger qui visiterait en ce moment le pays », dit Taine (III, p. 287), « ne verrait dans cette religion qu'une vapeur suffocante de raisonnements, de controverses et de sermons. »

1. « Le clergé, bien loin de constituer dans le Parlement anglais, comme dans les États Généraux de France, un Ordre à part, se trouva confondu avec les autres Ordres ; il arriva même souvent qu'offusqué de cette confusion, il se tint à l'écart des délibérations parlementaires, préférant régler dans ses propres assemblées les questions de subsides. » (Monod *apud* Green, p. xxv.) La *Déclaration des Droits*, en 1689, portait que l'érection de toute cour ecclésiastique était contraire aux lois.

2. « A Londres, liberté et égalité. La liberté de Londres est la liberté des honnêtes gens. » *Notes sur l'Angleterre.*

3. Idéalisé. Montesquieu oublie ce qu'il a dit de la corruption anglaise (p. 133, n. 2) : mais s'il y avait plus de vénalité, il y avait moins de flagornerie.

4. Montesquieu était plus dur en 1730 : « Les actions extraordinaires en France, c'est pour dépenser de l'argent ; ici, c'est pour en acquérir. »

Il y aurait un luxe solide, fondé, non pas sur le raffinement de la vanité, mais sur celui des besoins réels; et l'on ne chercherait guère dans les choses que les plaisirs que la nature y a mis[1].

On y jouirait d'un grand superflu, et cependant les choses frivoles y seraient proscrites : ainsi, plusieurs ayant plus de bien que d'occasions de dépense, l'emploieraient d'une manière bizarre; et dans cette nation il y aurait plus d'esprit que de goût[2].

Comme on serait toujours occupé de ses intérêts, on n'aurait point cette politesse qui est fondée sur l'oisiveté[3]; et réellement on n'en aurait pas le temps.

L'époque de la politesse des Romains[4] est la même que celle de l'établissement du pouvoir arbitraire. Le gouvernement absolu produit l'oisiveté, et l'oisiveté fait naître la politesse.

Plus il y a de gens dans une nation qui ont besoin d'avoir des ménagements entre eux et de ne pas déplaire, plus il y a de politesse. Mais c'est plus la politesse des mœurs que celle des manières qui doit nous distinguer des peuples barbares[5].

Dans une nation où tout homme, à sa manière, prendrait part à l'administration de l'État, les femmes ne devraient guère vivre avec les hommes. Elles seraient donc modestes, c'est-à-dire timides; cette timidité ferait leur vertu[6] : tandis que les hommes, sans galanterie, se

1. « Notre vice », disait un Anglais (Taine, IV, p. 456), « c'est la passion exagérée de toutes les choses bonnes et commodes : nous avons trop de besoins, nous dépensons trop. »

2. Excentricités habituelles aux Anglais.

3. Mêmes réflexions chez Taine, IV, p. 461.

4. Montesquieu a mis ici « Romains » pour ne pas mettre les Français et Louis XIV.

5. En réalité, Montesquieu cherche à excuser la froideur anglaise; il est plus net dans ses *Notes* : « Peu de politesses, mais jamais d'impolitesses. En France, je fais amitié avec tout le monde; en Angleterre, je n'en fais avec personne; en Italie, je fais des compliments à tout le monde; en Allemagne, je bois avec tout le monde. »

6. Mêmes idées et mêmes expressions chez Taine, IV, p. 446.

jetteraient dans une débauche qui leur laisserait toute leur liberté et leur loisir[1].

Les lois n'y étant pas faites pour un particulier plus que pour un autre, chacun se regarderait comme monarque; et les hommes, dans cette nation, seraient plutôt des confédérés que des concitoyens[2].

Si le climat avait donné à bien des gens un esprit inquiet et des vues étendues, dans un pays où la constitution donnerait à tout le monde une part au gouvernement et des intérêts politiques, on parlerait beaucoup de politique; on verrait des gens qui passeraient leur vie à calculer des événements qui, vu la nature des choses et le caprice de la fortune, c'est-à-dire des hommes, ne sont guère soumis au calcul[3].

Dans une nation libre, il est très souvent indifférent que les particuliers raisonnent bien ou mal; il suffit qu'ils raisonnent : de là sort la liberté, qui garantit des effets de ces mêmes raisonnements.

De même, dans un gouvernement despotique, il est également pernicieux qu'on raisonne bien ou mal; il suffit qu'on raisonne pour que le principe du gouvernement soit choqué.

Bien des gens qui ne se soucieraient de plaire à personne, s'abandonneraient à leur humeur. La plupart, avec de l'esprit[4], seraient tourmentés par leur esprit même :

1. Tout cela est le résumé des notes prises par Montesquieu dans son voyage en Angleterre.

2. « Quand un homme, en Angleterre », dit-il ailleurs, « aurait autant d'ennemis qu'il a de cheveux sur la tête, il ne lui en arriverait rien. » Et Taine, commentant ce passage (*Littérature anglaise*, III, p. 518) : « L'orgueil ici s'ajoute à l'instinct pour défendre le droit. Chacun pressent que *sa maison est son château* et que la loi veille à sa porte. Chacun se dit qu'il est à l'abri de l'insolence privée, que l'arbitraire n'arrivera pas jusqu'à lui, qu'*il a son corps*, qu'il peut répondre à des coups par des coups, à des blessures par des blessures, qu'il sera jugé par un jury indépendant et d'après une loi commune à tous. »

3. Abus des journaux politiques en Angleterre : « Un couvreur se fait apporter la gazette sur les toits pour la lire. » *Notes* de Montesquieu.

4. « Comme les Anglais ont de l'esprit, sitôt qu'un ministre étranger en a peu, ils le méprisent. » *Notes sur l'Angleterre.*

dans le dédain ou le dégoût de toutes choses, ils seraient malheureux, avec tant de sujets de ne l'être pas[1].

Aucun citoyen ne craignant aucun citoyen, cette nation serait fière; car la fierté des rois n'est fondée que sur leur indépendance[2].

Les nations libres sont superbes, les autres peuvent plus aisément être vaines.

Mais ces hommes si fiers, vivant beaucoup avec eux-mêmes, se trouveraient souvent au milieu de gens inconnus; ils seraient timides, et l'on verrait en eux, la plupart du temps, un mélange bizarre de mauvaise honte et de fierté.

Le caractère de la nation paraîtrait surtout dans leurs ouvrages d'esprit, dans lesquels on verrait des gens recueillis, et qui auraient pensé tout seuls.

La société nous apprend à sentir les ridicules; la retraite nous rend plus propres à sentir les vices. Leurs écrits satiriques seraient sanglants; et l'on verrait bien des Juvénals[3] chez eux, avant d'avoir trouvé un Horace[4].

Dans les monarchies extrêmement absolues, les historiens trahissent la vérité, parce qu'ils n'ont pas la liberté de la dire; dans les États extrêmement libres, ils trahissent la vérité, à cause de leur liberté même, qui, produisant toujours des divisions, chacun devient aussi esclave des préjugés de sa faction qu'il le serait d'un despote.

Leurs poètes auraient plus souvent cette rudesse originale de l'invention, qu'une certaine délicatesse que

1. *Notes* : « Comme on ne s'aime point ici, à force de craindre d'être dupe, on devient dur. » Voyez encore ce que Montesquieu dit du suicide chez les Anglais (XIV, XII) : « Les Anglais se tuent sans qu'on puisse imaginer aucune raison qui les y détermine; ils se tuent dans le sein même du bonheur. »

2. « Aucun peuple n'a jamais porté aussi haut que le peuple anglais le sentiment de la dignité humaine. » Monod, p. XXVII.

3. Swift : « Il vivait seul, morne, ne pouvant plus lire. On dit qu'il passa une année sans prononcer une parole. » Taine, IV, p. 16.

4. Semble dirigé contre Pope.

donne le goût ; on y trouverait quelque chose qui approcherait plus de la force de Michel-Ange que de la grâce de Raphaël[1]. (Livre XIX, chap. XXVII.)

ESPRIT DE L'ANGLETERRE SUR LE COMMERCE

L'Angleterre n'a guère de tarif réglé avec les autres nations : son tarif change, pour ainsi dire, à chaque parlement, par les droits particuliers qu'elle ôte ou qu'elle impose. Elle a voulu encore conserver sur cela son indépendance. Souverainement jalouse du commerce qu'on fait chez elle, elle se lie peu par des traités, et ne dépend que de ses lois.

D'autres nations ont fait céder des intérêts du commerce à des intérêts politiques : celle-ci a toujours fait céder ses intérêts politiques aux intérêts de son commerce[2].

C'est le peuple du monde qui a le mieux su se prévaloir à la fois de ces trois grandes choses : la religion, le commerce et la liberté. (Livre XX, chap. VII.)

Il faut que je parle de cet empire de la mer qu'eut Athènes. « Athènes », dit Xénophon[3], « a l'empire de la

1. Milton et surtout Shakspeare. Taine (II, p. 124) semble s'être souvenu de ce passage : « Je veux supposer que, pour le corps comme pour le reste, il était de sa grande génération et de son grand siècle ; que, chez lui, comme chez Rabelais, Titien, Michel-Ange et Rubens, la solidité des muscles faisait équilibre à la sensibilité des nerfs. » Remarquez avec quelle finesse Montesquieu a observé le peuple anglais, avec quelle sobriété et quelle précision il exprime ses jugements, trouvant toujours l'expression propre et faite pour durer. Qu'on relise l'*Histoire de la Littérature anglaise* de Taine : il n'est aucun développement qui ne soit en germe dans une pensée de Montesquieu.

2. « L'Angleterre défend de faire sortir ses laines ; elle veut que le charbon soit transporté par mer dans la capitale ; les vaisseaux de ses colonies qui commercent en Europe doivent mouiller en Angleterre. Elle gêne le négociant, mais c'est en faveur du commerce. » *Esprit des Lois*, livre XX, chap. XII.

3. *De Republica Atheniensium.* — II, 13 et 14.

mer; mais comme l'Attique tient à la terre, les ennemis la ravagent, tandis qu'elle fait ses expéditions au loin. Les principaux laissent détruire leurs terres, et mettent leurs biens en sûreté dans quelque île; la populace, qui n'a point de terres, vit sans aucune inquiétude. Mais si les Athéniens habitaient une île, et avaient outre cela l'empire de la mer, ils auraient le pouvoir de nuire aux autres sans qu'on pût leur nuire, tandis qu'ils seraient les maîtres de la mer. » Vous diriez que Xénophon a voulu parler de l'Angleterre[1]. (Livre XXI, chap. VII, fragm.)

La servitude commence toujours par le sommeil. Mais un peuple qui n'a de repos dans aucune situation, qui se tâte sans cesse[2], et trouve tous les endroits douloureux, ne pourrait guère s'endormir[3].

(Livre XIV, chap. XII[4].)

1. « Que dites-vous des Anglais ? » écrit Montesquieu à l'abbé Niccolini (6 mars 1740), « voyez comme ils couvrent toutes les mers. C'est une grande baleine, *et latum sub pectore possidet aequor*. »

2. Montesquieu songe ici au peuple anglais. Cf. Taine. IV, p. 447 : « Le corps de l'Anglais et son esprit ont été transformés par la forte nourriture, par l'exercice corporel, par la religion austère, par la morale publique, par la lutte politique, par la perpétuité de l'effort. Il est devenu, de tous les hommes, le plus capable d'agir utilement et puissamment dans toutes les voies. »

3. Cf. l'expression de Taine, à propos du peuple anglais (IV, p. 471) : « L'examen incessant, l'effort personnel, le redressement continu de soi-même par soi-même. »

4. Autres extraits de ce chapitre, p. 207, n. 5.

XII

La monarchie française[1].

---

*CE QUI FAIT LA FORCE DE LA FRANCE

Pour qu'un État soit dans sa force, il faut que sa grandeur soit telle, qu'il y ait un rapport de la vitesse avec laquelle on peut exécuter contre lui quelque entreprise, et la promptitude qu'il peut employer pour la rendre vaine. Comme celui qui attaque peut d'abord paraître

1. Les deux pays auxquels Montesquieu s'attacha le plus dans les études de sa vie sont la France et Rome. Trois des derniers livres de l'*Esprit des Lois* (XXVIII, XXX et XXXI, cf. p. 41 et 45) sont consacrés à l'histoire des lois et de la constitution de la France. Dans le courant de l'ouvrage, bien des faits empruntés à la Chine ou au Japon sont des allusions à son pays. On sait d'autre part que Montesquieu avait le vif désir d'écrire une Histoire de France (et peut-être une Histoire de Louis XIV) : « Si je la fais », écrit-il dans une note publiée par M. Bonnefon (*Journal des Débats*, 12 mars 1895, soir), « il faudra y mettre les principales reparties, y mettre partout les extraits des pièces, plus ou moins longs selon qu'elles seront plus ou moins intéressantes. Au reste, je croyais que je n'y réussirais pas moins bien qu'un autre, et mieux surtout que ceux qui, ayant eu part aux affaires, sont devenus parties intéressées. » En outre, toutes les fois que Montesquieu parle de la monarchie, c'est au gouvernement de la France qu'il songe : *la monarchie gothique* de la France féodale (cf. p. 226) lui paraît le type de cette forme d'État, comme Rome de la démocratie, Venise de l'aristocratie, et la Perse du despotisme : bien des fragments que nous donnons ici et qui concernent visiblement la France, sont extraits de théories générales sur la monarchie. Enfin, Montesquieu n'a jamais dissimulé qu'en écrivant l'*Esprit des Lois*, il avait songé surtout à ses concitoyens, à les rendre meilleurs (cf. p. 48), à corriger les abus. Mais dans quelle mesure et avec quelle modération, c'est ce qu'on verra à la fin de ceci (p. 254; cf. p. 148).

partout, il faut que celui qui défend puisse se montrer partout aussi; et par conséquent, que l'étendue de l'État soit médiocre, afin qu'elle soit proportionnée au degré de vitesse que la nature a donné aux hommes pour se transporter d'un lieu à un autre.

La France et l'Espagne sont précisément de la grandeur requise. Les forces se communiquent si bien, qu'elles se portent d'abord là où l'on veut; les armées s'y joignent, et passent rapidement d'une frontière à l'autre; et l'on n'y craint aucune des choses qui ont besoin d'un certain temps pour être exécutées[1].

En France, par un bonheur admirable, la capitale se trouve plus près des différentes frontières, justement à proportion de leur faiblesse; et le prince y voit mieux chaque partie de son pays, à mesure qu'elle est plus exposée....

La vraie puissance d'un prince ne consiste pas tant dans la facilité qu'il y a à conquérir, que dans la difficulté qu'il y a à l'attaquer, et, si j'ose parler ainsi, dans l'immutabilité de sa condition. Mais l'agrandissement des États leur fait montrer de nouveaux côtés par où on peut les prendre.

Ainsi, comme les monarques doivent avoir de la sagesse pour augmenter leur puissance, ils ne doivent pas avoir moins de prudence afin de la borner. En faisant cesser les inconvénients de la petitesse, il faut qu'ils aient toujours l'œil sur les inconvénients de la grandeur.

(Livre IX, chap. VI : *De la force défensive des États en général*, fragment.)

Toute grandeur, toute force, toute puissance est relative. Il faut bien prendre garde qu'en cherchant à augmenter la grandeur réelle, on ne diminue la grandeur relative. Vers le milieu du règne de Louis XIV, la France fut au plus haut point de sa grandeur relative.

(Livre IX, chap. IX, fragm.)

---

1. Comparez le passage célèbre de Strabon sur la Gaule (IV, p. 189).

*DE L'EXCELLENCE DES LOIS DANS LA MONARCHIE FRANÇAISE[1]

Les monarchies que nous connaissons n'ont pas, comme celle dont nous venons de parler[2], la liberté pour leur objet direct; elles ne tendent qu'à la gloire des citoyens, de l'État et du prince. Mais de cette gloire il résulte un esprit de liberté qui, dans ces États, peut faire d'aussi grandes choses, et peut-être contribuer autant au bonheur que la liberté même.

(Livre XI, chap. VII, fragm.)

Voici comment se forma le premier plan des monarchies que nous connaissons. Les nations germaniques qui conquirent l'Empire romain étaient, comme l'on sait, très libres. On n'a qu'à voir là-dessus Tacite sur *les Mœurs des Germains*. Les conquérants se répandirent dans le pays; ils habitaient les campagnes, et peu les villes[3]. Quand ils étaient en Germanie, toute la nation pouvait s'assembler. Lorsqu'ils furent dispersés dans la conquête, ils ne le purent plus. Il fallait pourtant que la nation délibérât sur ses affaires, comme elle avait fait avant la conquête : elle le fit par des représentants[4]. Voilà l'origine du gouvernement gothique parmi nous. Il fut d'abord mêlé de l'aristocratie et de la monarchie. Il avait cet inconvénient que le bas peuple y était esclave : c'était un bon gouvernement qui avait en soi la capacité de devenir meilleur. La coutume vint d'accorder des lettres d'affranchissement;

1. Tout ceci peut servir de réponse à ceux qui prétendent que Montesquieu a proposé à la France l'Angleterre comme modèle.

2. L'Angleterre; ce passage fait suite à celui que nous avons imprimé page 193.

3. Cela n'est point certain.

4. Montesquieu regarde les assemblées des Francs, chez les Mérovingiens, comme des assemblées représentatives, et pour ainsi dire le prototype des États Généraux. Et beaucoup jusqu'au milieu de ce siècle ont dit et pensé comme lui. Il faut lire la réfutation que Fustel de Coulanges a faite de cette théorie (*la Monarchie franque*, ch. III) : il n'y eut pas, sous les Mérovingiens, d'assemblées du peuple franc, ni générales ni représentatives.

et bientôt la liberté civile du peuple, les prérogatives de la noblesse et du clergé, la puissance des rois, se trouvèrent dans un tel concert, que je ne crois pas qu'il y ait eu sur la terre de gouvernement si bien tempéré que le fut celui de chaque partie de l'Europe dans le temps qu'il y subsista[1]. Et il est admirable que la corruption du gouvernement d'un peuple conquérant ait formé la meilleure espèce de gouvernement que les hommes aient pu imaginer. (Livre XI, chap. VIII, fragm.)

DE LA CONQUÊTE DES FRANCS[2]

Il n'est pas vrai que les Francs, entrant dans la Gaule, aient occupé toutes les terres du pays pour en faire des

1. Le gouvernement de saint Louis a été l'apogée du *gouvernement gothique*, le moment où il y eu parfait équilibre entre la royauté, la noblesse, le clergé et ce que Montesquieu appelle la liberté civile du peuple. Mais il n'y avait pas d'assemblée de représentants.

2. Le plus grand débat auquel ait donné lieu l'histoire de France est la question de l'établissement des Francs en Gaule sous Clovis. Pour les uns il y a eu conquête violente et brutale d'un pays par les vainqueurs venus de la Germanie (et on appelle *germanistes* ceux qui soutiennent cette thèse). Pour les autres (et ce sont les *romanistes*) les Francs n'ont rien imposé à la Gaule que des chefs ou même que leur roi : ils ont respecté la civilisation latine, les lois romaines, la propriété des terres et la liberté des personnes. Ce débat passionnait les érudits du temps de Montesquieu : il les passionne aujourd'hui encore. Au XVIIIe siècle comme de nos jours, les polémiques contemporaines influaient, malheureusement, sur les théories des savants. Le comte de Boulainvilliers, passionné pour les privilèges des nobles, croyait à des conquérants germains, d'où la noblesse française était descendue. Et l'abbé Dubos niait cette conquête et l'existence d'une noblesse héréditaire : il se faisait, d'une façon rétrospective, le champion du Tiers État. De nos jours, Thierry, Guizot ont cru à la conquête. Fustel de Coulanges a repris les théories de Dubos. Montesquieu paraît avoir hésité. Dans les *Lettres Persanes*, CI, il dit très nettement : « Les Français sont les conquérants ». Dans les *Considérations* (p. 209, édit. de 1734), il regarde la conquête franque comme la cause de « cette différence accablante entre une nation noble et une nation roturière » ; il se représente les Barbares comme « rendant tant de citoyens esclaves de la glèbe » et « se réservant la liberté et l'exercice des armes », et les Romains comme « destinés par la loi de la servitude à cultiver les

fiefs. Quelques gens ont pensé ainsi, parce qu'ils ont vu, sur la fin de la seconde race, presque toutes les terres devenues des fiefs, des arrière-fiefs, ou des dépendances de l'un ou de l'autre : mais cela a eu des causes particulières qu'on expliquera dans la suite....

(Livre XXX, chap. v, fragment.)

On ne trouve, dans les lois saliques et ripuaires, aucune trace d'un tel partage de terres. Ils avaient conquis; ils prirent ce qu'ils voulurent, et ne firent de règlements qu'entre eux[1].

(Livre XXX, chap. vii, fragment.)

Il n'y a qu'à ouvrir les lois saliques et ripuaires pour voir que les Romains ne vivaient pas plus dans la servitude chez les Francs que chez les autres conquérants de la Gaule.

M. le comte de Boulainvilliers[2] a manqué le point capital de son système; il n'a point prouvé que les Francs aient fait un règlement général qui mît les Romains dans une espèce de servitude....

M. le comte de Boulainvilliers et M. l'abbé Dubos ont fait chacun un système, dont l'un semble être une conjuration contre le tiers-état, et l'autre une conjuration

champs. » Mais, quelque mal qu'il dise du livre de Dubos (paru en 1734), Montesquieu en dut subir l'influence. Dans l'*Esprit des Lois*, il est beaucoup moins affirmatif et tend à diminuer les effets de la conquête. Cette conquête, il y croit, et c'est pour cela qu'il combat Dubos avec acharnement (p. 229) : mais il nie qu'elle ait été suivie d'une dépossession générale des propriétaires (p. 228), il nie que les Romains aient été réduits en esclavage (p. 236) : après la conquête, il y a eu des Romains libres, propriétaires, et nobles même. Et, en tout cela, Montesquieu a raison, et il se rapproche singulièrement de Fustel de Coulanges.

1. Il a pu y avoir, il y a eu certainement des exactions particulières, des confiscations et des vols, mais aucune loi générale conférant la propriété du sol aux Germains, aucune « grande usurpation des terres des Romains par les Barbares » (livre XXX, ch. viii). Cf. Fustel de Coulanges, *l'Alleu*, p. 129 : « On ne trouve jamais, ni dans les actes, ni dans les formules, qu'il y ait la moindre différence entre la propriété des Germains et celle des Romains. »

2. *Histoire de l'ancien gouvernement de France*, La Haye, 1727.

contre la noblesse. Lorsque le Soleil donna à Phaéton son char à conduire, il lui dit : « Si vous montez trop haut, vous brûlerez la demeure céleste ; si vous descendez trop bas, vous réduirez en cendres la terre. N'allez point trop à droite, vous tomberiez dans la constellation du Serpent; n'allez point trop à gauche, vous iriez dans celle de l'Autel : tenez-vous entre les deux[1]. »

(Livre XXX, chap. x, fragment.)

IDÉE GÉNÉRALE DU LIVRE DE « L'ÉTABLISSEMENT DE LA MONARCHIE FRANÇAISE DANS LES GAULES », PAR M. L'ABBÉ DUBOS[2]

RÉFLEXION SUR LE FOND DU SYSTÈME

Il est bon qu'avant de finir ce livre j'examine un peu l'ouvrage de M. l'abbé Dubos, parce que mes idées sont perpétuellement contraires aux siennes, et que, s'il a trouvé la vérité, je ne l'ai pas trouvée.

Cet ouvrage a séduit beaucoup de gens, parce qu'il est écrit avec beaucoup d'art; parce qu'on y suppose éternellement ce qui est en question; parce que, plus on y manque de preuves, plus on y multiplie les probabilités; parce qu'une infinité de conjectures sont mises en principes, et qu'on en tire comme conséquences d'autres conjectures. Le lecteur oublie qu'il a douté, pour commencer à croire. Et comme une érudition sans fin est placée, non pas dans le système, mais à côté du système, l'esprit est distrait par des accessoires, et ne s'occupe plus du principal. D'ailleurs, tant de recherches ne permettent

1. Ovide, *Métamorphoses*, livre II.]

2. Paru en 1734, en 3 vol. in-4°, à Paris, sous le titre *Histoire critique de l'établissement*, etc. Dubos était alors secrétaire perpétuel de l'Académie française; il est mort en 1742. Montesquieu pensait de son livre beaucoup de mal (p. 37, n. 7), et il avait tort. Le livre de Dubos, en dépit de l'exagération de la thèse, est un des plus pénétrants qui aient paru sur les temps de l'invasion.

pas d'imaginer qu'on n'ait rien trouvé : la longueur du voyage fait croire qu'on est enfin arrivé.

Mais, quand on examine bien, on trouve un colosse immense qui a des pieds d'argile ; et c'est parce que les pieds sont d'argile que le colosse est immense. Si le système de M. l'abbé Dubos avait eu de bons fondements, il n'aurait pas été obligé de faire trois mortels volumes pour le prouver : il aurait tout trouvé dans son sujet, et sans aller chercher de toutes parts ce qui en était très loin. La raison elle-même se serait chargée de placer cette vérité dans la chaîne des autres vérités. L'histoire et nos lois lui auraient dit : Ne prenez point tant de peine : nous rendrons témoignage de vous[1].

M. l'abbé Dubos veut ôter toute espèce d'idée que les Francs soient entrés dans les Gaules en conquérants : selon lui, nos rois, appelés par les peuples, n'ont fait que se mettre à la place et succéder aux droits des empereurs romains.

Cette prétention ne peut pas s'appliquer au temps où Clovis, entrant dans les Gaules, saccagea et prit les villes ; elle ne peut pas s'appliquer non plus au temps où il défit Syagrius, officier romain, et conquit le pays qu'il tenait[2] : elle ne peut donc se rapporter qu'à celui où Clovis, devenu maître d'une grande partie des Gaules par la violence, aurait été appelé, par le choix et l'amour des peuples, à la domination du reste du pays. Et il ne suffit

1. Montesquieu oubliait que, de son temps, la croyance à la conquête était article de foi, enseigné dans les écoles, développé dans les salons et propagé par les nouvellistes. On faisait, dit Dubos, « un tableau de l'établissement de notre monarchie à peu près semblable à celui que des relations nous font de l'invasion de la Grèce par les Turcs. » Il fallait, pour combattre ce préjugé, autant de science que de courage.

2. Syagrius était officier romain, mais (sous le titre de *roi des Romains*) à peu près aussi indépendant de l'Empire romain que Clovis lui-même. Et, d'autre part, il n'est pas certain que Clovis, comme tant de rois barbares, n'ait pas pris ou reçu, dès son avènement, le titre d'une fonction romaine. Voyez Fustel de Coulanges, *l'Invasion germanique*, p. 490.

pas que Clovis ait été reçu, il faut qu'il ait été appelé; il faut que M. l'abbé Dubos prouve que les peuples ont mieux aimé vivre sous la domination de Clovis, que de vivre sous la domination des Romains ou sous leurs propres lois. Or, les Romains de cette partie des Gaules qui n'avait point encore été envahie par les Barbares étaient, selon M. l'abbé Dubos, de deux sortes : les uns étaient de la confédération armorique, et avaient chassé les officiers de l'empereur pour se défendre eux-mêmes contre les Barbares, et se gouverner par leurs propres lois; les autres obéissaient aux officiers romains. Or. M. l'abbé Dubos prouve-t-il que les Romains, qui étaient encore soumis à l'Empire, aient appelé Clovis? point du tout. Prouve-t-il que la république des Armoriques ait appelé Clovis, et fait même quelque traité avec lui? point du tout encore. Bien loin qu'il puisse nous dire quelle fut la destinée de cette république, il n'en saurait pas même montrer l'existence; et quoiqu'il la suive depuis le temps d'Honorius jusqu'à la conquête de Clovis, quoiqu'il y rapporte avec un art admirable tous les événements de ces temps-là, elle est restée invisible dans les auteurs[1]. Car il y a bien de la différence entre prouver par un passage de Zosime[2] que, sous l'empire d'Honorius, la contrée armorique[3] et les autres provinces des Gaules se révoltèrent et formèrent une espèce de république[4], et faire voir que, malgré les diverses pacifications des Gaules, les Armoriques formèrent toujours une république

1. C'est là en effet le point faible de la théorie de Dubos. La prétendue confédération armoricaine est connue seulement par un texte de Zosime (VI. 5), à la date de 409, un texte de Rutilius à la date de 417 (I, v. 213). Dubos ne parvient à suivre son histoire jusque sous Clovis qu'à la condition d'y rattacher la révolte des Bagaudes du milieu du ve siècle (d'après Salvien), et l'histoire de ces Ἀρβόρυχοι qui (suivant Procope, I, xii) s'unirent à Clovis. Mais il est douteux qu'il y ait un lien entre ces différents faits.

2. *Histoire*, livre VI.]

3. Ce mot désignait, dans la langue officielle, la région comprise entre l'Océan, la Seine et la Loire.

4. *Totusque tractus armoricus, aliaeque Galliarum provinciae.* Zosime. *Histoire*, liv. VI.] — Traduction du texte grec.

particulière qui subsista jusqu'à la conquête de Clovis. Cependant il aurait besoin, pour établir son système, de preuves bien fortes et bien précises : car quand on voit un conquérant entrer dans un État et en soumettre une grande partie par la force et par la violence, et qu'on voit, quelque temps après, l'État entier soumis sans que l'histoire dise comment il l'a été, on a un très juste sujet de croire que l'affaire a fini comme elle a commencé.

Ce point une fois manqué, il est aisé de voir que tout le système de M. l'abbé Dubos croule de fond en comble[1]; et toutes les fois qu'il tirera quelque conséquence de ce principe, que les Gaules n'ont pas été conquises par les Francs, mais que les Francs ont été appelés par les Romains, on pourra toujours la lui nier.

M. l'abbé Dubos prouve son principe par les dignités romaines dont Clovis fut revêtu : il veut que Clovis ait succédé à Childéric son père dans l'emploi de maître de la milice[2]. Mais ces deux charges sont purement de sa création[3]. La lettre de saint Remi à Clovis, sur laquelle il se fonde[4], n'est qu'une félicitation sur son avènement à la couronne. Quand l'objet d'un écrit est connu, pourquoi lui en donner un qui ne l'est pas ?

Clovis, sur la fin de son règne, fut fait consul par l'empereur Anastase[5] : mais quel droit pouvait lui donner

1. Pas le moins du monde. Il reste toujours à se demander si les populations ont regardé Clovis et si lui-même s'est considéré comme un représentant ou un ennemi de Rome.

2. Childéric a été certainement fonctionnaire romain, indépendant en fait si l'on veut, mais se réclamant en droit de l'empereur. Cf. Fustel de Coulanges, *l'Invasion germanique*, p. 473.

3. Dubos (II, p. 256) ne donne ce titre que comme une hypothèse. Mais il a raison de dire que « Clovis, après avoir succédé à la couronne des Francs Saliens, lui succéda encore à un emploi ou dignité autre que la royauté. Cet emploi était certainement une des dignités militaires de la Gaule. » La lettre de saint Remi porte, en effet, *administrationem bellicae*, et on a supposé, ces derniers temps, qu'il fallait lire *Belgicae*, et que Clovis était gouverneur de la province romaine de Belgique ; cf. Fustel de Coulanges, p. 465.

4. Tome II, liv. III, chap. XVIII, page 270.]

5. Grégoire de Tours, *Historia Francorum*, II, XXXVIII.

une autorité simplement annale[1]? Il y a apparence, dit M. l'abbé Dubos, que, dans le même diplôme, l'empereur Anastase fit Clovis proconsul[2]. Et moi, je dirai qu'il y a apparence qu'il ne le fit pas. Sur un fait qui n'est fondé sur rien, l'autorité de celui qui le nie est égale à l'autorité de celui qui l'allègue J'ai même une raison pour cela. Grégoire de Tours, qui parle du consulat, ne dit rien du proconsulat. Ce proconsulat n'aurait été même que d'environ six mois : Clovis mourut un an et demi après avoir été fait consul ; il n'est pas possible de faire du proconsulat une charge héréditaire[3]. Enfin, quand le consulat et, si l'on veut, le proconsulat lui furent donnés, il était déjà le maître de la monarchie, et tous ses droits étaient établis.

La seconde preuve que M. l'abbé Dubos allègue, c'est la cession, faite par l'empereur Justinien aux enfants et aux petits-enfants de Clovis, de tous les droits de l'Empire sur les Gaules[4]. J'aurais bien des choses à dire sur cette cession. On peut juger de l'importance que les rois des Francs y mirent, par la manière dont ils en exécutèrent les conditions. D'ailleurs, les rois des Francs étaient maîtres des Gaules ; ils étaient souverains paisibles ; Justinien n'y possédait pas un pouce de terre ; l'Empire d'Occident était détruit depuis longtemps, et l'empereur d'Orient n'avait de droit sur les Gaules que comme représentant l'empereur d'Occident[5] : c'étaient des droits

1. Annuelle.

2. Le prologue de la Loi salique lui donne le titre de proconsul. Il est impossible de savoir le titre exact que les empereurs romains ont conféré à Clovis. « Ces choses étaient restées vagues pour ces générations d'hommes et le sont encore pour nous. » Aucun de ces titres, proconsul, consul, patrice, n'était autre chose qu'une simple appellation honorifique. Cf. Fustel de Coulanges, *Nouvelles recherches*, p. 222.

3. Montesquieu raisonne, et il a grand tort de le faire, comme si le proconsulat était demeuré au VIe siècle ce qu'il était sous la république romaine, la prorogation du consulat.

4. Il est certain qu'à partir de 539, les Francs ne tinrent plus compte des droits de l'Empire ; cf. Fustel de Coulanges, p. 511.

5. Ici Montesquieu se trompe. Il n'y avait pas deux Empires, mais un seul Empire divisé en deux *partes*. L'Empire d'Occident dis-

sur des droits. La monarchie des Francs était déjà fondée; le règlement de leur établissement était fait : les droits réciproques des personnes et des diverses nations qui vivaient dans la monarchie étaient convenus; les lois de chaque nation étaient données, et même rédigées par écrit. Que faisait cette cession étrangère à un établissement déjà formé?

Que veut dire M. l'abbé Dubos avec les déclamations de tous ces évêques qui, dans le désordre, la confusion, la chute totale de l'État, les ravages de la conquête, cherchent à flatter le vainqueur? Que suppose la flatterie, que la faiblesse de celui qui est obligé de flatter? Que prouvent la rhétorique et la poésie, que l'emploi même de ces arts? Qui ne serait étonné de voir Grégoire de Tours, qui, après avoir parlé des assassinats de Clovis, dit que cependant Dieu prosternait tous les jours ses ennemis, parce qu'il marchait dans ses voies? Qui peut douter que le clergé n'ait été bien aise de la conversion de Clovis, et qu'il n'en ait même tiré de grands avantages? Mais qui peut douter en même temps que les peuples n'aient essuyé tous les malheurs de la conquête, et que le gouvernement romain n'ait cédé au gouvernement germanique[1]? Les Francs n'ont point voulu, et n'ont pas même pu tout changer; et même peu de vainqueurs ont eu cette manie. Mais, pour que toutes les

paru en 476. l'empereur d'Orient redevenait le maître de fait et de droit du monde romain. Pour le reste, Montesquieu a raison : il n'y a eu dans toutes ces affaires qu'une question de droit. Encore le débat avait-il son importance, surtout aux yeux de Dubos, qui a voulu montrer l'absence de tout *droit de conquête*.

1. C'est à ce propos que se marque l'importance de la thèse de Dubos. S'il n'y a pas eu droit de conquête, il n'y a pas eu violences systématiques, et suppression du gouvernement romain. Et ici Dubos a raison. « Ces générations ne se sont pas fait des événements dont elles étaient témoins l'idée qu'on s'en est faite depuis. Elles n'y ont pas vu une conquête. Elles en ont sans doute beaucoup souffert et beaucoup gémi; elles ont été victimes de beaucoup de désordres, de convoitises, de violences; mais elles ne se regardèrent jamais comme une race vaincue sous la main et sous le joug d'une race victorieuse. » Fustel de Coulanges, *l'Invasion*, p. 512.

conséquences de M. Dubos fussent vraies, il aurait fallu que, non seulement ils n'eussent rien changé chez les Romains, mais encore qu'ils se fussent changés eux-mêmes[1].

Je m'engagerais bien, en suivant la méthode de M. l'abbé Dubos, à prouver de même que les Grecs ne conquirent pas la Perse[2] : d'abord je parlerais des traités que quelques-unes de leurs villes firent avec les Perses; je parlerais des Grecs qui furent à la solde des Perses, comme les Francs furent à la solde des Romains. Que si Alexandre entra dans le pays des Perses, assiégea, prit et détruisit la ville de Tyr, c'était une affaire particulière, comme celle de Syagrius. Mais voyez comment le pontife des Juifs vient au-devant de lui; écoutez l'oracle de Jupiter Ammon; ressouvenez-vous comment il avait été prédit à Gordium; voyez comment toutes les villes courent, pour ainsi dire, au-devant de lui; comment les satrapes et les grands arrivent en foule. Il s'habille à la manière des Perses : c'est la robe consulaire de Clovis. Darius ne lui offrit-il pas la moitié de son royaume? Darius n'est-il pas assassiné comme un tyran? La mère et la femme de Darius ne pleurent-elles pas la mort d'Alexandre? Quinte-Curce, Arrien, Plutarque, étaient-ils contemporains d'Alexandre? L'imprimerie ne nous a-t-elle pas donné des lumières qui manquaient à ces auteurs[3]?

1. Si les Francs n'ont pas changé les règles et la hiérarchie du gouvernement romain, ils ont en tout cas apporté, en le pratiquant, des habitudes de brutalité et d'ignorance qui en ont dénaturé le mécanisme.

2. Mais est-ce que Montesquieu lui-même (p. 156) n'a pas cherché à montrer qu'Alexandre n'avait pas fait une conquête brutale, systématique, avec toutes les conséquences du droit du vainqueur, « à la Tartare », et n'a-t-il pas eu raison de le faire?

3. Voyez le discours préliminaire de M. l'abbé Dubos.] — C'est traiter trop cavalièrement un livre sérieux et sincère. Dubos, I, p. 38 : « Je soutiens donc qu'il a été, moralement parlant, impossible qu'aucun des écrivains qui ont travaillé avant l'invention de l'imprimerie, sur l'histoire de France, ait eu entre les mains tous les monuments littéraires qui sont entre les nôtres. » Dubos a raison : nous devons mieux saisir l'histoire de Clovis que Procope et Frédégaire.

Voilà l'histoire de *l'Établissement de la monarchie française dans les Gaules*[1]. (Livre XXX, chap. XXIII et XXIV.)

DES SERVITUDES

Ce qui a donné l'idée d'un règlement général fait dans le temps de la conquête, c'est qu'on a vu en France un prodigieux nombre de servitudes vers le commencement de la troisième race; et, comme on ne s'est pas aperçu de la progression continuelle qui se fit de ces servitudes, on a imaginé dans un temps obscur une loi générale qui ne fut jamais[2].

Dans le commencement de la première race, on voit un nombre infini d'hommes libres, soit parmi les Francs, soit parmi les Romains; mais le nombre des serfs augmenta tellement, qu'au commencement de la troisième tous les laboureurs et presque tous les habitants des villes se trouvèrent serfs : et au lieu que, dans le commencement de la première, il y avait dans les villes à peu

1. Que Clovis n'ait violemment conquis les Gaules, le doute n'est point possible à ce sujet : mais il est possible qu'il ait dissimulé souvent ses conquêtes sous le prétexte de chasser d'autres Barbares (en Aquitaine) et de soumettre la Gaule à l'obéissance de l'Empereur. S'il agissait en chef indépendant, il parlait en officier romain. Et les populations ne distinguaient pas très bien en lui le roi Franc du représentant de l'Empire : elles étaient habituées depuis si longtemps à entendre des chefs barbares leur commander au nom de Rome. Si les unes ont résisté (comme celles qui dépendaient de Syagrius), les autres (comme celles de l'Armorique) l'ont accepté de bonne grâce. Et les honneurs reçus d'Anastase ont achevé de donner à la victoire de Clovis une couleur romaine. Mais que ce ne fût qu'un mensonge officiel, dont personne ne fut dupe, ni Clovis, ni la Gaule, ni l'empereur, cela est également probable. Au moins ce mensonge et cette formule sont utiles à constater, pour bien montrer que la Gaule, en changeant de maître, continuait à se dire romaine.

2. Fustel de Coulanges, *l'Alleu*, p. 276, ne dira pas autre chose : « La servitude était une condition où toutes les races indistinctement tombaient et se confondaient. Ceux qui ont supposé que les serfs du moyen âge étaient les fils des Gaulois et que les maîtres étaient les fils des Germains ont commis une double erreur, et défiguré toute notre histoire. »

près la même administration que chez les Romains, des corps de bourgeoisie, un sénat, des cours de judicature[1], on ne trouve guère, vers le commencement de la troisième, qu'un seigneur et des serfs[2].

Lorsque les Francs, les Bourguignons et les Goths faisaient leurs invasions, ils prenaient l'or, l'argent, les meubles, les vêtements, les hommes, les femmes, les garçons, dont l'armée pouvait se charger : le tout se rapportait en commun, et l'armée le partageait[3]. Le corps entier de l'histoire prouve qu'après le premier établissement, c'est-à-dire après les premiers ravages[4], ils reçurent à composition les habitants, et leur laissèrent tous leurs droits politiques et civils. C'était le droit des gens de ce temps-là : on enlevait tout dans la guerre, on accordait tout dans la paix. Si cela n'avait pas été ainsi, comment trouverions-nous dans les lois saliques et bourguignonnes tant de dispositions contradictoires à la servitude générale des hommes[5]?

Mais ce que la conquête ne fit pas, le même droit des gens[6], qui subsista après la conquête, le fit : la résistance, la révolte, la prise des villes, emportaient avec elles la servitude des habitants. Et comme, outre les guerres que les différentes nations conquérantes firent entre elles, il y eut cela de particulier chez les Francs, que les divers partages de la monarchie firent naître sans cesse des guerres civiles entre les frères ou neveux, dans lesquelles

1. Mais voilà où Montesquieu ne fait que reprendre la théorie de Dubos.

2. Très exagéré. Il devait y avoir encore des hommes libres dans les villes fortes.

3. Voyez Grégoire de Tours, liv. II, chap. XXVII ; Aimoin, liv. I, chap. VII.]

4. Encore faut-il bien distinguer les moments où les Francs envahirent comme *ennemis* et ceux où ils entrèrent comme *soldats fédérés*. Souvent, à quelques mois de distance, ils ont pu se présenter avec ces deux qualités différentes.

5. Remarquez comme, dans tout ce chapitre, Montesquieu se rapproche insensiblement des idées de Dubos. Il n'a jamais été bien net sur ce fait de la conquête (cf. p. 227, n. 2) : on dirait presque que, s'il admet la conquête, c'est pour en rejeter les conséquences.

6. Voyez les *Vies des Saints* citées ci-après, page 239, note 3.]

ce droit des gens fut toujours pratiqué, les servitudes devinrent plus générales en France que dans les autres pays....

La conquête ne fut que l'affaire d'un moment, et le droit des gens que l'on y employa produisit quelques servitudes. L'usage du même droit des gens, pendant plusieurs siècles, fit que les servitudes s'étendirent prodigieusement.

Theuderic[1], croyant que les peuples d'Auvergne ne lui étaient pas fidèles, dit aux Francs de son partage : « Suivez-moi : je vous mènerai dans un pays où vous aurez de l'or, de l'argent, des captifs, des vêtements, des troupeaux en abondance ; et vous en transférerez tous les hommes dans votre pays. »

Après la paix qui se fit entre Gontran et Chilpéric[2], ceux qui assiégeaient Bourges ayant eu ordre de revenir, ils amenèrent tant de butin, qu'ils ne laissèrent presque dans le pays ni hommes ni troupeaux[3].

Théodoric, roi d'Italie, dont l'esprit et la politique étaient de se distinguer toujours des autres rois barbares, envoyant son armée dans la Gaule, écrit au général[4] : « Je veux qu'on suive les lois romaines, et que vous rendiez les esclaves fugitifs à leurs maîtres : le défenseur de la liberté ne doit point favoriser l'abandon de la servitude. Que les autres rois se plaisent dans le pillage et la ruine des villes qu'ils ont prises : nous voulons vaincre de manière que nos sujets se plaignent d'avoir acquis trop tard la sujétion. » Il est clair qu'il voulait rendre odieux les rois des Francs et des Bourguignons, et qu'il faisait allusion à leur droit des gens.

Ce droit subsista dans la seconde race : l'armée de Pépin étant entrée en Aquitaine revint en France chargée d'un

1. Grégoire de Tours, liv. III.] — Campagne de Thierry en Auvergne en 530 ; III, XI.

2. Grégoire de Tours, liv. VI, chap. XXXI.] — En 583.

3. Les deux alinéas suivants manquent dans l'édition primitive.

4. Lettre XLIII, liv. III, dans Cassiodore.]

nombre infini de dépouilles et de serfs, disent les Annales de Metz[1].

Je pourrais citer des autorités sans nombre[2]. Et comme, dans ces malheurs, les entrailles de la charité s'émurent; comme plusieurs saints évêques, voyant les captifs attachés deux à deux, employèrent l'argent des églises et vendirent même les vases sacrés pour en racheter ce qu'ils purent; que de saints moines s'y employèrent : c'est dans les Vies des Saints que l'on trouve les plus grands éclaircissements sur cette matière[3]. Quoiqu'on puisse reprocher aux auteurs de ces Vies d'avoir été quelquefois un peu trop crédules sur des choses que Dieu a certainement faites, si elles ont été dans l'ordre de ses desseins, on ne laisse pas d'en tirer de grandes lumières sur les mœurs et les usages de ces temps-là.

Quand on jette les yeux sur les monuments de notre histoire et de nos lois, il semble que tout est mer, et que les rivages mêmes manquent à la mer[4]. Tous ces écrits froids, secs, insipides et durs, il faut les lire, il faut les dévorer, comme la Fable dit que Saturne dévorait les pierres[5]. (Livre XXX, chap. XI, fragm.)

---

1. Sur l'an 763. *Innumerabilibus spoliis et captivis totus ille exercitus ditatus, in Franciam reversus est.*] — *Apud* dom Bouquet. *Historiens des Gaules* (an 761), t. V, p. 338. Montesquieu exagère un peu le nombre des hommes libres réduits en servitude. Beaucoup de ces serfs promis aux soldats et butin du vainqueur étaient des serfs enlevés à leurs maîtres. Mais il n'en est pas moins vrai que les guerres continuelles soutenues par les rois francs ont été la cause principale de la multiplication des esclaves.

2. *Annales* de Fulde, année 739; Paul Diacre, *de Gestis Langobardorum*, liv. III, ch. XXX, et liv. IV, chap. I; et les *Vies des Saints* citées note suivante.]

3. Voyez les Vies de saint Epiphane, de saint Eptadius, de saint Césaire, de saint Fidole, de saint Porcien, de saint Treverius, de saint Eusichius, et de saint Léger; les miracles de saint Julien.] — Réunies dans le recueil des *Historiens des Gaules*, tome III.

4. *Deerant quoque littora ponto.*
OVIDE, *Métam.*, liv. I.] — Vers 292.

5. Trop de comparaisons avec la mer, les pierres et les fleuves; cf. ici, pages 74, 132, 150.

DES ANCIENNES LOIS FRANÇAISES

C'est bien dans les anciennes lois françaises que l'on trouve l'esprit de la monarchie.

(Livre VI, chap. x, fragm.)

DES LOIS FÉODALES

Je croirais qu'il y aurait une imperfection dans mon ouvrage, si je passais sous silence un événement arrivé une fois dans le monde, et qui n'arrivera peut-être jamais[1]; si je ne parlais de ces lois que l'on vit paraître en un moment dans toute l'Europe, sans qu'elles tinssent à celles que l'on avait jusqu'alors connues[2]; de ces lois qui ont fait des biens et des maux infinis; qui ont laissé des droits quand on a cédé le domaine[3]; qui, en donnant à plusieurs personnes divers genres de seigneurie sur la même chose ou sur les mêmes personnes, ont diminué le poids de la seigneurie entière[4]; qui ont posé diverses limites dans des Empires trop étendus[5]; qui ont produit la règle avec une inclinaison à l'anarchie, et l'anarchie avec une tendance à l'ordre et à l'harmonie[6].

Ceci demanderait un ouvrage exprès; mais, vu la nature

1. Le système féodal, caractérisé par la subordination de l'homme à l'homme, est de tout temps et de tout pays; cf. Fustel de Coulanges, *Origines du système féodal*, p. XI.

2. Tout au contraire, les lois féodales se rattachent aux institutions antérieures par une série de transitions infinies; elles sont loin d'être l'œuvre «d'un moment»; il n'y a pas en histoire de ces révolutions brusques. Voyez le livre cité note précédente.

3. Les bénéfices.

4. Sur une même terre, un seigneur pouvait avoir la propriété, un autre la justice; les droits de justice pouvaient ne pas appartenir au même seigneur que les droits fiscaux, etc.

5. Par exemple en Allemagne.

6. L'anarchie, parce que l'autorité publique étant très faible, les seigneurs se faisaient justice eux-mêmes; l'harmonie, parce que chaque terre avait sa loi, chaque personne son droit.

de celui-ci, on y trouvera plutôt ces lois comme je les ai envisagées que comme je les ai traitées.

C'est un beau spectacle que celui des lois féodales : un chêne antique s'élève[1] ; l'œil en voit de loin les feuillages; il approche; il en voit la tige, mais il n'en aperçoit point les racines: il faut percer la terre pour les trouver.

(Livre XXX, chap. I.)

DES SOURCES DES LOIS FÉODALES

Les peuples qui conquirent l'Empire romain étaient sortis de la Germanie. Quoique peu d'auteurs anciens nous aient décrit leurs mœurs, nous en avons deux qui sont d'un très grand poids. César, faisant la guerre aux Germains, décrit les mœurs des Germains[2]; et c'est sur ces mœurs qu'il a réglé quelques-unes de ses entreprises[3]. Quelques pages de César, sur cette matière, sont des volumes.

Tacite fait un ouvrage exprès sur les mœurs des Germains. Il est court, cet ouvrage : mais c'est l'ouvrage de Tacite, qui abrégeait tout, parce qu'il voyait tout.

Ces deux auteurs se trouvent dans un tel concert avec les codes des lois des peuples barbares que nous avons, qu'en lisant César et Tacite on trouve partout ces codes, et qu'en lisant ces codes on trouve partout César et Tacite.

Que si, dans la recherche des lois féodales, je me vois dans un labyrinthe obscur, plein de routes et de détours, je crois que je tiens le bout du fil, et que je puis marcher.

(Livre XXX, chap. II.)

---

1. .... *Quantum vertice ad auras Æthereas, tantum radice ad Tartara tendit.* [VIRG.] — *Géorg.* II, 290.

2. Livre VI.] — *Guerre des Gaules*, VI, chap. XXI et suivants.

3. Par exemple, sa retraite d'Allemagne. *ibidem.*] — *Guerre des Gaules*, VI, XXIX.

ORIGINE DU VASSELAGE

César dit que les « Germains ne s'attachaient point à l'agriculture; que la plupart vivaient de lait, de fromage et de chair; que personne n'avait de terres ni de limites qui lui fussent propres; que les princes et les magistrats de chaque nation donnaient aux particuliers la portion de terre qu'ils voulaient, et dans le lieu qu'ils voulaient, et les obligeaient l'année suivante de passer ailleurs[1] ». Tacite dit « que chaque prince avait une troupe de gens qui s'attachaient à lui et le suivaient[2] ». Cet auteur, qui, dans sa langue, leur donne un nom qui a du rapport avec leur état, les nomme compagnons[3]. Il y avait entre eux une émulation singulière pour obtenir quelque distinction auprès du prince, et une même émulation entre les princes sur le nombre et la bravoure de leurs compagnons[4] « C'est », ajoute Tacite, « la dignité, c'est la puissance, d'être toujours entouré d'une foule de jeunes gens que l'on a choisis; c'est un ornement dans la paix, c'est un rempart dans la guerre. On se rend célèbre dans sa nation et chez les peuples voisins, si l'on surpasse les autres par le nombre et le courage de ses compagnons; on reçoit des présents; les ambassades viennent de toutes parts. Souvent la réputation décide de la guerre. Dans le combat il est honteux au prince d'être inférieur en courage; il est honteux à la troupe de ne point égaler la valeur du prince; c'est une infamie éternelle de lui avoir survécu. L'engagement le plus sacré, c'est de le défendre. Si une cité est en paix, les princes vont chez celles qui font la guerre : c'est par là qu'ils conservent

1. Livre VI de la *Guerre des Gaules*. Tacite ajoute : *Nulli domus aut ager aut aliqua cura; prout ad quem venere aluntur.* (*De Moribus Germanorum.*)] — César, VI, XXII, Tacite. *Germanie*, XXXI (il ne parle là que des Cattes, et il faut lire *ad quemque*).

2. *De Moribus Germanorum.*]— Chapitre XIII.

3. *Comites.*]

4. *Ibidem.*] — Chap. XIII et XIV.

un grand nombre d'amis. Ceux-ci reçoivent d'eux le cheval du combat et le javelot terrible. Les repas peu délicats, mais grands, sont une espèce de solde pour eux. Le prince ne soutient ses libéralités que par les guerres et les rapines. Vous leur persuaderiez bien moins de labourer la terre et d'attendre l'année, que d'appeler l'ennemi et de recevoir des blessures; ils n'acquerront pas par la sueur ce qu'ils peuvent obtenir par le sang. »

Ainsi, chez les Germains, il y avait des vassaux, et non pas des fiefs. Il n'y avait point de fiefs, parce que les princes n'avaient point de terres à donner; ou plutôt les fiefs étaient des chevaux de bataille, des armes, des repas. Il y avait des vassaux, parce qu'il y avait des hommes fidèles qui étaient liés par leur parole, qui étaient engagés pour la guerre, et qui faisaient à peu près le même service que l'on fit depuis pour les fiefs[1].

César[2] dit que, « quand un des princes déclarait à l'assemblée qu'il avait formé le projet de quelque expédition, et demandait qu'on le suivît, ceux qui approuvaient le

1. « Dans ces compagnons, dans ces présents que le chef leur fait, Montesquieu voit les vassaux et les fiefs: il eût dû se borner à les prévoir. » (Guizot, *Essais sur l'histoire de France*, 1852, p. 92.) On a beaucoup trop chicané Montesquieu sur cette théorie. Au fond, il ne dit que ceci : il y avait chez les Germains des habitudes de fidélité, de subordination personnelle, d'obéissance d'homme à homme, qui, transportées en Gaule, seront les germes du vasselage. Fustel de Coulanges, tout en faisant, dans cette institution, une part prépondérante aux traditions de la clientèle romaine, ne parle pas différemment de Montesquieu (*Origines*, p. 29) : « Le *comitatus* germain contenait en soi certaines habitudes qui ont pu, ayant été autrefois puissantes et ayant laissé leurs marques dans les âmes, passer en Gaule avec les envahisseurs. Dans la description de Tacite, il y a tout au moins quelques traits qui se retrouveront dans la Gaule franque. C'est d'abord cette émulation et cette concurrence entre les chefs, à qui attachera le plus d'hommes à sa personne. C'est aussi cette propension du faible à chercher la protection d'un plus fort en se livrant à lui. C'est encore cette conception d'esprit en vertu de laquelle l'homme vouait son obéissance à un autre homme, au lieu de la vouer à l'État ou au souverain : conception qui était opposée au principe romain, et que les guerres civiles ont certainement développée. »

2. *De Bello Gallico*, liv. VI. — Chapitre XXIII.

chef et l'entreprise se levaient et offraient leurs secours. Ils étaient loués par la multitude. Mais, s'ils ne remplissaient pas leurs engagements, ils perdaient la confiance publique, et on les regardait comme des déserteurs et des traîtres. »

Ce que dit ici César, et ce que nous avons dit dans le chapitre précédent, après Tacite, est le germe de l'histoire de la première race.

Il ne faut pas être étonné que les rois aient toujours eu à chaque expédition de nouvelles armées à refaire, d'autres troupes à persuader, de nouvelles gens à engager; qu'il ait fallu, pour acquérir beaucoup, qu'ils répandissent beaucoup; qu'ils acquissent sans cesse par le partage des terres et des dépouilles, et qu'ils donnassent sans cesse ces terres et ces dépouilles; que leur domaine grossît continuellement, et qu'il diminuât sans cesse; qu'un père qui donnait à un de ses enfants un royaume y joignît toujours un trésor[1]; que le trésor du roi fût regardé comme nécessaire à la monarchie; et qu'un roi ne pût, même pour la dot de sa fille, en faire part aux étrangers sans le consentement des autres rois[2]. La monarchie avait son allure par des ressorts qu'il fallait toujours remonter[3]. (Livre XXX, chap. III et IV.)

---

1. Voyez la *Vie de Dagobert*.] — XXXI, dom Bouquet, II, p. 588.

2. Voyez Grégoire de Tours, livre VI, sur le mariage de la fille de Chilpéric. Childebert lui envoie des ambassadeurs pour lui dire qu'il n'ait point à donner des villes du royaume de son père à sa fille, ni de ses trésors, ni des serfs, ni des chevaux, ni des cavaliers, ni des attelages de bœufs, etc.] — VI, chapitre XLV.

3. Fustel de Coulanges (*les Transformations de la royauté*, livre Ier) a montré comment la monarchie mérovingienne a perdu le caractère administratif qui convient à tous les États organisés : « Ils semblent avoir presque tous considéré la royauté comme une fortune et non pas comme une fonction. C'est pour cela qu'ils se la partageaient comme un domaine. Ils en comptaient les terres, les impôts, les trésors. Aucune lueur d'idée générale, aucun principe qui dépasse les intérêts privés de quelques hommes. » Et toutes ces habitudes, il est assez difficile de ne pas croire que le germe en soit « dans les forêts de Germanie ».

CHARLEMAGNE[1]

Charlemagne songea à tenir le pouvoir de la noblesse dans ses limites, et à empêcher l'oppression du clergé et des hommes libres. Il mit un tel tempérament dans les Ordres de l'État, qu'ils furent contre-balancés, et qu'il resta le maître. Tout fut uni par la force de son génie. Il mena continuellement la noblesse d'expédition en expédition; il ne lui laissa pas le temps de former des desseins, et l'occupa tout entière à suivre les siens. L'Empire se maintint par la grandeur du chef: le prince était grand, l'homme l'était davantage. Les rois ses enfants furent ses premiers sujets, les instruments de son pouvoir, et les modèles de l'obéissance. Il fit d'admirables règlements: il fit plus, il les fit exécuter. Son génie se répandit sur toutes les parties de l'Empire. On voit, dans les lois de ce prince, un esprit de prévoyance qui comprend tout, et une certaine force qui entraîne tout. Les prétextes pour éluder les devoirs sont ôtés, les négligences corrigées, les abus réformés ou prévenus[2]. Il savait punir; il savait encore mieux pardonner. Vaste dans ses desseins, simple dans l'exécution, personne n'eut à un plus haut degré l'art de faire les plus grandes choses avec facilité et les difficiles avec promptitude. Il parcourait sans cesse son vaste Empire, portant la main partout où il allait tomber. Les affaires renaissaient de toutes parts; il les finissait de toutes parts. Jamais prince ne sut mieux braver les dangers, jamais prince ne les sut mieux éviter. Il se joua de tous les périls, et particulièrement de ceux

1. Voyez, chez Fustel de Coulanges, *les Transformations de la royauté*, p. 594 et suiv., le tableau du gouvernement de Charlemagne; et ce même tableau chez Guizot, *la Civilisation en France*, XXe leçon. Ce n'est faire tort ni à l'un ni à l'autre que de donner, sur ce point, la supériorité à Montesquieu.

2. Voyez son capitulaire III de l'an 811, p. 486, art. 1, 2, 3, 4, 5, 6, 7 et 8; et le capitulaire premier de l'an 812, p. 490, art. 1; et le capitulaire de la même année, p. 494, art. 9 et 11, et d'autres.]

qu'éprouvent presque toujours les grands conquérants, je veux dire les conspirations. Ce prince prodigieux était extrêmement modéré; son caractère était doux, ses manières simples; il aimait à vivre avec les gens de sa cour. Il mit une règle admirable dans sa dépense : il fit valoir ses domaines avec sagesse, avec attention, avec économie; un père de famille pourrait apprendre dans ses lois à gouverner sa maison[1]. On voit dans ses capitulaires la source pure et sacrée d'où il tira ses richesses. Je ne dirai plus qu'un mot: il ordonnait qu'on vendît les œufs des basses-cours de ses domaines, et les herbes inutiles de ses jardins[2]; et il avait distribué à ses peuples toutes les richesses des Lombards, et les immenses trésors de ces Huns qui avaient dépouillé l'univers. (Livre XXXI, chap. XVIII.)

COMMENT LA COURONNE DE FRANCE PASSA DANS LA MAISON DE HUGUES CAPET

L'hérédité des fiefs et l'établissement général des arrière-fiefs éteignirent le gouvernement politique, et formèrent le gouvernement féodal. Au lieu de cette multitude innombrable de vassaux que les rois avaient eus, ils n'en eurent plus que quelques-uns, dont les autres dépendirent. Les rois n'eurent presque plus d'autorité directe : un pouvoir qui devait passer par tant d'autres pouvoirs, et par de si grands pouvoirs, s'arrêta ou se perdit avant d'arriver à son terme. De si grands vassaux n'obéirent plus; et ils se servirent même de leurs arrière-vassaux pour ne plus obéir. Les rois, privés de leurs domaines, réduits aux villes de Reims et de Laon, restèrent à leur merci. L'arbre étendit trop loin ses branches, et la

1. Voyez le capitulaire *de villis*, de l'an 800; son capitulaire II, de l'an 813, art. 6 et 19; et le livre V des Capitulaires, art. 303.] — Edition de Baluze.

2. Capitulaire *de villis*, art. 39. Voyez tout ce capitulaire, qui est un chef-d'œuvre de prudence, de bonne administration et d'économie.)

tête se sécha. Le royaume se trouva sans domaine, comme est aujourd'hui l'Empire[1]. On donna la couronne à un des plus puissants vassaux.

Les Normands ravageaient le royaume : ils venaient sur des espèces de radeaux ou de petits bâtiments, entraient par l'embouchure des rivières, les remontaient, et dévastaient le pays des deux côtés. Les villes d'Orléans et de Paris arrêtaient ces brigands[2] ; et ils ne pouvaient avancer ni sur la Seine ni sur la Loire. Hugues Capet, qui possédait ces deux villes, tenait dans ses mains les deux clefs des malheureux restes du royaume : on lui déféra une couronne qu'il était seul en état de défendre. C'est ainsi que depuis on a donné l'Empire à la maison qui tient immobiles les frontières des Turcs[3]....

Du reste, on a eu grand tort de rejeter sur le moment de cette révolution tous les changements qui étaient arrivés, ou qui arrivèrent depuis. Tout se réduisit à deux événements : la famille régnante changea, et la couronne fut unie à un grand fief. (Livre XXXI, chap. XXXII.)

---

* LOUIS XIV[4]

Les ennemis d'un grand prince qui a si longtemps régné l'ont mille fois accusé, plutôt, je crois, sur leurs craintes que sur leurs raisons, d'avoir formé et conduit le projet de la monarchie universelle. S'il y avait réussi, rien n'aurait été plus fatal à l'Europe, à ses anciens sujets, à lui, à sa famille. Le ciel, qui connaît les vrais avantages, l'a mieux servi par des défaites qu'il n'aurait fait par des victoires. Au lieu de le rendre le

1. Le titre d'empereur, au temps de Montesquieu, n'entraînait aucun pouvoir effectif et ne valait la possession d'aucun domaine.

2. Voyez le capitulaire de Charles le Chauve de l'an 877, *apud Carisiacum*, sur l'importance de Paris, de Saint-Denys et des châteaux sur la Loire dans ces temps-là.

3. L'Autriche.

4. Cf. plus loin, p. 285 et p. 335.

seul roi de l'Europe, il le favorisa plus en le rendant le plus puissant de tous.

(Livre IX, chap. VII, fragm.)

---

*L'ESPRIT FRANÇAIS

Sa nation, qui, dans les pays étrangers, n'est jamais touchée que de ce qu'elle a quitté; qui, en partant de chez elle, regarde la gloire comme le souverain bien, et, dans les pays éloignés, comme un obstacle à son retour; qui indispose par ses bonnes qualités même, parce qu'elle paraît y joindre du mépris; qui peut supporter les blessures, les périls et les fatigues, et non pas la perte de ses plaisirs; qui n'aime rien tant que sa gaieté, et se console de la perte d'une bataille lorsqu'elle a chanté le général, n'aurait jamais été jusqu'au bout d'une entreprise qui ne peut manquer dans un pays sans manquer dans tous les autres, ni manquer un moment sans manquer pour toujours.

(Livre IX, chap. VIII, fragment faisant suite au précédent.)

---

*LES DEUX NOBLESSES

En France, cet état de la robe qui se trouve entre la grande noblesse et le peuple; qui, sans avoir le brillant de celle-là, en a tous les privilèges; cet état qui laisse les particuliers dans la médiocrité[1], tandis que le corps dépositaire des lois[2] est dans la gloire; cet état encore dans lequel on n'a de moyen de se distinguer que par la suffisance[3] et par la vertu; profession honorable, mais qui en laisse toujours voir une plus distinguée : — cette

1. Seulement comme influence; car, comme fortune, les membres du Parlement étaient bien au-dessus du médiocre.
2. Le Parlement; cf. p. 76.
3. La valeur personnelle.

noblesse toute guerrière, qui pense qu'en quelque degré de richesses que l'on soit il faut faire sa fortune, mais qu'il est honteux d'augmenter son bien, si on ne commence par le dissiper; cette partie de la nation, qui sert toujours avec le capital de son bien; qui, quand elle est ruinée, donne sa place à une autre qui servira avec son capital encore; qui va à la guerre pour que personne n'ose dire qu'elle n'y a pas été; qui, quand elle ne peut espérer les richesses, espère les honneurs, et lorsqu'elle ne les obtient pas, se console parce qu'elle a acquis de l'honneur : — toutes ces choses ont nécessairement contribué à la grandeur de ce royaume[1]. Et si, depuis deux ou trois siècles, il a augmenté sans cesse sa puissance, il faut attribuer cela à la bonté de ses lois, non pas à la fortune, qui n'a pas ces sortes de constance.

(Livre XX, chap. XXII, fragm.)

DE L'ÉDUCATION DANS LES MONARCHIES[2]

Ce n'est point dans les maisons publiques où l'on instruit l'enfance, que l'on reçoit dans les monarchies la principale éducation : c'est lorsque l'on entre dans le monde que l'éducation, en quelque façon, commence. Là est l'école de ce que l'on appelle *honneur*, ce maître universel qui doit partout nous conduire.

C'est là que l'on voit et que l'on entend toujours dire trois choses, *qu'il faut mettre dans les vertus une certaine noblesse*; *dans les mœurs, une certaine franchise*; *dans les manières, une certaine politesse.*

Les vertus qu'on nous y montre sont toujours moins ce que l'on doit aux autres que ce que l'on se doit à soi-même : elles ne sont pas tant ce qui nous appelle

1. L'existence de ces deux noblesses étant, dans l'esprit de Montesquieu, la loi fondamentale de la monarchie française : cf. p. 71.

2. Exposé de l'éducation et du caractère français.

vers nos concitoyens que ce qui nous en distingue.

On n'y juge pas les actions des hommes comme bonnes, mais comme belles; comme justes, mais comme grandes; comme raisonnables, mais comme extraordinaires.

Dès que l'honneur y peut trouver quelque chose de noble, il est ou le juge qui les rend légitimes, ou le sophiste qui les justifie.

Il permet la galanterie, lorsqu'elle est unie à l'idée des sentiments du cœur, ou à l'idée de conquête : et c'est la vraie raison pour laquelle les mœurs ne sont jamais si pures dans les monarchies que dans les gouvernements républicains.

Il permet la ruse, lorsqu'elle est jointe à l'idée de la grandeur de l'esprit ou de la grandeur des affaires, comme dans la politique, dont les finesses ne l'offensent pas.

Il ne défend l'adulation que lorsqu'elle est séparée de l'idée d'une grande fortune, et n'est jointe qu'au sentiment de sa propre bassesse.

A l'égard des mœurs, j'ai dit que l'éducation des monarchies doit y mettre une certaine franchise. On y veut donc de la vérité dans les discours. Mais est-ce par amour pour elle? point du tout. On la veut, parce qu'un homme qui est accoutumé à la dire paraît être hardi et libre. En effet, un tel homme semble ne dépendre que des choses, et non pas de la manière dont un autre les reçoit.

C'est ce qui fait qu'autant qu'on y recommande cette espèce de franchise, autant on y méprise celle du peuple, qui n'a que la vérité et la simplicité pour objet.

Enfin, l'éducation dans les monarchies exige dans les manières une certaine politesse. Les hommes, nés pour vivre ensemble, sont nés aussi pour se plaire; et celui qui n'observerait pas les bienséances, choquant tous ceux avec qui il vivrait, se décréditerait au point qu'il deviendrait incapable de faire aucun bien.

Mais ce n'est pas d'une source si pure que la politesse a coutume de tirer son origine. Elle naît de l'envie de se distinguer. C'est par orgueil que nous sommes polis : nous nous sentons flattés d'avoir des manières qui prouvent que nous ne sommes pas dans la bassesse, et que nous n'avons pas vécu avec cette sorte de gens que l'on a abandonnés dans tous les âges.

Dans les monarchies, la politesse est naturalisée à la cour. Un homme excessivement grand rend tous les autres petits. De là les égards que l'on doit à tout le monde ; de là naît la politesse, qui flatte autant ceux qui sont polis que ceux à l'égard de qui ils le sont, parce qu'elle fait comprendre qu'on est de la cour, ou qu'on est digne d'en être.

L'air de la cour consiste à quitter sa grandeur propre pour une grandeur empruntée. Celle-ci flatte plus un courtisan que la sienne même. Elle donne une certaine modestie superbe qui se répand au loin, mais dont l'orgueil diminue insensiblement, à proportion de la distance où l'on est de la source de cette grandeur.

On trouve à la cour une délicatesse de goût en toutes choses, qui vient d'un usage continuel des superfluités d'une grande fortune, de la variété et surtout de la lassitude des plaisirs, de la multiplicité, de la confusion même des fantaisies, qui, lorsqu'elles sont agréables, y sont toujours reçues.

C'est sur toutes ces choses que l'éducation se porte pour faire ce qu'on appelle l'honnête homme, qui a toutes les qualités et toutes les vertus que l'on demande dans ce gouvernement.

Là l'honneur, se mêlant partout, entre dans toutes les façons de penser et toutes les manières de sentir, et dirige même les principes.

Cet honneur bizarre fait que les vertus ne sont que ce qu'il veut, et comme il les veut ; il met de son chef des règles à tout ce qui nous est prescrit ; il étend ou il borne nos devoirs à sa fantaisie, soit qu'ils aient leur source dans la religion, dans la politique, ou dans la morale.

Il n'y a rien, dans la monarchie, que les lois, la religion et l'honneur prescrivent tant que l'obéissance aux volontés du prince; mais cet honneur nous dicte que le prince ne doit jamais nous prescrire une action qui nous déshonore, parce qu'elle nous rendrait incapables de le servir.

Crillon refusa d'assassiner le duc de Guise : mais il offrit à Henri III de se battre contre lui. Après la Saint-Barthélemi, Charles IX ayant écrit à tous les gouverneurs de faire massacrer les huguenots, le vicomte d'Orte, qui commandait dans Bayonne, écrivit au roi[1] : « Sire, je n'ai trouvé parmi les habitants et les gens de guerre que de bons citoyens, de braves soldats, et pas un bourreau : ainsi, eux et moi supplions Votre Majesté d'employer nos bras et nos vies à choses faisables. » Ce grand et généreux courage regardait une lâcheté comme une chose impossible.

Il n'y a rien que l'honneur prescrive plus à la noblesse que de servir le prince à la guerre : en effet, c'est la profession distinguée, parce que ses hasards, ses succès et ses malheurs même conduisent à la grandeur. Mais en imposant cette loi, l'honneur veut en être l'arbitre; et, s'il se trouve choqué, il exige ou permet qu'on se retire chez soi.

Il veut qu'on puisse indifféremment aspirer aux emplois, ou les refuser; il tient cette liberté au-dessus de la fortune même.

L'honneur a donc ses règles suprêmes, et l'éducation est obligée de s'y conformer[2]. Les principales sont, qu'il nous est bien permis de faire cas de notre fortune, mais qu'il nous est souverainement défendu d'en faire aucun de notre vie.

La seconde est que, lorsque nous avons été une fois placés dans un rang, nous ne devons rien faire ni souffrir qui fasse voir que nous nous tenons inférieurs à ce rang même.

1. Voyez l'*Histoire* de d'Aubigné.] — Col. 560. On a attaqué l'authenticité de ce document.

2. On dit ici ce qui est, et non pas ce qui doit être : l'honneur est un préjugé, que la religion travaille tantôt à détruire, tantôt à régler.] — Cette note n'existait pas dans la première édition.

La troisième, que les choses que l'honneur défend sont plus rigoureusement défendues lorsque les lois ne concourent point à les proscrire, et que celles qu'il exige sont plus fortement exigées lorsque les lois ne les demandent pas. (Livre IV, chap. II.)

COMBIEN IL FAUT ÊTRE ATTENTIF A NE POINT CHANGER L'ESPRIT GÉNÉRAL D'UNE NATION

S'il y avait dans le monde une nation qui eût une humeur sociable[1], une ouverture de cœur, une joie dans la vie, un goût, une facilité à communiquer ses pensées; qui fût vive, agréable, enjouée, quelquefois imprudente, souvent indiscrète, et qui eût avec cela du courage, de la générosité, de la franchise, un certain point d'honneur, il ne faudrait point chercher à gêner par des lois ses manières, pour ne point gêner ses vertus. Si en général le caractère est bon, qu'importe de quelques défauts qui s'y trouvent?

On y pourrait contenir les femmes, faire des lois pour corriger leurs mœurs et borner leur luxe : mais qui sait si on n'y perdrait pas un certain goût qui serait la source des richesses de la nation, et une politesse qui attire chez elle les étrangers?

C'est au législateur à suivre l'esprit de la nation lorsqu'il n'est pas contraire aux principes du gouvernement : car nous ne faisons rien de mieux que ce que nous faisons librement, et en suivant notre génie naturel[2].

1. Cf. *Lettres Persanes*, LXXXVIII : « On dit que l'homme est un animal sociable. Sur ce pied-là, il me paraît que le Français est plus homme qu'un autre, c'est l'homme par excellence, car il semble être fait uniquement pour la société. »

2. Remarquez combien, dans ce passage, Montesquieu restreint ses ambitions réformatrices et les subordonne à « l'esprit de la nation ». Ailleurs (cf. p. 148), il a exposé, avec force et étendue, les devoirs de l'État : mais il parlait

Qu'on donne un esprit de pédanterie à une nation naturellement gaie, l'État n'y gagnera rien ni pour le dedans ni pour le dehors. Laissez-lui faire les choses frivoles sérieusement, et gaiement les choses sérieuses.

(Livre XIX, chap. v.)

QU'IL NE FAUT PAS TOUT CORRIGER

Qu'on nous laisse comme nous sommes, disait un gentilhomme d'une nation qui ressemble beaucoup à celle dont nous venons de donner une idée. La nature répare tout. Elle nous a donné une vivacité capable d'offenser, et propre à nous faire manquer à tous les égards ; cette même vivacité est corrigée par la politesse qu'elle nous procure, en nous inspirant du goût pour le monde.

Qu'on nous laisse tels que nous sommes. Nos qualités indiscrètes, jointes à notre peu de malice, font que les lois qui gêneraient l'humeur sociable parmi nous ne seraient point convenables. (Livre XIX, chap. vi.)

au nom des principes. Ici il est plus réservé, il parle en homme expérimenté et prudent. Cette prudence dans la « correction des lois » est la conclusion pratique de l'*Esprit des Lois*. Et c'est un sentiment cher à Montesquieu ; cf. *Lettres Persanes*, LXXIX : « Il est quelquefois nécessaire de changer certaines lois. Mais le cas est rare : et lorsqu'il arrive, il n'y faut toucher que d'une main tremblante : on y doit observer tant de solennité, et apporter tant de précautions, que le peuple en conclue naturellement que les lois sont bien saintes, puisqu'il faut tant de formalités pour les abroger. » On le retrouve dans *Arsace et Isménie* : « Arsace aimait si fort à conserver les lois et les anciennes coutumes des Bactriens, qu'il tremblait toujours au mot de la réformation des abus, parce qu'il avait souvent remarqué que chacun appelait loi ce qui était conforme à ses vues, et appelait abus tout ce qui choquait ses intérêts ; que, de corrections en corrections d'abus, au lieu de rectifier les choses on parvenait à les anéantir. »

LETTRES PERSANES[1]

1721

FRAGMENTS

Introduction.

Je ne fais point ici d'épître dédicatoire, et je ne demande point de protection pour ce livre : on le lira s'il est bon; et, s'il est mauvais, je ne me soucie pas qu'on le lise.

J'ai détaché ces premières lettres pour essayer le goût du public : j'en ai un grand nombre d'autres dans mon portefeuille, que je pourrai lui donner dans la suite[2].

Mais c'est à condition que je ne serai pas connu : car, si l'on vient à savoir mon nom, dès ce moment je me tais. Je connais une femme qui marche assez bien, mais qui boite dès qu'on la regarde[3]. C'est assez des défauts de

1. Les *Lettres Persanes* sont la correspondance reçue ou écrite par deux Persans, Usbek et Rica, dans leur voyage en France. La première lettre est datée de 1711 ; la dernière (161e dans l'éd. de 1754 ; 150e dans celle de 1721), de 1720, l'année qui précéda la publication, par Montesquieu, de ce roman épistolaire. Il va sans dire que ce voyage, ces personnages et ces lettres sont des inventions de l'auteur, et que toute cette partie de l'*Introduction*, où il se donne comme un simple traducteur, n'est qu'un subterfuge littéraire. Voy. sur ces *Lettres*, p. 6 et s.

2. Montesquieu donna en effet onze nouvelles *Lettres* en 1754, et il y en a encore quelques-unes d'inédites.

3. On a prétendu, je ne sais sur quelle preuve, qu'il s'agissait de la femme de Montesquieu.

l'ouvrage, sans que je présente encore à la critique ceux de ma personne. Si l'on savait qui je suis, on dirait : Son livre jure avec son caractère; il devrait employer son temps à quelque chose de mieux, cela n'est pas digne d'un homme grave. Les critiques ne manquent jamais ces sortes de réflexions, parce qu'on les peut faire sans essayer beaucoup son esprit [1].

Les Persans qui écrivent ici étaient logés avec moi; nous passions notre vie ensemble. Comme ils me regardaient comme un homme d'un autre monde, ils ne me cachaient rien. En effet, des gens transplantés de si loin ne pouvaient plus avoir de secrets. Ils me communiquaient la plupart de leurs lettres; je les copiai. J'en surpris même quelques-unes, dont ils se seraient bien gardés de me faire confidence, tant elles étaient mortifiantes pour la vanité et la jalousie persane [2].

Je ne fais donc que l'office de traducteur : toute ma peine a été de mettre l'ouvrage à nos mœurs. J'ai soulagé le lecteur du langage asiatique autant que je l'ai pu, et l'ai sauvé d'une infinité d'expressions sublimes, qui l'auraient ennuyé jusque dans les nues.

Mais ce n'est pas tout ce que j'ai fait pour lui. J'a retranché les longs compliments, dont les Orientaux ne sont pas moins prodigues que nous; et j'ai passé un nombre infini de ces minuties, qui ont tant de peine à soutenir le grand jour, et qui doivent toujours mourir entre deux amis [3].

Si la plupart de ceux qui nous ont donné des recueils de lettres avaient fait de même, ils auraient vu leurs ouvrages s'évanouir [4].

Il y a une chose qui m'a souvent étonné : c'est de voir ces Persans quelquefois aussi instruits que moi-même

1. Dans le même sens qu' « essayer de l'or ».

2. Cf. ce que d'Alembert dit des *Lettres Persanes*, ici, p. 8.

3. Cf. les *Considérations*, p. 149.

4. Montesquieu attaque volontiers les faiseurs de recueils épistolaires; cf. *Considérations*, p. 121.

des mœurs et des manières de la nation, jusqu'à en connaître les plus fines circonstances, et à remarquer des choses qui, je suis sûr, ont échappé à bien des Allemands qui ont voyagé en France[1]. J'attribue cela au long séjour qu'ils y ont fait : sans compter qu'il est plus facile à un Asiatique de s'instruire des mœurs des Français dans un an, qu'il ne l'est à un Français de s'instruire des mœurs asiatiques dans quatre; parce que les uns se livrent autant que les autres se communiquent peu.

L'usage a permis à tout traducteur, et même au plus barbare commentateur, d'orner la tête de sa version ou de sa glose du panégyrique de l'original, et d'en relever l'utilité, le mérite et l'excellence. Je ne l'ai point fait : on en devinera facilement les raisons. Une des meilleures est que ce serait une chose très ennuyeuse placée dans un lieu déjà très ennuyeux de lui-même, je veux dire une préface.

1. Raillerie des Allemands, dont les guides à l'usage des voyageurs renferment tant de renseignements précis et pratiques et si peu de fines observations. C'est Montesquieu qui le dit : « De cette immense quantité d'itinéraires faits par les Allemands, il n'y en a pas un seul qui ait pu être mis au jour. » (*Voyages*, I, p. 82.)

I

La vie à Paris[1].

LES EMBARRAS DE PARIS

Nous sommes à Paris depuis un mois, et nous avons toujours été dans un mouvement continuel. Il faut bien des affaires avant qu'on soit logé, qu'on ait trouvé les gens à qui on est adressé, et qu'on se soit pourvu des choses nécessaires, qui manquent toutes à la fois.

Paris est aussi grand qu'Ispahan[2]; les maisons y sont si hautes qu'on jurerait qu'elles ne sont habitées que par des astrologues[3]. Tu juges bien qu'une ville bâtie en l'air, qui a six ou sept maisons les unes sur les autres, est extrêmement peuplée; et que, quand tout le monde est descendu dans la rue, il s'y fait un bel embarras.

Tu ne le croirais pas peut-être : depuis un mois que je suis ici, je n'y ai encore vu marcher personne. Il n'y

1. Tous ces titres ainsi que ceux des lettres sont donnés par nous.

2. Il y avait, en 1715, à Paris, environ 700 000 personnes, parmi lesquelles on comptait 150 000 domestiques. C'était une population infiniment plus nombreuse que celle d'Ispahan.

3. Paris renfermait en 1715 900 rues et 24 000 maisons. « Il faut considérer que dans son étendue, qui est très grande, il ne se rencontre aucun espace qui ne soit fort peuplé et entièrement rempli de maisons, où il se trouve souvent plusieurs familles ensemble. Dans les autres grandes villes, où chacun veut être logé en particulier, on ne voit rien de pareil; ce qui fait aussi qu'il n'y a point de maisons à sept étages, comme autour du Palais proche du Grand Châtelet, et aux environs des Halles, dans lesquelles les moindres espaces sont occupés et loués très cher. » Brice, *Description de Paris*, 6e édit., 1713, I. p. 14.

a point de gens au monde qui tirent mieux parti de leur machine que les Français : ils courent, ils volent ; les voitures lentes d'Asie, le pas réglé de nos chameaux, les feraient tomber en syncope[1]. Pour moi, qui ne suis point fait à ce train, et qui vais souvent à pied sans changer d'allure, j'enrage quelquefois comme un chrétien : car encore, passe qu'on m'éclabousse depuis les pieds jusqu'à la tête; mais je ne puis pardonner les coups de coude que je reçois régulièrement et périodiquement. Un homme, qui vient après moi et qui me passe, me fait faire un demi-tour; et un autre, qui me croise de l'autre côté, me remet soudain où le premier m'avait pris : et je n'ai pas fait cent pas, que je suis plus brisé que si j'avais fait dix lieues.... 1712[2]. (Fragment de la lettre XXIV.)

PARIS AU TRAVAIL

Paris est peut-être la ville du monde la plus sensuelle, et où l'on raffine le plus sur les plaisirs; mais c'est peut-être celle où l'on mène une vie plus dure. Pour qu'un homme vive délicieusement, il faut que cent autres travaillent sans relâche. Une femme s'est mis dans la tête qu'elle devait paraître à une assemblée avec une certaine parure; il faut que dès ce moment cin-

1. Cf. Dufresny, *Amusements sérieux et comiques*, III : « Le chaos bruyant de la rue Saint-Honoré l'étourdit et l'épouvante [le Siamois; voyez ici, page 6], la tête lui tourne. Il voit une infinité de machines différentes que les hommes font mouvoir : les uns sont dessus, les autres derrière : ceux-ci portent, ceux-là sont portés; l'un tire, l'autre pousse, l'un frappe, l'autre crie; celui-ci s'enfuit, l'autre court après. « J'admire et je tremble, » dit le Siamois, « j'admire que dans un espace si étroit, tant de machines et tant d'animaux dont les mouvements sont opposés ou différents, soient ainsi agités sans se confondre. » Remarquez que Montesquieu emploie *machine* (de même ailleurs, Laboulaye, VII, p. 180) dans le sens de corps humain, et Dufresny dans le sens de véhicule.

2. Montesquieu met à la fin de chaque lettre la date à laquelle il la suppose écrite par son Persan. Il indique l'année de l'ère chrétienne et le jour du mois lunaire usité chez les Musulmans.

quante artisans ne dorment plus, et n'aient plus le loisir de boire et de manger : elle commande, et elle est obéie plus promptement que ne serait notre monarque, parce que l'intérêt est le plus grand monarque de la terre.

Cette ardeur pour le travail, cette passion de s'enrichir, passe de condition en condition, depuis les artisans jusqu'aux grands. Personne n'aime à être plus pauvre que celui qu'il vient de voir immédiatement au-dessous de lui. Vous voyez à Paris un homme qui a de quoi vivre jusqu'au jour du jugement, qui travaille sans cesse, et court risque d'accourcir ses jours pour amasser, dit-il, de quoi vivre.... 1717. (Fragment de la lettre CVI.)

LA CURIOSITÉ PARISIENNE

Ricca à Ibben, à Smyrne.

Les habitants de Paris sont d'une curiosité qui va jusqu'à l'extravagance. Lorsque j'arrivai, je fus regardé comme si j'avais été envoyé du ciel : vieillards, hommes, femmes, enfants, tous voulaient me voir. Si je sortais, tout le monde se mettait aux fenêtres; si j'étais aux Tuileries[1], je voyais aussitôt un cercle se former autour de moi; les femmes même faisaient un arc-en-ciel nuancé de mille couleurs, qui m'entourait[2]. Si j'étais aux spectacles, je trouvais d'abord[3] cent lorgnettes dressées contre ma figure : enfin jamais homme n'a tant été vu que moi. Je souriais quelquefois d'entendre des gens qui n'étaient

1. Le Jardin des Tuileries, dessiné par André Le Nôtre, était alors une des promenades les plus goûtées de Paris. C'était surtout dans l'allée du milieu, fort large et plantée de marronniers d'Inde, que se voyait « le beau monde » aux heures de la promenade.

2. Cf. Dufresny, VI : « En arrivant au bout de la grande allée des Tuileries, mon compagnon de voyage (le Siamois) fut enchanté du plus agréable spectacle qui se puisse présenter à la vue; il n'y avait que des femmes ce jour-là et l'allée en était couverte : « Je n'ai vu de ma vie », me dit-il en souriant, « une volée si nombreuse. »

3. Tout de suite après mon arrivée.

presque jamais sortis de leur chambre, qui disaient entre eux : « Il faut avouer qu'il a l'air bien persan ». Chose admirable! je trouvais de mes portraits partout; je me voyais multiplié dans toutes les boutiques, sur toutes les cheminées, tant on craignait de ne m'avoir pas assez vu.

Tant d'honneurs ne laissent pas d'être à charge : je ne me croyais pas un homme si curieux et si rare; et quoique j'aie très bonne opinion de moi, je ne me serais jamais imaginé que je dusse troubler le repos d'une grande ville où je n'étais point connu. Cela me fit résoudre à quitter l'habit persan, et à en endosser un à l'européenne, pour voir s'il resterait encore dans ma physionomie quelque chose d'admirable. Cet essai me fit connaître ce que je valais réellement. Libre de tous les ornements étrangers, je me vis apprécié au plus juste. J'eus sujet de me plaindre de mon tailleur, qui m'avait fait perdre en un instant l'attention et l'estime publique : car j'entrai tout à coup dans un néant affreux. Je demeurais quelquefois une heure dans une compagnie sans qu'on m'eût regardé, et qu'on m'eût mis en occasion d'ouvrir la bouche. Mais si quelqu'un, par hasard, apprenait à la compagnie que j'étais Persan, j'entendais aussitôt autour de moi un bourdonnement : « Ah! ah! monsieur est Persan? C'est une chose bien extraordinaire! Comment peut-on être Persan? »

A Paris, le 6 de la lune de chalval, 1712. (Lettre XXX.)

LES INVALIDES

Je fus hier aux Invalides : j'aimerais autant avoir fait cet établissement, si j'étais prince, que d'avoir gagné trois batailles. On y trouve partout la main d'un grand monarque[1].

1. Les premières fondations des Invalides ont été jetées le 30 novembre 1671. Sur cette admiration qu'inspira longtemps l'Hôtel des Invalides, voyez un très beau morceau de Chateau

Je crois que c'est le lieu le plus respectable de la terre.

Quel spectacle, de voir assemblées dans un même lieu toutes ces victimes de la patrie, qui ne respirent que pour la défendre, et qui, se sentant le même cœur et non pas la même force, ne se plaignent que de l'impuissance où elles sont de se sacrifier encore pour elle[1]!

Quoi de plus admirable, que de voir ces guerriers débiles, dans cette retraite, observer une discipline aussi exacte que s'ils y étaient contraints par la présence d'un ennemi, chercher leur dernière satisfaction dans cette image de la guerre, et partager leur cœur et leur esprit entre les devoirs de la religion et ceux de l'art militaire[2]!

Je voudrais que les noms de ceux qui meurent pour la patrie fussent conservés dans les temples, et écrits dans des registres qui fussent comme la source de la gloire et de la noblesse[3]. 1715. (Lettre LXXXIV.)

L'HOSPICE DES QUINZE-VINGTS

J'allai, l'autre jour, voir une maison[4] où l'on entretient environ trois cents personnes assez pauvrement. J'eus

briand, *le Génie du Christianisme*, édit. de 1845, t I, p. 362.

1. Montesquieu parlera beaucoup moins de la patrie dans l'*Esprit des Lois* (cf. p. 107, n. 1).

2. Allusion à la discipline à laquelle étaient alors soumis les Invalides. « Tous les jours on faisait la garde aux portes de l'Hôtel, comme dans une ville de guerre, et les exercices militaires y avaient lieu de même manière. » Ajoutez à cela qu'ils étaient soumis à des pratiques religieuses fort rigoureuses : « A quelque heure qu'on aille dans l'église, on y trouve des centaines de soldats prosternés devant le Saint-Sacrement. » Il y avait prêche presque tous les jours, et avant le prêche, confession générale. Brice, III, p. 131.

3. Cette glorification des « morts pour la patrie », Montesquieu l'emprunte à l'antiquité grecque. Il y avait à Athènes une colonne où l'on inscrivait les noms de ceux qui avaient bien mérité de la cité.

4. L'Hôpital des Quinze-Vingts ou des Aveugles (fondé par saint Louis) se trouvait alors à l'entrée de la rue de Richelieu, à la hauteur de la rue Saint-Honoré. Montesquieu doit faire allusion ici à quelque méthode d'enseignement des aveugles, usitée au XVIIIe siècle avant celle d'Haüy.

bientôt fait, car l'église et les bâtiments ne méritent pas d'être regardés. Ceux qui sont dans cette maison étaient assez gais : plusieurs d'entre eux jouaient aux cartes, ou à d'autres jeux que je ne connais point. Comme je sortais, un de ces hommes sortait aussi : et m'ayant entendu demander le chemin du Marais, qui est le quartier le plus éloigné de Paris[1] : « J'y vais », me dit-il, « et je vous y conduirai; suivez-moi ! » Il me mena à merveille, me tira de tous les embarras, et me sauva adroitement des carrosses et des voitures. Nous étions prêts[2] d'arriver, quand la curiosité me prit : « Mon bon ami, » lui dis-je, « ne pourrais-je point savoir qui vous êtes? » — « Je suis aveugle, monsieur », me répondit-il. — « Comment, » lui dis-je, « vous êtes aveugle ! Et que ne priiez-vous cet honnête homme, qui jouait aux cartes avec vous, de nous conduire? » — « Il est aveugle aussi », me répondit-il : « il y a quatre cents ans que nous sommes trois cents aveugles dans cette maison où vous m'avez trouvé. Mais il faut que je vous quitte : voilà la rue que vous demandiez; je vais me mettre dans la foule ; j'entre dans cette église, où, je vous jure, j'embarrasserai plus les gens qu'ils ne m'embarrasseront. » 1712. (Lettre XXXII.)

L'ACADÉMIE FRANÇAISE

J'ai ouï parler d'une espèce de tribunal qu'on appelle l'Académie Française. Il n'y en a point de moins respecté dans le monde : car on dit qu'aussitôt qu'il a décidé, le peuple casse ses arrêts, et lui impose des lois qu'il est obligé de suivre.

1. En prenant le Louvre comme point de départ : la limite de Paris étant marquée par les remparts qui suivaient la ligne formée aujourd'hui par les Boulevards. Montesquieu habita, à Paris, rue de la Verrerie, au Marais, en 1735. N'y demeurait-il pas dès le temps qu'il écrivit ses *Lettres*?

2. C'est l'orthographe habituelle de Montesquieu et de son temps.

Il y a quelque temps que, pour fixer son autorité, il donna un code de ses jugements[1]. Cet enfant de tant de pères était presque vieux quand il naquit; et, quoiqu'il fût légitime, un bâtard, qui avait déjà paru, l'avait presque étouffé dans sa naissance[2].

Ceux qui le composent n'ont d'autres fonctions que de jaser sans cesse : l'éloge va se placer, comme de lui-même, dans leur babil éternel; et sitôt qu'ils sont initiés dans ses mystères, la fureur du panégyrique vient les saisir, et ne les quitte plus[3].

Ce corps a quarante têtes, toutes remplies de figures, de métaphores et d'antithèses; tant de bouches ne parlent presque que par exclamation; ses oreilles veulent toujours être frappées par la cadence et l'harmonie. Pour les yeux, il n'en est pas question : il semble qu'il soit fait pour parler, et non pas pour voir. Il n'est point ferme sur ses pieds : car le temps, qui est son fléau, l'ébranle à tous les instants, et détruit tout ce qu'il a fait. On a dit autrefois que ses mains étaient avides[4] : je ne t'en dirai rien, et je laisse décider cela à ceux qui le savent mieux que moi.

Voilà des bizarreries, que l'on ne voit point dans notre Perse. Nous n'avons point l'esprit porté à ces établisse-

1. Première édition du *Dictionnaire*, 1694.

2. Furetière (1620-1688), membre de l'Académie depuis 1662, en fut exclu en 1685 pour avoir publié, en concurrence avec la Compagnie, un *Essai d'un Dictionnaire Universel* (1684). La première édition de son *Dictionnaire* est de 1690.

3. Ce qu'il y a de piquant, c'est que Montesquieu, élu définitivement à l'Académie en 1727, fit, comme les autres, l'éloge de tout le monde. Lisez son discours (24 janv. 1728), un éternel éloge se place dans son babil : « Vous m'avez, Messieurs, associé à vos travaux, vous m'avez élevé jusqu'à vous, et je rends grâce de ce qu'il m'est permis de vous connaître mieux, et de vous admirer de plus près. » Cf. Voltaire, *Lettres philosoph.*, XXIV : « Tout ce que j'entrevois dans ces beaux discours, c'est que le récipiendaire ayant assuré que son prédécesseur était un grand homme, que le cardinal de Richelieu était un très grand homme, le chancelier Séguier un assez grand homme, le directeur lui répond la même chose, et ajoute que le récipiendaire pourrait bien lui aussi être une espèce de grand homme, et que, pour lui directeur, il n'en quitte pas sa part. » Voyez Brunel, *Les philosophes et l'Académie française*, 1884.

4. Pensions accordées à certains Académiciens.

ments singuliers et bizarres; nous cherchons toujours la nature dans nos coutumes simples et nos manières naïves. 1715. (Lettre LXXIII.)

LA QUERELLE DES ANCIENS ET DES MODERNES

Le café est très en usage à Paris : il y a un grand nombre de maisons publiques où on le distribue. Dans quelques-unes de ces maisons, on dit des nouvelles; dans d'autres, on joue aux échecs. Il y en a une[1] où l'on apprête le café de telle manière qu'il donne de l'esprit à ceux qui en prennent[2] : au moins, de tous ceux qui en sortent, il n'y a personne qui ne croie qu'il en a quatre fois plus que lorsqu'il y est entré.

Mais ce qui me choque de ces beaux esprits, c'est qu'ils ne se rendent pas utiles à leur patrie, et qu'ils amusent leurs talents à des choses puériles Par exemple, lorsque j'arrivai à Paris, je les trouvai échauffés sur une dispute la plus mince qui se puisse imaginer : il s'agissait de la réputation d'un vieux poète grec dont, depuis deux mille ans, on ignore la patrie, aussi bien que le temps de sa mort[3]. Les deux partis avouaient que c'était un poète excellent : il n'était question que du plus ou du moins de mérite qu'il fallait lui attribuer Chacun en voulait donner

1. Le Café Laurent, à l'angle de la rue Dauphine et de la rue Christine, où se réunissaient alors les littérateurs, J.-B. Rousseau. Fontenelle. La Motte. etc. Il y avait aussi le Café Procope. rue de l'Ancienne-Comédie, où se réunissaient Piron. Voltaire, Crébillon : mais la vogue de ce dernier me paraît postérieure à la date de 1715.

2. Cf. Dufresny. X (*Fragment d'une lettre siamoise*) : « On leur apporte une certaine liqueur noire, qui a la vertu de les faire parler ensemble. »

3. Homère. La discussion au sujet d'Homère, qui avait agité le siècle de Louis XIV (cf. *Considérations*. p. 18). reprit de plus belle en 1715, à la suite de la traduction de l'*Iliade* par La Motte. Mme Dacier répondit en 1714 à La Motte en faveur d'Homère et des anciens. Mais la querelle en réalité n'avait jamais été éteinte. En 1700, l'abbé Régnier; en 1706, Boivin; en 1699, Mme Dacier avaient, par leurs traductions ou leurs mémoires, tenu le public en haleine sur la question homérique. Cf. Rigault, *Histoire de la querelle des anciens et des modernes*.

le taux : mais parmi ces distributeurs de réputation, les uns faisaient meilleur poids que les autres : voilà la querelle. Elle était bien vive, car on se disait cordialement de part et d'autre des injures si grossières, on faisait des plaisanteries si amères, que je n'admirais pas moins la manière de disputer que le sujet de la dispute[1]. Si quelqu'un, disais-je en moi-même, était assez étourdi pour aller, devant un de ces défenseurs du poète grec, attaquer la réputation de quelque honnête citoyen, il ne serait pas mal relevé ! et je crois que ce zèle, si délicat sur la réputation des morts, s'embraserait bien pour défendre celle des vivants ! Mais quoi qu'il en soit, ajoutais-je, Dieu me garde de m'attirer jamais l'inimitié des censeurs de ce poète, que le séjour de deux mille ans dans le tombeau n'a pu garantir d'une haine si implacable ! Ils frappent à présent des coups en l'air : mais que serait-ce, si leur fureur était animée par la présence d'un ennemi?

1713. (Lettre XXXVI.)

LES JOURNAUX

Il y a une espèce de livres que nous ne connaissons point en Perse, et qui me paraissent ici fort à la mode : ce sont les journaux[2]. La paresse se sent flattée en les lisant : on est ravi de pouvoir parcourir trente volumes en un quart d'heure.... (Lettre CVIII, fragm.)

---

1. Mme Dacier disait à La Motte : « Alcibiade étant entré dans l'école d'un rhéteur, il lui demanda qu'il lui lût quelque partie d'Homère, et le rhéteur lui ayant répondu qu'il n'avait rien de ce poète, Alcibiade lui donna un soufflet. Que ferait-il aujourd'hui à un rhéteur qui lui lirait l'*Iliade* de M. de La Motte? » Rigault, p. 175.

2. On comprendra l'expression de « livres » dont Montesquieu se sert à propos de journaux en se rappelant qu'il n'y avait pas alors, à Paris, de journal quotidien (le 1er est de 1777). La *Gazette de France*, le plus ancien des journaux français, n'était même encore qu'hebdomadaire. Montesquieu fait ici allusion aux revues de critiques et d'analyses littéraires.

FRAGMENT DE CONVERSATION

J'étais l'autre jour dans une maison, où il y avait un cercle de gens de toute espèce : je trouvai la conversation occupée par deux vieilles femmes, qui avaient en vain travaillé tout le matin à se rajeunir[1]. « Il faut avouer », disait une d'entre elles, « que les hommes d'aujourd'hui sont bien différents de ceux que nous voyions dans notre jeunesse : ils étaient polis, gracieux, complaisants; mais à présent je les trouve d'une brutalité insupportable. » — « Tout est changé », dit pour lors un homme qui paraissait accablé de goutte; « le temps n'est plus comme il était : il y a quarante ans, tout le monde se portait bien, on marchait, on était gai, on ne demandait qu'à rire et à danser; à présent, tout le monde est d'une tristesse insupportable[2]. » Un moment après, la conversation tourna du côté de la politique. « Morbleu! » dit un vieux seigneur, « l'État n'est plus gouverné : trouvez-moi à présent un ministre comme M. Colbert. Je le connaissais beaucoup, ce M. Colbert; il était de mes amis; il me faisait toujours payer de mes pensions avant qui que ce fût : le bel ordre qu'il y avait dans les finances! tout le monde était à son aise; mais, aujourd'hui, je suis ruiné[3] ». — « Monsieur », dit pour lors un ecclésiastique, « vous parlez là du temps le plus miraculeux de notre invincible monarque : y a-t-il rien de si grand que ce qu'il faisait alors pour détruire l'hérésie? » — « Et comptez-vous pour rien l'abolition des duels[4]? » dit d'un air

1. Cf. La Bruyère, *Caractères*, XI : « Le souvenir de la jeunesse est tendre dans les vieillards », etc. En apparence, Montesquieu veut rappeler que le vieillard est *laudator temporis acti*; en réalité, il fait la critique des dernières années du règne de Louis XIV en les opposant aux premières. C'est toujours son procédé : dissimuler l'allusion dans une pensée générale.

2. Allusion à la tristesse des dernières années du règne de Louis XIV; cf. Voltaire, *Siècle*, ch. XXVII et XXVIII.

3. Ruine absolue des finances de 1709 à 1715.

4. Edit de 1679.

content un autre homme qui n'avait point encore parlé. — « La remarque est judicieuse », me dit quelqu'un à l'oreille : « cet homme est charmé de l'édit, et il l'observe si bien, qu'il y a six mois qu'il reçut cent coups de bâton pour ne le pas violer. »

Il me semble, Usbek, que nous ne jugeons jamais des choses que par un retour secret que nous faisons sur nous-mêmes.... 1714. (Lettre LIX.)

Galerie de portraits[1].

1. — LE GRAND SEIGNEUR[2]

Il y a quelques jours qu'un homme de ma connaissance me dit : « Je vous ai promis de vous produire dans les bonnes maisons de Paris : je vous mène à présent chez un grand seigneur, qui est un des hommes du royaume qui représentent le mieux.

« — Que veut dire cela, monsieur? est-ce qu'il est plus poli, plus affable que les autres? » — « Non », me dit-il. — « Ah! j'entends : il fait sentir à tous les instants la supériorité qu'il a sur tous ceux qui l'approchent; si cela est, je n'ai que faire d'y aller; je la lui passe toute entière, et je prends condamnation. »

Il fallut pourtant marcher; et je vis un petit homme si fier, il prit une prise de tabac avec tant de hauteur, il se moucha si impitoyablement, il cracha avec tant de flegme, il caressa ses chiens d'une manière si offensante pour les

1. Je ne doute pas un seul instant que ces portraits ne soient ceux de contemporains, dessinés sur le vif par Montesquieu, et qu'il ne soit possible d'en retrouver l'original.

2. Cf. La Bruyère, XI : *Des grands*.

hommes, que je ne pouvais me lasser de l'admirer : « Ah! bon Dieu! » dis-je en moi-même, « si, lorsque j'étais à la cour de Perse, je représentais ainsi, je représentais un grand sot! » 1715. (Fragment de la lettre LXXIV.)

2. — LE FERMIER[1]

« — Qui est cet homme », lui dis-je, « qui nous a tant parlé des repas qu'il a donnés aux grands, qui est si familier avec vos ducs, et qui parle si souvent à vos ministres, qu'on me dit être d'un accès si difficile? Il faut bien que ce soit un homme de qualité : mais il a la physionomie si basse, qu'il ne fait guère honneur aux gens de qualité; et d'ailleurs je ne lui trouve point d'éducation. Je suis étranger, mais il me semble qu'il y a en général une certaine politesse commune à toutes les nations; je ne lui trouve point de celle-là : est-ce que vos gens de qualité sont plus mal élevés que les autres? » — « Cet homme », me répondit-il en riant, « est un fermier : il est autant au-dessus des autres par ses richesses qu'il est au-dessous de tout le monde par sa naissance; il aurait la meilleure table de Paris, s'il pouvait se résoudre à ne manger jamais chez lui[2]. Il est bien impertinent, comme vous voyez; mais il excelle par son cuisinier : aussi n'en est-il pas ingrat, car vous avez entendu qu'il l'a loué tout aujourd'hui. »

3. — LE GÉNÉRAL RETRAITÉ

« — Et ce vieux homme », lui dis-je tout bas, « qui a l'air si chagrin? Je l'ai pris d'abord pour un étranger : car, outre qu'il est habillé autrement que les autres, il censure tout ce qui se fait en France, et n'approuve pas

1. On sait la haine de Montesquieu contre les traitants; cf. ici. p. 187.

2. On verrait chez lui la meilleure société de Paris, s'il n'assistait pas aux repas qu'il offre.

votre gouvernement. » — « C'est un vieux guerrier », me dit-il, « qui se rend mémorable à tous ses auditeurs par la longueur de ses exploits. Il ne peut souffrir que la France ait gagné des batailles où il ne se soit pas trouvé, ou qu'on vante un siège où il n'ait pas monté à la tranchée ; il se croit si nécessaire à notre histoire, qu'il s'imagine qu'elle finit où il a fini ; il regarde quelques blessures[1] qu'il a reçues comme la dissolution de la monarchie ; et à la différence de ces philosophes, qui disent qu'on ne jouit que du présent, et que le passé n'est rien, il ne jouit au contraire que du passé, et n'existe que dans les campagnes qu'il a faites; il respire dans les temps qui se sont écoulés, comme les héros doivent vivre dans ceux qui passeront après eux. » — « Mais pourquoi », dis-je, « a-t-il quitté le service? » — « Il ne l'a point quitté », me répondit-il; « mais le service l'a quitté. »

4. — LE POÈTE PARASITE

« — Mais, si je ne vous importune pas, dites-moi qui est celui qui est vis-à-vis de nous, qui est si mal habillé, qui fait quelquefois des grimaces, et a un langage différent des autres; qui n'a pas d'esprit pour parler, mais parle pour avoir de l'esprit[2]? » — « C'est », me répondit-il, « un poète, et le grotesque du genre humain. Ces gens-là disent qu'ils sont nés ce qu'ils sont, cela est vrai, et aussi ce qu'ils seront toute leur vie, c'est-à-dire presque toujours les plus ridicules de tous les hommes : aussi ne les épargne-t-on point; on verse sur eux le mépris à pleines mains. La famine a fait entrer celui-ci dans cette maison ; et il y est bien reçu du maître et de la maîtresse, dont la bonté et la politesse ne se démentent à l'égard de personne; il fit leur épithalame lorsqu'ils se marièrent :

1. D'amour-propre.
2. Pensée de Montesquieu : « Quand on court après l'esprit, on attrape la sottise. »

c'est ce qu'il a fait de mieux en sa vie; car il s'est trouvé que le mariage a été aussi heureux qu'il l'a prédit. »

1715. (Fragments de la lettre XLVIII.)

5. — LES LAQUAIS

Le corps des laquais est plus respectable en France qu'ailleurs : c'est un séminaire de grands seigneurs; il remplit le vide des autres états. Ceux qui le composent prennent la place des grands malheureux, des magistrats ruinés, des gentilshommes tués dans les fureurs de la guerre; et quand ils ne peuvent pas suppléer par eux-mêmes, ils relèvent toutes les grandes maisons par le moyen de leurs filles, qui sont comme une espèce de fumier qui engraisse les terres montagneuses et arides.

1717. (Fragment de la lettre XCVIII.)

6. — LES NOUVELLISTES [1]

Je te parlerai dans cette lettre d'une certaine nation qu'on appelle les nouvellistes, qui s'assemblent dans un jardin magnifique, où leur oisiveté est toujours occupée [2]. Ils sont très inutiles à l'État, et leurs discours de cinquante ans n'ont pas un effet différent de celui qu'aurait pu produire un silence aussi long : cependant ils se croient considérables, parce qu'ils s'entretiennent de projets magnifiques, et traitent de grands intérêts.

La base de leurs conversations est une curiosité frivole et ridicule : il n'y a point de cabinet si mystérieux qu'ils ne prétendent pénétrer ; ils ne sauraient consentir à ignorer quelque chose : ils savent combien notre auguste sultan a de femmes; et quoiqu'ils ne fassent aucune dé-

1. Voyez chez La Bruyère, X, les portraits des nouvellistes Démophile et Basilide.

2. Dufresny, VI, dit des Tuileries : « L'incommodité de ces promenades, c'est qu'on y est tourmenté de plusieurs insectes : des mouches en été, des cousins en automne, et en tout temps des nouvellistes. »

pense en espions, ils sont instruits des mesures qu'il prend pour humilier l'empereur des Turcs et celui des Mogols[1].

A peine ont-ils épuisé le présent, qu'ils se précipitent dans l'avenir; et marchant au-devant de la Providence, ils la préviennent sur toutes les démarches des hommes. Ils conduisent un général par la main; et après l'avoir loué de mille sottises qu'il n'a pas faites, ils lui en préparent mille autres qu'il ne fera pas.

Ils font voler les armées[2] comme les grues, et tomber les murailles comme des cartons; ils ont des ponts sur toutes les rivières, des routes secrètes dans toutes les montagnes, des magasins immenses dans les sables brûlants : il ne leur manque que le bon sens.

1719. (Fragment de la lettre CXXX.)

7. — LE DÉCISIONNAIRE.

Je me trouvai l'autre jour dans une compagnie où je vis un homme bien content de lui. Dans un quart d'heure, il décida trois questions de morale, quatre problèmes historiques et cinq points de physique. Je n'ai jamais vu un décisionnaire[3] si universel; son esprit ne fut jamais suspendu par le moindre doute. On laissa les sciences; on parla des nouvelles du temps : il décida sur les nouvelles du temps. Je voulus l'attraper, et je dis en moi-même : « Il faut que je me mette dans mon fort : je vais me réfugier dans mon pays. » Je lui parlai de la Perse : mais à peine lui eus-je dit quatre mots, qu'il me donna deux démentis, fondés sur l'autorité de MM. Tavernier et Chardin[4]. « Ah! bon Dieu! » dis-je en moi-même, « quel homme est-ce là? Il connaîtra tout à l'heure les rues d'Ispahan

1. Principaux rivaux de la Perse.
2. Démophile, dit La Bruyère, « fait voler » l'ennemi.
3. Cf. La Bruyère, V, portrait d'Arrias. Le mot de *décisionnaire* est, dit-on (*Dictionnaire* de Littré), une invention de Montesquieu.
4. Voyageurs en Perse.

mieux que moi? » Mon parti fut bientôt pris : je me tus, je le laissai parler, et il décide encore.

1715. (Lettre LXXII.)

LES MODES PARISIENNES

Je trouve les caprices de la mode, chez les Français, étonnants. Ils ont oublié comment ils étaient habillés cet été ; ils ignorent encore plus comment ils le seront cet hiver : mais surtout on ne saurait croire combien il en coûte à un mari pour mettre sa femme à la mode.

Que me servirait de te faire une description exacte de leur habillement et de leurs parures? une mode nouvelle viendrait détruire tout mon ouvrage, comme celui de leurs ouvriers; et avant que tu eusses reçu ma lettre, tout serait changé.

Une femme qui quitte Paris pour aller passer six mois à la campagne, en revient aussi antique que si elle s'y était oubliée trente ans. Le fils méconnaît le portrait de sa mère, tant l'habit avec lequel elle est peinte lui paraît étranger : il s'imagine que c'est quelque Américaine qui y est représentée, ou que le peintre a voulu exprimer quelqu'une de ses fantaisies[1].

Quelquefois les coiffures montent insensiblement, et une révolution les fait descendre tout à coup[2]. Il a été un temps que leur hauteur immense mettait le visage d'une femme au milieu d'elle-même; dans un autre, c'étaient les pieds qui occupaient cette place : les talons faisaient

1. Allusion à l'usage du *rouge*, si répandu sous Louis XV. « Américaine » désigne ici les Peaux-Rouges.

2. A la fin du règne de Louis XIV, la mode était aux *fontanges*, coiffures fort élevées, en bonnet posé sur le haut de la tête et garni de dentelles dont les rayons se dressaient en l'air. Sous la Régence, changement brusque dans toutes les modes, masculines comme féminines. La coiffure tomba tout à coup : elle fut basse, poudrée à blanc, garnie de pierreries et de rubans. Cf. Lacour-Gayet, *Lectures historiques* (*rhétorique*), p. 490.

un piédestal qui les tenait en l'air[1]. Qui pourrait le croire? les architectes ont été souvent obligés de hausser, de baisser et d'élargir leurs portes, selon que les parures des femmes exigeaient d'eux ce changement; et les règles de leur art ont été asservies à ces caprices[2]. On voit quelquefois sur un visage une quantité prodigieuse de mouches, et elles disparaissent toutes le lendemain. Autrefois les femmes avaient de la taille[3] et des dents[4] : aujourd'hui il n'en est pas question. Dans cette changeante nation, quoi qu'en disent les mauvais plaisants, les filles se trouvent autrement faites que leurs mères[5].

Il en est des manières et de la façon de vivre comme des modes : les Français changent de mœurs selon l'âge de leur roi[6]. Le monarque pourrait même parvenir à rendre la nation grave, s'il l'avait entrepris. Le prince imprime le caractère de son esprit à la cour, la cour à la ville, la ville aux provinces. L'âme du souverain est un moule qui donne la forme à toutes les autres.

1717. (Lettre XCIX.)

1. Modes de la Régence : souliers blancs, avec des talons très hauts placés presque sous la courbure du pied.

2. Cf. La Bruyère, XIII : « L'on blâme la mode qui fait de la tête des femmes la base d'un édifice à plusieurs étages, dont l'ordre et la structure changent selon leurs caprices. »

3. Introduction des *paniers* vers 1717. Ce sont des jupes montées sur des cerceaux, qui les faisaient ressembler à des ballons. « Avec ces surfaces ballonnantes, la taille eût été un non-sens; alors on prolongea, pour ainsi dire, le panier jusqu'au cou, en imaginant la robe volante, qui était ajustée seulement sur la poitrine et qui flottait sur le dos et sur les côtés. » Lacour-Gayet, p. 490.

4. J'ignore à quel détail de la toilette Montesquieu fait ici allusion.

5. Je crois bien, ici, à une allusion à quelque écrit satirique du temps : d'autant plus que Montesquieu avait primitivement imprimé « quoi qu'en dise le critique ».

6. Changements arrivés à la mort de Louis XIV.

II

Montesquieu moraliste.

L'AGE DES FEMMES

J'étais l'autre jour dans une société où je me divertis assez bien. Il y avait là des femmes de tous les âges : une de quatre-vingts ans, une de soixante, une de quarante, qui avait une nièce de vingt à vingt-deux. Un certain instinct me fit approcher de cette dernière, et elle me dit à l'oreille : « Que dites-vous de ma tante, qui à son âge veut avoir des amants, et fait encore la jolie? » — « Elle a tort », lui dis-je, « c'est un dessein qui ne convient qu'à vous. » Un moment après, je me trouvai auprès de sa tante, qui me dit : « Que dites-vous de cette femme qui a pour le moins soixante ans, qui a passé aujourd'hui plus d'une heure à sa toilette? » « C'est du temps perdu », lui dis-je, « il faut avoir vos charmes pour devoir y songer. » J'allai à cette malheureuse femme de soixante ans, et la plaignais dans mon âme, lorsqu'elle me dit à l'oreille : « Y a-t-il rien de si ridicule? voyez cette femme qui a quatre-vingts ans, et qui met des rubans couleur de feu; elle veut faire la jeune, et elle y réussit : car cela approche de l'enfance. » Ah! bon Dieu! dis-je en moi-même, ne sentirons-nous jamais que le ridicule des autres? C'est peut-être un bonheur, disais-je ensuite, que nous trouvions de la consolation dans les faiblesses d'autrui. Cependant j'étais en train de me divertir, et je dis :

Nous avons assez monté ; descendons à présent, et commençons par la vieille qui est au sommet. « Madame, vous vous ressemblez si fort, cette dame à qui je viens de parler et vous, qu'il semble que vous soyez deux sœurs; je vous crois à peu près de même âge. » — « Vraiment, monsieur », me dit-elle, « lorsque l'une mourra, l'autre devra avoir grand'peur : je ne crois pas qu'il y ait d'elle à moi deux jours de différence. » Quand je tins cette femme décrépite, j'allai à celle de soixante ans : « Il faut, madame, que vous décidiez un pari que j'ai fait: j'ai gagé que cette dame et vous », lui montrant la femme de quarante ans, « étiez de même âge ». — « Ma foi », dit-elle, « je ne crois pas qu'il y ait six mois de différence. » Bon, m'y voilà; continuons. Je descendis encore, et j'allai à la femme de quarante ans : « Madame, faites-moi la grâce de me dire si c'est pour rire que vous appelez cette demoiselle, qui est à l'autre table, votre nièce. Vous êtes aussi jeune qu'elle ; elle a même quelque chose dans le visage de passé, que vous n'avez certainement pas; et ces couleurs vives qui paraissent sur votre teint.... » — « Attendez », me dit-elle : « je suis sa tante ; mais sa mère avait pour le moins vingt-cinq ans plus que moi ; nous n'étions pas de même lit : j'ai ouï dire à feu ma sœur que sa fille et moi naquîmes la même année. » — « Je le disais bien, madame, et je n'avais pas tort d'être étonné. »

Mon cher Usbek, les femmes qui se sentent finir d'avance par la perte de leurs agréments voudraient reculer vers la jeunesse. Eh ! comment ne chercheraient-elles pas à tromper les autres? Elles font tous leurs efforts pour se tromper elles-mêmes et se dérober à la plus affligeante de toutes les idées[1]. 1713. (Lettre LII.)

---

1. Montesquieu, qui s'est toujours infiniment plu dans la société des femmes, a laissé cette pensée (Laboulaye, t. VII, p. 170) : « Quand on a été femme à Paris, on ne peut pas être femme ailleurs ».

LE DÉSIR DE LA GLOIRE

Le désir de la gloire n'est point différent de cet instinct que toutes les créatures ont pour leur conservation. Il semble que nous augmentons notre être lorsque nous pouvons le porter dans la mémoire des autres : c'est une nouvelle vie que nous acquérons, et qui nous devient aussi précieuse que celle que nous avons reçue du ciel[1].

Mais comme tous les hommes ne sont pas également attachés à la vie, ils ne sont pas aussi également sensibles à la gloire. Cette noble passion est bien toujours gravée dans leur cœur : mais l'imagination et l'éducation la modifient de mille manières.

Cette différence, qui se trouve d'homme à homme, se fait encore plus sentir de peuple à peuple.

On peut poser pour maxime que, dans chaque État, le désir de la gloire croît avec la liberté des sujets, et diminue avec elle : la gloire n'est jamais compagne de la servitude.

Un homme de bon sens me disait l'autre jour : « On est en France, à bien des égards, plus libre qu'en Perse; aussi y aime-t-on plus la gloire. Cette heureuse fantaisie fait faire à un Français, avec plaisir et avec goût[2], ce que votre sultan n'obtient de ses sujets qu'en leur mettant sans cesse devant les yeux les supplices et les récompenses.

1. Cf. Stapfer, *Réputations littéraires*, p. 5 : « Il me semble qu'il y a au fond beaucoup d'analogie, malgré les différences et les oppositions, entre l'espérance qui anime et soutient l'écrivain et celle des âmes religieuses. C'est chez l'un et chez les autres le même élan vers une vie inconnue, le même dédain de ce qui passe, la même horreur du néant, la même faculté d'abstraction, de contemplation et d'extase, les mêmes joies exquises incompréhensibles au vulgaire, enfin le même égoïsme outrecuidant de l'individu, si cher et si solide à ses yeux que, loin de se sentir dans l'univers une ombre insignifiante, il fait le rêve, au jour où l'univers périra, d'assister en spectateur à sa ruine, dans la paix et la gloire de la divinité. »

2. Cf. ici, p. 252.

« Aussi, parmi nous, le prince est-il jaloux de l'honneur du dernier de ses sujets. Il y a pour le maintenir des tribunaux respectables[1] : c'est le trésor sacré de la nation, et le seul dont le souverain n'est pas le maître, parce qu'il ne peut l'être sans choquer ses intérêts[2]. Ainsi, si un sujet se trouve blessé dans son honneur par son prince, soit par quelque préférence, soit par la moindre marque de mépris, il quitte sur-le-champ sa cour, son emploi, son service, et se retire chez lui.

« La différence qu'il y a des troupes françaises aux vôtres, c'est que les unes, composées d'esclaves naturellement lâches, ne surmontent la crainte de la mort que par celle du châtiment, ce qui produit dans l'âme un nouveau genre de terreur qui la rend comme stupide : au lieu que les autres se présentent aux coups avec délice, et bannissent la crainte par une satisfaction qui lui est supérieure.

« Mais le sanctuaire de l'honneur, de la réputation et de la vertu[3], semble être établi dans les républiques et dans les pays où l'on peut prononcer le mot de patrie. A Rome, à Athènes, à Lacédémone, l'honneur payait seul les services les plus signalés. Une couronne de chêne ou de laurier, une statue, un éloge, était une récompense immense pour une bataille gagnée ou une ville prise.

« Là, un homme qui avait fait une belle action se trouvait suffisamment récompensé par cette action même. Il ne pouvait voir un de ses compatriotes qu'il ne ressentît le plaisir d'être son bienfaiteur; il comptait le nombre de ses services par celui de ses concitoyens Tout homme est capable de faire du bien à un homme; mais c'est ressem-

1. Le tribunal des maréchaux de France; cf. *le Misanthrope*, acte II, scène VII.

2. Même idée dans l'*Esprit des Lois*: ici, p. 252.

3. Cet éloge de la *vertu* républicaine, cette opposition entre elle, l'*honneur* de la monarchie française, la *crainte* du despotisme oriental, annonce très nettement la théorie la plus caractéristique de l'*Esprit des Lois*; cf. ici, p. 78 et s.

bler aux dieux que de contribuer au bonheur d'une société entière[1].

« Or cette noble émulation ne doit-elle point être entièrement éteinte dans le cœur de vos Persans, chez qui les emplois et les dignités ne sont que des attributs de la fantaisie du souverain ? La réputation et la vertu y sont regardées comme imaginaires, si elles ne sont accompagnées de la faveur du prince, avec laquelle elles naissent et meurent de même. Un homme qui a pour lui l'estime publique n'est jamais sûr de ne pas être déshonoré demain. Le voilà aujourd'hui général d'armée : peut-être que le prince le va faire son cuisinier, et qu'il ne lui laissera plus à espérer d'autre éloge que celui d'avoir fait un bon ragoût[2]. » 1715. (Lettre LXXXIX.)

CONTRE L'ORGUEIL

J'ai vu des gens chez qui la vertu était si naturelle, qu'elle ne se faisait pas même sentir ; ils s'attachaient à leur devoir sans s'y plier, et s'y portaient comme par instinct : bien loin de relever par leurs discours leurs rares qualités, il semblait qu'elles n'avaient pas percé jusqu'à eux. Voilà les gens que j'aime : non pas ces hommes vertueux qui semblent être étonnés de l'être, et qui regardent une bonne action comme un prodige dont le récit doit surprendre.

Si la modestie est une vertu nécessaire à ceux à qui le ciel a donné de grands talents, que peut-on dire de ces insectes qui osent faire paraître un orgueil qui déshonorerait les plus grands hommes ?

Je vois de tous côtés des gens qui parlent sans cesse

1. Cf. ici, p. 106, n. 1.

2. Tout cela est une satire déguisée de la manière dont les commandements et les emplois furent donnés et ôtés à la fin du règne de Louis XIV. Voyez en particulier la disgrâce de Catinat en 1701.

d'eux-mêmes : leurs conversations sont un miroir qui présente toujours leur impertinente figure; ils vous parleront des moindres choses qui leur sont arrivées, et ils veulent que l'intérêt qu'ils y prennent les grossisse à vos yeux : ils ont tout fait, tout vu, tout dit, tout pensé; ils sont un modèle universel, un sujet de comparaisons inépuisable, une source d'exemples qui ne tarit jamais. Oh! que la louange est fade lorsqu'elle réfléchit vers le lieu d'où elle part[1] !

Il y a quelques jours qu'un homme de ce caractère nous accabla pendant deux heures de lui, de son mérite et de ses talents : mais, comme il n'y a point de mouvement perpétuel dans le monde, il cessa de parler. La conversation nous revint donc, et nous la prîmes.

Un homme qui paraissait assez chagrin commença par se plaindre de l'ennui répandu dans les conversations. « Quoi ! toujours des sots qui se peignent eux-mêmes et qui ramènent tout à eux ! » — « Vous avez raison, » reprit brusquement notre discoureur; « il n'y a qu'à faire comme moi : je ne me loue jamais; j'ai du bien, de la naissance, je fais de la dépense, mes amis disent que j'ai quelque esprit; mais je ne parle jamais de tout cela : si j'ai quelques bonnes qualités, celle dont je fais le plus de cas, c'est ma modestie[2]. »

J'admirais cet impertinent; et pendant qu'il parlait tout haut, je disais tout bas : Heureux celui qui a assez de vanité pour ne dire jamais de bien de lui, qui craint ceux qui l'écoutent, et ne compromet point son mérite avec l'orgueil des autres[3]. 1713. (Lettre L.)

---

1. Remarquez cet emprunt aux lois de l'optique. Montesquieu a recherché de tout temps les comparaisons d ordre scientifique. Cf. p. 86.

2. Est-ce une allusion au maréchal de Villars, le plus fanfaron des hommes ? cf. Voltaire, *Siècle de Louis XIV*, édit. Bourgeois, p. 339.

3. Cf. La Bruyère, ch. XI, sur la fausse modestie.

LA MODESTIE[1]

Je trouvai, il y a quelques jours, dans une maison de campagne où j'étais allé, deux savants qui ont ici une grande célébrité. Leur caractère me parut admirable. La conversation du premier, bien appréciée, se réduisait à ceci : « Ce que j'ai dit est vrai, parce que je l'ai dit. » La conversation du second portait sur autre chose : « Ce que je n'ai pas dit n'est pas vrai, parce que je ne l'ai pas dit. »

J'aimais assez le premier : car qu'un homme soit opiniâtre, cela ne me fait absolument rien ; mais qu'il soit impertinent, cela me fait beaucoup. Le premier défend ses opinions, c'est son bien : le second attaque les opinions des autres, et c'est le bien de tout le monde.

Oh ! mon cher Usbek, que la vanité sert mal ceux qui en ont une dose plus forte que celle qui est nécessaire pour la conservation de la nature ! Ces gens-là veulent être admirés à force de déplaire. Ils cherchent à être supérieurs, et ils ne sont pas seulement égaux.

Hommes modestes, venez, que je vous embrasse : vous faites la douceur et le charme de la vie. Vous croyez que vous n'avez rien ; et moi je vous dis que vous avez tout[2]. Vous pensez que vous n'humiliez personne ; et vous humiliez tout le monde. Et quand je vous compare dans mon idée avec ces hommes absolus que je vois partout, je les précipite de leur tribunal, et je les mets à vos pieds.

1720. (Lettre CXLIV[3].)

---

1. Lire La Bruyère, *Caractères*, XI, p. 311 et suiv. (édit. Servois et Rébelliau).

2. Pensée détachée de Montesquieu (édition Laboulaye, VII, p. 179) : « Un fonds de modestie rapporte un très grand fonds d'intérêt. »

3. Cette lettre n'a été imprimée qu'en 1754 : Montesquieu dut la négliger en 1721, parce qu'elle rappelait d'assez près la lettre L.

LA VERTU DES LARMES

Je t'attends ici demain : cependant je t'envoie tes lettres d'Ispahan. Les miennes portent que l'ambassadeur du Grand-Mogol a reçu ordre de sortir du royaume[1]. On ajoute qu'on a fait arrêter le prince, oncle du roi, qui est chargé de son éducation, qu'on l'a fait conduire dans un château, où il est très étroitement gardé, et qu'on l'a privé de tous ses honneurs[2]. Je suis touché du sort de ce prince, et je le plains.

Je te l'avoue, Usbek, je n'ai jamais vu couler les larmes de personne sans en être attendri[3] : je sens de l'humanité pour les malheureux, comme s'il n'y avait qu'eux qui fussent hommes; et les grands même, pour lesquels je trouve dans mon cœur de la dureté quand ils sont élevés, je les aime sitôt qu'ils tombent.

En effet, qu'ont-ils affaire, dans la prospérité, d'une inutile tendresse? elle approche trop de l'égalité. Ils aiment bien mieux du respect, qui ne demande point de retour. Mais sitôt qu'ils sont déchus de leur grandeur, il n'y a que nos plaintes qui puissent leur en rappeler l'idée.

Je trouve quelque chose de bien naïf, et même de bien grand, dans les paroles d'un prince qui, prêt de tomber entre les mains de ses ennemis, voyait ses courtisans autour de lui qui pleuraient : « Je sens », leur dit-il, « à vos larmes, que je suis encore votre roi[4]. »

1718. (Lettre CXXVI.)

1. Expulsion du prince de Cellamare, ambassadeur d'Espagne en France, en 1718, pour avoir comploté contre le régent.

2. Arrestation du duc de Maine et son internement à Doullens lors de la même affaire : ce fut une chose fort pitoyable que cette arrestation. Le duc fut traité très durement, n'ayant que deux valets avec lui, toujours gardé à vue. Cf. Saint-Simon, en 1718.

3. Cf. *Pensées*, ici, page 329.

4. Darius disait à ses fidèles : *Fides vestra et constantia ut regem me esse credam facit* (Quinte-Curce, V, VIII, 9). Est-ce à ce fait que songe Montesquieu ?

III

La politique.

LE CARACTÈRE DE LOUIS XIV

Le roi de France est vieux. Nous n'avons point d'exemple dans nos histoires d'un monarque qui ait si longtemps régné. On dit qu'il possède à un très haut degré le talent de se faire obéir : il gouverne avec le même génie sa famille, sa cour, son État[1]. On lui a souvent entendu dire que, de tous les gouvernements du monde, celui des Turcs, ou celui de notre auguste sultan, lui plairait le mieux : tant il fait de cas de la politique orientale.

J'ai étudié son caractère, et j'y ai trouvé des contradictions qu'il m'est impossible de résoudre : par exemple, il a un ministre qui n'a que dix huit ans[2], et une maîtresse qui en a quatre-vingts[3] ; il aime sa religion, et il ne peut souffrir ceux qui disent qu'il la faut observer à la rigueur[4] ; quoiqu'il fuie le tumulte des villes, et qu'il se

1. Cf. Voltaire, *Siècle de Louis XIV*, p. 477. Saint-Simon, *Œuvres inédites*, I, p. 295 : « Louis XIV a été le plus heureux et le plus absolu prince sur mère, frère, épouse, fils, petits-fils, princes du sang, seigneurs, etc., qui ait jamais régné. »

2. Le marquis de Barbezieux, né en 1668, secrétaire d'État de la guerre en 1691. Il y a erreur de trois ans chez Montesquieu ; et (ceci à dessein) synchronisme fort inexact.

3. En réalité Louis XIV épousa Madame de Maintenon (qui était née en 1635) en 1684. Mais ce mariage, dit Voltaire (*Siècle de Louis XIV*, p. 512, édit. Bourgeois) fut toujours problématique à la cour : on respectait en elle le choix du roi, sans la traiter en reine.

4. Les Jansénistes.

communique peu, il n'est occupé depuis le matin jusqu'au soir qu'à faire parler de lui ; il aime les trophées et les victoires, mais il craint autant de voir un bon général à la tête de ses troupes[1], qu'il aurait sujet de le craindre à la tête d'une armée ennemie. Il n'est, je crois, jamais arrivé qu'à lui d'être en même temps comblé de plus de richesses qu'un prince n'en saurait espérer, et accablé d'une pauvreté qu'un particulier ne pourrait soutenir[2].

Il aime à gratifier ceux qui le servent; mais il paye aussi libéralement les assiduités, ou plutôt l'oisiveté de ses courtisans, que les campagnes laborieuses de ses capitaines; souvent il préfère un homme qui le déshabille, ou qui lui donne la serviette lorsqu'il se met à table, à un autre qui lui prend des villes ou lui gagne des batailles : il ne croit pas que la grandeur souveraine doive être gênée dans la distribution des grâces ; et sans examiner si celui qu'il comble de biens est un homme de mérite, il croit que son choix va le rendre tel ; aussi lui a-t-on vu donner une petite pension à un homme qui avait fui deux lieues, et un beau gouvernement à un autre qui en avait fui quatre.

Il est magnifique, surtout dans ses bâtiments[3] : il y a plus de statues dans les jardins de son palais que de citoyens dans une grande ville. Sa garde[4] est aussi forte que celle du prince devant qui tous les trônes se renversent[5]; ses armées sont aussi nombreuses, ses ressources aussi grandes, et ses finances aussi inépuisables[6]. 1713. (Lettre XXXVII.)

---

1. Disgrâce de Catinat et, au commencement du XVIIIe siècle, éloignement de Villars. Voyez chez Saint-Simon, *Parallèle de trois rois*, le paragraphe intitulé : *Généraux d'armée mis en toutes brassières*.

2. Louis XIV porte sa vaisselle d'or à la Monnaie en 1709.

3. Cf. *Siècle de Louis XIV*.

4. Elle comprenait environ 10000 hommes, soit de cavalerie (gardes du corps, gendarmerie, chevau-légers, mousquetaires gris, mousquetaires noirs, grenadiers à cheval), soit d'infanterie (gardes françaises, gardes suisses, cent-suisses de la garde).

5. Le chah de Perse.

6. Cf. p. 247.

LA RÉVOCATION DE L'ÉDIT DE NANTES

Tu sais, Mirza, que quelques ministres de Cha-Soliman[1] avaient formé le dessein d'obliger tous les Arméniens de Perse de quitter le royaume, ou de se faire mahométans, dans la pensée que notre Empire serait toujours pollué tandis qu'il garderait dans son sein ces infidèles.

C'était fait de la grandeur persane, si dans cette occasion l'aveugle dévotion avait été écoutée.

On ne sait comme la chose manqua. Ni ceux qui firent la proposition, ni ceux qui la rejetèrent n'en connurent les conséquences : le hasard fit l'office de la raison et de la politique, et sauva l'Empire d'un péril plus grand que celui qu'il aurait pu courir de la perte d'une bataille et de la prise de deux villes.

En proscrivant les Arméniens, on pensa détruire en un seul jour tous les négociants et presque tous les artisans du royaume. Je suis sûr que le grand Cha-Abas[2] aurait mieux aimé se faire couper les deux bras que de signer un ordre pareil, et qu'en envoyant au Mogol et aux autres rois des Indes ses sujets les plus industrieux, il aurait cru leur donner la moitié de ses États.

Les persécutions que nos mahométans zélés ont faites aux Guèbres[3] les ont obligés de passer en foule dans les Indes, et ont privé la Perse de cette nation, si appliquée au labourage, et qui seule, par son travail, était en état de vaincre la stérilité de nos terres[4].

1. Soliman II, chah de Perse de 1666 à 1694. Ce projet de persécution des Arméniens a réellement été formé sous Soliman.

2. Abbas Ier le Grand, chah de 1587 à 1628. Cf. ici, p. 287.

3. Au VIIe et au VIIIe siècle. L'émigration des sectateurs de Zoroastre est un des événements les plus remarquables de l'histoire de Perse sous le gouvernement des califes. Cf. Dubeux, *la Perse*, p. 337.

4. Tout cela est très vrai pour les Guèbres comme pour les Arméniens. Remarquez bien encore ici le procédé de Montesquieu. Rien de ce qu'il nous dit de l'Orient n'est inventé et tout s'applique merveilleusement à la persécution dirigée par Louis XIV et continuée après lui contre les Protestants.

Il ne restait à la dévotion qu'un second coup à faire : c'était de ruiner l'industrie ; moyennant quoi l'Empire tombait de lui-même, et avec lui, par une suite nécessaire, cette même religion qu'on voulait rendre si florissante.

S'il faut raisonner sans prévention, je ne sais, Mirza, s'il n'est pas bon que dans un État il y ait plusieurs religions.

On remarque que ceux qui vivent dans des religions tolérées se rendent ordinairement plus utiles à leur patrie que ceux qui vivent dans la religion dominante, parce que, éloignés des honneurs, ne pouvant se distinguer que par leur opulence et leurs richesses, ils sont portés à en acquérir par leur travail et à embrasser les emplois de la société les plus pénibles[1].

D'ailleurs, comme toutes les religions contiennent des préceptes utiles à la société, il est bon qu'elles soient observées avec zèle. Or, qu'y a-t-il de plus capable d'animer ce zèle que leur multiplicité[2]?

Ce sont des rivales qui ne se pardonnent rien. La jalousie descend jusqu'aux particuliers : chacun se tient sur ses gardes, et craint de faire des choses qui déshonoreraient son parti, et l'exposeraient aux mépris et aux censures impardonnables du parti contraire.

Aussi a-t-on toujours remarqué qu'une secte nouvelle, introduite dans un État, était le moyen le plus sûr pour corriger tous les abus de l'ancienne[3].

On a beau dire qu'il n'est pas de l'intérêt du prince de souffrir plusieurs religions dans son État[4] : quand toutes les sectes du monde viendraient s'y rassembler, cela ne lui porterait aucun préjudice, parce qu'il n'y en a aucune qui ne prescrive l'obéissance et ne prêche la soumission.

1. C'est le cas des Juifs au moyen âge.

2. Voyez la multiplicité des sectes en Angleterre ; cf. p. 216.

3. Réforme catholique du XVIe siècle ; réforme religieuse au XIIIe siècle, au temps des Albigeois.

4. C'est ce qu'on persuada à Louis XIV. Voy. *Siècle de Louis XIV*, édit. Bourgeois, p. 699 et suiv.

J'avoue que les histoires sont remplies de guerres de religion ; mais qu'on y prenne bien garde : ce n'est point la multiplicité des religions qui a produit ces guerres, c'est l'esprit d'intolérance qui animait celle qui se croyait la dominante....

C'est cet esprit de vertige, dont les progrès ne peuvent être regardés que comme une éclipse entière de la raison humaine.

Car enfin, quand il n'y aurait pas de l'inhumanité à affliger la conscience des autres, quand il n'en résulterait aucun des mauvais effets qui en germent à milliers, il faudrait être fou pour s'en aviser. Celui qui veut me faire changer de religion ne le fait sans doute que parce qu'il ne changerait pas la sienne, quand on voudrait l'y forcer : il trouve donc étrange que je ne fasse pas une chose qu'il ne ferait pas lui-même, peut-être pour l'empire du monde.

1715. (Lettre LXXXV.)

LA MORT DE LOUIS XIV [1]

Le monarque qui a si longtemps régné n'est plus. Il a bien fait parler des gens pendant sa vie ; tout le monde s'est tu à sa mort. Ferme et courageux dans ce dernier moment, il a paru ne céder qu'au destin [2]. Ainsi mourut le grand Cha-Abas, après avoir rempli toute la terre de son nom [3].

Ne crois pas que ce grand événement n'ait fait faire

1. Mort de Louis XIV, le 1er septembre 1715.

2. Voyez chez Saint-Simon l'admirable tableau des derniers jours du roi : « Cette constance, cette fermeté d'âme, cette égalité extérieure, ce soin toujours le même de tenir tant qu'il pouvait le timon, cette espérance contre toute espérance, par courage, par sagesse, non par aveuglement, ces dehors du même roi en toute chose, c'est ce qui aurait pu lui mériter le nom de *grand* qui lui avait été si prématuré. »

3. Abbas le Grand fut le plus grand souverain peut-être qu'ait possédé la Perse, vainqueur des Turcs et des Portugais. « Lorsque ce prince cessa de vivre », dit Chardin, « la Perse cessa de prospérer. »

ici que des réflexions morales. Chacun a pensé à ses affaires, et à prendre ses avantages dans ce changement. Le roi, arrière-petit-fils du monarque défunt, n'ayant que cinq ans, un prince son oncle a été déclaré régent du royaume.

Le feu roi avait fait un testament qui bornait l'autorité du régent. Ce prince habile a été au Parlement ; et y exposant tous les droits de sa naissance, il a fait casser la disposition du monarque, qui, voulant se survivre à lui-même, semblait avoir prétendu régner encore après sa mort.

Les Parlements ressemblent à ces ruines que l'on foule aux pieds, mais qui rappellent toujours l'idée de quelque temple fameux par l'ancienne religion des peuples. Ils ne se mêlent guère plus que de rendre la justice[1] ; et leur autorité est toujours languissante, à moins que quelque conjoncture imprévue ne vienne lui rendre la force et la vie. Ces grands corps ont suivi le destin des choses humaines : ils ont cédé au temps, qui détruit tout, à la corruption des mœurs, qui a tout affaibli, à l'autorité suprême, qui a tout abattu.

Mais le régent, qui a voulu se rendre agréable au peuple, a paru d'abord respecter cette image de la liberté publique ; et comme s'il avait pensé à relever de terre le temple et l'idole, il a voulu qu'on les regardât comme l'appui de la monarchie et le fondement de toute autorité légitime[2].

De Paris, le 4 de la lune de Rhégeb, 1715.

(Lettre XCII.)

---

1. Depuis 1652.

2. Le Parlement fut d'ailleurs récompensé en recouvrant le droit de remontrances. Ici Montesquieu montre très nettement quel rôle il assigne au Parlement (cf. *Esprit des Lois*, p. 76). En réalité le Parlement, loin d'être « le fondement de l'autorité légitime », n'était et ne pouvait être qu'un corps de justice, jugeant au nom et par délégation de la royauté. Mais on sait que les parlementaires se regardaient volontiers comme « les conseillers du roi » en toute chose, et les gardiens et dépositaires de la loi.

LAW ET SON SYSTÈME[1]

Fragments d'un ancien mythologiste.

« Dans une île près des Orcades[2], il naquit un enfant qui avait pour père Éole, dieu des Vents, et pour mère une nymphe de Calédonie. On dit de lui qu'il apprit tout seul à compter avec ses doigts, et que, dès l'âge de quatre ans, il distinguait si parfaitement les métaux, que sa mère ayant voulu lui donner une bague de laiton au lieu d'une d'or, il reconnut la tromperie, et la jeta par terre[3].

« Dès qu'il fut grand, son père lui apprit le secret d'enfermer les vents dans des outres, qu'il vendait ensuite à tous les voyageurs : mais comme la marchandise n'était pas fort prisée dans son pays, il le quitta, et se mit à courir le monde en compagnie de l'aveugle dieu du hasard[4].

« Il apprit dans ses voyages que, dans la Bétique[5], l'or reluisait de toutes parts : cela fit qu'il y précipita ses pas. Il y fut fort mal reçu de Saturne, qui régnait pour lors[6]; mais ce dieu ayant quitté la terre, il s'avisa d'aller dans tous les carrefours, où il criait sans cesse d'une voix rauque : « Peuples de Bétique, vous croyez être riches « parce que vous avez de l'or et de l'argent : votre erreur « me fait pitié. Croyez-moi : quittez le pays des vils métaux ; « venez dans l'empire de l'imagination, et je vous promets

1. Montesquieu s'est toujours exprimé sur le système de Law avec dureté. Il le vit plus tard à Venise en 1728, s'était entretenu avec lui du *système* (*Voyages*, I, p. 64) et avait dû reconnaître chez lui, au moins de la logique et de l'honnêteté. « C'est », dit-il, « un homme captieux, qui a du raisonnement ; d'ailleurs, plus amoureux de ses idées que de son argent. » Mais il ne désarma pas et devait reprendre ses attaques contre le Système avec moins d'esprit et plus de force (cf. *Esprit des Lois*, ici, p. 75).

2. Law est né à Edimbourg.

3. Son père était orfèvre.

4. Voyages de Law en Hollande, en France et en Italie, pendant lesquels il fit surtout deux choses : s'instruire et jouer.

5. La France.

6. Il fut expulsé sous Louis XIV.

« des richesses qui vous étonneront vous-mêmes. » Aussitôt il ouvrit une grande partie des outres qu'il avait apportées, et il distribua de sa marchandise à qui en voulut[1].

« Le lendemain il revint dans les mêmes carrefours, et il s'écria : « Peuples de Bétique, voulez-vous être riches ? « imaginez-vous que je le suis beaucoup, et que vous « l'êtes beaucoup aussi ; mettez-vous tous les matins dans « l'esprit que votre fortune a doublé pendant la nuit ; « levez-vous ensuite ; et si vous avez des créanciers, « allez les payer de ce que vous aurez imaginé, et dites-« leur d'imaginer à leur tour[2]. »

« Il reparut quelques jours après, et il parla ainsi : « Peuples de Bétique, je vois bien que votre imagination « n'est pas si vive que les premiers jours : laissez-vous « conduire à la mienne ; je mettrai tous les matins devant « vos yeux un écriteau qui sera pour vous la source « des richesses : vous n'y verrez que quatre paroles[3], « mais elles seront bien significatives, car elles régleront « la dot de vos femmes, la légitime de vos enfants, le « nombre de vos domestiques. Et quant à vous, » dit-il à ceux de la troupe qui étaient le plus près de lui : « quant à vous, mes chers enfants (je puis vous appeler « de ce nom, car vous avez reçu de moi une seconde « naissance), mon écriteau décidera de la magnificence « de vos équipages, de la somptuosité de vos festins, du « nombre et de la pension de vos maîtresses[4]. »

« A quelques jours de là il arriva dans le carrefour, tout essoufflé ; et transporté de colère, il s'écria : « Peuples de Bétique, je vous avais conseillé d'imaginer, « et je vois que vous ne le faites pas : eh bien ! à présent je

1. Création de la Banque ; première émission des billets de banque (1716).

2. 1717 : Mesures pour favoriser la circulation de ces billets.

3. LE COURS DES ACTIONS : cote des billets et des actions de la Compagnie.

4. Les *millionnaires* (comme on les appelait) qui environnaient Law, principaux actionnaires de la Compagnie.

vous l'ordonne[1]. » Là-dessus, il les quitta brusquement ; mais la réflexion le rappela sur ses pas. « J'apprends que « quelques-uns de vous sont assez détestables pour con- « server leur or et leur argent. Encore passe pour l'ar- « gent ; mais pour de l'or... pour de l'or.... Ah ! cela me « met dans une indignation !... Je jure par mes outres « sacrées que, s'ils ne viennent me l'apporter, je les « punirai sévèrement[2]. » Puis il ajouta, d'un air tout à fait persuasif : « Croyez-vous que ce soit pour garder « ces misérables métaux que je vous les demande[3]? Une « marque de ma candeur, c'est que, lorsque vous me les « apportâtes il y a quelques jours, je vous en rendis sur- « le-champ la moitié[4]. »

« Le lendemain, on l'aperçut de loin, et on le vit s'insinuer avec une voix douce et flatteuse : « Peuples de « Bétique, j'apprends que vous avez une partie de vos « trésors dans les pays étrangers : je vous prie, faites- « les-moi venir, vous me ferez plaisir, et je vous en « aurai une reconnaissance éternelle[5]. »

« Le fils d'Éole parlait à des gens qui n'avaient pas grande envie de rire ; ils ne purent pourtant s'en empêcher : ce qui fit qu'il s'en retourna bien confus. Mais

1. Cours forcé des billets.

2. Mesures prises contre les métaux précieux en 1720. Voyez-en le résumé si vivant chez Saint-Simon (an. 1720) : « On vint à vouloir, d'autorité coactive, à supprimer tout usage d'or, d'argent et de pierreries, je dis d'argent monnayé, à prétendre persuader que depuis Abraham, qui paya comptant la sépulture de Sara, jusqu'à nos temps, on avait été dans l'illusion et dans l'erreur la plus grossière dans toutes les nations policées du monde, sur la monnaie et les métaux dont on la fait ; que le papier était le seul utile et le seul nécessaire. Comme il fut permis à la Compagnie des Indes de faire visiter dans toutes les maisons, même royales, d'y confisquer tous les louis d'or et tous les écus qui s'y trouveraient, et de n'y laisser que des pièces de vingt sous et au-dessous, et encore jusqu'à deux cents francs pour les appoints de billets, il fallut porter tout ce qu'on avait à la Banque de peur d'être décelé par un valet. »

3. 1er décembre 1719 : Défense à la Banque de recevoir des espèces ; 21 décembre : défense de faire des paiements en or au-dessus de 300 francs.

4. A l'origine, on remboursait les billets, moitié en papier, moitié en espèces.

5. Law rembourse en billets les lettres de change sur l'Angleterre.

reprenant courage, il hasarda encore une petite prière. « Je sais que vous avez des pierres précieuses : au nom « de Jupiter, défaites-vous-en; rien ne vous appauvrit « comme ces sortes de choses : défaites-vous-en, vous dis- « je. Si vous ne le pouvez pas par vous-mêmes, je vous « donnerai des hommes d'affaires excellents. Que de « richesses vont couler chez vous, si vous faites ce que « je vous conseille! Oui, je vous promets tout ce qu'il y « a de plus pur dans mes outres[1]. »

« Enfin il monta sur un tréteau, et prenant une voix plus assurée, il dit : « Peuples de Bétique, j'ai comparé « l'heureux état dans lequel vous êtes avec celui où je « vous trouvai lorsque j'arrivai ici : je vous vois le plus « riche peuple de la terre; mais pour achever votre for- « tune, souffrez que je vous ôte la moitié de vos biens[2]. » A ces mots, d'une aile légère, le fils d'Éole disparut, et laissa ses auditeurs dans une consternation inexprimable; ce qui fit qu'il revint le lendemain, et parla ainsi : « Je « m'aperçus hier que mon discours vous déplut extrê- « mement; eh bien! prenez que je ne vous aie rien dit. Il « est vrai, la moitié, c'est trop. Il n'y a qu'à prendre « d'autres expédients pour arriver au but que je me suis « proposé. Assemblons nos richesses dans un même en- « droit; nous le pouvons facilement, car elles ne tiennent « pas un gros volume. » Aussitôt il en disparut les trois quarts[3]. » 1720. (Lettre CXLII.)

LE POINT D'HONNEUR CHEZ LES FRANÇAIS

De cette passion générale que la nation française a pour la gloire, il s'est formé dans l'esprit des particuliers un

1. Février 1720 : Mesures prises par Law contre le commerce des pierreries.

2. Réduction à la moitié de la valeur des actions et des billets de la Banque (21 mai 1720).

3. Suspension des paiements en juillet.

certain je ne sais quoi qu'on appelle point d'honneur : c'est proprement le caractère de chaque profession ; mais il est plus marqué chez les gens de guerre, et c'est le point d'honneur par excellence. Il me serait bien difficile de te faire sentir ce que c'est : car nous n'en avons point précisément d'idée.

Autrefois les Français, surtout les nobles, ne suivaient guère d'autres lois que celles de ce point d'honneur : elles réglaient toute la conduite de leur vie ; et elles étaient si sévères qu'on ne pouvait, sans une peine plus cruelle que la mort, je ne dis pas les enfreindre, mais en éluder la plus petite disposition....

Quand il s'agissait de régler les différends, elles ne prescrivaient guère qu'une manière de décision, qui était le duel, qui tranchait toutes les difficultés ; mais, ce qu'il y avait de mal, c'est que souvent le jugement se rendait entre d'autres parties que celles qui y étaient intéressées.

Pour peu qu'un homme fût connu d'un autre, il fallait qu'il entrât dans la dispute, et qu'il payât de sa personne, comme s'il avait été lui-même en colère. Il se sentait toujours honoré d'un tel choix et d'une préférence si flatteuse ; et tel qui n'aurait pas voulu donner quatre pistoles à un homme pour le sauver de la potence, lui et toute sa famille, ne faisait aucune difficulté d'aller risquer pour lui mille fois sa vie.... 1715. (Lettre XCI.)

L'ESPRIT D'ÉGALITÉ

A Paris règne la liberté et l'égalité. La naissance, la vertu, le mérite même de la guerre, quelque brillant qu'il soit, ne sauve pas un homme de la foule dans laquelle il est confondu[1]. La jalousie des rangs y est in-

1. Cf. Tocqueville, *l'Ancien Régime et la Révolution*, II, VIII : « Que la France était le pays où les hommes étaient devenus le plus semblables entre eux. »

connue. On dit que le premier de Paris est celui qui a les meilleurs chevaux à son carrosse.

Un grand seigneur est un homme qui voit le roi, qui parle aux ministres, qui a des ancêtres, des dettes et des pensions. S'il peut avec cela cacher son oisiveté par un air empressé, ou par un feint attachement pour les plaisirs, il croit être le plus heureux de tous les hommes[1].

En Perse, il n'y a de grands que ceux à qui le monarque donne quelque part au gouvernement. Ici, il y a des gens qui sont grands par leur naissance; mais ils sont sans crédit[2]. Les rois font comme ces ouvriers habiles qui, pour exécuter leurs ouvrages, se servent toujours des machines les plus simples[3].

La faveur est la grande divinité des Français Le ministre est le grand prêtre, qui lui offre bien des victimes. Ceux qui l'entourent ne sont point habillés de blanc : tantôt sacrificateurs et tantôt sacrifiés, ils se dévouent eux-mêmes à leur idole avec tout le peuple[4].

1715. (Lettre LXXXVIII.)

1. « Les gentilshommes eux-mêmes sont quelquefois de grands solliciteurs : leur condition ne se reconnaît guère alors qu'en ce qu'ils mendient d'un ton fort haut. » Tocqueville, II, vi. Il faut lire dans La Bruyère tout le chapitre sur *les Grands*.

2. Saint-Simon a très bien montré que Louis XIV, surtout à l'instigation de Louvois, « parvint à rendre toute seigneurie et toute noblesse peuple ».

3. Allusion à la toute-puissance du Conseil du Roi, composé de gens de médiocre naissance ; Montesquieu caractérise ici les deux résultats du gouvernement monarchique en France : la démocratie et la centralisation. « Quand un peuple a détruit dans son sein l'aristocratie, il court vers la centralisation comme de lui-même. » Tocqueville, II, v.

4. « Pendant que les grands négligent de rien connaître, je ne dis pas seulement aux intérêts des princes et aux affaires publiques, mais à leurs propres affaires, des citoyens s'instruisent du dedans et du dehors du royaume, étudient le gouvernement, deviennent fins et politiques, savent le fort et le faible de tout un Etat, songent à se mieux placer, se placent, s'élèvent, deviennent puissants, soulagent le prince d'une partie des soins publics. Les grands qui les dédaignaient les révèrent : heureux s'ils deviennent leurs gendres! » La Bruyère, ch. IX.

IV

La Cité idéale : les Troglodytes[1].

Mirza à son ami Usbek, à Erzeron[2].

Tu étais le seul qui pût me dédommager de l'absence de Rica; et il n'y avait que Rica qui pût me consoler de la tienne. Tu nous manques, Usbek : tu étais l'âme de notre société. Qu'il faut de violence pour rompre les engagements que le cœur et l'esprit ont formés !

Nous disputons ici beaucoup; nos disputes roulent ordinairement sur la morale. Hier on mit en question si les hommes étaient heureux par les plaisirs et les satisfactions des sens ou par la pratique de la vertu. Je t'ai souvent ouï dire que les hommes étaient nés pour être vertueux, et que la justice est une qualité qui leur est aussi propre que l'existence. Explique-moi, je te prie, ce que tu veux dire.

1. Malgré sa forme idyllique, ce célèbre morceau a une grande portée dans l'œuvre de Montesquieu et dans l'histoire littéraire de la France. On y trouvera en germe la plupart des théories politiques qu'il développera dans l'*Esprit des Lois* : la solidarité des intérêts de tous, la force que la vertu donne au gouvernement républicain. C'est en outre le premier de ces tableaux allégoriques et sentimentaux dans lesquels le siècle entier allait se complaire et que les idéalistes de 1790 mettront en action dans leurs fêtes et en préceptes dans leurs discours. L'allégorie des Troglodytes est sans doute inspirée du *Télémaque*, que Montesquieu appelait (Laboulaye, VII, p. 158) « l'ouvrage divin de ce siècle, dans lequel Homère semble respirer ».

2. Erzeroum : les deux amis, Usbek et Rica, sont en route vers Paris quand le premier reçoit cette lettre de la ville qu'ils viennent de quitter.

J'ai parlé à des mollaks[1], qui me désespèrent avec leurs passages de l'Alcoran : car je ne leur parle pas comme vrai croyant, mais comme homme, comme citoyen, comme père de famille. Adieu.

D'Ispahan, le dernier de la lune de Saphar, 1711.

(Lettre X.)

Usbek à Mirza, à Ispahan.

Tu renonces à ta raison pour essayer[2] la mienne; tu descends jusqu'à me consulter; tu me crois capable de t'instruire. Mon cher Mirza, il y a une chose qui me flatte encore plus que la bonne opinion que tu as conçue de moi : c'est ton amitié qui me la procure.

Pour remplir ce que tu me prescris, je n'ai pas cru devoir employer des raisonnements fort abstraits. Il y a de certaines vérités qu'il ne suffit pas de persuader, mais qu'il faut encore faire sentir: telles sont les vérités de morale. Peut-être que ce morceau d'histoire te touchera plus qu'une philosophie subtile.

Il y avait en Arabie un petit peuple, appelé Troglodyte, qui descendait de ces anciens Troglodytes qui, si nous en croyons les historiens[3], ressemblaient plus à des bêtes qu'à des hommes. Ceux-ci n'étaient point si contrefaits; ils n'étaient point velus comme des ours, ils ne sifflaient point, ils avaient deux yeux : mais ils étaient si méchants et si féroces, qu'il n'y avait parmi eux aucun principe d'équité ni de justice.

Ils avaient un roi d'une origine étrangère, qui, voulant corriger la méchanceté de leur naturel, les traitait sévè-

1. Mollahs, titre d'honneur donné par les musulmans aux chefs et aux docteurs de leur religion.

2. Expression familière à Montesquieu; cf. p. 255 et 256.

3. Les Troglodytes étaient placés par les anciens surtout en Éthiopie. Cf. Strabon, XVI, XIV, 17; Hérodote, IV, CLXXXIII; Pomponius Mela, I, VIII. C'est à ces écrivains que Montesquieu emprunte les détails qui suivent, d'ailleurs purement légendaires.

rement; mais ils conjurèrent contre lui, le tuèrent, et exterminèrent toute la famille royale[1].

Le coup étant fait, ils s'assemblèrent pour choisir un gouvernement; et après bien des dissensions, ils créèrent des magistrats. Mais à peine les eurent-ils élus, qu'ils leur devinrent insupportables; et ils les massacrèrent encore[2].

Ce peuple, libre de ce nouveau joug, ne consulta plus que son naturel sauvage. Tous les particuliers convinrent qu'ils n'obéiraient plus à personne, que chacun veillerait uniquement à ses intérêts, sans consulter ceux des autres[3].

Cette résolution unanime flattait extrêmement tous les particuliers. Ils disaient : « Qu'ai-je affaire d'aller me tuer à travailler pour des gens dont je ne me soucie point? Je penserai uniquement à moi. Je vivrai heureux : que m'importe que les autres le soient? Je me procurerai tous mes besoins; et pourvu que je les aie, je ne me soucie point que tous les autres Troglodytes soient misérables. »

On était dans le mois où l'on ensemence les terres; chacun dit : « Je ne labourerai mon champ que pour qu'il me fournisse le blé qu'il me faut pour me nourrir; une plus grande quantité me serait inutile : je ne prendrai point de la peine pour rien. »

Les terres de ce petit royaume n'étaient pas de même nature : il y en avait d'arides et de montagneuses; et d'autres qui, dans un terrain bas, étaient arrosées de plusieurs ruisseaux. Cette année la sécheresse fut très grande, de manière que les terres qui étaient dans les lieux élevés manquèrent absolument, tandis que celles qui purent être arrosées furent très fertiles : ainsi les peuples des montagnes périrent presque tous de faim par la dureté des autres, qui leur refusèrent de partager la récolte[4].

1. Gouvernement monarchique.
2. Gouvernement républicain.
3. Retour à l'isolement primitif.
4. Montesquieu montre par là la *solidarité économique* qui doit exister entre les différentes régions d'un même pays. Et sans doute aussi il fait la critique des entraves apportées à la libre circulation des grains entre les provinces de la France.

L'année d'ensuite fut très pluvieuse : les lieux élevés se trouvèrent d'une fertilité extraordinaire, et les terres basses furent submergées. La moitié du peuple cria une seconde fois famine : mais ces misérables trouvèrent des gens aussi durs qu'ils l'avaient été eux-mêmes....

Il y avait un homme qui possédait un champ assez fertile, qu'il cultivait avec grand soin : deux de ses voisins s'unirent ensemble, le chassèrent de sa maison, occupèrent son champ ; ils firent entre eux une union pour se défendre contre tous ceux qui voudraient l'usurper ; et effectivement ils se soutinrent par là pendant plusieurs mois. Mais un des deux, ennuyé de partager ce qu'il pouvait avoir tout seul, tua l'autre, et devint seul maître du champ. Son empire ne fut pas long : deux autres Troglodytes vinrent l'attaquer ; il se trouva trop faible pour se défendre, et il fut massacré[1].

Un Troglodyte presque tout nu vit de la laine qui était à vendre : il en demanda le prix ; le marchand dit en lui-même : « Naturellement je ne devrais espérer de ma laine qu'autant d'argent qu'il en faut pour acheter deux mesures de blé ; mais je la vais vendre quatre fois davantage, afin d'avoir huit mesures. » Il fallut en passer par là, et payer le prix demandé. « Je suis bien aise », dit le marchand ; « j'aurai du blé à présent. » « Que dites-vous ? » reprit l'acheteur : « vous avez besoin de blé ? J'en ai à vendre : il n'y a que le prix qui vous étonnera peut-être ; car vous saurez que le blé est extrêmement cher, et que la famine règne presque partout : mais rendez-moi mon argent, et je vous donnerai une mesure de blé ; car je ne veux pas m'en défaire autrement, dussiez-vous crever de faim[2]. »

Cependant une maladie cruelle ravageait la contrée. Un médecin habile y arriva du pays voisin, et donna ses remèdes si à propos, qu'il guérit tous ceux qui se mirent

1. Solidarité des intérêts matériels.

2. Solidarité dans les relations commerciales.

dans ses mains. Quand la maladie eut cessé, il alla chez tous ceux qu'il avait traités demander son salaire ; mais il ne trouva que des refus : il retourna dans son pays, et il y arriva accablé des fatigues d'un si long voyage. Mais bientôt après il apprit que la même maladie se faisait sentir de nouveau, et affligeait plus que jamais cette terre ingrate. Ils allèrent à lui cette fois, et n'attendirent pas qu'il vînt chez eux[1]. « Allez », leur dit-il, « hommes injustes, vous avez dans l'âme un poison plus mortel que celui dont vous voulez guérir ; vous ne méritez pas d'occuper une place sur la terre, parce que vous n'avez point d'humanité, et que les règles de l'équité vous sont inconnues : je croirais offenser les dieux, qui vous punissent, si je m'opposais à la justice de leur colère[2]. »

D'Erzeron, le 3 de la lune de gemmadi 2, 1711.

(Lettre XI.)

Usbek au même, à Ispahan.

Tu as vu, mon cher Mirza, comment les Troglodytes périrent par leur méchanceté même, et furent les victimes de leurs propres injustices. De tant de familles, il n'en resta que deux, qui échappèrent aux malheurs de la nation. Il y avait dans ce pays deux hommes bien singuliers : ils avaient de l'humanité ; ils connaissaient la justice ; ils aimaient la vertu ; autant liés par la droiture de leur cœur que par la corruption de celui des autres, ils voyaient la désolation générale, et ne la ressentaient que par la pitié : c'était le motif d'une union nouvelle. Ils travaillaient avec une sollicitude commune pour l'intérêt commun ; ils n'avaient de différends que ceux qu'une douce et tendre amitié faisait naître ; et dans l'endroit du pays le plus écarté, séparés de leurs compatriotes

1. Solidarité morale, autrement dit reconnaissance.

2. Résumé de toute cette lettre : absence d'*équité* et d'*humanité*, c'est-à-dire d'esprit d'union et de solidarité.

indignes de leur présence, ils menaient une vie heureuse et tranquille : la terre semblait produire d'elle-même, cultivée par ces vertueuses mains[1].

Ils aimaient leurs femmes, et ils en étaient tendrement chéris. Toute leur attention était d'élever leurs enfants à la vertu. Ils leur représentaient sans cesse les malheurs de leurs compatriotes, et leur mettaient devant les yeux cet exemple si triste; ils leur faisaient surtout sentir que l'intérêt des particuliers se trouve toujours dans l'intérêt commun[2]; que vouloir s'en séparer, c'est vouloir se perdre ; que la vertu n'est point une chose qui doive nous coûter; qu'il ne faut point la regarder comme un exercice pénible; et que la justice pour autrui est une charité pour nous[3].

Ils eurent bientôt la consolation des pères vertueux, qui est d'avoir des enfants qui leur ressemblent. Le jeune peuple qui s'éleva sous leurs yeux s'accrut par d'heureux mariages : le nombre augmenta, l'union fut toujours la même; et la vertu, bien loin de s'affaiblir dans la multitude, fut fortifiée au contraire par un plus grand nombre d'exemples[4].

Qui pourrait représenter ici le bonheur de ces Troglodytes? Un peuple si juste devait être chéri des dieux. Dès qu'il ouvrit les yeux pour les connaître, il apprit à les craindre; et la religion vint adoucir dans les mœurs ce que la nature y avait laissé de trop rude[5].

Ils instituèrent des fêtes en l'honneur des dieux. Les jeunes filles, ornées de fleurs, et les jeunes garçons, les célébraient par leurs danses et par les accords d'une musique champêtre; on faisait ensuite des fes-

1. Contre-partie de la lettre précédente : *sollicitude commune pour l'intérêt commun*.

2. Répétition importante de la même idée.

3. Nouvelle répétition, cette fois plus importante et plus énergique encore : la véritable loi de la société est dans la *solidarité des intérêts de tous*.

4. Solidarité entre les générations. Mais il faut avouer que Montesquieu abuse du mot vertu.

5. Voici maintenant la description de la cité idéale. D'abord la vie de famille.

tins, où la joie ne régnait pas moins que la frugalité[1]....

On allait au temple pour demander les faveurs des dieux[2] : ce n'était pas les richesses et une onéreuse abondance; de pareils souhaits étaient indignes des heureux Troglodytes; ils ne savaient les désirer que pour leurs compatriotes. Ils n'étaient aux pieds des autels que pour demander la santé de leurs pères, l'union de leurs frères, la tendresse de leurs femmes, l'amour et l'obéissance de leurs enfants. Les filles y venaient apporter le tendre sacrifice de leur cœur, et ne leur demandaient d'autre grâce que celle de pouvoir rendre un Troglodyte heureux[3].

Le soir, lorsque les troupeaux quittaient les prairies, et que les bœufs fatigués avaient ramené la charrue, ils s'assemblaient; et dans un repas frugal, ils chantaient les injustices des premiers Troglodytes, et leurs malheurs, la vertu renaissante avec un nouveau peuple, et sa félicité : ils célébraient les grandeurs des dieux, leurs faveurs toujours présentes aux hommes qui les implorent, et leur colère inévitable à ceux qui ne les craignent pas; ils décrivaient ensuite les délices de la vie champêtre, et le bonheur d'une condition toujours parée de l'innocence[4]. Bientôt ils s'abandonnaient à un sommeil que les soins et les chagrins n'interrompaient jamais.

La nature ne fournissait pas moins à leurs désirs qu'à leurs besoins. Dans ce pays heureux la cupidité était étrangère : ils se faisaient des présents, où celui qui donnait croyait toujours avoir l'avantage. Le peuple troglodyte se regardait comme une seule famille : les trou-

1. Cf. *Esprit des Lois*, XXV, VII : « Le soin que les hommes doivent avoir de rendre un culte à la Divinité est bien différent de la magnificence de ce culte. Ne lui offrons point nos trésors, si nous ne voulons lui faire voir l'estime que nous faisons des choses qu'elle veut que nous méprisions. »

2. Sur ce qu'on doit demander à Dieu, voy. plus loin, p. 330.

3. Vie religieuse Remarquez ces expressions idylliques et ce ton sentimental, qui allaient de plus en plus devenir à la mode au XVIIIe siècle. Montesquieu devance Rousseau et les « hommes sensibles » de la Révolution.

4. Vie littéraire.

peaux étaient presque toujours confondus; la seule peine qu'on s'épargnait ordinairement, c'était de les partager[1].

D'Erzeron, le 6 de la lune de gemmadi 2[2], 1711.

(Lettre XII.)

Usbek au même.

Je ne saurais assez te parler de la vertu des Troglodytes. Un d'eux disait un jour : « Mon père doit demain labourer son champ : je me lèverai deux heures avant lui; et quand il ira à son champ, il le trouvera tout labouré. »

Un autre disait en lui-même : « Il me semble que ma sœur a du goût pour un jeune Troglodyte de nos parents : il faut que je parle à mon père, et que je le détermine à faire ce mariage. »

On vint dire à un autre que des voleurs avaient enlevé son troupeau : « J'en suis bien fâché », dit-il; « car il y avait une génisse toute blanche que je voulais offrir aux dieux. »

On entendait dire à un autre : « Il faut que j'aille au temple remercier les dieux : car mon frère, que mon père aime tant, et que je chéris si fort, a recouvré la santé. »

Ou bien : « Il y a un champ qui touche celui de mon père, et ceux qui le cultivent sont tous les jours exposés aux ardeurs du soleil : il faut que j'aille y planter deux arbres, afin que ces pauvres gens puissent aller quelquefois se reposer sous leur ombre. »

Un jour que plusieurs Troglodytes étaient assemblés, un vieillard parla d'un jeune homme qu'il soupçonnait d'avoir commis une mauvaise action, et lui en fit des

1. Ici nous touchons presque au communisme de l'âge d'or. Cependant Montesquieu ne va pas, comme on l'a dit, jusqu'à la communauté des terres, et s'il mentionne la communauté des bestiaux, elle est indiquée seulement comme un « oubli » et non pas comme une loi.

2. Il y a deux mois de *djemazi* dans l'année musulmane : *djemazi-ul-ewel* ou « premières gelées » et *djemazi-ul-akhir* ou « deuxièmes gelées ».

reproches : « Nous ne croyons pas qu'il ait commis ce crime », dirent les jeunes Troglodytes ; « mais s'il l'a fait, puisse-t-il mourir le dernier de sa famille ! »

On vint dire à un Troglodyte que des étrangers avaient pillé sa maison et avaient tout emporté. « S'ils n'étaient pas injustes », répondit-il, « je souhaiterais que les dieux leur en donnassent un plus long usage qu'à moi. »

Tant de prospérités ne furent pas regardées sans envie : les peuples voisins s'assemblèrent ; et sous un vain prétexte, ils résolurent d'enlever leurs troupeaux. Dès que cette résolution fut connue, les Troglodytes envoyèrent au-devant d'eux des ambassadeurs, qui leur parlèrent ainsi :

« Que vous ont fait les Troglodytes ? Ont-ils enlevé vos femmes, dérobé vos bestiaux, ravagé vos campagnes ? Non : nous sommes justes, et nous craignons les dieux. Que demandez-vous donc de nous ? Voulez-vous de la laine pour vous faire des habits ? Voulez-vous du lait de nos troupeaux, ou des fruits de nos terres ? Mettez bas les armes ; venez au milieu de nous, et nous vous donnerons de tout cela. Mais nous jurons, par ce qu'il y a de plus sacré, que, si vous entrez dans nos terres comme ennemis, nous vous regarderons comme un peuple injuste, et que nous vous traiterons comme des bêtes farouches. »

Ces paroles furent renvoyées avec mépris ; ces peuples sauvages entrèrent armés dans la terre des Troglodytes, qu'ils ne croyaient défendus que par leur innocence.

Mais ils étaient bien disposés à la défense. Ils avaient mis leurs femmes et leurs enfants au milieu d'eux. Ils furent étonnés de l'injustice de leurs ennemis, et non pas de leur nombre. Une ardeur nouvelle s'était emparée de leur cœur : l'un voulait mourir pour son père, un autre pour sa femme et ses enfants, celui-ci pour ses frères, celui-là pour ses amis, tous pour le peuple troglodyte ; la place de celui qui expirait était d'abord prise par un autre, qui, outre la cause commune, avait encore une mort particulière à venger.

Tel fut le combat de l'injustice et de la vertu. Ces peuples lâches, qui ne cherchaient que le butin, n'eurent pas honte de fuir; et ils cédèrent à la vertu des Troglodytes, même sans en être touchés[1].

D'Erzeron, le 9 de la lune de gemmadi 2, 1711.

(Lettre XIII.)

Usbek au même.

Comme le peuple grossissait tous les jours, les Troglodytes crurent qu'il était à propos de se choisir un roi : ils convinrent qu'il fallait déférer la couronne à celui qui était le plus juste; et ils jetèrent tous les yeux sur un vieillard vénérable par son âge et par une longue vertu. Il n'avait pas voulu se trouver à cette assemblée; il s'était retiré dans sa maison, le cœur serré de tristesse.

Lorsqu'on lui envoya des députés pour lui apprendre le choix qu'on avait fait de lui : « A Dieu ne plaise », dit-il, « que je fasse ce tort aux Troglodytes, que l'on puisse croire qu'il n'y a personne parmi eux de plus juste que moi! Vous me déférez la couronne; et si vous le voulez absolument, il faudra bien que je la prenne; mais comptez que je mourrai de douleur d'avoir vu en naissant les Troglodytes libres, et de les voir aujourd'hui assujettis. » A ces mots il se mit à répandre un torrent de larmes. « Malheureux jour! » disait-il; « et pourquoi ai-je tant vécu? » Puis il s'écria d'une voix sévère : « Je vois bien ce que c'est, ô Troglodytes! votre vertu commence à vous peser. Dans l'état où vous êtes, n'ayant point de chef, il faut que vous soyez vertueux malgré vous : sans cela vous ne sauriez subsister, et vous tomberiez dans le malheur de vos premiers pères. Mais ce joug vous paraît trop dur :

1. Satire de la guerre. Cf. *Esprit des Lois*, ici, p. 136.

vous aimez mieux être soumis à un prince, et obéir à ses lois moins rigides que vos mœurs. Vous savez que pour lors vous pourrez contenter votre ambition, acquérir des richesses, et languir dans une lâche volupté; et que, pourvu que vous évitiez de tomber dans les grands crimes, vous n'aurez pas besoin de la vertu. » Il s'arrêta un moment, et ses larmes coulèrent plus que jamais. « Et que prétendez-vous que je fasse? Comment se peut-il que je commande quelque chose à un Troglodyte? Voulez-vous qu'il fasse une action vertueuse, parce que je la lui commande, lui qui la ferait tout de même sans moi, et par le seul penchant de la nature? O Troglodytes! je suis à la fin de mes jours, mon sang est glacé dans mes veines, je vais bientôt revoir vos sacrés aïeux : pourquoi voulez-vous que je les afflige, et que je sois obligé de leur dire que je vous ai laissés sous un autre joug que celui de la vertu[1]? »

D'Erzeron, le 10 de la lune de gemmadi 2, 1711.

(Lettre XIV.)

1. Voilà qui annonce la théorie de l'*Esprit des Lois* (p. 78), que la vertu est le ressort du gouvernement républicain.

DIALOGUE DE SYLLA ET D'EUCRATE[1]

1722?

Quelques jours après que Sylla[2] se fut démis de la dic-

1. Ecrit par Montesquieu vers 1722 (cf. Vian, p. 69); publié pour la première fois en février 1745, dans le *Mercure de France*, réimprimé en 1748, à la suite des *Considérations*.

2. Ce qu'on fait dire dans ce dialogue à Sylla n'est que pour développer son caractère, qui était celui d'un homme cruel et d'un mauvais citoyen, et en même temps pour inspirer de l'horreur et du mépris.] — Pour le despotisme : cette note, parue dans le *Mercure*, est-elle de Montesquieu? Je ne la retrouve pas dans les éditions de ses *Œuvres*. Eucrate est un personnage fictif. Cf. sur le *Dialogue*, les *Considerations*, p. XIII.

Le caractère de Sylla est une énigme que tous les historiens se sont essayés à résoudre et qui me paraît aujourd'hui encore insoluble. En face de Montesquieu, qui ne flatte pas le dictateur, il faut placer M. Mommsen (*Histoire romaine*, IV, x), qui lui est plus favorable, mais qui est, je crois, moins subtil et moins profond que l'écrivain français :

« Sylla, certes, est bien l'une des apparitions les plus étonnantes, je dirai même une apparition unique, dans l'histoire. Sanguin de tempérament et d'esprit, l'œil bleu, les cheveux blonds, le visage d'une singulière blancheur, mais se colorant au moindre mouvement de l'âme, il ne demandait rien à la vie que ses jouissances insouciantes. Il absorba avidement et d'un coup tous les plaisirs du sensualisme intellectuel, enfanté par l'alliance de la délicatesse grecque et de la richesse romaine. Homme du monde et bon camarade, dans le salon et sous la tente, il se faisait partout bien venir. Il y eut dans cette forte nature comme un courant d'ironie, je dirai presque de bouffonnerie. Chez lui, rien de cette morgue épaisse qu'affectaient les grands personnages de Rome. Dans la vie qu'il menait, vie ballottée entre les ivresses des passions et leur froid réveil, les illusions bientôt s'évanouissent. Tout désir, toute aspiration dut lui sembler folie : à spéculer sur quelque chose, c'était sur le hasard aussi qu'il lui convenait de spéculer. Certes, plus que personne, il avait le droit de s'enorgueillir de ses actions : mais loin de là, il n'était fier que de sa chance constante.

« Jamais, depuis lui, une aristocratie dégénérée, roulant chaque jour plus bas dans l'abîme, ainsi qu'il en advenait de l'aristocratie romaine, jamais aristocratie n'a inventé un tel *protecteur*, ayant

tature[1], j'appris que la réputation que j'avais parmi les philosophes lui faisait souhaiter de me voir. Il était à sa maison de Tibur, où il jouissait des premiers moments tranquilles de sa vie. Je ne sentis point devant lui le désordre où nous jette ordinairement la présence des grands hommes. Et dès que nous fûmes seuls : « Sylla », lui dis-je, « vous vous êtes donc mis vous-même dans cet état de médiocrité[2] qui afflige presque tous les humains? Vous avez renoncé à cet empire que votre gloire et vos vertus vous donnaient sur tous les hommes? La fortune semble être gênée de ne plus vous élever aux honneurs. »

— « Eucrate », me dit-il, « si je ne suis plus en spectacle à l'univers, c'est la faute des choses humaines, qui ont des bornes, et non pas la mienne. J'ai cru avoir rempli ma destinée dès que je n'ai plus eu à faire de grandes choses. Je n'étais point fait pour gouverner tranquillement un peuple esclave. J'aime à remporter des victoires, à fonder ou détruire des États, à faire des ligues, à punir un usurpateur : mais pour ces minces détails de gouvernement, où les génies médiocres ont tant d'avantages, cette lente exécution des lois, cette discipline d'une milice tranquille, mon âme ne saurait s'en occuper[3].

— « Il est singulier », lui-dis-je, « que vous ayez porté tant de délicatesse dans l'ambition. Nous avons bien vu de grands hommes peu touchés du vain éclat et de la pompe qui entourent ceux qui gouvernent : mais il y en a bien peu qui n'aient été sensibles au plaisir de gouverner,

à toute heure la main prête et forte, désintéressé de son ambition personnelle, tirant l'épée du général, ou saisissant le burin du législateur! Assurément, il est une différence grande entre le capitaine qui dédaigne le sceptre par héroïsme civique, et celui qui le rejette par fatigue d'homme blasé; et pourtant, à juger ce caractère, au point de vue de l'absence complète en lui de l'égoïsme politique, mais à ce point de vue seul, qu'on m'entende, j'estime que le nom de Sylla peut encore être nommé derrière celui de Washington. »

1. En 79 av. J.-C.

2. Sens du latin *mediocriter*.

3. Motif de l'abdication de Sylla : mépris d'un gouvernement régulier et d'une vie disciplinée.

et de faire rendre à leur fantaisie le respect qui n'est dû qu'aux lois. »

— « Et moi », me dit-il, « Eucrate, je n'ai jamais été si peu content que lorsque je me suis vu maître absolu dans Rome, que j'ai regardé autour de moi, et que je n'ai trouvé ni rivaux ni ennemis[1].

« J'ai cru qu'on dirait quelque jour que je n'avais châtié que des esclaves. Veux-tu, me suis-je dit, que dans ta patrie il n'y ait plus d'hommes qui puissent être touchés de ta gloire? Et puisque tu établis la tyrannie, ne vois-tu pas bien qu'il n'y aura point après toi de prince si lâche que la flatterie ne t'égale, et ne pare de ton nom, de tes titres, et de tes vertus même[2]? »

— « Seigneur, vous changez toutes mes idées. De la façon dont je vous voyais agir, je croyais que vous aviez de l'ambition, mais aucun amour pour la gloire : je voyais bien que votre âme était haute, mais je ne soupçonnais pas qu'elle fût grande : tout dans votre vie semblait me montrer un homme dévoré du désir de commander, et qui, plein des plus funestes passions, se chargeait avec plaisir de la honte, des remords et de la bassesse même attachés à la tyrannie. Car enfin, vous avez tout sacrifié à votre puissance; vous vous êtes rendu redoutable à tous les Romains; vous avez exercé sans pitié les fonctions de la plus terrible magistrature qui fût jamais. Le sénat ne vit qu'en tremblant un défenseur si impitoyable. Quelqu'un vous dit : « Sylla, jusqu'à quand répandras-tu le « sang romain? veux-tu ne commander qu'à des mu- « railles[3]? » Pour lors vous publiâtes ces tables qui déci- « dèrent de la vie et de la mort de chaque citoyen[4]. »

1. Sylla était fait pour la lutte plus que pour le commandement : c'est peut-être la thèse principale que développe Montesquieu.

2. Motif pour lequel Sylla n'a pas établi la tyrannie : crainte que ses successeurs ne fassent l'oubli sur son nom.

3. Ce fut Métellus qui demanda à Sylla, au sénat : « Où et quand comptes-tu t'arrêter? » — « Je ne sais encore. » — « Mais au moins fais connaître ceux que tu destines à mourir. » — « Je le ferai. » D'après Plutarque, *Vie de Sylla*.

4. Les tables de proscription.

— « Et c'est tout le sang que j'ai versé qui m'a mis en état de faire la plus grande de toutes mes actions. Si j'avais gouverné les Romains avec douceur, quelle merveille que l'ennui, que le dégoût, qu'un caprice [1], m'eussent fait quitter le gouvernement? mais je me suis démis de la dictature dans le temps qu'il n'y avait pas un seul homme dans l'univers qui ne crût que la dictature était mon seul asile. J'ai paru devant les Romains, citoyen au milieu de mes concitoyens, et j'ai osé leur dire : « Je « suis prêt à rendre compte de tout le sang que j'ai « versé pour la république; je répondrai à tous ceux qui « viendront me demander leur père, leur fils, ou leur « frère. » Tous les Romains se sont tus devant moi [2]. »

— « Cette belle action dont vous me parlez me paraît bien imprudente. Il est vrai que vous avez eu pour vous le nouvel étonnement dans lequel vous avez mis les Romains : mais comment osâtes-vous leur parler de vous justifier, et prendre pour juges des gens qui vous devaient tant de vengeances?

« Quand toutes vos actions n'auraient été que sévères pendant que vous étiez le maître, elles devenaient des crimes affreux dès que vous ne l'étiez plus. »

— « Vous appelez des crimes », me dit-il, « ce qui a fait le salut de la république. Vouliez-vous que je visse tranquillement des sénateurs trahir le sénat pour ce peuple qui, s'imaginant que la liberté doit être aussi extrême que le peut être l'esclavage, cherchait à abolir la magistrature même?

« Le peuple, gêné par les lois et par la gravité du sénat, a toujours travaillé à renverser l'un et l'autre. Mais celui qui est assez ambitieux pour le servir contre le sénat et les lois, le fut toujours assez pour devenir son

1. Nouveaux motifs de l'abdication de Sylla.

2. Cf. Plutarque : « Il se tint tranquillement sur le Forum, confondu dans la foule, et livrant sa personne à quiconque eût voulu l'arrêter et lui faire rendre compte de sa conduite. »

maître. C'est ainsi que nous avons vu finir tant de républiques dans la Grèce et dans l'Italie.

« Pour prévenir un pareil malheur, le sénat a toujours été obligé d'occuper à la guerre ce peuple indocile[1]. Il a été forcé malgré lui à ravager la terre, et à soumettre tant de nations dont l'obéissance nous pèse. A présent que l'univers n'a plus d'ennemis à nous donner, quel serait le destin de la république? Et sans moi le sénat aurait-il pu empêcher que le peuple, dans sa fureur aveugle pour la liberté, ne se livrât lui-même à Marius, ou au premier tyran qui lui aurait fait espérer l'indépendance?

« Les dieux, qui ont donné à la plupart des hommes une lâche ambition, ont attaché à la liberté presque autant de malheurs qu'à la servitude. Mais quel que doive être le prix de cette noble liberté, il faut bien le payer aux dieux.

« La mer engloutit les vaisseaux, elle submerge des pays entiers, et elle est pourtant utile aux humains.

« La postérité jugera ce que Rome n'a pas encore osé examiner : elle trouvera peut-être que je n'ai pas versé assez de sang, et que tous les partisans de Marius n'ont pas été proscrits[2]. »

— « Il faut que je l'avoue : Sylla, vous m'étonnez. Quoi! c'est pour le bien de votre patrie que vous avez versé tant de sang! et vous avez eu de l'attachement pour elle! »

— « Eucrate, » me dit-il, « je n'eus jamais cet amour dominant pour la patrie, dont nous trouvons tant d'exemples dans les premiers temps de la république : et j'aime autant Coriolan, qui porte la flamme et le fer jusqu'aux murailles de sa ville ingrate, qui fait repentir chaque citoyen de l'affront que lui a fait chaque citoyen, que celui qui chassa les Gaulois du Capitole[3]. Je ne me

1. Cela n'est vrai que des premiers temps de la liberté de Rome. A partir du IIIe siècle avant notre ère, c'est de son plein gré que le sénat ravagea la terre.

2. Développement de cette idée : que le tyran invoque toujours, pour justifier ses lois, le mot de liberté.

3. Ce jugement n'est pas flatteur pour Sylla, mais il approche, je crois, plus près de la vérité

suis jamais piqué d'être l'esclave ni l'idolâtre de la société de mes pareils : et cet amour tant vanté est une passion trop populaire pour être compatible avec la hauteur de mon âme. Je me suis uniquement conduit par mes réflexions, et surtout par le mépris que j'ai eu pour les hommes. On peut juger, par la manière dont j'ai traité le seul grand peuple de l'univers, de l'excès de ce mépris pour tous les autres[1].

« J'ai cru qu'étant sur la terre, il fallait que j'y fusse libre. Si j'étais né chez les Barbares, j'aurais moins cherché à usurper le trône pour commander que pour ne pas obéir. Né dans une république, j'ai obtenu la gloire des conquérants en ne cherchant que celle des hommes libres.

« Lorsque avec mes soldats je suis entré dans Rome, je ne respirais ni la fureur ni la vengeance. J'ai jugé sans haine, mais aussi sans pitié, les Romains étonnés. « Vous « étiez libres », ai-je dit, « et vous vouliez vivre en « esclaves ! Non. Mais mourez, et vous aurez l'avantage « de mourir citoyens d'une ville libre[2]. »

« J'ai cru qu'ôter la liberté à une ville dont j'étais citoyen était le plus grand des crimes. J'ai puni ce crime-là ; et je ne me suis point embarrassé si je serais le bon ou le mauvais génie de la république. Cependant le gouvernement de nos pères a été rétabli ; le peuple a expié tous les affronts qu'il avait faits aux nobles : la crainte a suspendu les jalousies ; et Rome n'a jamais été si tranquille.

« Vous voilà instruit de ce qui m'a déterminé à toutes les sanglantes tragédies que vous avez vues. Si j'avais vécu dans ces jours heureux de la république, où les

que l'allusion à Washington faite par M. Mommsen.

1. Développement qui explique le précédent : Sylla a agi par réflexion, par mépris des hommes, et non par amour de la patrie ou de la liberté. Ce développement est peut-être le plus beau de tout le *Dialogue*, et celui où Montesquieu a pénétré au plus vif du caractère de Sylla.

2. Ici, Sylla est paradoxal et presque déséquilibré dans sa logique apparente : c'est bien peut-être ce que voulait montrer Montesquieu.

citoyens, tranquilles dans leurs maisons, y rendaient aux dieux une âme libre, vous m'auriez vu passer ma vie dans cette retraite, que je n'ai obtenue que par tant de sang et de sueur[1]. »

— « Seigneur », lui dis-je, « il est heureux que le ciel ait épargné au genre humain le nombre des hommes tels que vous. Nés pour la médiocrité, nous sommes accablés par les esprits sublimes Pour qu'un homme soit au-dessus de l'humanité, il en coûte trop cher à tous les autres.

« Vous avez regardé l'ambition des héros comme une passion commune, et vous n'avez fait cas que de l'ambition qui raisonne. Le désir insatiable de dominer, que vous avez trouvé dans le cœur de quelques citoyens, vous a fait prendre la résolution d'être un homme extraordinaire : l'amour de votre liberté vous a fait prendre celle d'être terrible et cruel. Qui dirait qu'un héroïsme de principe eût été plus funeste qu'un héroïsme d'impétuosité? Mais si, pour vous empêcher d'être esclave, il vous a fallu usurper la dictature, comment avez-vous osé la rendre? Le peuple romain, dites-vous, vous a vu désarmé et n'a point attenté sur votre vie. C'est un danger auquel vous avez échappé; un plus grand danger peut vous attendre. Il peut vous arriver de voir quelque jour un grand criminel jouir de votre modération, et vous confondre dans la foule d'un peuple soumis. »

— « J'ai un nom », me dit-il[2], « et il me suffit pour ma sûreté et celle du peuple romain. Ce nom arrête toutes les entreprises; et il n'y a point d'ambition qui n'en soit épouvantée. Sylla respire, et son génie est plus puissant

1. En contradiction avec ce qui précède.

2. Pourquoi Sylla a déposé sans crainte la dictature. Développement semblable dans les *Considérations*, p. 107. Mais dans ce dernier volume, Montesquieu a bien mieux montré qu'ici, les vrais appuis, *militaires* et *politiques*, que Sylla s'était ménagés à son abdication. Il y a, dans ce *Dialogue*, beaucoup plus de profondeur politique que de connaissances historiques.

que celui de tous les Romains. Sylla a autour de lui Chéronée, Orchomène et Signion ; Sylla a donné à chaque famille de Rome un exemple domestique et terrible : chaque Romain m'aura toujours devant les yeux, et dans ses songes même, je lui apparaîtrai couvert de sang; il croira voir les funestes tables, et lire son nom à la tête des proscrits. On murmure en secret contre mes lois : mais elles ne seront pas effacées par des flots même de sang romain. Ne suis-je pas au milieu de Rome? Vous trouverez encore chez moi le javelot que j'avais à Orchomène, et le bouclier que je portai sur les murailles d'Athènes. Parce que je n'ai point de licteurs, en suis-je moins Sylla? J'ai pour moi le sénat, avec la justice et les lois; le sénat a pour lui mon génie, ma fortune et ma gloire. »

— « J'avoue », lui dis-je, « que, quand on a une fois fait trembler quelqu'un, on conserve presque toujours quelque chose de l'avantage qu'on a pris. »

— « Sans doute », me dit-il. « J'ai étonné les hommes[1], et c'est beaucoup. Repassez dans votre mémoire l'histoire de ma vie : vous verrez que j'ai tout tiré de ce principe, et qu'il a été l'âme de toutes mes actions. Ressouvenez-vous de mes démêlés avec Marius : je fus indigné de voir un homme sans nom, fier de la bassesse de sa naissance, entreprendre de ramener les premières familles de Rome dans la foule du peuple; et dans cette situation, je portais tout le poids d'une grande âme. J'étais jeune, et je me résolus de me mettre en état de demander compte à Marius de ses mépris. Pour cela, je l'attaquai avec ses propres armes, c'est-à-dire par des victoires contre les ennemis de la république.

« Lorsque, par le caprice du sort, je fus obligé de sortir de Rome, je me conduisis de même : j'allai faire la guerre à Mithridate; et je crus détruire Marius à force de

1. C'est le trait distinctif que Montesquieu a voulu donner à la physionomie de Sylla : il a cherché à *étonner le monde*.

vaincre l'ennemi de Marius. Pendant que je laissai ce Romain jouir de son pouvoir sur la populace, je multipliais ses mortifications; et je le forçais tous les jours d'aller au Capitole rendre grâces aux dieux des succès dont je le désespérais[1]. Je lui faisais une guerre de réputation plus cruelle cent fois que celle que mes légions faisaient au roi barbare. Il ne sortait pas un seul mot de ma bouche qui ne marquât mon audace; et mes moindres actions, toujours superbes, étaient pour Marius de funestes présages. Enfin Mithridate demanda la paix : les conditions étaient raisonnables; et si Rome avait été tranquille, ou si ma fortune n'avait pas été chancelante, je les aurais acceptées. Mais le mauvais état de mes affaires m'obligea de les rendre plus dures : j'exigeai qu'il détruisît sa flotte, et qu'il rendît aux rois ses voisins tous les États dont il les avait dépouillés « Je te laisse », lui dis-je, « le royaume de tes pères, à toi qui devrais me remercier « de ce que je te laisse la main avec laquelle tu as signé « l'ordre de faire mourir en un jour cent mille Romains[2]. » Mithridate resta immobile; et Marius, au milieu de Rome, en trembla[3].

« Cette même audace, qui m'a si bien servi contre Mithridate, contre Marius, contre son fils, contre Telesinus, contre le peuple, qui a soutenu toute ma dictature, a aussi défendu ma vie le jour que je l'ai quittée : et ce jour assure ma liberté pour jamais. »

— « Seigneur », lui dis-je, « Marius raisonnait comme vous, lorsque, couvert du sang de ses ennemis et de celui des Romains, il montrait cette audace que vous avez punie. Vous avez bien pour vous quelques victoires de plus, et de plus grands excès. Mais en prenant la dicta-

1. Tout cela est présenté d'une manière plus dramatique qu'exacte. Marius est mort à Rome le 13 janvier 86, et Sylla commença la série de ses grandes victoires par la prise d'Athènes le 1er mars de cette même année.

2. Plutarque, *Sylla*.

3. Marius n'eut pas à trembler : quand Sylla traita avec Mithridate, en 84, Marius était mort depuis deux ans.

ture, vous avez donné l'exemple du crime que vous avez puni. Voilà l'exemple qui sera suivi, et non pas celui d'une modération qu'on ne fera qu'admirer.

« Quand les dieux ont souffert que Sylla se soit impunément fait dictateur dans Rome, ils y ont proscrit la liberté pour jamais. Il faudrait qu'ils fissent trop de miracles, pour arracher à présent du cœur de tous les capitaines romains l'ambition de régner. Vous leur avez appris qu'il y avait une voie bien plus sûre pour aller à la tyrannie, et la garder sans péril. Vous avez divulgué ce fatal secret, et ôté ce qui fait seul les bons citoyens d'une république trop riche et trop grande, le désespoir de pouvoir l'opprimer[1]. »

Il changea de visage, et se tut un moment. « Je ne crains », me dit-il avec émotion, « qu'un homme[2], dans lequel je crois voir plusieurs Marius. Le hasard, ou bien un destin plus fort, me l'a fait épargner. Je le regarde sans cesse; j'étudie son âme : il y cache des desseins profonds; mais, s'il ose jamais former celui de commander à des hommes que j'ai faits mes égaux, je jure par les dieux que je punirai son insolence[3]. »

1. Ceci est la conclusion de Montesquieu : tout en combattant Marius, Sylla l'a imité, et l'un et l'autre n'ont fait que frayer la voie à la tyrannie. Cf. *Considérations*, p. 108 et s.

2. Le nom de César intervient ici pour rappeler la manière dont la liberté disparaîtra à tout jamais.

3. Voici exactement ce que dit Plutarque, *Vie de César* : « Sylla voulut même le faire mourir. Et comme ses amis lui représentaient qu'il n'y aurait pas de raison à tuer un si jeune enfant : « Vous êtes », dit-il, « bien peu « avisés, de ne pas voir en cet « enfant plusieurs Marius. »

RÉFLEXIONS

SUR LE

CARACTÈRE DE QUELQUES PRINCES

ET SUR

QUELQUES ÉVÉNEMENTS DE LEUR VIE[1]

AVANT 1728?

I

Il serait difficile de trouver dans l'histoire deux princes qui se soient si fort ressemblés que Charles XII, roi de Suède, et Charles, dernier duc de Bourgogne : même courage, même suffisance, même ambition, même témérité, mêmes succès, mêmes malheurs et même fin. Ils se rendirent célèbres dans un âge que les autres princes passent dans les plaisirs. Charles XII entreprit de détrôner le roi Auguste, comme le duc Charles voulut dégrader Louis XI; et lorsqu'ils étaient couverts de gloire, l'un alla perdre son armée devant Pultava, comme l'autre perdit la sienne devant Morat.

Ces princes eurent encore cela de commun qu'ils se révoltèrent toujours contre leur destinée; qu'ils devinrent moins sages quand ils furent moins heureux. Ils ne man-

1. Publiées pour la première fois intégralement, sur le ms. autographe de Montesquieu, dans ses *Mélanges inédits*, 1892, par M. Albert de Montesquieu, descendant direct du philosophe.

quèrent point de prudence lorsqu'elle leur fut utile : mais ils la perdirent entièrement lorsqu'elle leur devint nécessaire.

Ils se ressemblent, en ce qu'ils cherchèrent de nouveaux ennemis à mesure qu'ils firent de nouvelles pertes; qu'ils continuèrent d'entreprendre après une défaite tout comme après une victoire. La mort de la plupart des princes tués dans les combats est un effet du hasard; la conduite de ceux-ci fut telle qu'une pareille mort devint pour eux une nécessité.

Quand on lit la vie de ces deux princes, on est plus touché des malheurs du duc de Bourgogne. La raison en est que celui-ci est un personnage original, et l'autre, une mauvaise copie d'Alexandre[1].

II

Tibère[2] et Louis XI s'exilèrent de leur pays avant de parvenir à la suprême puissance. Ils furent tous deux braves dans les combats et timides dans la vie privée. Ils mirent leur gloire dans l'art de dissimuler. Ils établirent une puissance arbitraire. Ils passèrent leur vie dans le trouble et dans les remords, et la finirent dans le secret, le silence et la haine publique.

Mais si l'on examine bien ces deux princes, on sentira d'abord combien l'un était supérieur à l'autre. Tibère cherchait à gouverner les hommes : Louis ne songeait qu'à les tromper. Tibère ne laissa sortir ses vices qu'à mesure qu'il vit qu'il le pouvait faire impunément : l'autre ne fut jamais le maître des siens. Tibère sut paraître vertueux lorsqu'il fallut qu'il se montrât tel : celui-ci se discrédita dès le premier jour de son règne.

Enfin, Louis avait de la finesse; Tibère, de la profondeur. On pouvait, avec peu d'esprit, se défendre des arti-

1. Cf. *Esprit des Lois*, ici, p. 149. | 2. *Considérations*, p. 149.

fices de Louis : le Romain mettait des ombres devant tous les esprits et se dérobait à mesure qu'on commençait à le voir.

Louis, qui n'avait pour art que des caresses fausses et de petites flatteries, gagnait les hommes par leur propre faiblesse : le Romain, par la supériorité de son génie et une force invincible qui les entraînait.

Louis réparait assez heureusement ses imprudences, et le Romain n'en faisait point[1].

Celui-ci laissait toujours dans le même état les choses qui y pouvaient rester : l'autre changeait tout avec une inquiétude et une légèreté qui tenait de la folie[2].

III

Philippe II me paraît encore fort inférieur à Tibère. Avec de la patience, de l'inflexibilité, de la philosophie, de l'ambition, ce prince parut dans le monde. Il avait de vastes désirs, comme s'il était idolâtre de la Fortune, et de la modération dans les revers, comme s'il la méprisait. Mais le mélange de ses défauts et de ses bonnes qualités était tel, qu'il était difficile qu'il eût jamais de certains succès, et c'est de ces mélanges différents, bien ou mal assortis, qu'il arrive que des gens qui semblent nés pour faire de grandes choses n'en font point, et que d'autres, qui paraissent ne devoir être que des hommes médiocres, font de si grandes choses.

Philippe ne connut jamais d'autres liens que ceux de l'empire et de l'obéissance. Toujours roi et jamais homme, toujours sur le trône ou dans le cabinet, sa dissimulation, qu'il ne sut pas cacher, lui fut peu utile ; mais son inflexibilité lui fut nuisible. Car, comme elle ne lui permit

1. C'est oublier trop vite l'imprudence faite en élevant Séjan.

2. Montesquieu est trop dur pour Louis XI, dont l'œuvre est au moins égale à celle de Tibère, et sur lequel il faudra lire, à ce propos, le jugement porté par Michelet dans son *Histoire de France*

point les tempéraments, il porta le même esprit dans tous les événements de sa vie et ne se plia jamais aux événements[1].

A force de rigueur, il rendit les fautes éternelles. Toujours dans l'excès de la justice, il ne laissa jamais expier le crime. Il cherchait la punition comme les autres cherchent le repentir : jamais touché par les larmes, fléchi par les prières, intimidé par le désespoir.

Il avait de la lenteur, et non pas de la prudence; le masque de la politique, et non pas la science des événements; l'apparence de la sagesse même, avec un esprit faux, qui infecta tous ses conseils.

Le dessein de porter l'Inquisition dans les Pays-Bas, celui d'y établir le gouvernement espagnol, font voir qu'il ne connaissait ni les Flamands, ni les peuples libres, ni même les hommes. Des provinces si éloignées, si étrangères à l'Espagne, et qui pouvaient se donner tant de maîtres, ne pouvaient être gardées que par la force des lois.

Il fit de grandes entreprises, mais il ne sut jamais se mettre dans une situation propre à les faire réussir. Il regarda de son cabinet l'Europe, ses provinces, ses armées, et les vit toujours mal, et passa sa vie à calculer de loin et en gros des événements que la moindre circonstance pouvait faire manquer.

Il ne profita point des guerres civiles de France; il y consuma vainement ses trésors, et dans la confusion de

1. Forneron, *les Ducs de Guise*, I, p. 313 : « Philippe II, notre vainqueur à Saint-Quentin, n'avait jamais vu une bataille, jamais rompu une lance ni manié une épée. Constamment enfermé dans son cabinet de travail, il ne s'écartait guère du cercle de ses secrétaires et de ses majordomes; s'il traversait une ville, il s'enfonçait au fond de sa voiture; les voyages lui déplaisaient, il s'y montrait hautain et ennuyé. Avec son habitude de se montrer aux seuls seigneurs de sa cour, il n'avait obtenu autour de lui qu'un faste solennel, sans plaisir, sans bruit, au milieu de visages sévères, qui conservaient avec soin cette hauteur qu'on appelait le *sussiego*, sorte de placidité musulmane, de mépris pour les émotions, la lecture, le travail de l'esprit, les expansions du cœur. »

cette monarchie, il choisit de tous les plans celui qui rencontrait le plus d'obstacles[1], celui qui était le plus opposé à l'esprit de la nation, celui qui réunissait tous les cœurs au prince légitime.

Ignorant la vraie mesure de sa puissance, il attaqua à la fois la France, l'Angleterre et les Pays-Bas. Mais il ne vainquit ni le courage de Henri IV, ni la prudence d'Élisabeth, ni le désespoir des provinces rebelles.

Ainsi, il ne mérita les louanges d'un prince pacifique, ni celles d'un prince guerrier. Il affaiblit ses forces et laissa à ses enfants les mêmes terres, et non pas la même monarchie.

IV

Paul III[2] et Sixte-Quint[3] ont été de grands hommes; mais autant que l'art est au-dessous de la nature, autant Sixte-Quint est-il inférieur à Paul III[4]. On voit partout dans la vie de l'un quelque chose de facile; on trouve de l'affectation dans toutes les actions de l'autre.

Sixte-Quint prit plus de peine à paraître un grand homme qu'à l'être en effet, et se mit moins dans le monde que sur le théâtre du monde[5].

Pour corriger l'idée qu'on avait de la bassesse de sa naissance[6], il voulut étonner à force de hauteur; en quoi il a été plus comparable à Boniface VIII qu'à aucun de ses prédécesseurs. Et comme si la fortune, qui aurait pu tant faire pour lui en lui donnant beaucoup moins, n'avait pas encore assez fait, il eut de l'ambition dans la

1. De donner la couronne à l'Infante et la marier à un prince français.]
2. Pape de 1534 à 1549.
3. Pape de 1585 à 1590.
4. Tournure habituelle en ce temps-là.
5. Exagéré. Sixte V fit de très grandes et de très utiles choses (aqueducs à Rome, bibliothèques, les États du pape délivrés des brigands, le trésor pontifical rempli, etc.).
6. La tradition en faisait le fils d'un porcher.

première place de l'Église[1], et il osa montrer de l'orgueil devant les Espagnols.

Quoi qu'on ait pu dire de sa rigueur extrême, on peut l'excuser en ce qu'elle n'était jamais fondée que sur l'exacte justice. Du reste, il est le premier qui ait perdu la puissance temporelle des papes, en ouvrant la porte aux emprunts : chose qui ne pouvait être que fatale dans un gouvernement qui n'est pas successif, et qui cependant est monarchique[2].

Paul III, avec un esprit naturel, mais pénétrant, un génie plein de ressources, des idées justes, une grande connaissance des hommes, fut le restaurateur du pontificat, qu'il soutint, pour ainsi dire, à un fil. Il ne porta dans les affaires ni vanité, ni humeur, ni préjugé, ni prévention; il tira parti de chaque événement, et ce qui pouvait être pour lui le fut toujours[3].

Ce vieillard décrépit n'avait pas même les défauts de son âge[4] : ni la lenteur, ni la timidité, ni les méfiances, ni l'irrésolution; et s'il était prudent, il n'était pas moins sage.

Il se trouva dans de cruelles circonstances. Le mur

1. Ranke : « Son ambition était élevée, mais elle était légitime; car il s'était toujours cru destiné à la haute dignité où il se voyait parvenu. Aussi choisit-il cette légende : « O Dieu! tu es mon pro- « tecteur depuis le sein de ma « mère. »

2. Les emprunts n'ont aucun rapport avec la puissance temporelle des papes. Ranke a jugé, IV, IX, très défavorablement la politique financière de Sixte V. Il emprunta, et « ses économies auraient pu suffire même à toute sa tâche ».

3. Ranke, *Histoire de la papauté*, III, I : « Le siège papal était posé entre les deux factions. La nécessité de combattre les protestants se faisait vivement sentir, et pourtant Paul se vit contraint de s'unir secrètement à eux à cause de ses intérêts politiques. La situation de sa souveraineté temporelle lui donnait le vif désir d'affaiblir la prépondérance des Espagnols : mais les Espagnols paraissaient peu disposés à céder. Ainsi partout, à côté d'un besoin, il rencontrait un danger. Il fut obligé de se livrer à une politique circonspecte, attentive, temporisatrice, et paraissant souvent se contredire.... Il fallut souvent attendre avec patience les circonstances favorables, souvent les amener avec prudence, et enfin s'en servir avec adresse et promptitude. Ce à quoi il ne manqua jamais. »

4. Il était né en 1468.

de séparation entre les catholiques et les protestants n'était pas encore mis : de façon que ceux-ci, parlant habilement le langage des premiers et ne demandant qu'un concile et la réformation de quelques abus, il semblait que les intérêts de Rome seule divisassent les esprits.

Le Luthéranisme surtout était funeste, en ce que le peuple, qui voyait à peu près le même extérieur, croyait n'avoir presque pas changé et sentait peu de chose de cette infinie distance qu'il y a d'une religion à l'autre : de façon qu'un prince qui se donnait le nom de catholique ou un autre qui se donnait celui de protestant se faisait d'abord[1] suivre par ses sujets ; et comme il y avait des protestants partout, on était à chaque instant sur le point de voir les princes modérés abandonner Rome pour le bien de la paix, et les princes avides, pour avoir les richesses de l'Église.

D'ailleurs Charles-Quint n'avait de qualité bien connue qu'une grande ambition, et il était sûr que, pour protéger la religion, il attendrait toujours qu'il eût intérêt à le faire.

Mais les terres papales formaient de nouveaux embarras : car si Charles soutenait la puissance spirituelle, il était toujours prêt à envahir la temporelle.

Il fallait engager François Ier à défendre le pape contre Charles, et Charles à défendre l'Église contre les protestants. Enfin, on était forcé à chaque instant de changer de conduite avec des princes qui variaient toujours, et d'abandonner tous les anciens plans, dans un temps où tous les États d'Europe avaient pris de nouveaux intérêts[2].

Il éleva aux dignités tous les gens de mérite qu'il put trouver et les intéressa à la défense commune.

Le concile, que ses prédécesseurs avaient tant craint,

1. Immédiatement.

2. Tout cela est bien vu.

tant promis, tant refusé, il l'accorda[1]; et sans s'émouvoir de ce qui s'était passé à Constance et à Bâle, il vit qu'il était dans d'autres circonstances : que sa querelle était celle de tout le clergé; que, dans un temps où l'esprit général était de corriger, il fallait, par un concile, prévenir les assemblées laïques et se conserver par là le jugement des dogmes et le droit de réformer[2].

Il jugea que, la plupart des princes ayant perdu le respect pour le pontificat, c'est-à-dire pour cette puissance qui n'est défendue que par le respect, il fallait qu'il se rendît lui-même considérable par une armée, et qu'il facilitât par là les négociations.

Il regarda avec attention les différents effets de cette fermentation générale qui était dans l'Europe, profita des uns, se joua des autres, et sentit toujours le premier ce qui pouvait lui nuire ou le servir.

Lorsque Charles-Quint eut pris le mauvais parti de régler lui-même les disputes de religion, le pape, qui savait bien que, dans ces sortes d'affaires, il n'y a point de conciliation, et que tous les partis sont extrêmes, ne fit que rire de la malhabileté de ce prince, qui allait s'attirer contre lui les protestants et les catholiques, et il ne se vit jamais plus à la tête des affaires de la religion que dans le temps que l'empereur crut qu'il l'en allait exclure.

Charles, dont les affaires étaient embarrassées avec toutes celles du monde d'alors, lui manqua souvent, et il ne se piqua jamais; et cela put bien lui faire changer d'intérêts, et jamais de conduite.

Enfin, il mourut après avoir relevé le pontificat et fait à sa famille, dans des temps si difficiles, un des grands établissements qu'aucun pape ait jamais pu faire.

1. Concile de Trente convoqué en 1542.

2. Les duchés de Parme et Plaisance.] — Constitués en 1545 en faveur des Farnèse, à la famille desquels appartenait Paul III.

V

Le duc de Mayenne et Cromwell semblent s'être trouvés dans les mêmes circonstances : mais la politique voulait que le premier se fît roi, et non pas le second.

On avait attaqué la royauté en faisant mourir Charles : on n'avait attaqué que le roi en assassinant Henri. Le but de la faction d'Angleterre était d'abolir le titre : celui de la faction de France, de le porter dans une famille catholique. Cromwell, se faisant roi, détruisait l'esprit de sa faction : le duc de Mayenne, prenant la couronne, fortifiait celui de la sienne.

Le duc de Mayenne fit des fautes irréparables. Il mit la couronne en dépôt sur la tête du vieux cardinal de Bourbon, c'est-à-dire qu'il rappela la fidélité de la nation à la maison de ses rois. Bientôt, il fit pendre les Seize à cause de leurs excès, et par là, il acheva de détruire l'esprit qui agitait son parti[1]. Cromwell tua bien de sa propre main quelques-uns des siens qui n'obéissaient pas; mais il n'eut garde de les punir de leur fureur contre le parti opposé. Il se servit quelquefois de moyens violents pour faire passer ses gens d'une extravagance à une autre; mais le duc de Mayenne les employa pour donner à son parti de la modération, c'est-à-dire pour le faire périr.

Quoiqu'on ne puisse guère trouver des âmes plus différentes que celle de Cromwell et celle de César, cependant on ne peut pas dire que l'Anglais ait été inférieur au Romain par le génie.

Les grands hommes vont à leur but par une route : Cromwell y alla par tous les chemins. On peut, avec de la pénétration, découvrir la chaîne des desseins des autres : cela fut impossible avec celui-ci. Il alla de con-

1. Les chefs des 16 quartiers de Paris. En 1591.

tradiction en contradiction; mais il alla toujours, tel que ces pilotes que presque tous les vents conduisent au port. Il gouverna les Anglais comme si lui seul avait eu une âme. Il n'eut aucun confident : tout le monde fut sa dupe; et tel fut le succès de ses desseins que ses complices mêmes en furent épouvantés.

Le dernier crime qui le porta, semblable à ceux que vantent les fables, parut d'abord faire horreur à la nature entière. Mais lui prit de sang-froid le gouvernement, jeta partout l'épouvante, fit succéder le respect à la haine, et força les rois les plus superbes à couronner l'injure et à devenir ses alliés.

VI

Henri III, roi de France, et Charles Ier, roi d'Angleterre, étaient des princes faibles et superstitieux, toujours embarrassés dans des procédés personnels, pleins de préventions dans leurs haines et leurs amitiés, également prêts à tout entreprendre et à tout céder, toujours mal à propos hardis ou timides, ayant quelque soin de se faire aimer de leurs courtisans, aucun de se rendre agréables à leurs sujets.

Il y a des conjonctures où les plus petits génies peuvent gouverner assez bien; il y en a d'autres où les plus grands esprits sont étonnés : l'art de régner est quelquefois l'art du monde le plus aisé, et quelquefois le plus difficile.

Dans la prospérité d'une monarchie, un prince peut être méprisé impunément : car la force du gouvernement supplée à la faiblesse de celui qui gouverne. Mais lorsque l'État est dans sa décadence, il n'y a que le respect pour la personne du prince qui puisse suppléer à la faiblesse des lois, et pour lors, ses imperfections et ses vices sont les vraies plaies de l'État.

De la haine que l'on conçut pour la personne de

Charles, on passa peu à peu au mépris. Au contraire, du mépris que l'on eut pour la personne de Henri, on passa insensiblement à la haine. Et cela est fort extraordinaire, car ces deux princes n'avaient pas d'assez grandes qualités pour mériter d'être haïs.

La vie privée de Charles était admirable, et le censeur le plus austère n'aurait pu y rien trouver à reprendre. Henri avait des vices qu'un particulier, qui en peut espérer le secret, ne saurait avoir sans rougir.

Mais Charles était né avec une telle incapacité pour gouverner, qu'il n'y en a point d'exemple dans les histoires, pas même dans celle de Henri III.

Il y a des imbécillités qui sont telles qu'une plus grande imbécillité vaudrait mieux.

Louis XIII en est un exemple : un degré de moins de faiblesse aurait rendu ce prince le jouet des événements, parce qu'il aurait gouverné par lui-même ; un degré de plus de faiblesse le rendit plus puissant que tous ses prédécesseurs, parce qu'il resta sous la main d'un ministre dont le puissant génie dévora l'Europe. Il est vrai qu'il n'obtint d'autre gloire que celle de cet empereur tartare qui conquit la Chine à six ans[1].

Henri III trouva la France depuis longtemps agitée par les guerres civiles. Charles les fit naître en Angleterre : il força, pour ainsi dire, les Anglais à lui disputer tout ; et si quelques circonstances, qu'il ne devait pas espérer, ne l'avaient pas mis en état de faire la guerre, on aurait vu une chose bien extraordinaire : un grand monarque abattu dans un moment, sans aucune conspiration contre sa personne, sans effusion de sang, sans combat, et par la seule puissance civile[2]....

1. Il s'agit de la conquête de la Chine par les Tartares en 1644. Elle fut faite par A-ma-van, oncle et tuteur du premier empereur de la dynastie tartare, Chun-Tchi, qui n'avait alors que six ans.

2. Le morceau se termine par une étude du règne de Henri III.

PENSÉES ET JUGEMENTS[1]

CONFESSIONS DE MONTESQUIEU[2]

L'étude a été pour moi le souverain remède contre les dégoûts de la vie, n'ayant jamais eu de chagrin qu'une heure de lecture ne m'ait ôté....

Je m'éveille le matin avec une joie secrète; je vois la lumière avec une espèce de ravissement. Tout le reste du jour je suis content....

J'ai naturellement eu de l'amour pour le bien et l'honneur de ma patrie, et peu pour ce qu'on en appelle *la gloire*: j'ai toujours senti une joie secrète lorsque l'on a fait quelque règlement qui allât au bien commun....

Je n'ai jamais vu couler de larmes sans en être attendri[3]....

... Je suis amoureux de l'amitié.

Je pardonne aisément, par la raison que je ne sais pas haïr. Il me semble que la haine est douloureuse....

Pour mes amis, à l'exception d'un seul, je les ai toujours conservés....

Avec mes enfants, j'ai vécu comme avec mes amis.

J'ai toujours eu pour principe de ne faire jamais par autrui ce que je pouvais faire par moi-même....

1. Quelques-uns de ces fragments ont été empruntés aux différents opuscules de Montesquieu; d'autres au journal de ses voyages: mais le plus grand nombre sont des pensées écrites par lui au jour le jour. Ces dernières ont été publiées en différents temps, après sa mort. Mais le recueil en a été donné par M. Barckhausen à Bordeaux, t. I, 1899; t. II, 1901.

2. Ces pensées ont été écrites après 1748. Nous en avons donné d'autres fragments, ici, p. 9, n. 2; p. 11, n. 1; p. 23, n. 3; p. 32, n. 1; p. 34, n. 2 et 3; p. 35, n. 1 et 3; p. 36, n. 2.

3. Cf. p. 282.

J'ai la maladie de faire des livres et d'en être honteux quand je les ai faits....

Si je savais quelque chose qui me fût utile, et qui fût préjudiciable à ma famille, je la rejetterais de mon esprit. Si je savais quelque chose utile à ma famille, et qui ne le fût pas à ma patrie, je chercherais à l'oublier. Si je savais quelque chose utile à ma patrie, et qui fût préjudiciable à l'Europe, ou bien qui fût utile à l'Europe et préjudiciable au genre humain, je la regarderais comme un crime[1].

Je suis un bon citoyen : mais dans quelque pays que je fusse né je l'aurais été tout de même. — Je suis un bon citoyen, parce que j'ai toujours été content de l'état où je suis, que j'ai toujours approuvé ma fortune, que je n'ai jamais rougi d'elle ni envié celle des autres. — Je suis un bon citoyen, parce que j'aime le gouvernement où je suis né, sans le craindre, et que je n'en attends d'autres faveurs que ce bien infini que je partage avec tous mes compatriotes; et je rends grâces au Ciel de ce qu'ayant mis en moi de la médiocrité en tout, il a bien voulu en mettre un peu moins dans mon âme....

(*Pensées*, I, p. 8-18, 33; II, p. 103.)

PRIÈRE A DIEU

Grand Dieu! donne-nous les choses qui sont bonnes, quoique nous ne les demandions pas, et refuse-nous les mauvaises, bien que nous les demandions.

(*Apud* Bonnefon, *Journal des Débats*, 12 mars 1895, soir.)

LE TRAVAIL

Il faut avoir beaucoup étudié pour savoir peu....

On aurait dû mettre l'oisiveté continuelle parmi les

1. N'oubliez pas les tendances « européennes et humanitaires » de la philosophie du XVIIIe siècle. Cf. ici, p. 11.

peines de l'enfer; il me semble au contraire qu'on l'a mise parmi les joies du paradis.

(*Pensées*, II, p. 122 et 500.)

LA CONVERSATION DES SALONS

Je me souviens que j'eus autrefois la curiosité de compter combien de fois j'entendrais faire une petite histoire, qui ne méritait certainement pas d'être dite ni retenue pendant trois semaines qu'elle occupa le monde poli : je l'entendis faire deux cent vingt-cinq fois, dont je fus très content.

(*Pensées*, II, p. 132.)

LES PETITES GENS

Les grands seigneurs ont des plaisirs, le peuple a de la joie....

J'aime les paysans : ils ne sont pas assez savants pour raisonner de travers.

(*Pensées*, II, p. 84 et 158.)

LES PROGRÈS DE LA SCIENCE

Sur les nouvelles découvertes, je disais : nous avons été bien loin pour des hommes.

(*Pensées*, I, p. 499.)

LA DÉFENSE DE LA RELIGION

Comme la religion se défend beaucoup par elle-même, elle perd plus lorsqu'elle est mal défendue que lorsqu'elle n'est point du tout défendue.

(*Défense de l'Esprit des Lois*, 1750, p. 189.)

DES ANCIENS

J'avoue mon goût pour les anciens. Cette antiquité m'enchante, et je suis toujours porté à dire avec Pline :

« C'est à Athènes que vous allez, respectez les dieux[1]. »

Les livres anciens sont pour les auteurs, les nouveaux pour les lecteurs....

Marc-Aurèle. — Jamais philosophe n'a mieux fait sentir aux hommes les douceurs de la vertu et la dignité de leur être[2] : le cœur est touché, l'âme agrandie, l'esprit élevé.

(*Pensées*, I, p. 77 et 221; II, p. 30.)

L'ARCHITECTURE GOTHIQUE ET L'ARCHITECTURE GRECQUE

L'architecture gothique paraît très variée, mais la confusion des ornements fatigue par leur petitesse : ce qui fait qu'il n'y en a aucun que nous puissions distinguer d'un autre, et leur nombre fait qu'il n'y en a aucun sur lequel l'œil puisse s'arrêter : de manière qu'elle déplaît par les endroits même qu'on a choisis pour la rendre agréable.

Un bâtiment d'ordre gothique est une espèce d'énigme pour l'œil qui le voit, et l'âme est embarrassée comme quand on lui présente un poème obscur.

L'architecture grecque, au contraire, paraît uniforme : mais comme elle a les divisions qu'il faut, et autant qu'il en faut pour que l'âme voit précisément ce qu'elle peut voir sans se fatiguer, mais qu'elle en voie assez pour s'occuper, elle a cette variété qui fait regarder avec plaisir....

L'architecture grecque, qui a peu de divisions, et de grandes divisions, imite les grandes choses; l'âme sent une certaine majesté qui y règne partout.

(*Essai sur le goût.*)

---

1. Il y a « leurs » dans le ms. Pline le Jeune, *Lettre à Maximus* (VIII, XXIV) : *Reverere conditores deos et numina deorum : habe ante oculos Athenas esse quas adeas.*

2. *Pensées* de Marc-Aurèle. Sur l'admiration particulière professée par Montesquieu pour le stoïcisme et pour les Antonins, cf. les *Considérations*, p. 171, et ici, p. 128.

PEINTRES D'ITALIE

Nous admirons la majesté des draperies de Paul Véronèse; mais nous sommes touchés de la simplicité de Raphaël et de la pureté du Corrège. Paul Véronèse promet beaucoup, et paye ce qu'il promet. Raphaël et le Corrège promettent peu, et payent beaucoup; et cela nous plaît davantage....

Michel-Ange est le maître pour donner de la noblesse à tous ses sujets. Dans son fameux *Bacchus*[1], il ne fait point comme les peintres de Flandre, qui nous montrent une figure tombante, et qui est, pour ainsi dire, en l'air : cela serait indigne de la majesté d'un dieu. Il le peint ferme sur ses jambes; mais il lui donne si bien la gaieté de l'ivresse, et le plaisir à voir couler la liqueur qu'il verse dans sa coupe, qu'il n'y a rien de si admirable.

Dans la *Passion* qui est dans la galerie de Florence[2], il a peint la Vierge debout, qui regarde son Fils crucifié, sans douleur, sans pitié, sans regret, sans larmes. Il la suppose instruite de ce grand mystère, et par là lui fait soutenir avec grandeur le spectacle de cette mort.

Il n'y a point d'ouvrage de Michel-Ange où il n'ait mis quelque chose de noble : on trouve du grand dans ses ébauches même, comme dans ces vers que Virgile n'a point finis. (*Essai sur le goût.*)

ROME

Ce que je trouve à Rome, c'est une ville éternelle. *Vixit in Urbe Aeterna*, ai-je lu dans une épitaphe à Florence.

1. C'est le *Bacchus ivre* conservé dans le Musée national, à Florence.

2. Quoique Montesquieu emploie l'expression *peint*, il s'agit ici d'un crucifix qui se trouvait en 1728 dans la galerie des *Offices* à Florence et qu'il a décrit dans ses *Voyages*, t. II, p. 337. Je ne sais ce qu'il est devenu.

Voilà deux mille cinq ou six cents ans d'existence, et que, d'une manière ou d'une autre, elle est métropole d'une grande partie de l'univers. Un trésor immense, rassemblé de choses uniques, de ce qu'avaient les Romains, les Grecs, les Égyptiens : car ils ont dépouillé ceux qui avaient dépouillé. Chacun vit à Rome et croit trouver sa patrie. (*Voyages*, I, p. 215.)

Rome est un séjour bien agréable : tout vous y amuse. Il semble que les pierres parlent. On n'a jamais fini de voir. (*Ibid.*, p. 244.)

LA MORT D'ALEXANDRE[1]

Je ne trouve rien de si beau que l'embarras et la consternation de l'univers après sa mort. Tout le monde se regarde dans un profond silence. La rapidité de ses conquêtes avait prévenu toutes les lois. Le monde pouvait être soumis aux conquérants : l'admiration le maintenait fidèle. On avait vu le monde une conquête, mais non pas une succession. Tous ses capitaines se trouvaient également incapables d'obéir et de commander. Alexandre meurt, et c'est peut-être là le seul prince dont la place n'ait pu être remplie : l'homme manqua comme le roi. La succession légitime fut méprisée, et on ne put pas seulement convenir d'un usurpateur.

Cette grande machine, privée de son intelligence, se démembra; tous ses capitaines partagèrent son autorité; personne n'osa, par respect, succéder à son titre. Le nom de *roi* parut enseveli avec lui, non pas, comme il est arrivé quelquefois, par la haine, mais par le respect qu'on avait pour celui qui l'avait porté.

Les nations captives oublient leurs chaînes et le pleu-

1. Cf. sur Alexandre pages 149 et suivantes.

rent : il semblait qu'elles crussent que leur captivité ne commençait que de ce jour, après avoir perdu celui-là seul à qui il n'était pas honteux d'obéir.

(*Pensées*, II, p. 228.)

LES ALLEMANDS[1]

Les Allemands sont de bonnes gens; ils paraissent d'abord sauvages et fiers. Il faut les comparer aux éléphants, qui paraissent d'abord terribles; ensuite, on les caresse : ils s'adoucissent; on les flatte, on met la main sur leur trompe, et on monte dessus.

(*Voyages*, I, p. 28.)

LOUIS XIV

... Il semblait n'avoir de puissance que pour l'ostentation : tout était fanfaron, jusqu'à sa politique....

Il avait plus les qualités médiocres d'un roi que les grandes, une figure noble, un air grave, accessible, poli, constant dans ses amitiés, n'aimant à changer de ministres ni de manières de gouverner, astreint aux lois et aux règles, dès qu'elles ne choquaient pas ses intérêts, aimant à conserver les droits des sujets envers les sujets, libéral envers ses domestiques, très propre, enfin, à soutenir l'extérieur de la royauté, mais né avec un esprit médiocre. Il se trompa souvent de la vraie grandeur à la fausse. Il ne sut ni commencer ses guerres, ni les finir....

Sur la fin de ses jours, difficile à amuser; incapable de chercher, ni de trouver dans lui-même des ressour-

1. Cf. *Considérations*, p. 205 et p. 272.

ces; sans lecture, sans passions; attristé par sa dévotion, et, avec une vieille femme, livré au chagrin d'un vieux roi....

(*Pensées*, I, p. 369-374.)

LE STYLE ADMINISTRATIF EN FRANCE

Ce qui choque le plus dans notre gouvernement de France, c'est le style de nos bureaux : *Le Roi est toujours surpris d'apprendre...*; *le Roi est toujours étonné...*; *le Roi trouve très mauvais...*; et autres phrases misérables qui n'aboutissent à rien, et qui n'augmentent pas la grandeur du Roi de la moindre chose. C'est le cardinal de Richelieu, Louvois et Colbert, qui ont mis ce style aigre en usage. Je me souviens toujours de cette lettre de M. de Louvois à un officier d'une citadelle : « Monsieur, le Roi a été très surpris d'apprendre que la corde du puits de votre citadelle était rompue depuis plus de quinze jours. » Ainsi il répondit : « Monseigneur, lorsque j'ai reçu la lettre dans laquelle vous me parliez de la triste nouvelle que le Roi avait eue de ce que la chaîne de notre puits s'était cassée, je l'avais déjà fait remettre. »

(*Voyages*, I, p. 74.)

L'AVENIR EN EUROPE

L'Europe se perdra par ses gens de guerre.

(*Pensées*, II, p. 360.)

1. Cf. *Pensées*, I, p. 360 : « Les deux plus méchants citoyens que la France ait eus : Richelieu et Louvois », parce qu'ils combattirent les privilèges des Ordres. Cf. sur Richelieu page 105.

QUELQUES LETTRES[1]

Les destinées de l'Esprit des Lois.

AS. E. M. LE MARQUIS DE STAINVILLE, MINISTRE PLÉNIPOTENTIAIRE DE L'EMPEREUR D'ALLEMAGNE A PARIS

Paris, le 27 mai 1750.

Les bontés dont Votre Excellence m'a toujours honoré font que je prends la liberté de m'ouvrir à Elle sur une chose qui m'intéresse beaucoup. Je viens d'apprendre que les jésuites sont parvenus à faire défendre, à Vienne, le débit du livre de l'*Esprit des Lois*. Votre Excellence sait que j'ai déjà ici des querelles à soutenir, tant contre les jansénistes que contre les jésuites; voici ce qui y a donné lieu. Au chapitre sixième du livre quatrième de mon livre, j'ai parlé de l'établissement des jésuites au Paraguay, et j'ai dit que, quelques mauvaises couleurs qu'on ait voulu y donner, leur conduite à cet égard était très louable[2]; et

1. On a publié une centaine et demie de lettres de Montesquieu (*Lettres familières*, parues en 1767, par les soins de l'abbé de Guasco; d'autres en 1834, données par Ravenel; d'autres en divers lieux, réunies par Laboulaye, *Œuvres*, t. VII). Il en reste à La Brède un bon nombre d'inédites. Bien peu offrent un intérêt général : Montesquieu n'est point, comme Voltaire, bavard dans ses lettres; aucune dissertation littéraire, aucun développement philosophique. Il n'écrit que par besoin : c'est une affaire à terminer, un renseignement à demander, une commission à faire faire. Tout, d'ailleurs, dit avec précision et brièveté. « Elles sont écrites simplement, facilement, sans aucune prétention littéraire. On y trouve au plus haut degré la bonne humeur et la gaieté gasconnes; rien de pédant; un esprit facile, un cœur ouvert; on reconnaît là l'homme qui se sentait heureux de vivre. » Laboulaye, VII, p. 207.

2. Voici le passage de Montesquieu : « Le Paraguay peut nous fournir un autre exemple. On a

les jansénistes ont trouvé très mauvais que j'aie par là défendu ce qu'ils avaient attaqué, et approuvé la conduite des jésuites : ce qui les a mis de très mauvaise humeur. D'un autre côté, les jésuites ont trouvé que dans cet endroit même je ne parlais pas d'eux avec assez de respect, et que je les accusais de manquer d'humilité. Ainsi j'ai eu le destin de tous les gens modérés, et je me trouve être comme les gens neutres, que le grand Cosme de Médicis comparait à ceux qui habitent le second étage des maisons, et qui sont incommodés par le bruit d'en haut et par la fumée d'en bas. Aussi, dès que mon ouvrage parut, les jésuites l'attaquèrent dans leur *Journal de Trévoux*[1], et les jansénistes en firent de même dans leurs *Nouvelles ecclésiastiques*[2]; et quoique le public ne fît que rire des choses peu sensées qu'ils disaient, je ne crus pas devoir en rire moi-même, et je fis imprimer ma *Défense*[3], que Votre Excellence connaît, et que j'ai l'honneur de vous envoyer : et comme les uns et les autres me faisaient à peu près les mêmes impressions, je me suis contenté de répondre aux jansénistes, à un seul article près, qui regarde le *Journal de Trévoux*.

Votre Excellence est instruite du succès qu'a eu ma *Défense*, et qu'il y a eu ici un cri général contre mes adversaires. Je croyais être tranquille, lorsque j'ai appris

voulu en faire un crime à la *Société*, qui regarde le plaisir de commander comme le seul bien de la vie : mais il sera toujours beau de gouverner les hommes en les rendant heureux.

« Il est glorieux pour elle d'avoir été la première qui ait montré dans ces contrées l'idée de la religion jointe à celle de l'humanité. En réparant les dévastations des Espagnols, elle a commencé à guérir une des grandes plaies qu'ait encore reçues le genre humain.

« Un sentiment exquis qu'a cette société pour tout ce qu'elle appelle *honneur*, son zèle pour une religion qui humilie bien plus ceux qui l'écoutent que ceux qui la prêchent, lui ont fait entreprendre de grandes choses; et elle y a réussi. Elle a retiré des bois des peuples dispersés; elle leur a donné une subsistance assurée; elle les a vêtus : et quand elle n'aurait fait par là qu'augmenter l'industrie parmi les hommes, elle aurait beaucoup fait. »

1. Avril 1749. L'attaque y fut d'ailleurs très modérée.

2. Cf. ici, p. 28.

3. La *Défense de l'Esprit des Lois*, cf. p. 29.

que les jésuites ont été porter à Vienne les querelles qu'ils se sont faites à Paris, et qu'ils y ont eu le crédit de faire défendre mon livre[1], sachant bien que je n'y étais pas pour dire mes raisons : tout cela dans l'objet de pouvoir dire à Paris que ce livre est bien pernicieux, puisqu'il a été défendu à Vienne, de se prévaloir de l'autorité d'une si grande cour, et de faire usage du respect et de cette espèce de culte que toute l'Europe rend à l'impératrice[2]. Je ne veux point prévenir les réflexions de Votre Excellence. Mais peut-être pensera-t-elle qu'un ouvrage dont on a fait dans un an et demi vingt-deux éditions, qui est traduit dans presque toutes les langues, et qui d'ailleurs contient des choses utiles, ne mérite pas d'être proscrit par le gouvernement.

J'ai l'honneur d'être, avec un respect infini....

(D'après Laboulaye, t. VII, p. 341.)

Lettre d'affaire : Montesquieu marchand de vin

A L'ABBÉ DE GUASCO[3], A BRUXELLES

De La Brède, ce 27 juin 1752.

Vous êtes admirable, mon cher comte : vous réunissez trois amis qui ne se sont vus depuis plusieurs années, séparés par des mers, et vous ouvrez un commerce entre eux. M. Michel[4] et moi ne nous étions point perdus de vue ; mais M. d'Ayrolles[5], que j'ai eu l'honneur de voir à Hanovre[6], m'avait entièrement oublié. Je n'ai plus de vin de l'année passée ; mais je garderai un tonneau de cette année pour l'un et pour l'autre. Je vous ai déjà mandé que je comptais être à Paris au mois de septembre ; et

1. Ce bruit était faux.
2. L'impératrice Marie-Thérèse.
3. Né en 1713, mort en 1781. Piémontais, abbé de Tournai en Flandre, historien, archéologue, ami particulier de Montesquieu.
4. Commissaire d'Angleterre à Bruxelles pour les affaires de la Barrière.
5. Ministre d'Angleterre à Bruxelles.
6. En 1729.

comme vous devez y être en même temps, je vous porterai la réponse du négociant[1] à l'abbé de La Porte, qui m'a critiqué sans m'entendre. Ce n'est pas un négociant soi-disant, comme vous croyez ; c'en est un bien réel, et un jeune homme de notre ville, qui est l'auteur de cet écrit.

Je vous dirai, mon cher abbé, que j'ai reçu des commissions considérables d'Angleterre pour du vin de cette année[2], et j'espère que notre province se relèvera un peu de ses malheurs[3].... (*Lettres familières.*)

Supplique en faveur de Piron[4].

A LA MARQUISE DE POMPADOUR

Juin 1753.

MADAME,

Comme vous êtes à Crécy, où il ne m'est pas permis d'aller, j'ai l'honneur de vous écrire ce qui se passa hier à l'Académie.

J'y rendis compte des ordres du roi ; et comme M. de

1. Rioteau, négociant bordelais, plus tard directeur de la Compagnie des Indes. L'abbé de La Porte écrivit, en 1751, des *Observations sur l'Esprit des Lois*. Rioteau écrivit, la même année, une *Réponse aux Observations*, dans laquelle il défendit l'*Esprit des Lois*, de manière à émerveiller Montesquieu lui-même.

2. Le succès de l'*Esprit des Lois* permit à Montesquieu de mieux vendre ses vins. Lettre du 4 octobre 1752 à Guasco : « J'ai reçu d'Angleterre la réponse pour le vin que vous m'avez fait envoyer à milord Eliban ; il a été trouvé extrêmement bon. On me demande une commission pour quinze tonneaux : ce qui fera que je serai en état de finir ma maison rustique. Le succès que mon livre a eu dans ce pays-là contribue, à ce qu'il paraît, au succès de mon vin. »

3. Montesquieu, comme tous les marchands de vin, se plaignait toujours de la mévente. Lettre à Guasco, de 1742 : « Je crains bien que, si la guerre continue, je ne sois forcé d'aller planter des choux à La Brède. Notre commerce de Guyenne sera bientôt aux abois : nos vins nous resteront sur les bras, et vous savez que c'est toute notre richesse. » En 1727, Montesquieu écrivit un *Mémoire* pour défendre le commerce des vins de Guienne, menacé par un arrêt du Conseil du roi (*Mélanges inédits*).

4. Montesquieu était directeur de l'Académie française en juin 1753. Il eut à diriger une élection,

Buffon avait prié ses amis de ne le point nommer dans ces circonstances, la plupart des académiciens n'ayant plus aucun sujet, se trouvèrent fort embarrassés, et demandèrent qu'on différât l'élection jusqu'à samedi en huit.

Madame, Piron est assez puni pour les mauvais vers qu'on dit qu'il a faits; d'un autre côté, il en a fait de très bons. Il est aveugle, infirme, pauvre, marié, vieux. Le roi ne lui accorderait-il pas quelque petite pension? C'est ainsi que vous employez le crédit que vos belles qualités vous donnent; et parce que vous êtes heureuse, vous voudriez qu'il n'y ait point de malheureux.

Le feu roi exclut La Fontaine d'une place à l'Académie, à cause de ses *Contes*; et il la lui rendit six mois après, à cause de ses *Fables*; il voulut même qu'il fût reçu avant Despréaux, qui s'était présenté depuis lui[1].

Agréez, je vous supplie, le profond respect....

(Vian, p. 402.)

Lettre d'invitation.

A L'ABBÉ DE GUASCO

De Bordeaux, le 1er août 1744

L'abbé Venuti[2] m'a fait part, mon cher abbé, de l'affliction que vous a causée la mort de votre ami le prince Cantimir[3], et du projet que vous avez formé de faire un voyage dans nos provinces méridionales pour rétablir

à laquelle se présentèrent Piron et Buffon. Le roi avertit l'Académie qu'il n'agréerait pas le choix de Piron, sans doute à cause de ses poésies plus que légères. C'est alors que Montesquieu intervint. Le roi ne retira pas sa défense, mais accorda à Piron une pension de cent pistoles. Buffon fut élu à l'Académie à la séance suivante.

1. En 1684. Voyez les détails chez Regnier, édit. de La Fontaine, p. CXXVI.

2. Ami de Montesquieu, archéologue italien qui était pourvu d'une abbaye en Agenais.

3. Ambassadeur de Russie à la cour de France.

votre santé. Vous trouverez partout des amis pour remplacer celui que vous avez perdu ; mais la Russie ne remplacera pas si aisément un ambassadeur du mérite du prince Cantimir. Or je me joins à l'abbé Venuti pour vous presser d'exécuter votre projet : l'air, les raisins, le vin des bords de la Garonne, et l'humeur des Gascons, sont d'excellents antidotes contre la mélancolie. Je me fais une fête de vous mener à ma campagne de La Brède, où vous trouverez un château, gothique à la vérité, mais orné de dehors charmants, dont j'ai pris l'idée en Angleterre[1]. Comme vous avez du goût, je vous consulterai sur les choses que j'entends ajouter à ce qui est déjà fait ; mais je vous consulterai surtout sur mon grand ouvrage, qui avance à pas de géant depuis que je ne suis plus dissipé par les dîners et les soupers de Paris[2]. Mon estomac s'en trouve aussi mieux ; et j'espère que la sobriété avec laquelle vous vivrez chez moi sera le meilleur spécifique contre vos incommodités. Je vous attends donc cet automne, très empressé de vous embrasser.

(Lettres familières.)

Lettre de remerciement.

AU PRÉSIDENT HÉNAULT[3]

De La Brède, le 11 août 1754.

Je voudrais bien, monsieur mon illustre confrère, donner trois ou quatre livres de l'*Esprit des Lois* pour savoir écrire une lettre comme la vôtre, et pour vos sentiments d'estime, je vous en rends bien d'admiration. Vous donnez

1. Jardins anglais : le château de la Brède est du XIVe siècle. Montesquieu l'entoura d'un parc à l'anglaise, dont il fut fort fier et qui existe encore.

2. Cf. p. 20 et p. 32.

3. Né à Paris en 1685, mort en 1770, auteur d'un célèbre *Abrégé chronologique de l'Histoire de France*, ami des philosophes et correspondant de Voltaire comme de Montesquieu.

la vie à mon âme, qui est languissante et morte, et qui ne sait plus que se reposer. Avoir pu vous amuser à Compiègne, c'est pour moi la vraie gloire. Mon cher président, permettez-moi de vous aimer, permettez-moi de me souvenir des charmes de votre société, comme on se souvient des lieux que l'on a vus dans sa jeunesse, et dont on dit : « J'étais heureux alors ! » Vous faites des lectures sérieuses à la cour, et la cour ne perd rien de vos agréments ; et moi, qui n'ai rien à faire, je ne puis me résoudre à faire quelque chose. J'ai toujours senti cela : moins on travaille, moins on a de force pour travailler. Vous êtes dans le pays des changements : ici, autour de nous, tout est immobile. La marine, les affaires étrangères, les finances, tout nous semble la même chose : il est vrai que nous n'avons point une grande finesse dans le tact. J'apprends que nous avons eu à Bordeaux plusieurs conseillers au parlement de Paris[1], qui, depuis le rappel, sont venus admirer les beautés de notre ville ; outre qu'une ville où l'on n'est point exilé est plus belle qu'une autre. Mon cher président, je vous aimerai toute ma vie.

(Laboulaye, VII, p. 433.)

Lettre de commission.

A L'ABBÉ DE GUASCO

De la Brède, ce 5 décembre 1754.

Dans l'incertitude où je suis que vous m'attendiez, je vous écrirai encore une lettre avant de partir. Vous êtes chanoine de Tournai ; et moi je fais des prairies. J'aurais besoin de cinquante livres de graines de trèfle de Flandre,

1. Les membres du parlement de Paris avaient été exilés en mai 1753, beaucoup envoyés à Poitiers et à Angoulême. L'exil fut supprimé en juillet 1754 et c'est probablement à la suite de cela que quelques-uns visitèrent Bordeaux.

que l'on pourrait m'envoyer par Dunkerque à Bordeaux. Je vous prie donc de charger quelqu'un de vos amis à Tournai de me faire cette commission, et je vous payerai comme un gentilhomme, ou, pour mieux dire, comme un marchand; et quand vous viendrez à La Brède, vous verrez votre trèfle dans toute sa gloire. Considérez que mes prés sont de votre création : ce sont des enfants à qui vous devez continuer l'éducation[1]....

(*Lettres familières.*)

Lettres de recommandation.

A Mgr CERATI[2]

De Bordeaux, le 1er décembre 1754.

Je commence par vous embrasser, bras dessus et bras dessous. J'ai l'honneur de vous présenter M. de La Condamine, de l'Académie des Sciences de Paris[3]. Vous connaissez sa célébrité : il vaut mieux que vous connaissiez sa personne; et je vous la présente, parce que vous êtes toute l'Italie pour moi. Souvenez-vous, je vous prie, de celui qui vous aime, vous honore et vous estime plus que personne dans le monde.

A L'ABBÉ, MARQUIS NICCOLINI[4]

De Bordeaux, le 1er décembre 1754.

Permettez, mon cher abbé, que je me rappelle à votre amitié : je vous recommande M. de La Condamine. Je ne

1. Montesquieu avait un grand soin de ses terres de la Brède (cf. ici, p. 17 et 340).

2. De la Congrégation de l'Oratoire de Saint-Philippe, né à Parme en 1690, mort en 1769, un des savants italiens les plus intelligents et les mieux doués de son temps, le conseiller de Muratori et l'ami de Montesquieu, qui le connut lors de son voyage à Rome.

3. 1701-1774, savant, géographe, voyageur, un de ceux qui, en 1736, firent le voyage de l'Amérique pour déterminer la grandeur et la figure de la terre.

4. Littérateur et philosophe florentin (1701-1769), dont Montesquieu fit la connaissance lors de son voyage à Florence.

vous dirai rien, sinon qu'il est de mes amis : sa grande célébrité vous dira d'autres choses, et sa présence dira le reste. Mon cher abbé, je vous aimerai jusqu'à la mort.

(*Lettres familières.*)

Lettre d'excuse : dernier billet de Montesquieu.

A M. L'ABBÉ DE GUASCO

De Paris, en 1755.

Vous fûtes hier de la dispute avec M. de Mairan[1] sur la Chine. Je crains d'y avoir mis trop de vivacité, et je serais au désespoir d'avoir fâché cet excellent homme. Si vous allez dîner aujourd'hui chez M. de Trudaine[2], vous l'y trouverez peut-être : en ce cas, je vous prie de sonder un peu s'il a mal pris ce que j'ai dit; et sur ce que vous me rendrez, j'agirai de façon avec lui qu'il soit convaincu du cas que je fais de son mérite et de son amitié.

(*Lettres familières.*)

1. De l'Académie des Sciences et de l'Académie française. Montesquieu et lui n'étaient point d'accord sur les Chinois, que Mairan défendait et que le président ne regardait pas comme « de si honnêtes gens ».

2. Directeur des Ponts et Chaussées, intendant général des finances.

TABLE DES MATIÈRES

Imp. KAPP, Paris.

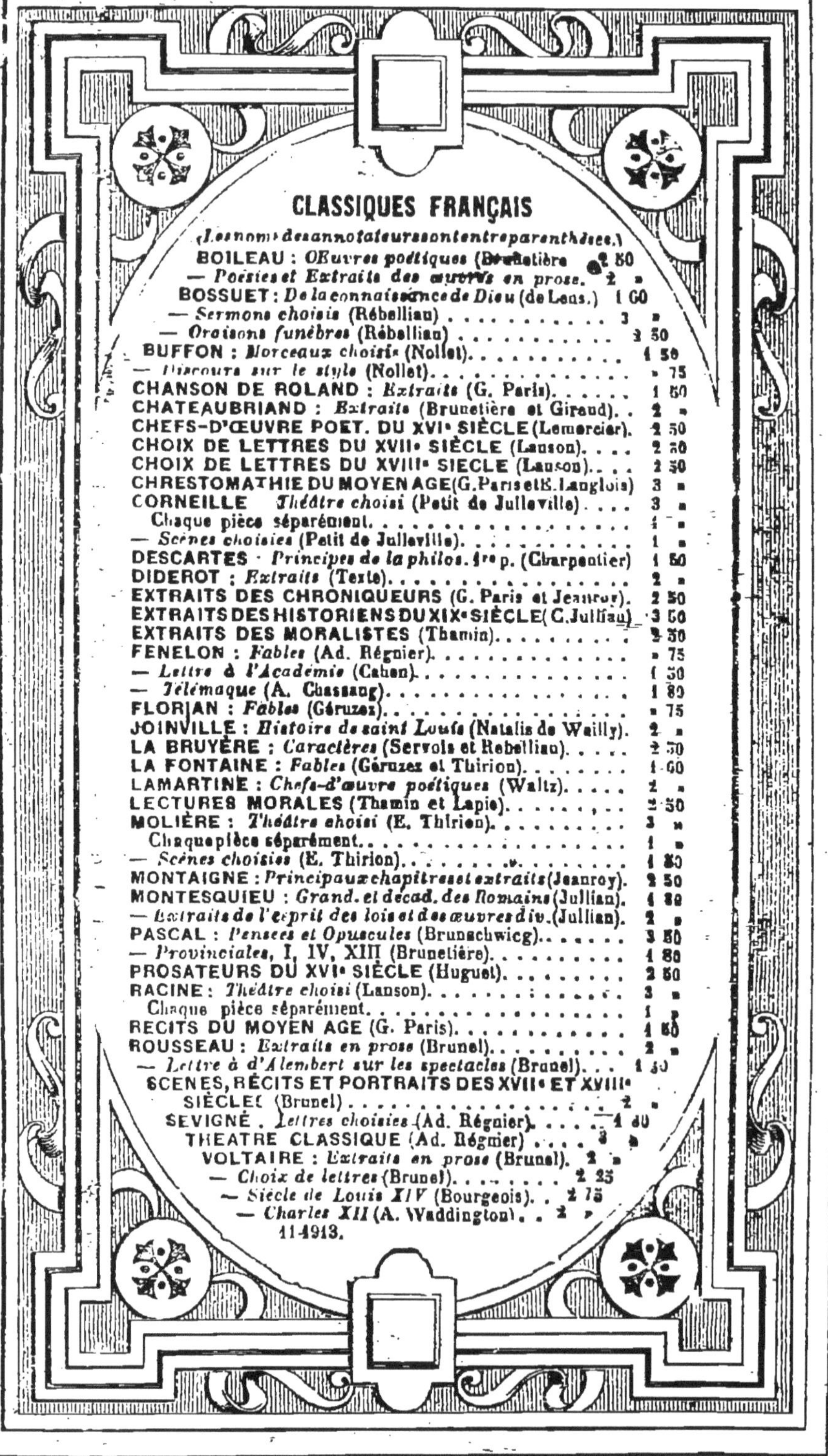

www.ingramcontent.com/pod-product-compliance
Ingram Content Group UK Ltd.
Pitfield, Milton Keynes, MK11 3LW, UK
UKHW021846190726
13855UKWH00001B/170

9 782013 369053